上海纺织工业发展简史

SHANGHAI FANGZHI GONGYE FAZHAN JIANSHI

侯志辉 著

上海大学出版社

图书在版编目(CIP)数据

上海纺织工业发展简史 / 侯志辉著. —上海:上海大学出版社,2021.1
ISBN 978 - 7 - 5671 - 4110 - 0

Ⅰ. ①上… Ⅱ. ①侯… Ⅲ. ①纺织工业-工业史-上海 Ⅳ. ①F426.81

中国版本图书馆 CIP 数据核字(2020)第 259096 号

责任编辑　农雪玲
助理编辑　邹亚楠
封面设计　柯国富
技术编辑　金　鑫　钱宇坤

上海纺织工业发展简史

侯志辉　著
上海大学出版社出版发行
(上海市上大路 99 号　邮政编码 200444)
(http://www.shupress.cn 发行热线 021 - 66135112)
出版人　戴骏豪

*

南京展望文化发展有限公司排版
上海市印刷四厂有限公司印刷　各地新华书店经销
开本 787mm×1092mm 1/16 印张 19 字数 416 千字
2021 年 1 月第 1 版　2021 年 1 月第 1 次印刷
ISBN 978 - 7 - 5671 - 4110 - 0/F·205 定价 78.00 元

版权所有　侵权必究
如发现本书有印装质量问题请与印刷厂质量科联系
联系电话: 021 - 56324200

谨以此书献给——

曾经为上海的"母亲工业"——纺织工业奉献过无数个春秋岁月的每一位劳动者

——作者

序

上海的纺织历史源远流长。纺织产业无数个科技与文化相融的传奇故事深深浸入了上海的璀璨荣光。中国历史上将手工棉纺织推向巅峰的奇人黄道婆在上海这片土地上成就了她一生的纺织梦想,600多年后,清朝洋务派的李鸿章在上海筹办的机器织布局开启了中国的机器棉纺织,工业纺织的隆隆机器声与手工纺织的盛况殊途同归,一根历史轴线把两者双双指向了上海这座"魔都"。

作为第一部地方纺织产业发展简史,本书以绪论追忆黄道婆开卷,不仅是对先人的缅怀,而且意在记录中国工业纺织兴起前的重要个性化因素恰巧也发生在这块较早沸腾土地上的渊源。而后沿着时间轴线,从1878年至1995年共分9个章节,直至上海纺织控股集团的挂牌成立这个重要历史节点。近代、现代阶段主要分述了机器织布局诞生的历史背景以及历史成就和海派纺织的形成及其历史地位。新中国成立以后,大致的脉络以国民经济五年一个规划期的建设路线进行谋篇布局。考虑到新中国成立初期有两年的国民经济调整时期以及其他历史原因,在时间跨度上稍有调整之外,每个时间段内的重要人物、重要事件都按照历史进程做了简要的概括和钩沉。

上海纺织是中国纺织的一个缩影,也是中国近代工业和工人阶级的摇篮之一。回望历史,心潮澎湃。在相当长的时间内,纺织工业是上海的支柱产业,对上海的经济发展和社会稳定做出过巨大历史性贡献。20世纪90年代以后,按照国际大都市发展的战略定位,纺织产业作为劳动密集型的传统工业进行了重大结构调整,但是,上海百年辉煌历史中无数个属于纺织产业的伟大成就,终将永远镌刻在缓缓流淌的黄浦江滋养的大地丰碑上,与日同辉。

2020年3月12日

目 录

第一章　绪论 …………………………………………………………………………… 1
　　第一节　黄道婆 ……………………………………………………………………… 3
　　第二节　黄道婆的纺织成就 ………………………………………………………… 4
　　第三节　黄道婆传播手工纺织的历史意义 ………………………………………… 6

第二章　上海率先迎来中国工业纺织的曙光（1878—1894年）………………… 9
　　第一节　工业纺织的时代背景 ……………………………………………………… 11
　　第二节　李鸿章及上海机器织布局 ………………………………………………… 13
　　第三节　对洋务运动失败与工业纺织崛起的思考 ………………………………… 19

第三章　海派纺织撑起上海工业的半壁江山（1895—1949年）………………… 23
　　第一节　海派文化与海派纺织 ……………………………………………………… 25
　　第二节　海派纺织形成的历史背景 ………………………………………………… 27
　　第三节　海派纺织的历史成就 ……………………………………………………… 32

第四章　凤凰涅槃，纺织工业重整江山再出发（1950—1957年）……………… 55
　　第一节　实行军事管制，稳定经济大局 …………………………………………… 57
　　第二节　建立上海纺织系统的行政管理框架体系，计划经济体制浮出水面
　　　　　　 ………………………………………………………………………………… 59
　　第三节　分期分批、有利有节完成对民族纺织工商业的社会主义改造 ……… 63
　　第四节　围绕经济计划目标，全方位开展职工队伍建设工作 ………………… 70
　　第五节　技术改造与技术革新并举 ………………………………………………… 78
　　第六节　发展纺织科研教育，开启共和国纺织高等学历教育 ………………… 82
　　第七节　支援国内外经济建设，上海纺织融入"全国一盘棋"建设洪流 ……… 89

第五章　乘"大跃进"东风，上海纺织工业跃上新台阶（1958—1965年）……… 97
　　第一节　调整完善纺织系统行政组织架构 ………………………………………… 99
　　第二节　大规模革新改造，纺织工艺装备全面提升 …………………………… 104

　　　　第三节　上海率先建成中国第一家化学纤维企业 …………………… 110

第六章　纺织工业在"文化大革命"中逆势成长(1966—1976 年) ……………… 113
　　　　第一节　政治环境影响经济发展,上海纺织工业经受时代考验 ………… 115
　　　　第二节　抓革命中促生产,上海纺织出口一枝独秀 ……………………… 119
　　　　第三节　金山石油化工总厂开建迎来上海纺织工业新时代 …………… 128

第七章　贯彻中央"八字"方针,上海纺织工业在整顿提高中攀高峰(1977—1981 年)
　　　　…………………………………………………………………………………… 133
　　　　第一节　适应国家战略变革,及时调整经济管理体制 …………………… 135
　　　　第二节　通过补偿贸易,扩大纺织装备引进规模 ………………………… 142
　　　　第三节　技术革新成果创下上海纺织工业历史之最 …………………… 144
　　　　第四节　纺织国有资本结构开始破冰,多种所有制浮出水面 …………… 160

第八章　上海纺织在"转轨"中开始进入全面承包期(1982—1987 年) ………… 167
　　　　第一节　"两权分离"理论浮出水面,纺织企业进入全面承包期 ………… 169
　　　　第二节　在行政层面推行机构变革,采用管理手段拉动经济向好发展 … 176
　　　　第三节　发展横向经济联合体,纺织资本在流动中实现增值目标 ……… 180

第九章　深化改革,上海纺织工业打响突围战(1988—1992 年) ……………… 187
　　　　第一节　经济背景 ………………………………………………………… 189
　　　　第二节　走外向型路线,纺织进出口机制全面改革 …………………… 192
　　　　第三节　纺织市场化程度不断提高,企业经营机制改革向纵深发展 …… 197
　　　　第四节　妥善安置下岗职工,首建上海纺织劝业开发公司 ……………… 203

第十章　搭建完成现代企业管理制度基本框架(1993—1995 年) …………… 205
　　　　第一节　上海纺织工业走向市场的时代背景 …………………………… 207
　　　　第二节　稳定大局,上海纺织工业实现第二次创业 …………………… 210
　　　　第三节　企业破产与纺织品牌扩张并行 ………………………………… 215
　　　　第四节　拥抱竞争时代,上海纺织控股集团挂牌成立 …………………… 222

主要参考文献 ……………………………………………………………………… 231

附录1　上海纺织系统历届劳模 …………………………………………………… 234

附录2　上海纺织系统中国共产党全国代表大会代表(截至1992年) …………… 252

附录3　上海纺织系统全国人民代表大会代表(截至1993年) …………………… 253

附录4　上海纺织系统高级工程师(教授级) ……………………………………… 254

附录5　上海纺织系统各党委厂书记、厂长名录(1949—1992年) ……………… 257

后记 ……………………………………………………………………………………… 291

第一章 绪论

黄道婆：一位扎根于上海这片热土的中国纺织女神

中国的工业纺织起始于清朝洋务派的李鸿章在上海筹办的机器织布局。耐人寻味的是，中国历史上将手工棉纺织推向巅峰的奇人黄道婆也在上海这片土地上成就了她一生的传奇。李鸿章有李鸿章的选址考量，黄道婆有黄道婆的心路历程，但是同为纺织史上的重要人物，两者间隔600多年，工业纺织的发端与手工纺织的盛况殊途同归，冥冥之中的一根轴线把两者双双指向了上海这座"魔都"。回望曾经工业纺织的辉煌历史，缅怀黄道婆手工纺织的成就，是对历史的尊重，也是上海人民传承优秀文化的崇高职责。

第一节　黄　道　婆

黄道婆(1245—1330)，宋末元初知名棉纺织家，又名黄婆。黄道婆的身世一直是一个谜。有史料表明，她是原松江府乌泥泾(今上海龙华)人。黄道婆出身贫苦，十多岁时被卖为童养媳，婚后不堪家庭虐待，随黄浦江海船逃到海南岛崖州(今属海南省三亚市)。在崖州期间，她随当地黎族人学习纺织技术，约1295年，回到乌泥泾，她的一去一回之间相隔了约30年。她的返乡，带动了上海和周边地区纺织业态的繁荣与发展。黄道婆成就了松江"衣被天下"这个时代的诞生。

一、黄道婆返乡的时间与元朝的"文治"之世相吻合

元世祖忽必烈在位时，一方面发动消灭南宋的战役，另一方面东攻日本，南讨越南，因战事不断而苛征暴敛，严刑峻法，劳民伤财。好在忽必烈的晚年，在重臣诸多谏请停止征伐的劝阻之下，稍有收敛。忽必烈之孙铁穆耳(即元成宗)嗣位之后，改元"元贞"(1295—1297)，顺势停止征伐，推崇文治，史称元成宗"考课明，吏治清。文教是遵，赋税是减，宽令是颁。仁德既施，黎庶以安"，由此老百姓得以休养生息。民间农业收成及手工纺织都出现繁荣景象。黄道婆赶上了这样一个年头，身怀纺织技艺的她，踏上了返乡之路。

二、经济重心的南移，为黄道婆返乡推广棉纺织技术奠定了物质基础

我国古代早期的经济以北方黄河流域为重心。秦汉以前，北方的生产力远胜于南方；秦汉时期，有关于关中、关东两个经济发达区域的诸多历史记载；自中唐安史之乱后，北方战争纷起，社会经济遭受严重破坏；自东汉末年开始，中原地区的先进生产技术开始向东南传播；魏晋时期，北方地区又受到自然灾害的影响，经济出现大幅波动，而这个时期的南方经济却开始了缓慢发展的迹象；隋朝，贯穿南北的大运河的开通，为南北经济文化的互通提供了诸多便利条件，大批手工业者开始向东南地区迁移；北宋初期，中国的南方经济与北方经济出现过齐头并进的良好局面；直至北宋后期，以宋室南渡为标志，我国经济重心完成了由黄河流域向长江流域的过渡发展。

值得关注的是,中国古代经济重心的标志在很大程度上取决于纺织业态的繁荣程度,纺织业的规模大小是该地区的经济晴雨表。

先秦时期,黄河流域的桑蚕制丝活动已经呈现一片繁荣景象。规模较大的基地主要集中在山西、河南、河北、山东以及湖北等地。东汉前期,朝廷每年在当时的河内郡调缣、素、绮、縠80 000余匹,后期增至15万匹。

隋唐开始,随着经济重心逐渐向南方倾斜,纺织业也逐步由北方向南方转移。宋代,江浙地区已成为丝织业产量最大、工艺水平最高的地区。自那时起,丝织业的向南转移基本完成,江浙地区的纺织地位已经完全确立。这也为黄道婆之后的棉纺织业发展提供了一片肥沃的土壤。

三、上海良好的自然环境和人文环境具备了接纳黄道婆返乡的条件

从地理位置上看,首先,江南地区北背长江、东临大海、西连皖南丘陵、南接浙中山脉。江南的土壤有机质的含磷量为2%—3%,肥力高于其他地区同类黏土。太仓、松江地区属于龙岗地形,由于历史形成时期处于古海岸地带,成土母质通透性良好,肥力较高,适宜棉花生长。其次,江南地区气候湿润,水资源丰富,适宜农作物生长。江南一带的气象特征是四月种植时,春雨霏霏,十月收获时,秋高气爽。早在春秋战国时期,江南已成丝绸之乡。有记载,当时吴国季札到郑国拜访子产,赠送的礼品便是精美的丝织缟带。《吴越春秋·勾践归国外传》记载勾践自吴国归,"使国中男女入山采葛",这里所指的"葛"是我们祖先最早用来纺织的植物纤维名称。葛具有生长较慢的缺点,而后虽然被麻纤维逐渐替代,但是当时的纺织制作技术被延续了下来。

江南崇扬重商思想,讲究吃和穿,可谓"衣必华鲜,食必精细",支撑这些生活习俗延续发展的是发达的纺织业,以及由此带来的贸易繁荣。黄道婆返乡后,江南对棉花、棉布的纺织意义更有了独到的理解。农学家王祯说,棉纺"比之蚕桑,无采养之劳,有必收之效;埒之枲苎,免缉绩之工,得御寒之益,可谓不麻而布,不茧而絮"。史料记载,松江一带人民掌握了黄道婆所传技术,使松江一带成为全国的棉纺织业集散中心。

第二节 黄道婆的纺织成就

黄道婆之前,中国的丝、麻纺织业包括棉纺织业已经存在了。黄道婆返回家乡,带回了她在海南学得的纺织技术,再加上她自身对棉纺织手工技术的积累,松江一带在她的熏陶之下,棉纺织业有了巨大改变。据传宋、元时期,松江一带家家都有木制的纺车和织机,家家可闻布机声,户户都有织布娘,当地经济有了显著的发展。就纺织技术层面而言,黄道婆的成就主要包括手工机械设备、印染技术和提花工艺的改进等方面。

一、改进棉纺织手工机械,成倍提高劳动生产率

黄道婆发明擀除棉籽的踏车。过去要从棉花中剔除棉籽完全靠手工操作。踏车是一

种手摇脚踏式的轧棉机,又称搅车,可一人操作。搅车轧棉是黄道婆改良棉纺工具的第一步,它由装置在机架上的两根辗轴组成,上面一根是小直径的铁轴,下面则是一根直径比较大的木轴,两轴靠摇臂摇动,转动相反方向。把棉花喂进两轴间的空隙碾轧,棉籽就被挤出来留在后方,棉纤维(皮棉)被带到前方。搅车的应用完全改变了当时用手剥籽或用铁杖擀去籽的落后状况,是当时棉纺生产中一项重大的技术革新,它比元代王祯《农书》所记载的需要两人手摇的轧花机有了明显的改进。

黄道婆发明脚踏三锭、四锭棉纺纺车(见《木棉谱》)。这种脚踏的纺车较之前的单锭手摇纺车不仅轻巧省力,而且使纺纱效率一下子提高了两三倍。这是黄道婆对纺织工具的最重要贡献之一。

黄道婆改进弹弓。黄道婆之前的弹棉弹弓是采用1尺多长的小竹弓来弹松棉花的,这种弹弓费时费力,效率很低。黄道婆先把这样的弹弓改成4尺多长的"绳弦大弓"来代替原来1尺多长的小竹弓,后来又改进了弓和弹槌的用料,采用檀木做槌子,线弦改用蜡线。这样弹棉时的振幅增大,弹棉的功效大幅提高,每日弹棉可达6—8斤,弹出的棉花既松散又洁净。改进后的弹弓提高了当时棉纱和棉布的质量。据传,这种弹弓在15世纪传入日本,当地叫"唐弓"。

二、改进印染技术,由此制成的白底蓝花棉布成为一种审美经典

中国民间手工印染花布的历史,其实可以追溯到春秋战国时代。战国后期的大思想家荀子,目睹蓝草的色素转化过程及染出由黄变绿、由绿变蓝、再变青的过程,发出"青,取之于蓝,而青于蓝"的感叹,成为形容后人超越前人的千古名言"青出于蓝而胜于蓝"。这种利用蓝草色素染色的方法后来演变成为一种沿袭很久的蓝染工艺,经过蓝染之后的布一般称为蓝印花布。但在很长的时间内,这种花布的花色仅仅局限在传统的蓝底白花单一品种上。黄道婆在返乡之后,对松江的这种染印技术进行了一系列的改进和推广普及。松江的白底蓝花棉布,迅速成为棉产品中的一个重要部分。

蓝印花布的染浆是用黄豆粉和石灰调制的,除了黄豆粉和石灰的比例是一个重要技术指标之外,印染蓝印花布的染缸水也有诸多的技术含量。植物染料经特殊配方,配制成一缸缸的染缸水,每口染缸一般有一人多高。印花的白布和刷上灰浆的布匹被投入染缸,微生物不断在染缸水中运动,给没有灰浆的部分染上蓝色,有灰浆的部分则保留了原先的白净。精心养护染缸是祖传的绝活,民间有不传外人的说法。染缸人往往等到每晚仔细察看染缸水后,再及时调整配方。每天凌晨赶在染布以前,他们都以自己的经验来判断是否可以染布。这些判断主要基于观察缸上的油渍和染料融合的程度。染缸水成为蓝印花布的生命之源,染缸人也就自然成为染坊的核心手工艺工人。染缸出来的布匹通过晾晒后再进行刮灰。刮灰是第四道工艺,把染色以后的防染浆刮掉。刮浆时要特别小心仔细不能刮坏棉布。染好的布去除了浅浮灰浆,留下了人工无法描绘的自然纹理,蓝印花布的艺术灵魂得到体现。黄道婆在蓝印花布上的改进,把传统的花布技艺推到了极致。

值得关注的是,蓝印花布中最典型的蓝底白花和白底蓝花两种形态在技术处理上却

有着很大的区别。蓝底白花,只需一块花版,构成的花纹互不连接。白底蓝花一般采用两块花版套印,印第一块花版称"头版",待稍干后,再印第二块花版,称"盖版",即把第一块花版的连线部分遮盖起来,使纹样连接自然。白底蓝花的花版刻制难度较大,一般出自民间艺人高手。蓝印花布在明代亦成为一种高贵的贡品,它作为江南棉文化的精华,成为一种审美经典并被一直延续至今,其中的功劳可以部分归功于黄道婆。

蓝底白花和白底蓝花的蓝印花布

三、传授"错纱配色,综线挈花"织造工艺,"乌泥泾被"迅速走俏

"错纱配色、综线挈花"是一种提花工艺。综线是指把纱线分缕交错以织成图案的一种方法。挈是提、拎的意思。黄道婆的织造提花、挑花技术虽然模仿的是黎族纺织腰机技术,但她经过自己的改良,可以在普通的综片织机上完成,并将这一技术传授给了松江人民。松江的织布上就延伸出了鲜艳的折枝、团凤、棋局、字样等各种美丽的图案,"乌泥泾被"就此走俏江南多地,而且这种技术历经几百年久而不衰。18世纪乃至19世纪,松江布更远销欧美,获得了很高声誉。

第三节　黄道婆传播手工纺织的历史意义

围绕黄道婆以及手工纺织业延伸出来的一系列经济文化意义,既是上海的福祉,也是上海日后繁荣的一泓泉源。

一、带动地区经济发展,"衣被天下"由此名扬天下

因为黄道婆,松江府一度成为全国最大的棉纺织中心。松江布赢得"衣被天下"的美称,上海的纺织业成为中国纺织的一张名片。资料显示,上海棉纺织业的发展开始多集中在松江一带,包括当时松江府所辖的朱泾镇、枫泾镇、莘庄镇、盘龙镇(蟠龙镇)、黄渡镇、庄

家行镇、三林塘镇、塘桥镇、诸翟镇、朱家角镇、金泽镇、周浦镇等。后来扩展到苏州府所辖的南翔镇、娄塘镇、新泾镇、罗店镇、月浦镇、外冈镇、真如镇、江湾镇、安亭镇、纪王镇、葛隆镇、马陆镇、大场镇、鹤王镇、横泾镇等。这些星罗棋布的"卫星小镇"除了形成较强的辐射能力之外,自身也逐渐形成了具有产业分工特色的供应链。比如有的小镇着重发展织布,有的重点发展棉布加工,有的就主推贸易。如宝山罗店镇当时就成为棉花、纱布的集散地,嘉定娄塘镇因各地布商停泊、来此运棉和布匹而著有"花布码头"之称。有的因为纺车的需求旺盛而形成专司修理和买卖纺车的集镇。那时有民谚说"金泽锭子谢家车,纺也半斤,不纺也半斤",可见当时已经出现了专门从事纺车贸易的经济现象。资料显示,七宝镇那时就以"纺车集市"而闻名。

二、种植结构的改变推动了早期商品质量竞争意识和商品贸易意识的泛化

中国的纺织历史,隋唐以前重点在北方;至两宋开始,形成了黄河流域、四川地区、江南地区三大中心;元朝开始出现拐点,即由多中心向单中心过渡。江南纺织中心地位的形成除了有经济重心南移、人口增多、自然与人文环境优势之外,从种植业角度看,棉花种植的铺开,直接导致纺织业对蚕桑的依赖减少,这也是一个重要因素。纺织中心的变迁、种植结构的改变以及由此带来的人口增多、经济繁荣的结果,已是不以个人意志为转移的客观现实了。

从种桑制丝发展到种桑制丝与种棉织布并存的格局,引发民间质量竞争意识的强化。江南棉花种植开始普及的时候,桑蚕种养与丝绸生产也没有因此而消失,而是出现了相互映衬、共同发展的格局。这种趋势的形成,主要因为棉纺技术的提高使人们对棉布的需求增加,而需求的增加直接带动的是种植结构的改变。在没有出现棉布市场繁荣的情况下,桑蚕种养与丝绸生产可以说是处在没有竞争的经济格局中。在这样的经济状态下,产品质量意识是混沌的。因为桑农、丝绸生产者不担心没有市场,不需要竞争照样也能生存。但是,当棉种植生产和丝养殖生产同时出现时,丝农如果不注重产品质量,则就有被棉农替代的可能性。在这个过程中,江南商品经济发达的地方也就培养了人们注重商品质量的理念。丝农开始对丝绸生产的各道工序进行质量把关,并提出了终端产品丝"细圆匀紧"的质量标准。

江南农民在从以织助耕向耕织并重的生态转变中,商品贸易意识得到进一步催化。有记载表明,松江地区在黄道婆归乡教授棉纺织技术之后,"人既受教,竞相作为",农业种植由原来以粮为主,转为以棉为主,不少地方出现"稻三棉七"以及更甚者"棉九稻一"的情况。这种生产格局的变化,标志着江南一带已由小农生产转向商品生产。中国传统的经济模式是"男耕女织",黄道婆传播先进的棉纺织技术之后,江南地区经济已逐步发展成为"全赖花布贸易",这就使传统的自给自足的小农经济转向商品经济,形成了"棉—货币—粮食"交换对流的新局面。为追求商品利润的最大化,江南农民由以织助耕变为农商兼顾,催生了商品意识的显现化。也许,上海后来能够成为商品经济发达地区,就应部分归功于当时埋下的种子。

三、纺织业的繁荣在催生大批富商巨贾诞生的同时,反映在民俗文化层面的改变,也给后人留下了诸多宝贵的精神财富

黄道婆热心传授棉纺织技术的同时,其实也在弘扬一种无私奉献精神。江南民风的淳朴、百姓品性的憨厚与温和同黄道婆的无私传授精神一脉相承,起到了珠联璧合的作用。江南女子学会纺织技术,纺织使家庭富裕的同时,也使妇女的家庭地位和社会地位得到了提高。

经济基础的提升催生了文化名人和文化作品的诞生。比如,元代画家黄公望生前大多来往杭州、松江等地,以卖卜为生。1349 年黄公望时值 81 岁高龄,却创作了著名的《九峰雪霁图》。这是一幅纸本墨笔画,画家有感于春雪大作而创作了该图。"九峰",为今上海市松江区西北平畴的田野间散踞着的一群小丘,其名为厍公山、凤凰山、薛山、佘山、辰山、天马山、机山、横云山、小昆山。画面描绘了山中雪霁的景象,层峦叠嶂、山溪蜿蜒,树干花须都被银装素裹,显得一片寂静。此传世之作无疑与松江人文环境的优裕有关。元代著名的文化名人钱霖、顾德润都是松江人。松江的杂剧、民间书坊等甚至超过了南宋时期。当然,黄道婆本身的故事也被后人作为各种剧目改编的素材,如舞剧、越剧、连环画《黄道婆》等大大丰富了文艺创作的园地。

四、加强了与海南的城际往来,奏响了一曲民族团结、经济联盟的赞歌

上海和海南相距遥远,但是因为黄道婆和棉纺织业这条纽带,上海和崖州(今属海南省三亚市)开拓了早期城际交往的新范例。松江的"乌泥泾被"和海南的"崖州被"有异曲同工之处,一时很难分出谁早谁晚、孰优孰劣。黄道婆的棉纺织技术是黎、汉两族人民友谊和智慧的结晶。

五、黄道婆与世界纺织业

黄道婆革新手工棉纺织技术,改变了上千年来以丝麻为主要衣料的传统,不仅解决了明、清两代激增人口的御寒问题,而且从更大范围看,它的意义具有世界价值。

资料显示,黄道婆改良的轧棉机踏车,比美国人维特尼发明轧棉机早了约 500 年;其革新的轻巧省力、功效倍增的木棉脚踏三锭纺车,要比英、美、德等国早四五百年。历史上规模空前的郑和下西洋外事活动中,出发地太仓就在罗店镇、月浦镇附近,船上所带的中国土特产中,其中就有大量的松江棉布。这些产品实样的输出,对当时世界各地的经济发展以及纺织技术的传播起到了积极作用。

第二章

上海率先迎来中国工业纺织的曙光（1878—1894年）

李鸿章建立上海机器织布局：迎来中国工业纺织第一缕曙光

同其他工业的发展历史一样,纺织工业也经历了农业纺织和手工纺织两个历史阶段后才进入工业纺织时期。中国的工业纺织以近代洋务派在上海开办机器织布局为标志,工业纺织的大幕由此拉开。迎来中国纺织工业第一缕曙光的上海,就此成为中国纺织工业的一面旗帜。回望上海的"母亲"工业从波澜壮阔的历史长河中缓缓走来,无尽的沧桑带给上海人民的每一个瞬间都值得我们永远铭记。

第一节　工业纺织的时代背景

经过第二次社会大分工,原始手工业脱离农业。纺织手工业的历史在中国非常悠久,而且具有行业多、分布广的特点。

上古时代,我们的祖先已经学会了养蚕缫丝的技术。从西周开始,丝织业有了突飞猛进的发展。汉代中国被称为丝国,到了唐代缂丝技术得到极大发展,丝织达到巅峰。棉纺织业的发展是从经济重心逐渐向南方转移开始的。宋末元初棉花种植推广,黄道婆在棉纺织领域改良了一些技术工艺和纺织机械,由此,元明时期的松江成为全国棉纺织业中心。明代后期,棉布成为人们主要的衣料来源。丝织、棉织等纺织产业在发展过程中都出现过具有一定规模的手工作坊,但在本质上还不是大机器的工业生产。

一、工业纺织和纺织工业

就农业纺织和手工纺织而言,中国在世界纺织历史上具有独特的先发效应。以黄道婆简单的纺织机械革新为标志,中国的纺织历史大约在1295年(元贞年间)进入手工纺织年代。在这之前的历史一般被称为农业纺织时期。农业纺织一直可以追溯到母系氏族公社时期。根据浙江、郑州等地的考古发现,距今约8 000—10 000年前,就有类似丝麻织物印纹的方格纹、编织纹的不少陶器,酷似纺轮的陶质圆轮以及石磨盘、石针、石梭等工具已明显具有丝绸利用的萌芽。种桑养蚕的丝纺是比较原始的农业纺织的主要特征之一,它的社会形态就是自耕自足。而到了手工纺织时期,其劳动对象已经从最初的丝、麻到棉,已经覆盖了天然纺织原料的全部门类。

元代以前,中国的丝纺、麻纺确实很发达。元代的棉纺织,从其基本特征来看,已显示出有了成型的纺织机械、有了固定的纺织产业链的分工、有了专业的纺织工匠、有了一定规模的集市交易。不论是元代以前还是以后,不论是丝纺还是棉纺,不论是规模还是质量,都有很大的突破,而且都有领先世界的标志。但是,作为手工纺织而言,使用纺织工具的动力还停留在依靠手工的操作层面。纺织规模的扩张还仅仅是生产工具的复制叠加而不是生产工具的革命。

就工业纺织而言,中国起步的时间落后于西方国家。人类工业革命的起始地在英国,瓦特改良的蒸汽机带动了其他工业的发展,因此工业纺织的历史起点处于英国,属自然规律所致。因为有了机械动力替代了人力手工的劳作,纺织这门古老的产业才有了工业的特征。就中国的工业纺织而言,得益于洋务运动的先驱引进了外国的工业纺织装备,传统的手工劳动开始被强大的动力机械所碾压,才有了中国的工业纺织萌芽。工业纺织与纺织工业,前者属于定性而论,后者才是外延的扩展,其逻辑关系是先有了工业纺织才有后来的纺织工业。

二、鸦片战争打开中国国门,工业纺织品开始长驱直入进入中国市场

鸦片战争中,外国列强用坚船利炮打开了中国广袤的国土大门,紧接着就是倾销他们的工业产品和损身害民的鸦片。工业产品中纺织品开始在中国市场长驱直入,中国纺织自耕自足的经济形态由此被改变。1840年以前的中国社会是一个封闭的自给自足的农业社会,鸦片战争的炮声,让中国人看到了西方列强由率先开始的工业革命所带来的技术进步的威力。

外国纺织品大量输入,直接导致的是中国手工纺织业的逐步解体。就纺织工业而言,纺纱与织布是两道可以分开的工艺流程。两道工艺的产出平衡决定了整个纺织产业的基本规模。外商先把他们利用机器生产的人工成本极低的大量纱线打入中国市场,传统的纺与织生产一体式结构在这个时候出现了相分离的情形。"洋纱"的大量输入,先导致中国手工织布业脱离手工纺纱业;而后,"洋布"的输入以及用洋纱织成的土布的出现,使中国的手工织布业又脱离了农业;再后的结果就是,原本从事纺纱织布的生产者日渐减少,这些大量的原来以纺纱织布自给的劳动者,逐渐开始成为纱布的买主。

成群破产的中国农民和大量的纺织手工业者遭受到了有史以来的第一次重创。与其说中国自己的纺织业被外国的武力第一次打入低谷,还不如说是外国的工业纺织技术击垮了中国的手工纺织。这个现象的背后同时也说明,以动力机械为标志的工业纺织,其生产效率具有手工纺织无法比拟的先进性。

表2-1、表2-2展示了19世纪60年代至19世纪末外国输入中国的棉纱和棉布的情况。

表2-1 外国输入中国的棉纱

年 份	1868	1878	1888	1898
进口量	54 212 担	108 360 担	683 468 担	1 958 764 担
增长率	—	10年净增约100%	10年净增约530%	10年净增约187%

资料来源:历年海关报告,据彭泽益编、生活·读书·新知三联书店1957年出版的《中国近代手工业史资料》第二卷第196页整理

表2-2 外国输入中国的棉布

年 份	1875—1879	1880—1884	1885—1889
5年中平均年输入棉布量	19 363 684 关两	23 466 152 关两	29 559 533 关两
增长率		21.18%	25.97%

资料来源:历年海关报告,据严中平著、商务印书馆2011年出版的《中国棉纺织史稿》第72页整理

三、清朝的洋务派力挺利用西方先进的生产技术来发展自己的民族工业

1840年第一次鸦片战争以后,清朝政府内外交困,统治集团内部出现了一批主张利用西方先进的生产技术来强兵富国、摆脱困境、维护清朝统治的官员。这些官员被称为"洋务派"。洋务派在中央以恭亲王奕䜣、重臣文祥为代表,在地方以曾国藩、李鸿章、左宗棠、张之洞为代表。19世纪60—90年代,他们掀起了一场"师夷长技"的洋务运动,前期(19世纪60—70年代)口号为"自强",后期(19世纪70—90年代)口号为"求富"。洋务运动内容涉及军事、政治、经济、外交等,兴办军事工业并围绕军事工业开办其他企业。

1894年,中日甲午战争爆发,北洋海军全军覆没,洋务运动宣告破产。洋务运动历时30余年,虽然以失败而告终,但就中国纺织历史而言,它却开启了一个中国工业纺织历史的新纪元。撇开它的政治影响,就工业经济对后续中国社会发展的穿透力而言,洋务运动虽败犹荣。值得记取的是,上海在这场以工业革命为主要内容的运动中,早早地迎来了工业纺织带来的第一缕阳光。

第二节　李鸿章及上海机器织布局

作为洋务运动的重要内容之一,1878年,晚清重臣李鸿章主持筹建上海机器织布局,并于1889年开工。这是中国工业纺织历史上的一个重大事件,上海也同时成为中国纺织工业的发祥地。

一、李鸿章与上海的不解之缘

李鸿章是洋务派的领导人之一,与曾国藩、张之洞、左宗棠并称为清朝"中兴四大名臣"。李鸿章选择在上海建机器织布局,除了他认为上海是一个重要的通商口岸以及上海的纺织技术先进、市场广阔外,还有一个重要原因是他早年与上海结下的不解之缘。

咸丰十一年(1861),太平天国向上海进军,上海清军不能作战,英国侵略军增兵未到。同治元年(1862)春节过后,李鸿章完成对淮军的组建工作。同年3月,曾国藩在李鸿章陪同下,检阅已到达安庆集结的淮军将士。随后,有上海士绅花银18万两,雇英国商船7艘,将淮军分批由水陆运

洋务派领袖之一李鸿章

往上海,李鸿章本人于3月10日随首批淮军抵沪。3月,李鸿章经曾国藩推荐被清政府任命为江苏巡抚,12月又改为实授。这个时候,上海华洋杂处,也是江南财富集中之地。太平军也瞄准上海这样的有利区位,开始进行第二次大举进攻,能否守住上海并徐图发展的重任落到了文官出身的李鸿章身上。李鸿章统率淮军将领,亲临前线指挥,经过虹桥、北新泾和四江口3次恶战,成功守住上海的战果,赢得朝廷内外大加赞赏。

而后,李鸿章一鼓作气,对内,他"尽改(湘军)旧制,更仿夷军(雇请外国教练训练淮军)",装备洋枪洋炮,俨然成为一支新式军队;对外,他采用一系列招降纳叛、兼收并蓄的措施,大力扩军,使淮军在两年内由6 000多人增至6万—7万人。这支清军中装备精良、战斗力较强的地方武装为李鸿章日后在清政府的地位晋升起到了很大的作用。上海这一仗既显示了李鸿章"军贵能战,待吾破敌慑之"的治军之道,也从中可以窥见清朝大臣与上海官商巨贾的鱼水关系。上海可谓是李鸿章本人的一个"福地",治军上海也是他仕途的一个转折点。

二、洋务派从"自强"到"求富"的求索过程

在上海开办机器织布局是洋务派从"自强"到"求富"战略路线中的一个组成部分。洋务运动的早期,他们为了求得"自强",一开始的目标是巩固国防,在军事方面的措施是开办近代军事工业、创建新式军队、购买国外新式武器。1861年,曾国藩在安庆设军械所。1862年清廷下令都司以下军官一律开始学习西洋武操,各省防军开始更换新式武器。1864年,李鸿章在苏州设立西洋炮局,1865年,又在上海设江南制造总局,1866年左宗棠在福建设立福州船政局,1867年三口通商大臣崇厚在天津开办天津机器制造局,1877年丁宝桢在成都设立四川机器局……短短十数年间,在李鸿章等洋务派领导人的推动下,中国的近代军事工业体系基本建成,火枪、大炮、弹药、蒸汽战舰都已能够在国内制造。但是,几年之后,洋务派发现单靠简单的武力强大,并不能改变中国积贫积弱的社会状态,清政府依然面临外国列强对国内政治干预的压力,整个国家还是无法摆脱半殖民地半封建社会的落后状态。

李鸿章认为,西方各国是以工商致富,由富而强,认为"求富"是"自强"的先决条件,这些治国理念很快得到朝廷的认可。于是洋务派开始将工业范围扩大,兴办民用工业,以"兴商务,竣饷源,图自强"。1872年李鸿章在上海开办轮船招商局,开始了"求富"之路,在此后的十余年间,煤矿、铁厂、电厂、自来水厂、缫丝厂、织布厂、电报、铁路等工业基础项目相继投建。这些民用工业的创办不仅为中国近代民族工业的发展打下了基础,而且在当时确实打破了西方资本在中国的垄断局面,并为清政府收回了大量的白银。中国近代史上的第一次工业资本的飞跃就此迈开了艰难的步伐。

三、上海机器织布局与上海华盛纺织总厂

兴办近代纺织工厂,是洋务运动"求富"的重要活动之一。1878年,李鸿章在上海筹办机器织布局之后不久,左宗棠在甘肃兰州筹设织呢局,1888年张之洞在湖北筹设织布

局,后又于1894年办纺纱局、1895年办缫丝局、1897年办制麻局,合称"湖北纺织四局"。上海的机器织布局创办时间早于其他各地,而且产品主要针对棉纺织业。这也是中国第一批近代纺织工业兴起时的基本布局。

上海机器织布局位于杨树浦的黄浦江边。其初始资本金50万两(实际到账40万两),后增至100万两。工厂初期设有立炉5座、小立炉1座、500匹马力引擎1具、织布机200台、纺纱机40台。按照郑观应工厂达产规模的设计:上海机器织布局用织机400张,年产棉布24万匹,得银44.4万两,除去成本开支,可得银7.5万余两。上海机器织布局经近10年的筹备,于1889年底投入运行。

上海机器织布局旧址(图片拍自上海纺织博物馆)

上海机器织布局工厂设备

(一) 上海机器织布局在选择负责人时一波三折

上海机器织布局是在官督商办情况下筹建的,因此,在朝廷方面,主要是洋务派的李鸿章等人在选择筹建负责人时,走了一段小小的弯路。

第一位候选人是具有道员头衔的彭汝琮。1878年10月5日,彭汝琮分别写信给南洋大臣沈葆桢、北洋大臣李鸿章表示他想在上海筹建机器织布局的设想。信中他还附了自己拟订的8条建厂章程和24条预算细目的具体方案,其目的是请求官方给予工厂享有与外商同等的税务优惠等。按照彭氏的建厂计划,机器织布局主要经营轧花、纺纱、织布业务,初期资本为50万两,共置布机480台(后增至800台)。计划投产半年后棉布的年产量可由26万匹增至45万匹,预期盈利由9万两升至15万两,预计红利可达30%。彭氏声称建厂所需资金由他自己来筹措,无须官方出资。

针对这样一份建厂方案书,李鸿章在持肯定态度的同时还做了两件事情。李鸿章首先向朝廷打申请报告,提出同意开建的理由。其奏折写道:"查进口洋货以洋布为大宗,近年各口销数至二千二三百万余匹。洋布为日用所必需,其价又较土布为廉,民间争相购用,而中国银钱耗入外洋者实已不少。臣拟遴派绅商,在上海购买机器,设局仿造布匹,冀稍分洋商之利"。在征得朝廷同意之后,李鸿章做的第二件事情是给彭汝琮物色副手人选。李鸿章选的副手包括太古洋行买办郑观应,由他来出任"会办",委任太古买办卓培芳、上海绅商唐汝霖,以及候补知县常康等人为"协(帮)办"。找"会办""协(帮)办"人选的初衷,主要因为李鸿章本人过往在与彭汝琮的接触中留下对其"人素荒诞……本大臣甚不相信"的印象,而且李鸿章安排自己信得过的人选来一起打理此项目也属稳妥做法。

1879年初,建厂工程正式启动,并正式命名为上海机器织布局。但是,很快彭汝琮与郑观应发生诸多意见分歧,郑观应便向李鸿章提出辞职申请并得到批准。李鸿章经调查后发现彭汝琮在招股、定购机器、购觅厂地、建造工厂等几个重大问题上存在谎报、瞒报的情况。这些问题如郑观应所禀报:"所称集股五十万两……自如至终未见实际";擅自向新太兴洋行定购织机800部,"该洋行以定银五万延约未付……彼已窥破虚实"而未成交;买厂地亦因"抵押移应他急"而无结果,无厂地加之手中缺乏现款,造厂房就谈不上了。李鸿章接禀批示道:"兹据禀述各情,是彭前道作事虚伪,专意骗人,毫无实际,其心术品行,至穷老而不改,可鄙已极。"彭汝琮被辞。如此,上海机器织布局因任人不力而遭到建厂之事的第一波曲折。

李鸿章办上海机器织布局的信心并没有因为彭汝琮而减少。1880年,李鸿章委派编修戴恒为总办、道员龚寿图为会办以及让郑观应、经元善等一起继续操办机器织布局的筹建工作,并作了"此举以招集商股为第一要义","所需资本必须顶为筹足,以免临事周章"等一系列指示。按照李鸿章的意图,郑观应主拟了《上海机器织布局招商集股章程》。该章程比较详细地制定了资金筹措(招集商股)、购机买地、生产销售、赢利分配等一系列规划。可见,郑观应是李鸿章信得过的人,也是上海机器织布局筹建的核心人物。但是,1883年,上海出现金融风波时牵连到机器织布局内部的股票资金账目亏损的情况时,郑观应一方面处在被追查的境况中,另一方面又因1884年中法战起,其应粤防大臣彭玉麟之邀,启程去了广东。

郑观应离开后,盛宣怀成为其接替者。郑观应的账目一案结束之后,李鸿章委江海关道龚熙瑗督同龚寿图、龚彝图及杨宗濂等人继续织布局的筹办事宜。又经过数年时间,上海机器织布局于光绪十五年十二月初三日(1889年12月24日)试机,十二月初七日(12月28日)正式开工。次年春天,李鸿章又委派时任轮船招商局会办的马建忠为机器织布局总办。自1879年至1889年,历时10年一路换帅,几经波折,上海机器织布局总算跟跟跄跄开始进入生产状态。

(二)上海机器织布局的入股资金筹措时间跨度长且经营管理缺乏足够的经验

上海机器织布局是中国最早的官督商办合作经营的纺织工业股份制工厂,在当时算是一件新鲜事物,诸多入股者对机器织布局的前途发展缺乏足够的信心,因此在认购开始阶段,实际到账的钱跟招股章程所拟定的资金略有出入。而且,面对资金在管理中出现质押、亏空等事宜也没有一套有效的管理办法。

1883年上海出现金融倒账风潮、股票大幅度下跌的时候,机器织布局中的部分资金暴露了"或已放出,或押股票,均无实银存局"的情况。当发现账面有亏损情况再去处理时,当事人已经去了广东,等这些账目处理完毕时又跨越了5个年头,直至1887年才刚刚处理完毕。处理的结果是"变价还款,约亏银二万两……照数赔偿"初期的入股者戴恒、龚寿图、郑观应、李培松各认股份5万两。其余的差额欲请求李鸿章拨公款5万两及另与各关道绅商凑5万两,共集股银30万两。后有蔡嵋青、经元善等人认股才逐步凑足40万两。按照郑观应50万两资金的设计安排,当时还缺口10万两。因此筹办的初期实际到账是40万两。因筹建过程时间跨度较大,后来的资本金扩充后达到100万两。

(三)外聘美国工程师丹科

上海机器织布局的技术总负责人是外聘美国工程师丹科,他到岗后,先采用国产棉花到英、美纺织厂上机试织,以便更准确地选择适合本地棉花品质的机器装备。上海机器织布局的纺织机械从弹花、纺纱到织布全部设备均从美国引进,自投产之日起,上海机器织布局营业兴旺,获利很高。1893年夏天,李鸿章决定扩充纺纱,致信在英国任公使的薛福成,请他代向英国订购机器。扩充设备来自英国制造,到1893年为止,布机增至530台,纱锭达35 000枚,实际投产织布机300余台,纱锭27 000余枚,工人人数增加至4 000多人。如日夜开工,计最多可生产出600匹布,且产量有逐年上升趋势。产品主要销于上海地区,同时亦销售到福州、重庆等地。

(四)上海机器织布局享受到的政府优惠待遇

第一,"十年以内只准华商附股搭办,不准另行设局";第二,布局所产布匹由上海运入内地,与洋布一样仅完正税,概免内地厘税,出口与洋布相同,仅完正税。这些措施对织布局之后的发展都提供了基本政策保障。

（五）上海机器织布局遭大火烧毁后再重建华盛纺织总厂

纺织工厂其实是一个防火重大区域。但是，从长期手工作坊脱胎出来的作业管理，有着致命弱点。上海机器织布局的西面为账房和工友所居之处，东面为轧花纺纱女工捡花处、机器织布处、堆货栈房等。轧花机器设在楼上，而花子则堆在楼下。光绪十九年九月初十日（1893年10月19日），大火起于清花厂地板下清花机下面的地沟。当工人发现冒烟时，就将地板掀开，废棉花接触大量空气，火焰迅速腾起，顷刻冒蹿至屋顶，延及30余丈外的棉花间。厂房的屋面是用牛毛毡和柏油（沥青）制作的，易于燃烧。起火地方虽离黄浦江不远，取水并不困难，但皮制的洋火龙已有很多损坏的，取水不灵便的同时，许多洋火龙反而被大火烧坏。面对火势，上海机器织布局有人连忙乘马车赶往英、法、美租界，请他们的火龙来救火，却遭到洋人的拒绝，理由是工厂在租界之外，不便前往。大火从上午9时烧到晚上7时，前后烧了10个小时。这场谁也不曾料到的火灾，烧毁清花厂、弹花厂、织布厂、机器厂、生火间（锅炉房）、棉花仓库、棉纱仓库、洋布仓库以及工人宿舍等共计600余幢（间）建筑及机器设备，直接损失总计白银至少150万两。

华盛纺织总厂

一场突发大火让刚具雏形的工厂备受打击，但李鸿章等洋务派官商面对如此巨大的打击，并不懈怠。1893年11月，李鸿章派盛宣怀会同上海海关道聂缉规负责恢复织布局，募集新股100万两，在织布局旧址上再设立了机器纺织总厂，取名华盛纺织总厂，纺织工业先驱的灵魂注定属于上海这座城市。新建的华盛纺织总厂，性质仍为官督商办。中国纺织工业的序曲一唱三叹，历史的战车终于再次出发。至1894年9月，隆隆的机器织布声又在黄浦江畔响起。华盛纺织总厂寄托着这座城市的期盼，就此迎来了新的历史时刻。

第三节　对洋务运动失败与工业纺织崛起的思考

洋务派是近代中国最早提出改革的先驱。洋务派看到了中国封建社会的落后并力图改变,这种意识和观念应得到充分肯定。洋务运动有其历史局限,最终失败在所难免,但洋务运动留下的历史遗产是民族进步过程中的重要篇章。

一、从政府行为与民间力量的联合透视早期工业资本的原始生态

鸦片战争打开了中国的封建大门,同时也震醒了清政府中那些有民族自强意识的官僚阶层。追求用西方技术来加快发展民族工业的理念,在当时只有具备开阔视野和民族觉醒意识的官员才可能有此智识。开阔视野指的是清政府的洋务派看到境外工业革命延伸出来的磅礴生产力,民族觉醒意识是指忧国忧民的政治觉醒。开阔视野与民族觉醒意识集中在洋务派的身上,对中国纺织工业而言,是一个天时地利人和的历史性事件。机缘巧合使上海这座城市具备了承载这一波浪潮的条件。工业纺织的雏形从某种意义上说是洋务派摆脱各种干扰,联合民间力量的唯一选择。

(一)洋务派引进工业技术办实体经济的作为势必导致外商资本与官僚阶层两股势力的阻挠

第一股阻力来自一部分洋人。19世纪70年代后,外国势力已从商品输入发展到资本输入。外商在中国设立了一些纺织原料加工厂,如缥丝、轧花、洗毛工厂。1895年《马关条约》签订后,允许外商在中国设厂,外国在华所设纺织厂大量增加。1897年英商设老公茂纺织局,规模达30 548锭,设恰和纺织局,规模达50 000锭。美商设鸿源纺织局,规模达40 000锭。德商设瑞记棉纱厂,规模达40 000锭。4厂区规模共计达160 548锭,资本共计达4 215 800两。19世纪中后期的中国已是一个国际纺织品市场,洋纱洋布在中国倾销势头正猛。据华中、华北口岸的不完全统计,1894—1898年间,华中棉纱市场上,洋纱占86.4%;华北棉纱市场上,洋纱占93.7%。1902年以前,中国粗布来源,美国进口比重占80%—90%,细布来源则为英国独占。

拥有如此规模的外国纺织势力网织成的商业利益集团,为了尽可能长时间地维持他们的既得垄断地位,一方面忌惮中国本土纺织势力的强大,另一方面,他们在商行输入机器设备时暗中进行欺诈和挟制。发生如上海机器织布局起火时不予施救的情况,足以说明上海机器织布局的诞生触及了这一股势力的商业利益。

第二股阻力来自官僚阶层的封建顽固势力。清朝政府中一批封建顽固派竭力反对和阻挠兴办近代工业与向西方学习。这些封建官僚认为,使用机器会"废民""损国":"机主于动,生于变,戾于正,乖于常。以技艺夺造化,则干天之怒;以仕宦营商贾,则废民之业;以度支供鼓铸,则损国之用。"他们把中国贫穷落后的原因归罪于"纪纲之废坠"的缘故而不是殖民主义的洋货倾销、白银外流等内忧外患,他们的这些理论显然是荒谬

的。其实,真正的原因是,这些封建顽固势力害怕他们的根基和权势因此而遭到动摇和破坏。

(二)官督商办体制在两难矛盾中求平衡

以李鸿章为首的洋务派在得不到政府鼎力支持的情况下创办纺织工业(包括其他工业项目),不得不在同国内外各种势力的斗智斗勇中,顶住压力迎难而上。因此,只能采取与民间商贾合作的办法,在夹缝中走出一条为自强而战的荆棘载途之路。

在纺织工业的初始资金筹集方面,既然得不到政府的银两,企业的资本金自然就以私人的名义投入。在这种投资决策与资本投入两者分离情况下,资本逐利的本性一定会使运营层面发生不可调和的矛盾。为了缓解这种体制下的矛盾,李鸿章不得已动用政府行政干预经济的强权政治手腕,为纺织工业在上海的发展设计了10年许可的专利特权。10年的特别许可,无疑是对上海纺织工业发展给出的最大政府福利。这是官督商办体制的最大优点,但同时,也是因为这样的体制,导致官员过多插手企业运营而使企业不得不咽下体制缺陷带来的苦果。

企业按理该是由企业的股东(出资人)来自行管理日常工作,但是,由于当时中国第一批近代纺织企业由官督商办,出现了企业领导层的总办、督办等负责人由清廷委派政府官员担任的特殊情况。这种情况的出现,一方面,是由于中国工业企业的诞生是在政府的主导下进行的,这是中国特有的国情。从某种意义上说,中国官员(主要是洋务派)觉醒得比中国民间商人早。中国民间商人往往带有小富即安的小农意识,而官员中的洋务派视野相对较宽。另一方面,是由于作为管理工业企业管理人才的民间商人还不具备相应的能力。官员的强势和民间商人的弱能导致企业管理制度中常常留有封建官场的各种陈规陋习,以至1891年上海机器织布局工人曾举行罢工表达对工厂管理的不满。

(三)围绕纺织产品价格的博弈折射了清末官僚的软弱与无能

上海机器织布局在外商势力和国内保守官僚的双重挤压下,跌跌撞撞总算投产之后却面临了来自市场价格的挑战。为了扶植自己的民族工业发展,对洋布课以"洋布税"乃是情理之中的事情,但是,软弱的清政府非但没有课洋人重税,而且还试图对上海机器织布局采取与洋人同样的税率。1895年《马关条约》签订后,总理衙门企图要华盛纺织总厂的产品在新关缴纳正税之外,与洋货同例地纳子口半税。得到这样的消息后,华盛纺织总厂的盛宣怀坚持认为此举不可行。他认为如果税与"洋制"一样,一方面失信于商民,"使人寒心",另一方面,"洋商长袖善舞,华商力薄,相形必绌,此后恐只有洋人添厂矣"。洋务派为了抵御外侵的工业纺织品而力排众议建了自己的机器织布局,但是没能摆脱的困境是,产品出厂之后的价格之战同样棘手。

从当时整个国内的情况看,第一批近代纺织工业虽然已经初见雏形,但是中国的纺织工业还没有真正形成工业体系。中国那时虽然已是一个国际纺织品市场,但洋纱洋布倾销中国的局面却依然没有被改变。在被洋人半殖民化的社会环境中,洋商利用不平等条约所规定的低税率和倾销政策等手段,只用土布 1/3 的价格卖给中国人民,导致洋布市场逐渐扩大,从沿海而逐渐扩展到内地。

二、上海机器织布局的时代意义

上海机器织布局诞生在上海,上海以其特殊的土壤孕育了中国近代纺织工业。但是,纺织工业作为整个中华民族走向近代化的重要内容之一,其意义已不仅局限于上海一座城市而论。洋务派追求的"自强""求富"目标未能实现,洋务运动最终归于失败,其原因可能更多应归在时代的局限性这个大框内。洋务派没有这样的能力以及远见来推翻当时的没落政府机器。要求洋务派在推翻封建统治的基础上搞洋务,这不是洋务派能够做到的。洋务运动的意义是力挺发展民族工业,提倡"中学为体,西学为用"的指导思想,其所做的实体经济实践具有划时代意义。

工业纺织不同于手工作坊式的生产,在采用机器进行大规模生产的条件下,按照当时的生产水平,纺 14 支纱每锭日夜生产 1 磅,每万锭用工约 650 人,即人均日产棉纱 15.4 磅,接近手纺纱的 50 倍;织 14 磅棉布,每台日夜生产 60 码,每百台织机用工约 280 人,即人均日产宽 1 码的棉布 21.4 码,是手工织布的 6 倍多。上海机器织布局从开工到被焚的 3 年中,运出上海销售的布匹可达 700 多万米,湖北织布局 1895 年产布 295 万米,1899 年产纱 11 498 件。这些工业纺织产品打入了国内市场,改变了洋布一统天下的局面,同时也拉动了地方经济,完成了工业资本的原始积累。

关于工业资本的原始积累,可以从多角度加以认识。

其一,近代纺织工业不论是官督商办还是官商合办,其性质是中国第一代工业资本的规模化投入、是资本投入与产出的关系问题。虽然资本投入的开始就遭到国内外势力的各种阻挠,虽然这些企业从诞生到失败的过程都充满了艰辛,但是,除了资本产出的一部分归投资人之外,更多的意义在于另一部分转化为了社会资本。不论是上海机器织布局依靠清政府获得专利权及低税权取得的资本回报,还是湖北织布局一度获得的赢利要充作铁厂和枪炮厂的经费支出,在当时中国社会条件下,这些近代企业代表着先进社会生产力的发展方向,引起的生产变革和社会变革,刺激并影响了中国近代纺织工业的发展,其意义深远而伟大。从这个意义上说,这样的资本投入,与其说是一次引进西方技术、开拓近代纺织生产的过程,还不如说是为民族资本纺织工业开辟道路的过程。通过大规模近代工业生产的实践,第一批近代纺织的产业工人和技术力量开始成长起来。在这批企业开工以及失败后,从 1894 年起,又一批由官僚、地主、买办、商人投资兴办的纺织企业陆续出现。这些企业绝大多数是集股兴办,独立经营。到 1910 年清廷覆灭前夕,全国华商棉纺厂已有 49.7 万锭,其中上海一地占 1/3。不论洋务运动失败与否,中国近代纺织工业就此带动了一次社会经济结构的大变革。

其二,在思想理念层面最大的收获是工业实业的兴起,动摇了从商鞅变法开始的中国几千年文明中"重农轻商"的思想观念。这些认识上的颠覆对中国近代资本主义经济成分的扩大发展具有重大意义。

上海码头外国船只卸棉货情景

附录：1890年上海机器织布局所欠外债表

借　款　人	借贷数目（规银：两）	还款日期
轮船招商局	100 000	1891年4月9日
仁济和保险公司	100 000	1891年4月9日
汇丰银行	100 000	1890年12月31日
汇丰银行	50 000	1891年3月1日
怡和洋行	50 000	1891年2月3日
麦加利银行	50 000	1891年2月4日
法兰西银行	50 000	1891年2月23日

资料来源：上海图书馆藏书《盛档；6》，"上海机器织布局向仁济和借款凭执"，光绪十六年八月初一日（1890年9月14日），第155页

第三章 海派纺织撑起上海工业的半壁江山（1895—1949年）

海派纺织崛起：城市独特的经济业态

洋务运动失败之后,中国资本主义的发展却出现了空前快速增长的势头。上海纺织工业在这一波经济发展浪潮中一马当先,并逐渐形成了有别于内地纺织工业的具有鲜明特征的海派纺织。

海派纺织的兴起,主要得益于外来纺织资本和民族纺织资本的双重推动。在资本的作用下,先进的纺织技术以及开放的工业纺织理念在上海这块较早通商的口岸土地上形成了互为补充和相互映衬的繁荣景象。这是一种天时地利人和造就的独特经济现象。纺织工业的车轮在资本与市场的驱动下,不会因为朝代的更迭和社会的跌宕而改变自己的轨迹。据民国十八年(1929)上海市社会局的调查,全上海工厂28.5万人职工中,纺织业有20万人,占70%。截至1949年新中国成立的时候,上海纺织工业共有企业4552家,作为纺织工业主体的棉纺锭已达243.54万枚。上海工业中的纺织、轻工、重工三者的比例分别是纺织占62.4%、轻工占24.0%、重工占13.6%。最高峰时,上海市的棉纺锭占全国棉纺锭总数515.7万枚的47.23%。海派纺织承载着半个世纪的历史沉淀,撑起了全国纺织业的半壁江山,并以其独特地位而一直被后人称颂。

第一节 海派文化与海派纺织

不知从何时开始,上海的纺织产业就被悄悄地冠上了海派纺织的美名。就如上海的文化常有海派文化之称谓一样,"海派"一说从哪年哪月得以开始,似乎有点模糊,但就上海的纺织特点而言,不论就其纺织规模还是就其纺织品类的多样性、先锋性而言,"海派"之名确实名不虚传。

一、自然因素与"海"字结缘

关于"上海"的由来,民间的说法有两个版本,一是取自《弘治上海志》中"其地居海上之洋"的提法,一是认为由于当时有上海浦和下海浦等水道而得此名。从地理位置上说,上海市地处东经120°52′至122°12′,北纬30°40′至31°53′之间,位于太平洋西岸,亚洲大陆东沿,中国南北海岸中心点,长江和黄浦江入海汇合处,北界长江,东濒东海。亚洲第一大河、被称为中华民族"母亲河"的长江,蜿蜒曲折,流经中国最广袤富饶的11个省、自治区和直辖市,奔腾呼啸,最后投入上海的怀抱进入东海。

这样的地理位置使上海具备得天独厚的优越条件:对内,得益于长江沿江经济文化带来的无尽瑰宝和长三角丰饶的水土滋润;对外,1842年英国强迫清政府签订了《南京条约》,将上海列为中国最早的五个通商口岸之一后,西方的技术和文化由"海上门户"的上海得以落地、开花。

国民政府成立后,1928年,根据孙中山的大上海计划设置上海特别市,两年后改称上海市至今。

二、开放城市、多元文化

鸦片战争后上海开埠,西方的船只从外海直溯而上。温润的气候,开放的城市,让西方列强的军事、商贸、文化代表和国内多民族精英纷纷前来"安营扎寨"。人口的多元以及职业的多元使上海几乎成为一个小型"地球国"。

上海租界形成后,外侨人口最多时超过15万人,所属国籍与民族最多时超过60个,英国、美国、法国、德国、日本、俄国人以及犹太人操着各种语言在各种公共场所忙进忙出。当时的上海有3类市政机关、3个司法体系、4种司法机构(领事法庭、领事公堂、会审公廨与中国法庭)、3个警察系统、3个公交系统、3个供水系统、3个供电系统(电压有两种,法租界是115伏,公共租界是220伏)。教育、宗教的多元让人目不暇接。比如除了国人自己办的各类学校之外,有教会、租界工部局、公董局、外侨团体等办的教育机构。有在美国注册、用英语教学的(如圣约翰大学),也有用法语、俄语、德语、日语教学的。宗教中的佛教、道教、伊斯兰教、天主教、基督教都在这里形成规模体系。节假日就有春节、端午、复活节、受难节、感恩节、圣诞节等。报纸杂志有各种语言的版本。还有饮食文化、娱乐戏剧文化以及建筑文化等社会文化呈现千姿百态的广博和奇异。

熙熙攘攘的上海滩,不论是文明进步的还是黑恶势力的,从工业制造、商业贸易到金融投机等等的一切社会活动统统指向了背后的基础纺织服饰产业,所有人都需要与之对应的服饰来加以维持日常工作与生活社交。多元的社会需求带动了多元的纺织服饰产业的进步与发达。由城市繁荣带动纺织发展,纺织发展又促进各种纺织面料的多样性,多样性的纺织面料再反作用于城市的繁荣,这样就形成一个循环往复的闭环路径。原先以单色为主的棉布、麻布、丝绸等传统面料开始转向以条格暗花为主的府绸、凡立丁、哔叽、华达呢、麦尔登等西式面料和传统面料共同发展的多元格局。多元、时尚的产业特征已经自然而然地浸润了上海的纺织业态。

(一)租界成为异国文化服饰的集散中心

1845年英国殖民者首先在上海县境域划定英租界;1849年,法国殖民者也要求划定法租界;1863年,美租界与英租界合并成立公共租界。租界形成之后,洋行、警局、教会学校等机构的出现,使得职业特征显著的服饰需求增加,带来了中国传统服饰由面料到款式的大跨度改变。服饰的改变是一种文化的漂移象征。比如一艘外国商船进港之后,除了水手服可以直观地为纺织设计者关注之外,更多的可能是一种附着在外来商品背后的文化理念的改变。开放的通商口岸以及多国租界文化引发多元服饰的集中亮相,带动纺织产业的丰富与多彩。

(二)上海都市圈的繁华程度推高了区域国民对服装精致化、多样化的要求

20世纪30年代前后,上海是当时世界上的第七大城市,人口仅次于柏林、伦敦、莫斯科、纽约、巴黎和东京,租界是中国东南沿海当时唯一的"非战争地带"。灯红酒绿、纸醉金

迷是这座城市在那个年代的另一张社会名片。沙逊大厦、安利洋行等相关富豪的传奇与"鸿翔西服""红帮裁缝"联系在一起而闻名遐迩。《良友》《三六九》等刊物辟出了时装专栏,通过明星剧照和生活照以及时装画来介绍国内外的流行信息。同时,《妇女生活》等报刊则以文字为主来探讨女性在社会中的生活状态,并穿插介绍了欧美的流行款式与时尚,带动了整个远东地区人们对"穿在上海"时装流行文化的认识。金鸿翔、金仪翔兄弟在 1917 年创办了位于静安寺路 863 号的"鸿翔"女子西服店、徐继生在 1929 年创办于四川路 973 号的"恒生"店打出了男装的品牌,这些品牌的影响力一直延续至今。

(三)上海妇女服饰成为一道独特的城市风景线

辛亥革命之后,资产阶级革命派孙中山率先引进高领军装和西式裤子。孙中山执政期间,他对地方行政官、外交官、领事官、律师等公职人员提出着装要求,且竭力施行倡导男公务员制服为中山装等一系列带行政导向性质的服装发展举措。如果男装因受政府规定束缚而相对略显单调的话,上海的女子服饰则呈现出这一座风情万种的城市的千姿百态。经过辛亥革命与五四运动的洗礼,中国妇女受到新思想、新观念的影响,再加上西式的裁剪方式也传入了中国,上海这座前沿开放城市,早早地迎来了洋装、欧美百货及交谊舞、骑马、网球、电影等西式生活方式潮流的涌入,传统的服饰已不适合新女性的口味。短发、烫发、手袋、钱包、眼镜、镶金手套、手表、遮阳伞、高跟鞋、丝袜等时尚单品首先在上海流行开来。

旗袍是上海的职业女性和家庭妇女以及交际花普遍穿着的服装。民国初年着旗袍者少,20 年代开始普及,30 年代旗袍已成为女性的主要服装,分别在领、袖、衣长、襟和开衩的形式及服装配件等细节上进行变化。40 年代起,旗袍的样式变得更加简洁大方,但是其局部的变化却可以有许多种形态。领型有高领、低领、无领、硬领、软领及开衩领等;袖分长袖、中袖、短袖、无袖、宽袖、窄袖及花色袖等。袍身长可及地、短可露膝,襟有大襟、曲襟、双襟种种,下摆有开衩、不开衩之分,其中开衩旗袍又分前后开衩和左右开衩。衣料多采用绸缎,并绣满花纹。领、袖、襟、裙常有绳边加以装饰。

袄裙服式则以年轻姑娘和劳动妇女穿着居多。袄有长短分,长的长到臀围下,短的短到腰围间。通常长袄是高领、窄袖,短袄是低领、宽袖。袄的下摆有直角、圆角、半圆弧型等,其式样随流行而变化。袄裁制比较紧体,通常下配长裙穿着,并常作彩绣装饰,其形式长短也随时而变。

第二节　海派纺织形成的历史背景

自上海开办机器织布局之后,近代社会的作坊式纺织就此被大工业机械纺织所替代。第一代纺织产业工人的诞生改变了中国封建社会形成的自给自足的小农经济。在 1919 年爆发的五四运动中,上海纺织生产线的两万多名产业工人率先走上街头声援北京学生运动,中国近现代的历史大门总与上海这座城市的纺织工业联系在一起而被打开。从

1878年开始发展到1949年成为全国最大的纺织工业基地,从外资的倾轧到民族纺织工业的艰难崛起,其大致经历了3次较大的发展浪潮。沧桑磨难贯穿了中国整个近代历史,上海形成了独具特色的海派纺织工业,为支撑整个国民经济的发展打下了坚实的基础。这是上海这座城市和一个产业书写的时代缩影。

一、第一波浪潮:洋务派与外国势力的双重推动

动力机器纺织工业在中国的发生与发展比起英国、德国等西方国家大致迟缓一个多世纪。1840年的鸦片战争打开了中国长期封闭的封建社会大门。而后,朝廷中的一批洋务改革派官员排除各种干扰,通过采用西方先进的生产技术创办各种近代军事和民用工业来力挺"自强""求富"的政治主张。从政治角度而言,洋务派主张的"师夷长技以自强"目的是维护清王朝统治,但是,中国近代史上历时35年的洋务运动,对发展中国纺织工业的内生动力而言,却形成了一支由政府主导的中坚力量。洋务运动的骨干大臣李鸿章在筹建过程屡经波折的情况下,历时10年还是坚持整合各种力量,最终实现了建设全国第一个机械动力棉纺生产企业的夙愿。虽然上海机器织布局从弹花、纺纱到织布的全部设备均从国外引进,技术总工也由美国技术人员担任,但是,开放的国门由此带来的社会经济效应留给闭关锁国的封建社会的影响是非常深远的。新建织布局以中华强盛的缩写"华盛"命名,无疑寄托了纺织先驱期望民族工业自强的朴素情怀。

1895年清政府签署的《马关条约》,让资本主义的先发国家获得了在中国通商口岸设厂的特权。上海这个通商口岸首先被先发国家相中而开始让纺织产业在这块土地上得以繁衍。这与这座城市独特的地理位置有关,但更大程度上应该归结到勤劳的上海纺织祖先在这个区域已经积累了诸多发展纺织工业的基础条件。1897年,美商鸿源纱厂、德商瑞记纱厂、英商老公茂纱厂、怡和纱厂和协隆纱厂相继在上海开工。之后,日商也先后在上海开设上海纺织、内外棉和日信3家纺织厂。到第一次世界大战前夕,外商在上海共拥有棉纺锭33.9万枚,织布机1 986台,占上海棉纺锭总数的70.50%。

1914—1918年第一次世界大战期间,大多数欧洲国家都卷入了这场战争,战火虽然主要在欧洲,但其影响波及了全世界。战争开始之后,一方面原先在中国境内强买强卖的欧洲列强已经无力东顾,另一方面外国输入中国的棉纺织品锐减,因而纱、布价格猛涨。发展纺织工业成为当时资本逐利的最佳选择之一。借助这个历史时机,中国民族纺织工业自身的力量开始觉醒。上海的民间资本开始出现集体投向纺织产业的热潮。新建纺织厂20多家,其中包括后来影响中国纺织业几代人的荣氏家族工厂和郭乐、郭顺的永安纺织厂等。值得关注的是日本商人也抓住了这一机会,先后在上海设立了内外棉、丰田、大康、东华等纺织厂近20家,还兼并了美商等创办的纺织厂。

可观的生产规模以及由纺织工业延伸出来的市场需求,使一个庞大的纺织产业链集群开始在上海浮出水面。除了有些纺织企业自己设立印染、漂染工厂之外,独立的染织、漂染和印花业工厂亦纷纷兴办。1912年、1919年、1920年、1921年先后诞生了上海启明染织厂、中国机器印花厂、上海印花公司、上海信德印花厂等一批以印染为主的纺织配套

企业。到 1922 年,上海出现了大小不等的染厂 10 余家,印花厂 3 家。与印染工艺相关的染料分支产业也开始走俏。1920 年上海达丰染织厂推出新式染色布,其丰厚利润带动了德商推销阴丹士林染料的积极性。德商在技术上协助国内厂家,于是竞购染色机、开漂染厂之风兴起,导致上海又出现一波带动纺织配套装备产业链的风潮。到 1931 年,上海染整厂发展到 30 余家,印花厂 6 家。

靛青染料是纺织业中的配套原料,其用量的多寡一般能窥见纺织规模的繁荣程度如何。靛青染料当时以德国进口为主,1922 年进口 22.7 万担,1929 年上升到 42.1 万担。安尼林染料亦以德国为主,1924 年进口数量达 1 060 万关两。硫化染料,当时每年进口价值从 1926 年的 71 万两、1927 年的 130 万两增至 1928 年的 250 万两,几乎成倍上升。印染技术以及设备的引入,带动了色织以及丝毛麻纺织产业的扩大。1914—1931 年间,机械缫丝机开始盛行,织绸从木机发展到电力织机。1923 年,上海毛纺产业中的驼绒加工业也开始盛行,到 1928 年,上海有驼绒厂 20 余家。仅上海维一、先达、纬纶、胜达、天翔等 5 家驼绒加工厂就拥有驼绒针织机 47 台,年产 76 万米。除此之外,上海纺织产业中的针织汗衫、毛巾被单、制线织带等大纺织配套产业也开始实现规模化的生产格局。

二、第二波浪潮:抓住了上海"孤岛繁荣"的历史机遇

历史上上海的"孤岛时期",时间上指的是 1937 年 8 月(淞沪会战打响)到 1941 年 12 月(太平洋战争爆发),方位上是指上海苏州河以南地区,也就是公共租界和法租界地段,其范围包括东至黄浦江,西至法华路(今新华路)、大西路(今延安西路),北至苏州河,南至肇嘉浜路的地区。这个区域与被日军占领的沦陷区及正在进行战争的内陆相比,社会秩序相对稳定。历史上将此区域的这一时期称为"孤岛时期"。

淞沪会战爆发以后,上海这两大租界中的大部分工厂开始恢复生产。1930 年的上海人口是 300 万人,1936 年达到 380 万人,其中 44% 居住在租界。1938 年 1 月,租界内各工厂的雇工为 3.19 万人,到 4 月就增到 13.07 万人,到年底更增到 23 万人。人口的相对集中既对生活资料、消费品市场提出更大需求,也为工业的恢复生产提供了充足的廉价劳动力。资料显示,截至 1938 年 12 月,"孤岛"工厂发展到 4 700 多家,超过战前两倍以上,到 1939 年,公共租界内新设工厂 1 705 家,纺织业恢复很快。根据当时上海布厂同业公会的统计显示,到 1939 年,租界内新设织布、染织及手织厂 823 家,新增机器 2.32 万台,每月可产棉布 142 万匹。与百姓生活日用品相关的针织行业与毛巾被单行业销售市场十分活跃,出口数量陡增。有的商业资本家为保障货源,干脆将资本投向工业,纷纷设立工厂自己制造。其间,新增加毛巾被单厂达 24 家,比较闻名的有上海萃众、恒泰、太平洋、大统厂等,产品出口数量较 1936 年猛增 1 倍以上,5 年间输出毛巾 972.2 万打,被单 99.95 万条。以针织业为例,当时线袜的利润为 37.2%,丝袜为 43.4%,羊毛袜为 62.6%,卫生衫为 79.2%,羊毛衫为 54%。同一时期,上海和丰织造厂、四合棉织厂、天功棉织厂、中孚织造厂、陆生记毡毯席厂、联华棉织厂、华成织造厂等 10 余家小企业建立并开始从生产毛巾、被单发展到生产围巾、台布、绒毯、线毯等,诸多细分纺织小行业也无不如火如荼日夜赶工

生产。

这个特定的"孤岛"时期,由于交通、贸易相对自由,经济出现了一段畸形繁荣期,历史上又被称为"孤岛繁荣"期。上海纺织工业抓住了这一历史机遇,迎来了纺织历史上的第二次发展浪潮。20世纪30年代,世界战火纷飞,国内形势一片混沌,一个租界弹丸之地怎么会成就一座城市一个产业的如此繁荣呢?

首先从日军与国民政府当时对时局的态度看,他们各自打着"留一手"的小算盘,这给了这块土地少有的发展窗口期。日本是一个资源稀缺的国家,其重工业发展所需的石油、铁矿、铜材等战略物资等全数依赖进口,即使棉花、木浆、硫酸等工业原料也大多需要进口。上海作为他们的物资获取地及中转站,在那时是他们的最佳选择。而且,中日开战的时候,第二次世界大战还没有爆发,日本仍与英美维持着外交关系,对租界内的各外交国不会公然开打。从国民政府的角度考虑,1940年,大后方人口已经由战前的1.8亿人急增到2.3亿人,西南各省每年缺少的棉纱和棉布分别为12万件与400万匹,这些物资大都依赖上海的供应。迁都重庆之后,国民政府仍然在上海专设国货运输管理机构,并继续对租界供应外汇,维持"孤岛"的外汇交易,这使得进口商可以不受外汇配给的限制,自由进口紧缺物资以谋利。上海成为当时全国的贸易中心与这些因素不无关系。

其次是世界形势的走向,让上海这个"孤岛"一度成为欧美各国作为第三方提供战略资源的基地。1939年第二次世界大战爆发后,德国与英国海上运输线双双遭到破坏。而在中日全面开战后的1937年底,各欧美轮船已经恢复了南北洋和长江航线的航运,到第二年的6月,上海重开至伦敦、马赛等欧洲城市的直达班轮,至1938年10月基本恢复至战前水平,国内航线也相继重新开通。在这一片混沌的形势面前,英国将上海当成了原材料和动物产品的市场来源。而德国也借道西伯利亚铁路,将药品、五金机械、化学产品等商品运送到沪,以换取其急需物资。据《民国经济史》(朱斯煌主编)记载:上海在进口方面,1937年的进口总值为5.08亿元,1938年因战争降至3.76亿元,但随即很快大幅度回升,其后3年分别达到14亿元、29.76亿元和34.1亿元。出口的数字也类似,1937年为4.04亿元,1938年降至2.22亿元,其后3年分别上升为3.92亿元、13.67亿元和19.29亿元。战后出口在全国所占比重已高于战前。在1942年之前,英美两国在上海租界区的投资分别占它们在华投资总额的72.6%和64.9%。上海的"孤岛"很快又成为欧美各国在远东地区的商品交易中心而使得纺织产品找到了"最后一公里"的最佳集聚港湾。

最后是民族资本家的资本逐利嗅觉有了明显的提高。"孤岛"内外交通恢复再加电力等工业基础设施等方面的保障,吸引了江浙地区的商贾、地主和银行家纷纷将公司及业务搬迁到租界内。甚至有的豪门富户干脆携带大批钱财来沪边避灾边开展贸易。"孤岛"经商浪潮达到历史之最,"孤岛"成为一块黄金乐土。1938年,租界内新增491家商号和160余家银行机构。有资料显示,中国纺织历史上的荣氏家族在租界内有申新纺织二、九厂两家纺织厂和福新二、七、八三家面粉厂,其赢利远远超过战前水平。仅荣氏家族的申新纺织九厂一家在1939年的赢利就高达1 000万元。荣氏家族一举偿清战前所有巨额积欠,一代民族纺织世家就此豁然崛起。

如果说第一波浪潮主要是由外国资本与官僚买办以及民间资本的共同参与完成了最初的纺织工业雏形,那么,第二波纺织浪潮则把上海推到了近现代海派纺织的黄金时期。

申新纺织厂

三、第三波浪潮:抗战胜利的伟大成果直接助益民族纺织工业走向新辉煌

1945—1949 年是中国纺织工业历史上一段非常特殊的时期。1945 年抗战胜利后,上海的政治经济形势发生巨大的变化。首先是租界和帝国主义在上海拥有的治外法权被全部取消了,这座喧嚣的远东大城市回到了国民政府手中,上海的半殖民地地位也宣告结束了。国民政府接收日伪在上海的全部产业,作为外资最大纺织竞争对手的日资纺织企业被无条件地排除出市场竞争之外。国民政府一举拿下了几乎与民营纱厂具有相等生产潜力的日资纺织企业。原先由日资企业垄断的市场局面被打破。战后的 4 年,属于民族工商业的上海纺织资本家迎来了一个没有外资竞争的时期。上海纺织产业迎来第三波发展浪潮。

1945—1946 年,上海棉纺生产出现了一个报复性的走高,跟中国纺织工业历史上前两次高潮相比,这又是一次罕见的"黄金时期"。1946 年,上海棉纺织业(包括国营纱厂和民营纱厂)拥有设备的总数为纱锭 2 154 422 枚,线锭 362 616 枚,布机 28 087 台,按生产能力折合纱锭总数为 2 947 251 枚,是战前总生产能力的 82.7%。该年全行业设备的最高运转数分别约为纱锭 1 791 831 枚,占纱锭总数的 83.2%,布机 19 575 台,占布机总数的 69.7%。同年全行业产量总数为棉纱 673 461 件,棉布 7 730 171 匹,分别是 1936 年上海棉纺业(包括华资纱厂和外资纱厂)棉纱产量的 74.0% 和棉布产量的 45.3%。资料显示,1946 年的 12 月份,已运转的纱锭达 105.5 万枚,开工率达 85.6%;线锭运转 3.7 万枚,开工率达 40.3%;布机运转 6 585 台,开工率达 63.8%;总生产能力约达纱锭 122.9 万枚,达到战前华资纱厂生产能力的 90.1%。与同年 1 月相比,纱锭增开 57.3 万枚,线锭增开 1.9 万枚,布机增开 4 751 台,即总生产能力增长合纱锭 69.6 万枚。

1945 年 11 月 27 日,重庆国民政府宣布组建中国纺织建设公司。1946 年 1 月 2 日,国民政府考虑到日伪纺织资产多在上海的情况,遂将总部迁到了上海。中国纺织建设公司在上海接收到的棉纺织厂和其他各类厂共 53 家。经过调整、合并,还有一部分发还给原上海纺织业主之外,纺织建设公司在上海接收到的实际棉纺厂 18 家,拥有纱锭 897 328 枚,线锭 238 852 枚,布机 18 195 台,总生产能力折合纱锭 1 411 916 枚。国民政府通过接收外资(包括敌日、敌德),国营资本纺织版图得到急剧膨胀。中国纺织建设公司包括下设的各管理部门的主要职能人员构成了国民政府在纺织产业领域的第一批官僚集团。这样一个庞大的纺织机构已经成为当时亚洲从原材料到纺织成品产业链最完备的集团建制。上海有幸再次名副其实地被确认为全国纺织产业中心。

当国民政府出手在上海这个地盘上与雄厚的民间纺织力量同台竞争的时候,有民间纺织组织曾建言国民政府可将敌伪纺织产业让渡给民间纺织力量来经营,以便国民政府的财力可以集中到国防军事等领域,但是国民政府非但没有采纳这些民间意见,而且在控制整个社会经济局面不利的情况下,出台了一系列带垄断性质的经济政策。这其中包括 1947 年 1 月出台的"凡是使用官方供应的外汇购买原棉的纱厂,必须把这些原棉纺成的纱的 50% 交由政府收购,具体工作由国营中国纺织建设公司办理"等规定。这在一定程度上是对民营纺织企业的打压。政府既是经济实体的经营者,也是宏观经济的调控方,其实质就是为了与民族纺织资本家争夺市场份额而中饱官僚集团的私囊。从经济学角度讲,这就是一出既当裁判员又当运动员的闹剧。当然从总体上看,这些民营与国营纺织企业之间的矛盾,相比半殖民化的上海资本家一方面要应付外国列强势力的欺压,另一方面又要对付官僚买办势力倾轧的双重挤压境况已经有了天壤之别。

1949 年的 5 月,随着上海的解放,一个庞大的支撑国民经济半壁江山的纺织产业回到了人民的怀抱。

第三节　海派纺织的历史成就

上海从近代起就被誉为"东方巴黎"。1894 年上海第一家工业化纺织企业诞生之后的半个多世纪中,这个摩登城市之所以一直处在引领全国时尚潮流的先锋地位,其主要原因可能就在于庞大的纺织产业衍生出来的文化魅力。"穿在上海"的俚语也是对这座城市纺织产业的最大褒奖。上海的纺织成就经过漫长岁月的沉淀,呈现的业态具有广泛的时代特征,以下所列只是相对比较中的典型实证分析。

一、最早形成相对完整的天然纤维纺织加工产业链

一个完整的纺织产业链其功能至少涵盖上游的种植和下游的制造及服务商体系。这些流程包括从原料纤维制造到动力机械以及各科研检测等环节。从洋务运动的机器织布局开始对棉花工业化生产之后,上海在四大天然纤维的加工领域基本实现了产业链的全覆盖。

(一)棉花种植及棉业管理模式创下多项历史之最

棉花种植是棉纺织业的最上游产业。上海古代农业起自渔盐之利,盛于稻棉种植。

渔与盐暂且不说。棉花种植业之前,古上海这个地方在制作衣饰方面主要还是依靠丝麻。这些天然纤维在当时的处理效果是要么细软、要么粗硬,直到棉花种植的引进,在服饰等织物用料上才有了最适宜的纤维原料。种植棉花最初是在宋朝末年。由于土地适宜,加之明朝初年政府扶持,从明代开始,上海地区的棉田面积迅速增长。有记载显示,17世纪前期上海地区棉田数量约为100万亩。而据另一资料显示,明末清初,上海、嘉定、宝山、川沙、南汇、奉贤和崇明等县(厅)已形成"棉七稻三"的种植格局。1843年开埠后,上海逐渐成为中国近代棉纺织工业的摇篮。从那时起,上海地区已是全国棉纺织业中心,获得"松郡之布,衣被天下"的美誉。1920年,上海棉花种植面积达到356万亩。棉花虽为农产品,但其花类美观,结实洁絮,既集实用与观赏为一体,又横跨农工商贸全产业链。1929年4月29日上海《申报》的一篇题为《棉花当选为市花》的新闻,记录了棉花在上海市民心中的地位与文化偏好。棉花见证并推动了一座江南小镇成长为明清时期的"东南壮县",并在此后一跃成为"东方巴黎"的远东第一都市,棉花可谓这座城市的"幸运女神"。

上海松江叶榭乡农民翻晒新棉,图片来源:《松江县志》(上海图书馆馆藏)

1. 最早设立棉花检验所,开第三方质量控制的管理先河

上海地区棉纺织业发达之后,海外进出口以及内地棉业市场一度出现掺杂水分,掺和沙土、废棉、劣棉或石膏粉等贪取小利的情况。为了维护企业的合法权利和地区信誉,上海率先在国内建立第一个从事棉花质量控制的第三方检测机构,为上海地区及周边城市的棉纺织工业管理提供了新鲜经验。

上海棉检所的建立一波三折,时间跨越将近30年。1901年,先由外国出口商及纱厂厂主联合建立棉花检验所,翌年2月因农民反对,10月歇闭。同年9月,在征得地方政府许诺之后,由中国商人自设检验所,名为上海棉花检验所。这之后的1911年、1913年、1914年、1916年、1917年、1919年、1921年再到1928年之间,此棉花检测机构,先后关关停停达6次之多。直至1929年3月1日,由上海商品检验局正式宣布成立棉检所,并颁布相关章程。章程大致内容涵盖:

(1) 收费:出口棉每担之检验费为六分,非出口棉之检验费为三分。

(2) 标准:标准水分规定为百分之十二,至多不得超过百分之十五。凡含水分百分之十五以上或掺有杂物之棉花,该局均不签发证明书。

(3) 抽检方法:抽样检查,"检验时样品口之扦选"。自搜集样品之日起,检验需时至多不得过两日,星期日与其他例假除外。

(4) 有效期规定:抽检发证的有效期间仅为一月。于第一次检验后,三天之内商人得请求复验,概不收费,但仅许复验一次。

2. 最早形成棉花现货交易市场,交易规则自成一体

上海棉花交易市场的形成主要得益于这座城市棉纺业的发达支撑起了一个民间产业管理组织的诞生。棉产业的捐客、经纪人、贸易人才已经从种棉、制棉、纺织的第一线独立出来,成为纺织工业战线上第一代专业营销人才。

(1) 花行:专司本地收棉之责的机构。花行最初集于上海南市大码头里街,故又称南市棉花。而后北市亦有收棉花行出现,遂又有北市花之称。上海当时除了一南一北市有花行之外,上海附近乡间亦有花行。花行其实就是一个中转机构,其盈利主要来自佣金。有记载显示当时的佣金每担约一钱左右。

(2) 花号:收棉规模较大、收棉范围不限本地的机构,收购全国各地运来上海的棉花。有记载显示,1937年之前,上海为全国最大的销棉中心。1930年的资料显示,全国纱厂销棉8 750 019担,而上海一处,各纱厂销棉达4 439 857担,占50.74%。

(3) 坐庄:外部花号的分支机构。如天津、汉口等花号在上即可设立坐庄机构。其职责一是打理总部来货销售,二是报告反馈两地棉市行情。

图3-1是上海棉花现货交易市场花行、花号、坐庄、经纪人、捐客之间的销售路线。

3. 最早建立棉花期货市场,西方期货交易知识首次在棉纺业中得到实践

上海是外商尤其是纺织业外商集聚中心,西方的期货理论和经验很容易在上海得到复制。1918年,上海棉花期货市场先由日商以股份制形式发端。两年后,上海开始出现证券物品交易所,同时棉花期货交易与证券棉纱及标金等期货交易开始一同经营。1921年,上海纺织业的华商纱布交易所开始涉足棉花与棉纱的期货交易。在此期间的1914年,政府颁布了《证券交易所法》,1921年又公布《物品交易所条例》。这些政策条例中明确了政府对交易所的管理权限。

从最初的棉业期货市场特点中也可窥见棉业管理人员留下的诸多管理经验。比如自建棉花审查委员会,审查委员会由理事会任命棉业中富有经验和资望的人组成。审查委员会每年两次开展对标准花与他种花价值差异的鉴定。其他细则还包括对棉花交易数量单位的约定、买卖棉花限于中国产品,并以汉口及通州的细绒花为标准。对经纪人的门槛

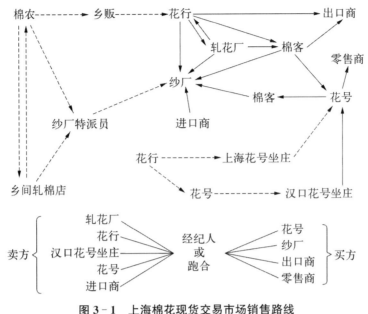

图 3-1 上海棉花现货交易市场销售路线

图片来源：方显挺著《中国之棉纺织业》（商务印书馆 2017 年版，第 50 页）

主要设在保证金的数量上。经纪人进行买卖须向交易所缴纳身份保证金 20 000 两。至于交货地点也可以直接约定送到工厂或指定码头。因为是远期的交易，为了避免双方的各种风险，付款等方式也开始形成期货交易的一系列规则。

（二）丝纺工业打出品牌，"丝业大王"声名鹊起

中国是世界上最早发明蚕桑业的国家，长江流域的先祖在新石器时代晚期就将野蚕驯化成家蚕，并开始利用蚕丝了。考古学家曾不止一次地在殷墓中发现形态逼真的用玉石雕刻的蚕，出土的甲骨文中已有"蚕""桑""丝""帛"等字，这说明在当时养蚕在生产上占据着重要位置。5 世纪，我国的养蚕技术陆续传到了日本、印度、法国和意大利等国。在上海，丝织业，包括种桑养蚕可能早于大规模种棉的历史。上海青浦区古青龙镇遗址最新考古发现，上海地区也曾是历史上丝绸之路交流重镇之一。青龙镇是唐宋时期长江三角洲地区重要的和最早的市镇港口之一。作为江南经济枢纽重镇，青龙镇支撑和主导了几百年的上海"丝路"贸易活动，其贸易航线远至长江中游和东亚海域。

蚕丝的成分是蛋白质，相较于其他非蛋白质的纺织纤维有许多独特的优点，比如纤细质轻，光洁柔软，耐磨、耐热、耐酸、绝缘，排湿吸汗，富有弹性等。用蚕丝能织成薄纱、丝绒、锦缎、绸绢等纺织品。上海即使在棉纺产业后来居上的情况下，丝纺业仍然占有独特的历史地位。

单从时间上看，上海的工业丝纺业发端要比工业棉纺业早。但是，我们在考察上海工业纺织历史标志事件的时候，发现丝纺业不能像棉纺业一样具有划时代的意义。史料记载，1862 年英国经营生丝出口的怡和洋行在上海开办了第一家有 100 台丝车的缫丝厂，

设备是意大利式的座缲机。该厂完全由外国商人一手促成,而后又跌跌撞撞、几经周折,一直到上海整个工业纺织市场雏形初现的时候,它才逐渐形成自己的规模。虽然,上海丝纺业的进展缓慢、缺少民族力量支撑,让相隔不久出现的棉纺业拔得上海纺织工业历史发端的头筹,但是,在上海棉纺业大规模发展的同时,丝纺业同样打出了"大上海"的品牌。丝纺原料虽盛产于毗邻上海的江浙一带,但茧农对丝纺工业化浪潮的到来的认知速度却显得慢了半拍。史料记载,江浙虽拥有万亩良田,但茧农养成的手工作坊式的习惯却不肯轻易改变,导致开办机器缲丝厂、进行规模化生产还是迟于上海、广东等地。这也是成就上海丝纺业崛起的重要原因之一。

辛亥革命成功后,政府重视兴办实业,颁布了若干条奖励实业的政策,上海的丝厂在辛亥革命后的3年间新增11家,且皆为华商投资创办。3年间上海的丝车数量达到14 964部。到了第一次世界大战爆发的时候,欧洲交战各国消耗大量棉、毛原料用于军需。而民间服装原料在缺少棉、毛原料的情况下开始转求于丝纺产品,导致国际丝纺市场出现了需求猛增的变化。为此,上海成为世界丝纺市场的前沿窗口。有记载表明,1914年上海出口厂丝2.1万担,1915年为3.3万担。上海的丝纺工业由此而孕育出自己的品牌,得到欧洲市场的青睐,在当时的文化及经济条件下培育出产品品牌是一件很了不起的事情。

"金锚牌"和"银锚牌"厂丝主要出口英国伦敦与法国里昂。据传这两个产品品牌,每担丝要比一般厂丝多卖好几百两银子。"金双鹿"和"银双鹿"品牌产品主要销往意大利与法国。据记载"金双鹿"的售价每担高达1 300至1 400两银子。它最早由薛南溟和周舜卿合伙开办的上海永泰丝厂的"月兔""地球""天坛"牌长丝传承而来。"金刚钻"和"玫瑰花"品牌产品由浙江湖州人莫觞清、王笙甫、杨芝生等合伙创办的久成丝厂打出。久成丝厂赶上了丝纺业在上海发展的第一波浪潮,在开办的头一年就赢利了。第二年公司嫌原先的设备简陋,后改租沪西药水弄地盘扩大再生产。1928年公司共有缲丝车2 856部,年产丝量达5 000担,执上海缲丝工业之牛耳。莫觞清因而煊赫一时,曾被称为"丝业大王"。

截至1937年,上海丝纺企业共计129家。详见表3-1:

表 3-1 1860—1937年上海丝织企业统计表

序号	企业名称	性质	主要设备	
			名称	数量(台)
1	怡和纺丝局	英商	缲丝机	100
2	实验工场	法商	缲丝机	10
3	旗昌	美商	缲丝机	50
4	怡和	中英合营	缲丝机	500
5	公和永	华商	缲丝机	442

续 表

序 号	企业名称	性 质	主 要 设 备	
			名 称	数量(台)
6	公平	华商	缫丝机	200
7	延昌恒	华商	缫丝机	220
8	裕成	华商	缫丝机	210
9	纶昌	英商	缫丝机	188
10	宝昌	法商	缫丝机	850
11	纶华	华商	缫丝机	500
12	锦华	华商	缫丝机	500
13	晋裕	华商	缫丝机	
14	新祥	华商	缫丝机	416
15	信昌	法商	缫丝机	450
16	乾康	华商	缫丝机	250
17	瑞纶	中德合营	缫丝机	180
18	永泰	华商	缫丝机	200
19	隆昌	华商	缫丝机	
20	大成	华商	丝车	258
21	允余	华商	丝车	338
22	振成	华商	丝车	280
23	勤昌	华商	丝车	416
24	永康	华商	丝车	208
25	宝成振	华商	丝车	208
26	裕和	华商	丝车	404
27	信大	华商	丝车	396
28	振昌裕	华商	丝车	300
29	公泰	华商	丝车	200
30	庆华	华商	丝车	252
31	裕康	英商	丝车	260
32	久成	华商	缫丝车	512
33	聚纶	华商	丝车	308
34	复昌	华商	丝车	240
35	经纬	华商	丝车	320

续 表

序 号	企业名称	性 质	主 要 设 备	
			名 称	数量(台)
36	振昌泰	华商	丝车	240
37	协安	华商	丝车	230
38	庆华	华商	丝车	280
39	汇昌	华商	丝车	208
40	协成	华商	丝车	200
41	延港	华商	丝车	264
42	利昌	华商	丝车	256
43	瑞昌	华商	丝车	224
44	余记	华商	丝车	248
45	恒丰	华商	丝车	320
46	德成	华商	丝车	244
47	锦成	华商	丝车	450
48	福和	华商	丝车	240
49	天成	华商	丝车	320
50	三源	华商	丝车	240
51	天成	华商	丝车	218
52	昊子记	华商	丝车	208
53	又成	华商	丝车	414
54	馀成	华商	丝车	280
55	协济	华商	丝车	240
56	三丰	华商	丝车	200
57	元利	华商	丝车	208
58	云成	华商	丝车	216
59	元元	华商	丝车	416
60	新久成	华商	丝车	254
61	裕和	华商	丝车	414
62	元利	华商	丝车	224
63	天成	华商	丝车	312
64	大伦	华商	丝车	200
65	裕丰	华商	丝车	240

续 表

序 号	企业名称	性 质	主要设备	
			名 称	数量(台)
66	瑞丰	华商	丝车	240
67	三元	华商	丝车	240
68	云成	华商	丝车	264
69	久成二厂	华商	丝车	416
70	百司福	华商	丝车	208
71	久成三厂	华商	丝车	624
72	元成	华商	丝车	216
73	隆记	华商	丝车	208
74	久胜	华商	丝车	208
75	久源	华商	丝车	208
76	广源	华商	丝车	352
77	宝泰	华商	丝车	624
78	同益	华商	丝车	352
79	大盛	华商	丝车	352
80	合丰企业公司制丝所	华商	缫丝车	120
81	怡和绢丝厂		绢纺机	2 100
82	上海绢丝制造公司		绢纺机	5 100
83	中和绢丝厂		绢丝机 抽丝机	4 800 420
84	绒成利记绢丝有限公司		绢丝机	2 000
85	庆济纺绩厂		绢丝机	2 000
86	中纺上海第一绢纺厂		绢纺机	11 370
87	烈丰盛记绸厂		织机	38
88	宝兴祥机器缫丝局		提花机	24
89	锦云丝织厂		织机	112
90	美亚织绸厂		织机	12
91	苏经纺织厂		织机	40
92	镜亚绸厂		织机	20
93	美亚第二织绸厂		织机	47
94	美亚第三织绸厂		织机	30

续表

序 号	企业名称	性 质	主要设备	
			名 称	数量(台)
95	美亚第四织绸厂		织机	103
96	美亚第六织绸厂		织机	36
97	美文电机织绸厂		织机	136
98	美成丝织股份有限公司		织机	36
99	天尊绸厂		织机	40
100	美亚第八织绸厂		织机	84
101	美生绸厂		织机	36
102	裕民绸厂		织机	33
103	日升盛记织绸厂		织机	20
104	因利安记绸厂		织机	22
105	美亚第九织绸厂		织机	122
106	顺兴绸厂		织机	20
107	恒丰丝织厂		织机	82
108	大丰协记绸厂		织机	23
109	源成丝织染厂		织机	24
110	文龙绸厂		织机	27
111	久华绸厂		织机	20
112	美孚绸厂		织机	24
113	勤工丝织厂		织机	101
114	勤业绸厂		织机	23
115	福田织造厂		织机	33
116	锦孙织绸厂		织机	32
117	玮昶织绸厂		织机	46
118	大丰绸厂		织机	24
119	大美丰绸厂		织机	39
120	大新丝织厂		织机	29
121	天华绸厂		织机	65
122	洪昌绸厂		织机	24
123	美丰炽记绸厂		织机	30

续 表

序 号	企业名称	性 质	主要设备	
			名 称	数量(台)
124	寅丰绸厂		织机	22
125	复成绸厂		织机	40
126	华达绸厂		织机	26
127	新丰桂记丝织厂		织机	35
128	利安绸厂		织机	30
129	绮文绸厂		织机	20

数据来源：根据《中国近代纺织史》《中国近代缫丝工业史》等资料整理

(三)毛麻纺织业逆势成长，毛麻纺织专家应运而生

由于受原料产地等因素的限制，毛麻纺织从起步开始相对棉纺业及丝纺业的发展就稍显薄弱。非常难能可贵的是，纺织产业中一批民族资本家在明知棉纺业及丝纺业比较盛行的情况下，却仍然选择投资毛麻纺织业，海派纺织就此实现了对各大纤维原料加工能力的全覆盖。毛麻纺织同样生长为上海纺织百花园中的一朵鲜花而绽放出其无尽魅力。

李鸿章的幕僚郑孝胥首先投资了上海的毛纺业。他在上海的投资虽然较早，但建树不多。1908年，他在上海筹办日辉织呢厂，但不久因毛织产品不及洋货而在第二年歇业。1916年，日商东亚制麻公司(日清纺织公司)在上海招股开厂，民族资产在这个日资企业中仅占股2%。从世纪之初的投资失利到日后参股的微弱态势看，毛麻纺织的开局并不尽如人意。但是，单就这两点而言，前者在筹备至开工过程已经为毛纺业的发展积累埋了一颗种子；后者在抗战胜利后的1946年1月16日顺利交接中国纺织建设公司，没有当初的2%，日后的全盘接收以及快速投入生产是无法想象的。当然，把上海毛麻纺织真正带入规模发展的还与上海恒源祥绒线公司创始人沈莱舟和实业家刘鸿生有密切关系。

沈莱舟于1927年与人合伙开设恒源祥人造丝绒线号。1935年迁店到繁华的上海金陵东路，更名恒源祥公记绒线号。1935年创办上海裕民毛纺厂。1938年开设恒源祥公记绸布染织厂事务所。1939年开办恒源祥织布厂。1941年开设恒源祥公记号支店，同年又开办恒源祥公记绸布染织一厂。1946年创办恒源祥公记绸布染织二厂。1949年又开办恒丰毛纺厂。1965年退休后继续担任上海市毛麻工业公司顾问。

上海恒源祥毛纺业创始人沈莱舟

刘鸿生以经营开滦煤炭起家。第一次世界大战结束后，他开始在上海兴办实业，相继创设了中华码头公司、鸿生火柴有限公

毛纺业大王刘鸿生

司、上海水泥公司、中华煤球公司、上海章华毛绒纺织厂以及银行、保险等企业。到抗战前夕,资产总额已超过2 000万元,成为当时第二大民族资本企业集团。刘鸿生独资经营的章华毛绒纺织厂,是上海早期毛纺织厂的代表企业。1929年开工的时候,时局混乱,市况萧条,经营惨淡。1933年刘鸿生聘请程年彭担任经理,改进经营管理,变更生产方针,将纺织两部分工,既采购现成纱线织制哔叽、马裤呢、西装呢等市场热销精纺产品,又加紧多出驼绒纱和扩大骆驼绒生产。1934年起,章华厂产销两旺,开始走出低谷。至1937年,该厂已拥有进口织机130台,精纺锭4 000枚,成为国内最著名的毛纺织企业。

二、通过引进与购买,纺织机械技术水准基本做到与国际同步对接

纺织机械是纺织产业链上的关键部分,且排在上游之位。装备的优劣决定了产业发展的路线与规模。就纺织机械而言,上海纺织工业的开端走的就是一条引进与购买的路线。国内巨大的市场需求,让中国具有前沿意识的政府官僚以及民间有商业头脑的投资人都选择通过海外引进的路线,解决资本逐利与市场交换的矛盾。

上海纺织机械产业的萌芽可以追溯到19世纪后期。它是随着上海缫丝、棉纺织业需求不断扩大的态势而断断续续出现的。有史料记载的是1887年,上海永昌机器厂制造成功第一部国产缫丝机。这可以看作是一个历史性的标志事件。但在这之后,中国的国情以及上海的市情,决定了纺织机械的发展基本需要依靠购买与引进的渠道。根据《上海纺织工业志》显示,20世纪30年代之前纺织机械几乎全部依赖进口。1936年上海共有纺锭2 667 156枚,织机30 058台。其中华商纺锭1 114 408枚,织机8 754台,分别占全市总数的41.8%和29.1%;日商纺锭1 331 412枚,织机17 283台;英商纺锭221 336枚,织机4 021台。至新中国成立前夕,上海共有纺织机械制造厂近300家,按照资本属性可以划为外商独资、合资以及民族资本三类。

(一)外资在上海投资,顺理成章地采用该输出国的纺织机械

光绪二十二年(1896)、二十三年(1897),美商鸿源纱厂和德商瑞记纱厂,英商老公茂纱厂、英商怡和纱厂、英商协隆纱厂先后在沪开工。光绪二十八年(1902)至民国元年(1912)间,日商也先后在上海开设"上海纺织""内外棉"和"日信"3家纺织厂。到民国二年(1913)第一次世界大战前夕,外商在上海共拥有棉纺锭33.9万枚,织布机1 986台,占上海棉纺锭总数的70.50%。英商最多,日本次之。但是很快到了民国三年(1914)第一次世界大战爆发时期,美欧等国出现东顾不暇的情况,这使得邻国日本有了在上海大肆发展纺织产业的机会。民国三年至民国二十年(1914—1931)年间,日资纺织厂商包括内外棉、丰田纺织、钟渊纺织、东洋纺织、伊藤忠商事等大公司,在上海设厂建纺织基地近20家,同时还兼并了美商等创办的纺织厂。据民国十一年(1922)统计,当时上海的棉纺锭已

达175万枚,其中民族资本的棉纺锭为77万枚,日资72万枚,英资26万枚。纺锭的数量既反映了当时上海纺织规模中的资产结构比例,也在一定程度上表明了纺织机械在技术层面的具体指向。上海纺织机械制造中比较著名的上海纺织机械一厂,其前身为日本株式会社丰田纱厂铁工部,1919年10月创办于极司非尔路(现万航渡路)200号。上海纺织机械二厂前身为日商内外棉株式会社十五厂,地处戈登路(现江宁路)。

(二)合资企业中的资产投资同样优先采用合资输出国的纺织机械

外商在华投资建纺织企业,除了独立建厂之外,还有不少是中外合资企业。有资料显示,1918—1919年日本投入中国纺织业的资本达1 400万元。这种投资方式虽然有些是通过放贷形式实施的,但是,企业生产所用的纺织机械基本都是采用投资输出国的设备。英、美等国的洋行在沪开设了诸多的办事处,它们不但在帮助本国企业对中国进行投资和与中国贸易方面起了很大作用,有时还发挥一种介于贸易和设厂之间的作用。如美国慎昌洋行在1915年以后,向中国各纱厂出售美国波士顿萨可洛威尔厂的纺纱设备和克隆敦那尔史公司的织机、向各袜厂出售纽约苏革威廉厂的自动圆筒织袜机;除了这些主要的纺织机械设备之外,还为不少纺织厂提供发电机、马达以及锅炉等。上海永安第一、第二、第三厂及其仓库货栈等这些大企业甚至由外商来承建厂房,包括设计、绘图、构造、供给材料等。由此不难看出随着纺织机械的大部分依靠进口,其工艺流程也基本与国际保持了同步水准。

(三)上海民族纺织机械在夹缝中争得一席之地

1949年之前的上海纺织机械成就基本被引进所覆盖了,但是,当我们仔细梳理后发现仍存在一些民族机械制造企业,如一些纺织器材小规模企业,这些小企业是纺织大军中一盏散发自身光芒的小油灯。

1920—1929年,当时国内最大的机器厂——上海大隆机器厂曾为市内外一些棉纺厂制造过粗纺机、精纺机、给棉机、捻线机、并条机等纺织机器,并和上海铁工厂先后仿制成功日本丰田式和平野式全铁织机与全铁毛巾织机。1924年,上海启明染织厂试制成功色织布小样机,后曾被色织同业及毛纺织厂采用过。1936年,上海永安一厂工程师雷炳林发明精纺大牵伸改良装置及粗纱导纱双孔喇叭,先后获得中、美、英、法、德、意和印度、瑞士等国政府给予的专利权。1939年,上海协新毛纺织厂试制成功新农式纺纱机,获国民政府"中央研究院"发明奖及"经济部"专利证。1941年,中国机织胶布水管厂吕师尧发明的两层叠置式双浆槽浆纱机获国民政府"经济部"专利。

(四)西式缝纫机的引入成为纺织服装业的一个传奇

在上海纺织产业大规模引入西方装备的大潮中,鲜见史书记载的西式缝纫机应该在历史中有其一席之地。

1873年的维也纳国际博览会上,大约有50个西方缝纫机制造商展出了他们的产品,而中国这个时候还不能够制造能将纺织产业链延伸到"最后一公里"的这种设备。但是,令人惊讶的是在1884年到1887年7月间,共有2216台缝纫机在上海市场被售出。当时的缝纫机动力是脚下的踏板带动机头齿轮的快速运转,严格说还是一种半机械化的生产工具。但是,所有织物经过这一机器加工释放出来的劳动生产率是原制衣女工的10倍之多。上海的服装,除春夏秋冬四季服饰之外还涉及毛巾被单、外套内衣、职业工服等细分品种,带来的市场需求拉动的纺织产业经济总量呈几何级倍数的增长。

据资料,1933年上海有成衣铺2000家,个体裁缝人数多达4000余人。抗日战争胜利后,上海服装同业公会经过整顿后会员数达5000多家。在上海孕育的浙江宁波"红帮裁缝"独树一帜,创下中国服装的数个"第一"。第一套西装以及第一套定型中山装也是在上海诞生,引领了中国服装文化的变革。西装在中国官场第一次出现是由民主革命家徐锡麟所倡导的,上海"红帮裁缝"王睿谟为其量身打造西装。中山装则由孙中山亲自参与设计。中山装作为当时的国服,寄托着孙中山诸多治国理念。比如他将原先在日本看到的袖口4粒扣子改为3粒,意寓"三民主义"。作为中国社交及官场的主要服饰,中山装在上海发源着实佐证了上海纺织产业的雄厚基础。西装和中山装从某种意义上说也是中国男性公民走向开放以及民族自强的一种外在表达。这种刚毅简洁、俊朗大气的服饰风格同上海女性崇尚的旗袍服饰的婀娜交相辉映,掀起了一波远东海派文化潮流。巨大的服饰潮流推动中国第一所西服工艺学校——上海裁剪学院于1947年在上海诞生。这是培养服装人才的全国首个职业技术学校。与之相配套的中国第一部西服专著《西服裁剪指南》作为教科书也在上海完成首发。学校的创建和专著的出版不仅推动了当时西服制作的普及,而且对纺织、服装甚至历史都产生了深远影响。

上海晋隆洋行的缝纫机广告

图片来自袁蓉著《缝纫机与近代上海社会变迁(1858—1949)》(上海辞书出版社2017年版,第40页)

早期缝纫机

图片来自袁蓉著《缝纫机与近代上海社会变迁(1858—1949)》(上海辞书出版社2017年版,第22页)

三、形成一整套早期纺织企业人力资源管理体系,纺织大军成为城市产业工人的中坚力量

近代上海纺织工业的发展,孕育了中国第一代纺织产业工人。从规模化机器纺织开

始,上海的纺织产业大军随着时局及市场的变化呈现起起伏伏的波动状态。据1929年上海市社会局的调查,全市工厂28.5万名职工中,纺织业有20万名,占70%。早期纺织产业工人虽然绝大多数缺乏文化,文盲和半文盲占90%以上,但这支最早的纺织大军在反封建、反军阀、反对帝国主义侵略和反对国民党反动统治的各项斗争中都曾留下过许多战绩,即使不论这些,单就在规模化的工业企业中管理好这支队伍并使其成为真正意义上的产业工人,这同样也是不容被忽视的上海纺织工业的历史成就。

(一)用工程师制逐步取代工头制

纺织企业都是劳动密集型企业,其基层的劳动力管理在20世纪20年代以前普遍实行工头制(也叫包工制)。最早实行工头制的是1897年英资怡和纱厂,因为外国人受语言及风俗习惯不同的局限,无法直接管理到企业最基层的每一个员工,所以早期外资纱厂普遍采用买办工头制。非技术工人一般都由包工头负责招工(技术工人由经理招雇),包工头参与进厂之后的日常管理。规模较大的纺织厂还分头等、二等、三等包工头。大小包工头利用帮会和同乡关系分级承包,从中盘剥工人剩余价值。20世纪20年代后,纺织系统率先通过自身教育机构培育出了一批技术和管理人才,用学生制(后来发展为工程师制)逐步取代工头制。还有个别企业重用一些留学回国人员来担任工程师职位,工头制开始逐步退出原始的管理模式。除此之外,上海的不少纺织企业还聘请外国技师对工人进行训练,通过带徒弟或办各种训练班等办法来普及文化技能。这既能提高管理水准,也满足了文化上的扫盲需要。

(二)用工制度走向规范化,作息安排走向人性化

用工制度不合理在当时算得上一个普遍现象。而当时上海的纺织企业一般采用8小时工作制和12小时工作制(其中包含半小时或1小时吃饭休息时间)。工厂有时会遇到生产任务较多需要职工加班的情况,但规定工作再忙,每星期须一次休息、每半月须停工一次。有的工厂在夏天极热、工作困难时,还有停工1—2个月的做法。休假的规定:在工厂工作满1年以上未满3年的,每年可休假7天。在工厂工作满3年以上未满5年者,每年可享受10天假期。在工厂工作满5年以上未满10年的,每年可享受14天假期。超过10年工龄的,每年多加1天,但总数不得超过30天。值得说明的是,休假期间,工资照发。这也许就是带薪休假的雏形。一些大型的纺织企业在工厂里面设置储蓄机关、代购物所、医疗诊所、优惠食堂、供职工洗涤和蒸饭的锅炉设施、寄宿舍以及托儿所。有些工厂甚至设有图书馆、俱乐部等娱乐设施。纺织企业中的代购物所仅限于工人。工人在代购物所可以赊欠,但是赊欠总额不得超过当月工资之数。

(三)设立调解委员会,缓解劳资矛盾

上海规模纺织企业内一般都设"劳动争议调解委员会"。委员会由5—7人组成,其中有行政官署、法院和与争议无直接利害关系的劳资方等代表参加。疾病补助、改良工资

率、工伤处理、缩短工作时间、物价补贴、职业卫生状况等问题都是当时调解委员会的主要工作内容。

四、工会和公会为纺织产业发展提供民间保障力量

早期上海纺织工业系统中的各种社团包括工会组织和公会组织。工会和公会最大的区别是工会组织基本是指单个企业内部的工人自治组织，而公会组织则是细分行业的跨企业的组织。工会延续至今的职能没有大的变化，它主要解决劳资矛盾。公会组织相当于现在我们常见的行业协会组织。上海纺织领域最早的同业公会组织可以追溯到1909年成立的上海丝厂茧业总公所。这些民间公会自治组织除了通过每月开协调全体会员单位有关事项的会议之外，还每年派人到棉产地了解棉花行情，多渠道提供原料的供给信息，并义务承担年度《全国纱厂一览表》《中国棉产统计》刊发等工作。

在上海这个庞大的工业纺织城市，在兵荒马乱的年代，民间自治力量除了能够协调本企业内部的一些日常经营之外，还坚持协调解决企业与企业之间以及整个行业的问题，甚至处理对外贸易中发生的矛盾，这是海派纺织能够自成体系的一股内在力量，也是一种伟大创举。

上海纺织细分领域的公会组织基本做到了全覆盖。公会会长、理事长等职务均由同业组织推荐有实力、有影响力者来担任。比如：丝绸同业公会是中国历史上最早出现的同业团体，几经改组后，由许国海担任主任委员。棉纺业同业公会中的华商纱厂联合会总董由聂云台担任，会长由张春为担任，理事长由闻兰亭担任，副理事长由江上达担任，常务理事由唐新海、郭棣活、童侣青担任。1945年成立的中华民国机器棉纺织工业同业公会理事长由杜月笙担任。抗日战争胜利后，经改组恢复上海市机器染织工业同业公会，由潘士浩担任理事长。上海纺织领域还有诸如手帕业同业公会、毛巾被毯业同业公会、线带业同业公会、织带工业同业公会、制绳工业同业公会，等等。这些公会组织在提倡商业道德，监督商品质量，矫正营业弊端，调解同业纠纷和劳资争议等方面都曾发挥过积极作用。

在这些同业公会组织中值得一提的是棉纺织业同业公会。因为棉纺织业相较于其他纺织业规模大，地位独特，在上海属于支柱产业，因此棉纺业的同业公会组织在上海有着强大的话语权。翻开公会组织的章程，还可以看到当年的公会职能，这些职能在其最早的公会章程中明确要求：第一，承担通告国内外纱、布市场信息。第二，帮助纱厂研究制造技术、改进产品；确定行业产品改革和发展方向。第三，编辑出版《纺织时报》和《华商纱厂联合会半月刊》等。

1935年，棉纺公会派30余人，历时2个月，配合政府参与农林部棉产改进咨询委员会分赴全国棉产各省实地调查推广棉种、购种经费以及棉产收成等行业调查咨询决策的工作。有记载显示，同业公会函请产棉地区700余个县政府协助完成棉产统计，积累了大量的棉产数据。

公会组织运作期间，创下第一个由同业组织发起的棉纺工业史上第一次集体限产活动。那是1922年12月18日，华商纱厂联合会根据市场萧条等情况，决定全行业3个月

内停产 1/4 产能。这种带行政干预的限产活动仅为上海棉纺业所有。同期,棉纺业公会为支持国货,主持正义,抵制 20 世纪 30 年代初日商假手一批奸商将劣质日货冒用国货商标,非法牟取暴利的行为,会同各厂严密侦查,在取得证据之后,登报披露。同时严正通告同业:不得贩卖无牌棉纱,否则同业公会非但不予保护,还要作为不爱国论处,取消其会员资格。可见,上海棉纺业的同业公会在纺织领域的地位非同一般。

上海棉纺业同业公会组织中,比较有社会影响力的包括聂云台、郭棣活、杜月笙等人。聂云台,湖南衡山人,曾国藩的外孙,母亲是曾国藩的小女儿曾纪芬。他曾留学美国。光绪三十四年(1908)改组华新纺织新局为恒丰纺织新局,出任总经理。1919 年兴建恒丰二厂及织布厂、筹建大中华纱厂,任董事长兼总经理。1920 年当选上海总商会会长、全国纱厂联合会副会长。此后,还与人共同创办大通纺织股份有限公司、华丰纺织公司、中国铁工厂、中美贸易公司及上海纱布交易所,分别任董事长、董事和总经理。郭棣活,广东香山(今中山)人。1929 年,任永安纺织二厂参事、永安纺织三厂工程师,上任后,他运用西方的先进技术对全厂的设备进行改造,改善工人的劳动条件,扩建厂房,增加纱锭,使工厂成为具有 6.3 万纱锭的大型纱厂。1930 年,任上海永安纺

上海华商纱厂联合会、上海棉纺业同业公会开山鼻祖聂云台

织公司副经理。任职期间,多次赴美、英、日、德、法等国参观学习,并采购各种纺织机械和生产原材料。1936 年,参与并派出技术人员到云南,帮助缪云台在昆明办起云南省第一个纱厂。抗战胜利,任永安纺织公司董事兼副总经理,成为一个专家型的纺织企业家。杜月笙是一个颇有争议的人物。他是上海黑帮头目,但他在担任公会理事长期间,也在同业公会与国民党政府斡旋交涉争取行业利益等方面起过一定的积极作用。

五、纺织学术著作和刊物为纺织技术普及与纺织工业后续发展留下宝贵的资料

海派纺织在规模化的工业发端之后之所以能够撑起工业的半壁江山,除了自然、人文、历史等诸多原因之外,还得益于一批纺织理论先驱的理论贡献。庞大的产业经济背后,如果缺少理论的指导,其产业很难走向持续发展之路。1919 年由上海恒丰纺织新局编辑出版的《纺织技师手册》、1920 年由朱仙舫著的《理论实用纺绩学前编》、1922 年由上海学海书局出版的黄浩然编著的《实用机织法》、1936 年由上海中华书局出版的陶平叔著的《纺织工业》等书籍堪称纺织学的经典。

其中,朱仙舫为企业家、纺织理论专家。1911 年毕业于日本东京高等工业学校。回国后曾任上海恒丰纺织新局技师、工程师、厂长以及申新纺织总公司第二、五、七厂厂长。新中国成立后,历任纺织工业部计划司长、中国纺织工程学会第十五届理事长。他著的《理论实用纺绩学》作为辅助教材被广泛应用于各纺织专科院系。金国宝是我国最早把列宁的著作译成中文之人。他是哥伦比亚大学统计学硕士,新中国成立后,其先后担任复旦

大学、上海财经学院、上海社会科学院经济研究所教授。著有作为商务印书馆"大学丛书"之一出版的《统计学大纲》《中国经济问题之研究》《凯恩斯之经济学说》《统计学》等论著。他的《中国棉业问题》系统地阐述了棉纺产业在中国的发展,堪称纺织殿堂级教科书。

纺织理论专家朱仙舫　　　　　　　纺织理论先驱金国宝

1936年上海中华书局印行的陶平叔所著《染织工业》原样

附录1:上海主要棉纺织企业一览表(截至1936年)

序号	企业名称	性质	开工年份	纱锭(枚)	线锭(枚)	布机(台)	备注
				主要设备			
1	华新纺织新局	华商	1891	7 003	—	50	1903年改称复泰纱厂,1909年改称恒丰纱厂,1917年改称恒丰纺织新局

续表

序号	企业名称	性质	开工年份	纱锭(枚)	线锭(枚)	布机(台)	备注
2	恒丰纱厂	华商	1891	12 000	200	80	官商合办
3	华盛纺织总局	华商	1894	64 556	—	750	1913年改名三新纱厂,1931年设备卖给申新九厂
4	裕源纱厂	外商(日商)	1894	25 000	—	—	起初为华商,1918年售予日商,改称内外棉第九工场
5	裕晋纱厂	外商(日商)	1895	15 000	—	—	先后易名为协隆纺织局、兴泰纱厂。后为日商收购,与大纶纱厂合并为上海纺织公司第一厂
6	大纯纱厂	华商	1895	20 392	—	—	1906年改名三泰纱厂,1908年与兴泰纱厂合并为上海纺织公司第一厂
7	怡和纱厂	外商(英商)	1896	2 000	—	—	1921年与杨树浦纱厂、公益纱厂合并,组成怡和纱厂股份有限公司
8	老公茂纺织局	外商(日商)	1897	40 096	—	—	1926年售予日商,改称公大第二厂
9	鸿源纺织厂	外商(日商)	1897	40 000	—	—	原系英商厂,1918年售予日商,改名日华第一、第二厂
10	瑞记棉纺厂	华商	1897	40 000	—	—	原系德、英合资,后改名东方纱厂,1929年由申新公司收购,改名申新七厂
11	裕通纱厂	华商	1898	18 200	—	—	1917年改名宝丰纱厂,1920年毁于火灾
12	振华纱厂	华商	1907	13 548	—	—	
13	九成纱厂	华商	1907	9 424	—	—	曾易名日信纱厂、恒昌源纱厂,1917年改称申新第二厂
14	同昌纱厂	华商	1908	11 592	—	—	1937年更名为天生纱厂
15	公益纱厂	华商	1910	25 676	—	300	初为中英合资,1911年全归英商,1921年与怡和纱厂、杨树浦纱厂合并
16	内外棉公司第三厂	外商(日商)	1911	23 040	—	—	
17	内外棉株式会社第三厂	外商(日商)	1911	21 500	—	—	

续表

序号	企业名称	性质	开工年份	主要设备			备注
				纱锭(枚)	线锭(枚)	布机(台)	
18	内外棉株式会社第四厂	外商(日商)		30 000	—	—	
19	内外棉株式会社第五厂	外商(日商)	1914—1922	50 000	—	—	
20	内外棉株式会社第七厂	外商(日商)	1914—1922	60 800	—	—	
21	内外棉株式会社第八厂	外商(日商)	1914—1922	—	—	—	
22	内外棉株式会社第九厂	外商(日商)	1914—1922	27 000	—	—	
23	内外棉株式会社第十二厂	外商(日商)	1914—1922	—	—	—	
24	内外棉株式会社第十五厂	外商(日商)	1923	—	—	—	
25	杨树浦纱厂	外商(英商)	1914	—	—	—	1921年与怡和纱厂、公益纱厂合并
26	德大纱厂	华商	1915	54 208	12 700	—	1925年售予申新公,改名申新第五厂
27	申新纺织无限公司	华商	1916	12 376	—	1 111	1917年购入恒昌源纱厂后改名申新第一厂
28	鸿裕纺织公司	华商	1916	37 048	3 128	—	1919年统计数。1928年改名永安纺织第三厂
29	厚生纱厂	华商	1918	27 936	22 364	400	1931年售予申新公司,改名申新纺织第六厂
30	溥益第一纺织厂	华商	1918	25 600	2 460	—	1935年改称新裕纺织厂
31	维大纱厂	华商	1918	—	—	—	
32	大丰纺织公司	华商	1920	20 736	—	200	
33	统益纱厂	华商	1920	16 128	3 136	—	
34	宝成第一厂	外商(日商)	1920	41 472	—	—	原为华商,1925年售予日商,改名日华第五、第六、第七厂
35	宝成第三厂	华商	1920	1 008	—	—	
36	纬通纺织公司	华商	1921	8 064	1 600	—	1932年改名永安纺织第五厂
37	恒大纱厂	华商	1921	10 368	—	—	

续 表

序号	企业名称	性质	开工年份	主要设备			备注
				纱锭(枚)	线锭(枚)	布机(台)	
38	大中华纱厂	华商	1921	15 000	8 800	—	1924年售予永安公司,改名永安纺织第二厂
39	振泰纱厂	华商	1921	10 000	—	—	
40	鸿章纺织染厂	华商	1921	—	2 400	850	
41	永豫纱厂	华商	1921	2 400	—	—	1934年改名鼎鑫纱厂
42	崇信纱厂	华商	1921	34 000	—	—	1925年统计数
43	民生纱厂	华商	1921	9 000	400	128	
44	华丰纺织公司	外商(日商)	1921	15 000	—	—	原为华商,1926年被日商收买,改名日华第八厂
45	大康纱厂	外商(日商)	1921	35 000	—	—	
46	丰田纱厂	外商(日商)	1921	15 312	—	—	
47	东华纱厂	华商	1921	12 672	—	—	原系日商,1929年售予华商,改称隆茂纱厂,1932年改名仁德纱厂,1935年改名苏纶纺织厂上海分厂
48	经纬纱厂	华商	1922	5 120	—	—	1927年统计数,1937年改名美丰纱厂
49	大通纺织公司	华商	1922	10 000	—	—	
50	公大纱厂	外商(日商)	1922	10 000	—	—	
51	同兴纺织公司	外商(日商)	1922	31 200	—	—	
52	裕丰纱厂	外商(日商)	1922	45 600	—	—	1924年统计数
53	永安纺织公司	华商	1923	38 400	—	1 286	1928年统计数。1924年改名为永安第一纺织厂
54	溥益第二纺织厂	华商	1924	24 000	—	—	1937年改名新裕第二纺织厂
55	宝兴纱厂	华商	1929	12 240	—	200	1937年被日军炸毁
56	勤丰纺织厂	华商	1930	4 240	160	—	
57	申新纺织公司第八厂	华商	1930	40 000	—	—	
58	永安纺织第四厂	华商	1932	71 992	—	—	
59	嘉新织公司	华商	1933	2 124	3 000	—	1947年统计数

续表

序号	企业名称	性质	开工年份	主要设备 纱锭(枚)	线锭(枚)	布机(台)	备注
60	上海纺织印染公司	华商	1933	15 200	2 000	800	
61	申新第九纺织厂	华商	1933	130 000		835	
62	纶昌纱厂	外商(英商)	1935	42 240	3 640	1 130	
63	嘉丰纺织整染公司	外商(英商)	1935	12 000	—	216	
总计	63家	—	—	1 454 511	66 823	7 501	

注：以上数据根据《中国近代纺织史(上卷)》《上海纺织工业志》等资料整理

附录2：郭棣活简介

郭棣活

郭棣活，1924年7月赴美国麻省纽毕德佛学院攻读纺织工程，1928年获美国棉纺同业组织奖牌。创建永安纺织企业之后，他运用西方的先进技术对全厂的设备进行改造，为上海纺织工业发展做出巨大贡献。上海解放初期，任华东军政委员会财政经济委员会委员，1951年当选上海市工商业联合会监察委员会委员和上海市棉纺织工业同业公会主任委员，上海市人民政府委员，民建上海市委常委和上海市归国华侨联合会主席。1958年调任广东省，位至广东省副省长。

附录3：同业公会的职能

同业公会要求将调查来的情况汇总统计，编制纺织刊物。每天印制棉价报告、海外各项棉价及折算规定。每周有存栈统计及进出口统计。华商公会则承担了《华商纱厂联合会季刊》《纺织时报》编辑等工作。

公会职能包括：

A. 开展调查研究，指导扶助同业。

B. 协调产销关系，制订本行业产品的统一规格标准，核定产品售价。比如民国十一年(1922)12月18日，华商纱厂联合会因市场萧条、供需脱节，作出全行业3个月内停产1/4的决定，有效解决了供需矛盾，顺应了市场价格走势。

C. 提倡商业道德，监督产品质量，矫正营业中各种弊端，调解同业纠纷与劳资争议。

D. 开展技术培训。

E. 沟通本行业与政府的关系，请求政府免除杂税等项。比如，华商联合会在民国六年(1917)3月反对日商废止棉花出口税要求,当月15日,由刘伯荪召集主要纱厂负责人开会,形成决议,请求政府拒绝日商的要求。后经多方努力,政府采纳了公会的意见。

F. 负责会员的各种注册、登记事项及会员出品之证明。

G. 缴纳会费,尽责尽职。公会组织的运行费用由会员单位承担。大致的情况是:纺锤25 000锭的年费450两;纺锤20 000锭以下缴纳100两。华商联合会会员分甲乙两种。甲种为上海本地会员,乙种为与本地有关联的他地华商单位。甲种会员的会费按纺锤一锭交银1.8分,线锤一锭0.9分,织机一架21.6分。而乙种会员所交银两则是甲种的一班。规定会费每三月一交。会费逾期一年者,剥夺会员资格。[以上资料来源:民国十八年(1929)4月15日《纺织时报》]

附录4:1897—1940年上海纺织系统出版刊物一览表

年　份	出　版　者	编　著　者	著　作
1897	奇和堂药局	陈启沅著	《广东蚕桑谱》
1919	上海恒丰纺织局	上海恒丰纺织新局编辑	《纺织技术手册》
1920	上海元记印书馆	朱仙舫著	《理论实用纺织学》(上、中、下三册)
1922	上海学海书局	黄浩然编著	《实用机织法》
1926	华商纱厂联合会	黄迭生著	《染色学》
1926	华商纱厂联合会	黄迭生著	《漂棉学》
1929	商务印书馆	周同春著	《中国丝业》
1931	中国纺织学会	钱愧一任主编	《纺织周刊》
1931	华商纱厂联合会	朱仙舫著	《改良纺织公务方略》
1935	上海商报社	纺织周刊社编	《染织论丛》
1936	商务印书馆	金国宝	《中国棉业问题》
1936	商务印书馆	钱彬	《棉纺学》
1936	上海中华书局	陶平叔	《染织工业》
1936	上海纺织世界社		《阪本社自动织机》
1937	商务印书馆	蒋乃镛	《实用织物组合学》
1938	商务印书馆	杜燕孙	《国产植棉染料染色法》
1940	商务印书馆	周南藩	《纺织整理学》

第四章
凤凰涅槃，纺织工业重整江山再出发（1950—1957年）

公私合营：上海纺织走上社会主义建设康庄大道

1949年5月,上海解放。纺织工业经过战乱波折、衰荣起浮终于回到了人民的怀抱。按照国民经济发展脉络,1949—1952年为经济恢复时期,1953—1957年开启国家第一个经济发展五年计划的历史进程。纺织工业在这个时期,跨越了国民经济恢复时期和第一个五年计划两个历史阶段。有资料显示,1950—1957年这8年间,新中国建成棉纺织厂总规模达250万锭,相当于旧中国60年建成数的50%。以棉纺织工业为例:1949—1956年的7年间,棉纺千锭时产量由18千克上升到26.69千克,达到1.5倍,纺机台时产量由3.382米上升到4.393米,达到1.3倍,每件纱用棉量由205.85千克降为194.83千克。细纱工人看锭能力一般由每人看400锭增加到800锭以上。上海是中国纺织工业重镇,这段时期,上海一边收复盘点旧中国纺织资本总量、解析纺织资产结构,一边花大力气完成对民族纺织工商业的社会主义改造,以国家意志建立纺织产业计划框架体制,出台一系列纺织经济、纺织技术、纺织文化教育发展的政策法规,稳定职工队伍,为快速发展纺织产业经济、为上海以及国家在纺织领域的后续发展打下坚实基础。

第一节 实行军事管制,稳定经济大局

1949年5月27日,上海市军事管制委员会(简称"军管会")宣布成立,成为该时期上海地区的最高权力机关。军管会是中国在解放战争时期和新中国成立初期,为在新解放的城市或地区建立革命新秩序,由中国人民解放军对有关城市、局部地区或特定系统的单位进行接管,实行军事管制而设立的机构。事实证明,在解放战争时期和新中国成立初期,军事管制对革命战争的胜利和建国初期社会的稳定起到了十分重要的作用。

一、上海实行军事管制的背景

上海作为当时全国的经济中心,社会矛盾主要表现为半殖民地国家与帝国主义势力、国民党官僚资产阶级和中国大多数的民族资产阶级之间的矛盾。上海虽然已经回到了人民手中,但国民党溃逃时潜留了大批特务、反动党团组织以及大量的散兵游勇,导致社会秩序呈现混乱不堪的局面。上海作为中国工业生产、经贸交易的重要城市,经济也面临崩溃。

上海解放初期大约有500万人,其中450万人住在86.6平方千米的市中心区,50万人住在其他地区。解放时登记的工业企业约5990家,其中只有103家在当时能算规模较大的企业,雇佣500—3000名工人,其余的是手工业加工厂,在这些当中,只有30%维持开工,而机器工业工厂停工80%以上。原占上海工业总产值74%的轻纺工业,由于原料紧缺陷入半瘫痪状态。政府接管时的大米、面粉仅够全市吃半个月,而煤只能烧7天。巨大的压力需要刚刚解放的上海尽快恢复经济。

上海是当时中国的经济重镇,中国共产党对接管上海做了充分的准备工作。中共七届二中全会闭幕的第二天,即1949年3月14日,由毛泽东主持的一个中央会议专门研究了上海解放后的接管工作,并确定组建以邓小平为第一书记的中共中央华东局,同时内定华东局第二书记饶漱石为上海市委书记、华东局第三书记陈毅为上海市长,负责领导接管上海的各项准备工作。中共中央华东局于1949年4月1日发布《华东局关于接管江南城市的指示》,4月24日,总前委、华东局和华东军区机关以及苏北解放区各区党委、地委、县委配备的党政军整套班子加上一部分上海地下党的撤退干部组成8 000人左右的"南下干部纵队",开始了紧锣密鼓的接管准备工作。

上海接管前的筹备会议是在江苏的丹阳召开的。在丹阳期间,在中共中央华东局的领导下首先初步形成了由华东局南下干部纵队组成的4个接管单位,这是上海市军管会的雏形。4月30日,上海市军事接管委员会第一次会议在江苏常州召开。军管会下设市政部、后勤部、军事部、警备司令部、资产调查处理部、文教部、交通部、政务部、经济部、财政部、公安部等11个接收单位,并另设咨议室、市委会、办公室、外事处以及住宅分配委员会,共设实际接收机构11部门,共45个单位。

二、军事管制在纺织领域的历史功绩

上海纺织系统于1949年5月29日开始实行军事管制,1953年军事管制才开始逐渐淡出历史舞台。纺织系统的军事管制由当时的中国人民解放军上海市军事管制委员会财政经济接管委员会轻工业处负责,刘少文为军事总代表。刘少文同时出任华东区财政经济委员会纺织工业部部长,总揽华东地区国营纺织工业企业管理工作,同时还兼任上海市公私营纱厂联合购棉委员会主任委员、新中国成立以后第一所私立中国纺织工学院(现东华大学的前身)校董。

(一)按照国家意志接收原国民政府所辖所有纺织资产

1950年6月12日上海市军管会财政经济接管委员会发布命令,命令由军事代表代行中国纺织建设公司(简称"中纺公司")原董事会一切职权。中纺公司隶属于国民政府经济部纺织事业管理委员会,负责抗日战争胜利后接收和经营日伪在上海的纺织产业。中纺公司在上海的35家所属企业,包括:棉纺

中国人民解放军上海市军事管制委员会接管中国纺织建设公司命令

织厂18家(有纱锭90.01万枚、布机17 535台、织机17 535台),毛纺织厂5家(毛麻绢纺锭50 836枚、织机817台),印染厂6家以及绢纺、针织、机械、线带等5家企业全部由军管会接收。

(二)组建华东纺织管理局

在军管会的领导下,1950年上海率先组建华东纺织管理局(简称"华纺局",位于上海南京西路104号金门饭店)。华纺局设置有14个部门,这也就是上海纺织行业在计划经济时期的基本建制雏形。这些机构有:秘书处、计划处、财务处、机物料供应处、纺织机械制造管理处、业务处、工务处、劳动处、人事处、教育处、私营纺织管理处、基建处、保卫处、检察室等。1951年4月,撤销私营纺织管理处,成立公私合营纺织印染厂联合管理处,办公地址为上海中山东一路6号。1951年7月撤销秘书处,成立办公室。1953年6月,为加强原材料管理,纺织工业部建立华东供销分局,由纺织工业部和华纺局双重领导,华纺局的业务处和机物料供应处相应撤销。这些行政架构为后期上海恢复生产,对全市私营纺织企业进行社会主义改造,分期分批实行公私合营奠定了基础。

(三)在军管会的领导下,开展生产自救及支援前线活动

1949年,上海纺织军管会宣布接管原中纺公司以后,西北战场战事仍在进行。为支援前线,同年9月27日,在军管会的组织下,紧急集中35辆"大道奇"货运车、74名司机,奔赴西北战场,提供物资支援。到1950年12月,上海民族资本纺织企业的棉纱月产量达到1.15万吨,为年初1月产量的208.9%,并创造了抗战胜利以来民族资本纺织企业棉纱月产量的最高纪录。

第二节 建立上海纺织系统的行政管理框架体系,计划经济体制浮出水面

上海纺织工业回到人民怀抱是通过军事管制的方式来实现并发展的,但是毕竟军事化管理是一种过渡性的政策,随着政权的稳固和经济建设的快速发展,军事管理的职能逐渐淡出。在党和政府的领导下,通过政府直接主导、垂直管理的方法,上海纺织工业经历1949—1952年的三年经济过渡恢复时期,再到1953—1957年的第一个五年计划时期的建设,呈现出快速发展的势头。这一历史阶段,上海纺织工业产业除了成为上海地区自身的支柱产业之外,还在全国范围形成了产业领先优势,在为国民经济发展做出巨大贡献的同时,也为整个纺织工业发展积累了难能可贵的历史经验,成为共和国产业发展的宝贵财富。

一、上海纺织工业管理局诞生

从开始实行军事管制到组建华纺局再到成立上海纺织工业管理局,这是上海纺织行

业通过行政手段来保障经济运行的一系列举措。

1954年4月成立上海市人民政府纺织工业管理局（以下简称"上海纺织工业管理局"，位于中山东一路27号，1955年迁至四川中路294号），首任上海纺织工业管理局局长为张承宗。局机关本部的机构设置为：办公室、计划处、供销处、财务处、技术处、人事处、劳动处、业务处、监察室等9个职能处室。1955年6月成立染织处、丝绸处、第一复制处、第二复制处等4个专业处和合营办公室与改造办公室两个办公室机构。

华纺局和上海纺织工业管理局为上海纺织行业最早的局级政府管理机构。其基本运行模式是二级管理过渡到三级管理。这种三级行政管理模式后来成为国家计划经济年代的一个标配组织形式，在整个国民经济发展中具有独特的历史意义。华纺局成立之初采用两级管理模式，即"纺织企业—分管局"。1956年，上海纺织行业公私合营完成后，华纺局除了保留所属部分国营、中央合营企业为局直属企业外，对棉纺织、毛纺织、丝绸等行业的新合营企业开始实行"纺织企业—专业工业公司—纺织局"三级管理模式。上海纺织工业管理局所辖二级工业公司有：棉纺织工业公司、印染织布工业公司、纺织用品工业公司、纺织器材工业公司、手帕工业公司、上海制线工业公司、衬衫工业公司、服装工业公司、织带制绳工业公司、制毡制帽工业公司、篷帆飞花整理工业公司等。

华纺局与上海纺织工业管理局过渡期间，其优势显著，向上直接接受中央政府和华东地区政府的垂直管理，向下承担上海地区的纺织经济管辖职能。这样的职能体现在经济运行中的路线是，各生产企业根据自己的生产能力，向上一级"公司"上报年度计划建议数，上一级公司将各企业的生产建议数综合平衡后上报分管"局"，分管局将公司上报的生产建议数综合平衡汇总上报纺织工业部。由纺织工业部召开计划会议，按照国家计委的部署，确定下一个年度各个地方的正式生产计划，并按生产计划分配调剂各主要生产原材料。生产计划确定后，从局、公司到工厂形成一个管理闭环。这样的管理模式就是后来国家在很长一段时期内沿用的被俗称为指令性计划的雏形。

二、推行"一长制"与"党委领导下的厂长负责制"

基于中国特定的历史条件，新中国成立后相当长的时期，我们采用了由政府主导的经济管理模式。在完成中观层面的管理架构布局之后，纺织业的工厂化管理在这一历史时期上升为主要矛盾。纺织工业的实物量完成必须依赖实体经济的投入与产出。纺织企业这个时期的主要任务就是围绕上级下达的工厂生产计划目标，按时保质保量完成任务。这个时期的企业，严格意义上还只是一个"工厂"。就经济学意义上说，工厂和企业的差别是工厂只管生产，没有经营。政府在这个时期大包大揽了本应由企业自身完成的经营活动，这是由当时人们对经济运行的认知程度决定的。虽然现在看来有很多不足，但在当时特定的历史条件下，它具有鲜明的时代特征，而且也有它不可磨灭的历史功绩。

在工厂管理的体制层面，工矿企业一直有厂长负责制与党委领导下的厂长负责制纷争。上海的纺织系统在国民经济恢复期间和第一个五年计划期间有过同样的历史经历。新中国成立初期由于军事管制委员会直接参与了工厂管理,厂长负责制与党委领导下的厂长负责制矛盾不是很突出。直至1954年2月上海第一棉纺织厂提出并开始实行"一长制",行业内各厂开始效仿之后,厂长负责制与党委领导下的厂长负责制之间的工厂管理体制问题开始凸显。这一年上海第一棉纺织厂提出并开始实行的"一长制",其实就是后来我们常说的"厂长负责制"的雏形。经过两年左右的运行实践,人们发现"一长制"有"一言堂"和削弱党的领导地位的弊端。1956年9月,中国共产党第八次全国代表大会提出,"在企业中,应当建立以党为核心的集体领导和个人负责相结合的领导制度",党委领导下的厂长负责制和党委领导下的职工代表大会制度开始迅速推开。由此,微观层面企业管理中一直有厂长行政管理条线和党委工作条线"两张皮"之说。

厂长行政管理条线,一般分管厂长办公室、生产计划、劳动工资、技术培训等方面工作。一般设置若干副厂长(早期一般设一名生产副厂长)、总工程师等。比如申新纺织五厂厂长是一正一副、申新纺织六厂厂长是一正两副、荣丰厂只设一名厂长。总工程师的职级待遇等同于副厂长。厂部分管下属车间主任,下一级为班组长。早期纺织企业的行政管理体制也是三级制,即厂级—车间级—班组级。许多纺织企业在发展规模扩大后,采取四级管理体制模式,即厂级—车间级—轮班工段级—班组级。厂部到车间再至工段长级一般为脱产干部,即专职的管理人员。车间一级管理干部一般称为中层干部。企业中层干部一般由上级任命产生。班组长一般为不脱产干部,直接在第一线工作,为一线工人编制。纺织一线的班组长一般采取民主选举的办法产生。民主选举班组长有其历史原因。1951年上海纺织系统率先废除旧中国遗留下来的"那摩温"(代指"工头")制度后,开始在班组推行民主选举产生生产小组长(班组长)。班组长的职能是领导班组生产和学习。"班组学习"也就成了纺织系统以及上海工业系统的一种固定管理模式。难能可贵的是,有记载显示,20世纪50年代初期,纺织工人进行班组学习时,曾学习马克思的"人类起源""劳动创造世界""剩余价值"等经典理论。且班组组织讨论过"工人和资本家谁养活谁"以及如何在私营企业落实党在过渡时期的总路线、总任务等国家政策。所有职级中也都设有副职级管理人员。总工程师一般分管技术及车间级的技术工作。这就是沿袭很久的纺织系统内部习惯上归为三、四级管理体制的基本框架。

党委工作条线的基本思路一直体现着我党"支部建在连上"的管理模式。1949年军事总代表刘少文接管中纺公司成立华纺局时就兼任局党组书记。1952年1月24日,中共上海市委工业生产委员会所属纺织组织改组为国营纺织工作委员会,由张承宗任书记。同年3月31日,中共中央华东局决定成立中共华东国营纺织工业委员会。当年华纺局所属在沪的31个国营厂与9个合营厂拥有38个党委和1个党总支、1个党支部,共有党员3596人。1953年4月16日,华东纺织党委撤销后随即成立中共上海国营纺织工业委员会(也简称"纺织党委"),由杨纯任书记。1954年,上海纺织工业管理局成立,同时成立党组,由张承宗兼任书记。张承宗同时也是首任上海国营纺织工业局局长。

以上这些党组织建制一般被称为"局党委"。在局党委下属的是各工业公司设置的公司一级党委会,俗称为"公司党委"。与此对应,上海的大型纺织企业一般设党委级机构,中小型工厂设立党总支级机构和支部级机构。在大型企业的党委建制下,对应车间设立总支或支部建制。对应工段或班组设立党分支支部或党小组。有些党员人数较少的就建联合支部等。党委班子一般下设宣传部、组织部、办公室等工作机构。局级党委书记的职级比照行政局长,党委副书记为行政副局级。下属公司党委一般比照公司经理副经理职级。大型企业的党委书记也有相当于公司经理职级的。党委系统的部门负责人以及车间总支、支部级的书记一般均为脱产干部。1956年4月,中共上海市委决定撤销各产业党委建制,中共上海市国营纺织工业委员会所属84个基层工厂的党组织,除上海第一、第二、第十二、第十七棉纺织厂和上海第一印染厂归市委直接领导外,其余各厂党组织划归区委领导。1952年1月,申新纺织六厂有党员79人、候补党员67人,1953年1月增加到党员103人、候补党员85人。申新纺织五厂在1953年时有党员102人。截至1954年,上海纺织职工累计发展新党员达到8493名,其中工人党员4807人,占新党员总数的56.6%。部分新党员被输送到市、区党政机关工作。1956年6月,华纺局机关党组织批准发展21名新党员,其中11名为高级知识分子或工程技术人员,占新党员半数以上,在当时一度引起不小反响。

三、完善工会与职工代表大会制度

企业管理层面的领导班子,一般俗称为党政工团,即党委、行政、工会、共青团。从这个意义上讲这里的工会与行业协会性质的纺织公会有所不同。上海纺织系统的工会组织一直在党的领导下,新中国成立之前主要配合开展地下工作,在建立抗日民族统一战线,同国民党反动派斗争以及组织上海纺织工人武装起义、大罢工运动,维护工人群众利益等方面做出过卓越贡献。1949年5月上海解放,6月即成立丝织产业工会,9月成立纱厂产业工会,11月成立毛纺产业工会,12月成立针织产业工会。1950年1月成立染织产业工会,10月,5个产业工会合并组成中国纺织工会上海市委员会(简称"纺织工会"),受中国纺织工会和上海市总工会双重领导。纺织工会设部(处)14个,工作人员近200人。中纺十厂在新中国成立初期,由于军管会接收后党员的身份还没有公开,因此,军管会接收后先筹备工会,而后再建立党组织系统。该厂于1949年5月30日成立工会筹备会(12月1日正式成立工会),建立了厂部→车间→生产班组的三级工会组织系统。厂工会设执行委员27人(其中常务执行委员11人),候补委员9人,主席1正2副。厂工会常务执委会下设8个科:总务、组织、文教、生产、福利、女工、青工、纠察,另设秘书1人;设5个工作委员会:甲纺(纺部甲班)、乙纺(纺部乙班)、甲织(织部甲班)、乙织(织部乙班)、长日班等。下设工会小组长(1950年5月编组171个),每组会员约13—15人,设正副小组长各1人。这是一个纵向到底的组织架构,后来党组织开展活动就通过此架构进行贯彻。截至1954年,上海纺织系统有基层工会组织1610个。

在新中国成立初期,工会被称为工厂管理委员会,其主要职能是配合行政开展民主管理、劳动竞赛和职工福利协调等。民主管理方面的工作,包括废除"那摩温"等改革旧中国遗留下来的各种不合理制度,依靠工人,团结职员,订立车间之间的联系公约、交班公约、劳动公约等。在新中国成立初期,在私营企业内,工会与资方建立劳资协商会议制度,共同研究生产经营,在提高职工福利和解决劳资纠纷等方面起过重要作用。劳动竞赛方面的工作包括技术练兵、评选劳动模范在内的评比先进标兵和开展创生产新纪录等活动。职工福利方面的工作包括后勤(托儿所、幼儿园、电影票、饭堂、理发等)、劳保(家属劳保等)、女工问题、家庭纠纷等很多繁杂的琐事。工会在企业里素有"党、政、工三驾马车"之一的管理地位。

中国纺织工会上海市委员会自建立后,在国民经济恢复期和第一个五年计划期间先后召开过3次代表大会。1950年10月召开第一次代表大会,出席代表1 340人,当时有会员199 002人。1954年4月召开第二次代表大会,出席代表1 128人,当时有会员252 025人。1957年3月召开第三次代表大会,出席代表1 167人,当时有会员345 982人。

企业职工代表大会制度于1956年以后,在国营企业率先开始建立。这一制度主要强调企业民主管理制度化问题,工会组织也就历史性地承担了职工代表大会的办事机构职能。

四、共青团组织

共青团组织随企业党委、总支、支部建制,如果是党委级企业就设立"团委",总支级就设"团总支",支部就设"团支部"。党委级企业的团委书记一般享受企业中层干部待遇,基本为全脱产管理模式。上海纺织系统的青年团组织沿袭了新中国成立初期在中纺公司中的中国新民主主义青年团的建制和称谓。1952年10月,成立青年团华东国营纺织工业委员会,有团员13 082人。1956年5月,纺织系统各企业团组织在团员青年中开展"发扬五四精神,继承革命传统"的教育,华纺局所属各厂有480余名青年积极参加西郊电力灌溉网工程义务劳动等事例一直被"纺织青年"所传颂。1957年5月,中国新民主主义青年团改称为中国共产主义青年团。共青团组织作为中国共产党的后备力量,在新中国成立初期以及而后的国民经济第一个五年计划期间,在协助党组织对青年开展共产主义思想教育,提高青年工人的政治素质,引导青年团员热爱劳动、遵守纪律、关心集体等方面做出过重要贡献。

第三节 分期分批、有利有节完成对民族纺织工商业的社会主义改造

解放初期,上海纺织工业的资本结构大致分为官僚资本和民族资本两大类。上海解放时,民族资本纺织业拥有纱锭139万枚,占全国总锭数的27%,占上海总锭数的60%。

如前所述,对官僚资本采取军事管制的手段而后予以全部没收,其进行的工作相对简单明了。但对民族资本进行社会主义改造,如同一场没有硝烟的战斗,其复杂曲折程度堪称新中国经济建设遭遇到困难的历史之最。我们通过艰苦卓绝的战争所要实现的目标就是在和平安定的社会环境中进行经济建设,因此,对民族资本进行改造,政府尊重并肯定私营工商业在经济社会发展中的贡献,通过赎买实现公私合营,分期分批直至1956年全部完成对民族纺织资本的社会主义改造。改变资产属性体现国家的力量和人民的意志。上海是新中国资本主义工商业最为集中的地方,而上海的纺织工业又恰恰是上海工业的重中之重,上海纺织行业交出的这张考卷将永载史册。

一、公私合营的背景

公私合营是新中国成立初期对民族资本主义工商业实行社会主义改造所采取的国家资本主义的高级形式,大体上经过个别企业的公私合营和全行业公私合营两个阶段。1953年前的政策依据为政务院1950年12月30日公布的《私营企业暂行条例》和1954年9月2日政务院第223次会议通过并正式颁布的《公私合营工业企业暂行条例》。在两个条例出台期间的1953年,中央统战部部长李维汉曾带队来到上海针对公私合营中暴露出来的一些问题进行调研,而后有报道说,后来中央文件内容吸收了包括上海在内的各地开展公私合营工作的经验和意见。这从另一方面佐证了中央对上海公私合营工作的重视以及上海对整个国家层面公私合营工作所做的贡献。《公私合营工业企业暂行条例》分别采纳了由中央工商行政管理局提出的《公私合营工业暂行条例(草案)》和财政部提出的《公私合营企业财务管理方案(草稿)》以及中华全国总工会提出的《关于处理公私合营企业职工股份问题的意见(草稿)》等多方面意见。至1954年全国各省市加快公私合营工作进度,全国有工业企业622户实现公私合营,共计产值为19.9万余亿元,其中华东占337户,产值15万余亿元,上海在华东的比重最高。

(一)清产核资定股定息原则

开展公私合营在技术层面的核心内容是清产核资定股定息。资产清点重置之后,接下来第二步是定股定息。对原有资产的清点以及价值估算,包括资产的原置值、折旧与现值如何估算等问题,不仅直接关系私方股东的切身利益,而且依每个工厂情况的不同而呈现各种不同的复杂局面。上海当时的做法是合营协议书通常由上海市人民政府主管部门与合营前企业订立,在合营筹备时期一面发动群众搞好生产迎接合营,一面完成清产定股定息工作。1954年7月,中财委(资)下发《关于扩展公私合营工作中若干政策问题的情况和意见》文件之后,公私合营中的相关问题有了统一的参照法规。清产核资及定股定息工作有了指南之后,合营的技术障碍基本扫平。

(二)"四马分肥"的含义

《公私合营工业企业暂行条例》文件中对公私合营之后产生的利益分配有统一的政

策指导意见。其主要内容包括：合营企业中，社会主义成分居领导地位，私人股份的合法权益受到保护。合营企业应当遵守国家计划。合营企业的盈余，在依法缴纳所得税后的余额，应当就企业公积金、企业奖励金和股东股息红利三个方面，加以合理分配。股东的股息红利，加上董事、经理和厂长等人的酬劳金，可占全年盈余总额的25%左右。

此条例所说的企业公积金、企业奖励金和股东股息红利三方面是指除去了企业上交税金后的资金安排。如果将税金纳入一并计算就是当时民间所说的"四马分肥"。"四马分肥"是当时对民族资本主义企业的利润分配形式的形象说法，指企业利润按国家征收的所得税金、企业公积金、职工福利奖金和资方的股息红利四部分分配。1956年以前，国家规定私营企业和公私合营企业全年盈余按以下四方面分配：国家税金约为30%，企业公积金约为10%—30%，职工福利奖金约为5%—15%，股东红利和董事、经理、厂长的酬金约为25%。这种分配形式在1956年私营企业全行业完成公私合营后发生了改变，国家规定原私营企业家不再参加原企业的盈余分配，而是按其拥有的股额由国家付给年息，一律按年息五厘付给。生产资料由国家统一调配使用的意义在于原资本拥有者除享受定息之外不再以资本身份行使职权，资本主义工商业的社会主义改造基本完成。

（三）上海纺织行业的公私合营工作受到党和国家领导人的高度重视

新中国成立初期，上海作为全国经济的重镇一直备受中央的重视，上海纺织又是上海工业的半壁江山，所以纺织行业的公私合营工作乃为当时的重中之重。多次来上海调研公私合营工作的中共中央统战部部长李维汉在许多场合曾说全国各地的资本家都在看上海，他们都希望从上海取得工作经验。上海刚解放的1949年6月2日，上海工商界人士被陈毅市长约去外滩中国银行大楼4层召开座谈会，纺织界的代表申新纺织九厂的荣毅仁受到特别关注。据荣毅仁回忆，陈毅市长一句"共产党鼓励工商业者在新上海的建设中起积极作用"的话拉近了荣氏和政府的距离。之后，陈毅市长与荣毅仁家庭有了交往。1950年6月，荣毅仁受到毛泽东主席的亲切接见。1951年10月31日，荣毅仁光荣地出席中国人民政治协商会议第一届全国委员会会议，并在第三次会议上代表工商界亮相发言。1955年10月，毛主席在召集工商界人士谈话时，上海纺织界的代表荣毅仁也在其中。也就在这次被毛主席接见时，他当面相邀毛主席有空时到申新纺织厂去看一看。1956年1月10日，毛主席生平第一次来到上海的申新纺织九厂视察，随同的还有陈毅、汪东兴、罗瑞卿等领导。当天下午4时，毛主席来到申新纺织九厂视察时关心地问："公私合营后生产怎么样？"荣毅仁回答说："比以前要好。"同时，他向毛主席汇报说："我已经在上海市人民代表大会会议上表示了决心，我一定把所得的利润以投资企业和购买公债的方式，用来支援国家的建设。我个人愿意在任何工作岗位上来尽我的责任，做一个对国家、对社会主义有贡献的人。"在毛主席视察后，荣毅仁当即代表上海工商界集体给毛主席写信，表示要在6天内实现上海全行业公私合营。1月20日，荣毅仁、胡厥文、盛丕华等3人，代表上海工商界宣布自己欢迎"社会主义改造"。随后，他们发起上海市工商业联合会在中苏友好大厦广场召开"上海市资本主义工商业申请公私合营大会"。至此,全市88 093家资本主义工商业全部实行公私合营。全市所有私营工厂、商店都挂起了公私合营的招牌。1月21日,上海市举行50万人游行,庆祝全市资本主义工商业社会主义改造取得胜利。这是上海民族纺织企业实现社会主义改造一个难忘的历史瞬间,在中华民族纺织发展史册上抒写了闪耀的一笔。在此期间,1955年5月26—27日全国人大常委会副委员长宋庆龄视察上海第一棉纺织厂。党和国家领导人的视察和接见活动不仅是对上海纺织产业发展的最大肯定和鼓舞,也是一剂加快民族纺织资本实现公私合营、投身社会主义建设事业的强心针。

二、公私合营的历史成就

上海纺织系统的公私合营工作大致从前期小而散的企业开始,进而到1954年改造毛纺规模企业,再到最后改造重量级棉纺企业,最终于1956年全部完成。

1950年10月21日,以上海安乐第二纺织厂与华东纺织管理局签订公私合营合同为标志,上海纺织系统第一家公私合营企业诞生。其公私合营后改名上海安乐人造丝厂股份有限公司。1950年前后,比较早接受社会主义改造并实施公私合营的企业,大都因其自身经营困难,这些企业包括新光内衣、信和纱厂、元通染织厂等。1954年7月1日,以章华毛麻纺织股份有限公司实行公私合营,成为上海毛纺织工业中第一家公私合营企业为标志,上海的公私合营工作开始步入快车道。1954年开始,大部分工商企业主在认清大局形势和国家政策的感召下,共有25家大型私营棉纺织厂分3批实行公私合营。这些工厂的纱锭,占私营棉纺厂总锭数的46.38%。1955年9月28日,上海最大的申新系、永安系等22家私营棉纺织厂实行公私合营。至此,上海棉纺织行业首先实行了全行业公私合营。1955年12月,丝绸行业全部实行公私合营,共有丝绸厂316家。1955年下半年至1956年1月是上海纺织行业民族资本社会主义改造的收官时期。先后有棉纺织、毛麻、丝绸3个行业首先实行全行业公私合营。其后是织布、印染、内衣、袜子、毛巾、被单、手帕、制线、织带、制绳、制帽、飞花整理、衬衫、篷帆行业的工厂全部实行公私合营。经过清产核资,纺织企业的私人资本总额为4.407亿元,占上海市私营工业资本总额12万亿元的36.73%。

民族纺织资产由"私"改"社"是一场波澜壮阔的革命,其间更值得记取的是这些姓"私"资产背后的拥有者也开始由资产阶级的食利者转向了投靠社会主义公有制建设的拥护者和参与者。

(一)荣氏"纺织帝国"蜕变为"红色资本",为上海民族纺织产业投身社会主义建设事业树立一个光辉典范

不论是提到上海还是提到中国的工业纺织史,人们自然就会想到曾就任中华人民共和国国家副主席的"红色资本家"荣毅仁。新中国成立初期,国家百废待举,上海拥有大大小小近10万名资本家,有10 000多名高级知识分子和9 000多名上层民主人士,

这些有自己的产业或者有文化的职员等非劳工人士,当时都面临是去香港地区、去美国、去欧洲,或跟蒋介石去台湾地区,还是留在上海发展的人生选择。其时上海及江浙一带的很多民族工商业者,包括荣氏家族的大部分人已经选择了离开。据当时上海纺织工业管理局一份史料记载,上海荣氏工厂被其家族抽调海外的资金高达 1 000 多万美元。1949 年春夏的上海,帝国主义实行物资禁运,国民党飞机狂轰滥炸,与解放军的隆隆炮声交织在一起,大部分企业处于半停顿状态。55 家煤球企业,存煤只够一个月之用,240 万枚纱锭的纺织工业等待棉花的来料生产。30 岁刚出头的荣毅仁也在思考着自己的人生走向。

荣毅仁的父亲荣德生与其兄荣宗敬早年在钱庄当学徒,1915 年,荣宗敬、荣德生兄弟开始在上海创办实业。1921 年,组成茂新、福新、申新总公司,构成荣家资本集团。1931 年,荣氏名下在国内共有 9 个纺织厂,总计纱锭 46 万枚,布机 4 757 台,职工逾 3 万人。1932 年,实际自有资本共达 1 800 万元,资产总值 6 400 余万元。上海申新系列企业中,荣氏兄弟的投资约占申新资本总额的 80%。1936 年,拥有纱锭 57 万枚,布机 5 304 台,约占全国(除东北三省外)民族资本棉纺厂纱锭和布机总数的 1/5 以上。荣氏家族企业是中国近代棉纺织工业中规模最大的民族资本企业。当时上海的棉纺织骨干企业诸如第一棉、第二棉等至少有 50 家之多。然而这些企业的创始者不乏日商、英商或其他资本等,唯独申新纺织九厂(后改名为上海第二十二棉纺厂)由中国近代棉纺织工业的始祖上海机器织布局血脉基因一路传承而来。上海机器织布局于 1889 年正式开工,1909 年改名新纱厂,1913 年又改名三新纱厂。这时拥有纺锭 6.9 万枚,织机 1 005 台。1931 年,荣氏购进三新纱厂,后成立申新纺织九厂。1932 年选定澳门路 150 号厂址,占地面积 60 亩,押借巨款建造厂房,于 1933 年 9 月完成迁厂工作。1940 年工厂纺锭达到 13.8 万枚,线锭 1.7 万枚,织机 815 台,职工 7 167 人,规模居全国之冠。

荣毅仁于 1937 年自上海圣约翰大学历史系毕业,时年 21 岁的荣毅仁便开始辅佐父亲接触经营庞大的家族企业。先后任无锡茂新面粉公司助理经理、经理,上海合丰企业公司董事,上海三新银行董事、经理。直至上海解放的时候,他开始在纺织领域崭露头角。1950 年,国家发行胜利折实公债时,荣毅仁主动认购 650 万份。抗美援朝战争打响后,荣毅仁等工商界人士直接参与恢复生产、捐款捐物、群众性政治活动。1950 年 12 月 16 日清晨,上海风雨交加,工商界 300 多个行业、15 万工商业者举行游行声援抗美援朝。这天,荣毅仁擎着大旗,迎着大风,走在队伍的前面,从南京路外滩一直走到西藏路南京路口,之后又发起捐献活动。按照当时一架战斗机 15 亿元(折合人民币 15 万元)计,申新纺织六厂捐款价值 1.5 架飞机,加上申新纺织五厂、荣丰厂,三厂合计捐款价值约 3.5 架飞机。这些举动在当时的上海工商界引起了很大反响,为诸多摇摆不定的工商民主人士投身社会主义建设事业作出了积极的表率。

1957 年 1 月,上海召开市人大二届一次会议,已任国务院副总理的前市长陈毅风尘仆仆专程从北京赶回上海,在会议开幕时为荣毅仁竞选上海市副市长做宣传讲话,他说他要以共产党员的身份为这位"红色资本家"助选:"匆匆赶回来,因为毛主席给了我个特殊任务,要我和上海的同志们商量一下,请投荣毅仁一票,把他选上副市长。"随后陈毅又给与会代表介绍了荣氏家族与荣毅仁本人的情况。众望所归,那一年荣毅仁担起了上海市副市长一职。"红色资本家"的名号也就此伴随荣毅仁一生,这位原本在荣家二代中并不突出的一员,成为荣氏家族百年历史上最富传奇的人物之一,成为一个时代的符号。

拥有纺锭40万枚、织机2931台、印花机组2套的上海申新系纺织企业于1950年3月29日约集会议,上海申新纺织一、二、五、六、七、九厂代表悉数到会研究重新组合方案。4月1日签订合约,成立上海申新纺织厂管理委员会,5月8日正式挂牌宣告成立。推选荣德生为主席,下设总管理处,推聘荣毅仁为总经理。1954年10月7日,经国家工商行政管理局批准设立上海申新棉纺织印染厂股份有限公司,1955年6月19日成立董事会,推选荣毅仁为董事长。从总经理到董事长,荣毅仁在拥有资产处置实权不到2个月的时间内,就助力申新纺织印染股份有限公司实现公私合营。经过清产估价,上海申新纺织一厂、二厂、五厂、六厂、九厂及相关的中华第一棉纺针织厂、鸿丰纱厂资本总额为6400万元,占上海全行业合营厂总资本额的47.32%。合营后的申新总管理处仍由荣毅仁担任总经理。此时,荣毅仁在上海纺织系统的荣氏家族中开始运作产业管理。上海纺织工业中一支重量级民族骨干力量在时代风雨中扬起了自己的风帆。

（二）永安系郭氏产业完成公私合营,投身社会主义建设事业,赢得上海人民的口碑

上海民族纺织工业中,生产规模仅次于荣氏家族的就是郭氏家族。郭氏家族主要有郭乐、郭泉、郭葵、郭浩、郭顺等兄弟以及郭氏家族二代郭琳爽、郭棣活等。在创建时,郭氏与荣氏有所不同,前者由商业进入纺织制造业,后者直接创建纺织工厂。郭氏家族是上海纺织领域亦商亦工、集工贸为一体的民族纺织时代先锋,其永安纺织公司也被誉为中国近代经营管理卓有成效的大型民族棉纺织工业企业之一。

郭乐,广东香山人。1892年去澳大利亚悉尼谋生,赚得第一桶金以后回国创业,成为华侨实业家。1916年,郭氏兄弟以每年5万两白银的高额租金从哈同手里租得南京路浙江路口8亩15分1厘8毫(约6000平方米)的土地,建造一栋6层的英式大厦——永安大厦,与同马路对面的先施公司相对。1918年9月永安百货公司正式开业,以经营环球百货为主。1932年,永安公司买下紧靠浙江路的晚清建造的新新舞台,新建一栋19层流线型永安新厦,在第4层凌空架起两座封闭式天桥,与西边永安公司连接,东西两处人员可以从"空中通道"来往。永安公司的19层大楼是南京东路上仅次于国际饭店的第二高楼。当年,永安公司高楼上的霓虹灯在晚间特别璀璨夺目,红色的英文字,绿色的中文字,交替隐现,是当时"远东一条街"南京路的一道靓丽风景。十里洋场的上海南京路树立"永安"标

郭乐

志顺应了上海纺织品牌的崛起。

1920年,郭氏在上海开始投资于纺织工业。永安公司进入纺织领域以1922年建成投产永安纱厂为标志,以后又陆续扩建了永安二厂、三厂、四厂等。郭乐任董事长兼监督,郭顺任总经理,总投资600万元,其中包括其他华侨成员投资占19.45%,郭氏家族投资占2.50%,其余约78%的股份分散在5000多户零星小股东手里。永安纺织企业内部注重革新技术管理,提高产品质量,因此能够赢得市场声誉,外部通过资本运作收购其他纱厂。从开业到抗日战争全面爆发前,资本扩充2倍,固定资产增加4倍,赢利累计1639万元,资本积累704万元;纺锭从3万枚扩充到25万枚,织机从510台扩充到1542台。上海"五卅"运动中,永安纺织企业坚决抵制洋货,开辟国货货源,组织并参加罢市斗争;上海"八一三"抗战中,捐献钱物,支持抗战。上海解放初期,不少富商大亨选择离开上海,当时的经营人郭琳爽拒绝了父亲的包机,坚持留沪。1950年抗美援朝战争爆发以后,上海纺织系统除了生产军需物资之外,时任上海永安纺织公司董事兼副总经理的郭棣活(当时总经理郭顺赴美后,郭棣活主持工作),带头为抗美援朝捐款,推动同业完成捐款95亿元(旧人民币)。同时他将解放前向国外订购的价值250万美元的设备和美棉调回上海,协助上海的纺织经济发展。1956年,郭氏产业积极配合公私合营,投身社会主义建设事业,一片爱国之心为后人传诵。

郭琳爽

(三)上海纺织面料老字号"三大祥"(协大祥、宝大祥、信大祥)的工贸联合与公私合营

近代上海的繁荣,在商业方面的反映之一就是纺织面料的多种多样与不断发展,上海的纺织面料店一直闻名全国。1912年8月,协大祥布庄首先在上海小东门大街(今方浜东路)挂牌开业,由清末经营洋布的巨擘之一的协祥商号店员柴宝怀、丁丕山发起。协祥的职员孙琢璋出任协大祥的经理。协祥、协大祥的本意是希望能协同做大商业规模。协大祥开业之初,实缴资本为7200两银子,经过10年经营,至1922年底,盈余已高达16.6万两银子,为原始资本的23倍。这些业绩得益于孙琢璋制定了多达166条的"店员规则",进行严格管理,这也从侧面反映纺织面料市场的繁荣。

1923年,由于协大祥股东间的矛盾,丁丕山、柴宝怀两位创始人退出协大祥商号。1925年,丁丕山、柴宝怀合作在协大祥的隔壁和四周连开4家宝大祥绸布商号,选贤徒丁方镇任经理。宝大祥开业以后,开始经销各种丝罗绸缎、呢绒、土布、丝棉、驼毛、绣品、花边、床上用品、纽扣等纺织延伸品。除此之外,还设立成衣部、送货部、邮寄部等,代客定制加工各式服装和手工刺绣。商号从单一贸易向纺织产业的加工服务业拓展并取得成功,不仅赢得国内盛誉,而且把上海的纺织产业推向了日本、东南亚、欧美等国家和地区。

图1 位于上海小东门大街(今方浜东路102号)的"三大祥"元老商号协大祥

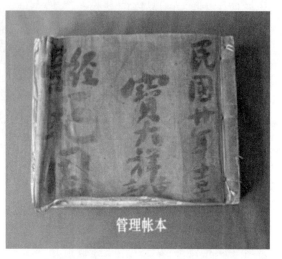

图2 宝大祥当年用过的管理账本

宝大祥的成功以及上海市场的繁荣,让协大祥的孙琢璋有了再次扩充自己商业地盘的决心。随后,他在上海闹市地段金陵东路、金陵中路及西藏南路开出3家协大祥分店。1929年,孙琢璋徒弟丁大富在小东门大街的宝大祥对面新开了一家信大祥布店商号。1938年8月,丁大富又在南京东路开设一家新的信大祥布店。信大祥地处南京东路繁华地段,容易吸引南来北往的顾客,10年后营业额赶上了协大祥。协大祥、宝大祥、信大祥就此并驾齐驱享誉国内外商圈,三足鼎立式的商业竞争促进上海纺织面料不断优化升级。1955年,上海滩三大商业纺织资本"九九归一",全部实现公私合营。丁方镇以个人名义拿出38 000元资金来充实宝大祥资本。时任上海市市长陈毅闻讯后,亲临宝大祥视察而留下一段历史佳话。1956年6月,信大祥为响应国家支援西北边远地区商业建设的号召,整体搬迁到甘肃省兰州市,更名为"兰州信大祥布店"。

第四节　围绕经济计划目标,全方位开展职工队伍建设工作

纺织工业是国民经济彼时的支柱产业,也是新中国成立初期上海的支柱工业。回到人民怀抱的上海纺织业,尽快解决穿衣问题就如解决果腹问题一样成为发展经济的迫切任务。截至1957年,上海纺织系统职工总数40.51万人,开展对这支纺织队伍的建设工作是当时上海整个工业系统的重中之重。

一、确定劳动工资福利待遇,稳定职工队伍

解放前,尽管上海纺织行业人数众多,工厂林立,但是关于纺织工人的劳动时间、工资待遇等都缺少统一规定,同工不同酬是普遍现象。

(一) 关于劳动时间的确立

1946年之前，上海大部分纺织企业以12个小时为一班，每天日夜开两班。每周6个日班、7个夜班，最后一个夜班要从星期六晚上6点工作到星期日上午10点。1946年以后，经过各方角力，中纺公司所属企业开始改为每天工作10小时，其他私营纺织企业也相应有了改变。1952—1954年，上海纺织企业开始全面推行每天3班（早、中、夜班）各8小时工作制，每班中间20分钟吃饭，每周工作6天。

(二) 关于工资待遇的确立

工资待遇直接关系到职工及家属的生活质量，也是当时社会形态的一个侧影。上海纺织产业在20世纪30年代比较红火的时候，日商纱厂实行3级22等工资，等级由日籍领班决定，并时升时降。在物价高涨时，工人实际工资不断下降，常常出现入不敷出的窘境。1946年之后，中纺公司下属企业采取底薪工资乘以上海社会局颁布的生活费指数折成货币工资的办法。生产工人实行日工资，有26个级别，最高2.10元（法币底薪），最低0.85元（法币底薪）。职员实行月工资，有34个级别，最高600元（法币底薪），最低40元（法币底薪），不同职务上下交叉。刚解放的1949年6月，以食米折合为计算单位，工人原底薪1元折合米4.84升，职员原底薪1元折合米4升。米价在发放工资前一天以本市南、北市场中熟粳米的平均市价计算。这个方法推出后，当时上海的纺织私营厂也跟随实施。1949年7月，底薪改为以折实储蓄单位计算，工人每元底薪为2.2个折实储蓄单位，职员每元底薪为1.8个折实储蓄单位。按此计算，工人日底薪2.10元的，月可得食米3.05石。1950年3月，工人月实发90.78个折实储蓄单位，职员月实发215.99个折实储蓄单位，职员为工人的2.38倍。这种以底薪为基础的工资制度至1952年上海纺织系统开始第一次工资改革时终止。

1952年，纺织系统进行第一次工资改革，虽提出了技术等级概念，但还是保留了跟实物挂钩的传统。华纺局采取工资标准以"工资分"为计算单位的方法。每个"工资分"中含白粳米0.8市斤、蓝龙头细布0.2市尺、生油0.05市斤、盐0.02市斤、煤2市斤实物。工人工资分8级工资制、计件工资制，平均增资5.51%。职员按工资分结算，平均增资6.78%。最高"工资分"362元，最低134元。工资以日计算。

1956年，纺织系统进行第二次工资改革，统一实行货币工资标准，突出对技术人员的津贴。这次工资改革的有利条件是国家纺织工业部有指导性的岗位工资标准出台。一线挡车工人的工资：布机挡车工每月83.60元，细纱挡车工每月77.40元，筒子挡车工每月70元。新工人进厂，经3—6个月熟练期，顶岗生产，就可拿到相应的岗位工资。职务工资采取按设备规模划分企业、工厂车间、科室的标准。企业分为四类：纺锭8万枚、布机2 000台以上为一类；纺锭4万枚、布机800台以上为二类；纺锭1万枚、布机200台以上为三类；纺锭1万枚、布机200台以下为四类。工厂车间分为三类：纺锭6万枚或布机1 200台以上为一类；纺锭2万枚或布机500台以上为二类；纺锭2万枚或布机500台以下为三类。科室分为三类：保全、动力、技术部门为一类；计划、财务、人事、教育、保卫、试验、修缮、供销、劳动部门为二类；公共事业、行政事务、卫生部门为三类。并按职务划分1—8个工资等级。同时，对工程技术人员实行技术津贴，相当于工资的5%—30%。

上海纺织系统在1952年、1956年两次工资改革中进行了7次工资调整。当时，上海纺织系统人均年工资885元，为全市工业系统平均数的98.77%。纺织工人生活得到迅速改善和提高。据《1953—1957年计划执行结果的公报》（国家统计局1959年4月13日）显示，1957年中国纺织职工工资是1952年的120%。上海纺织系统调整工资水平一方面考虑社会物价因素，一方面也旨在稳定职工队伍，调动职工劳动积极性，尤其是第二次工资改革突出技术因素具有开创性的历史意义。

（三）确立医疗保健福利

上海解放，政府接管中纺公司之后，立即将中纺公司第一、第二医院改为华东纺织管理局第一、第二医院。纺织第一医院1951年4月扩大肺科、妇产科、小儿科、五官科、口腔科、放射科和检验科；1953年增设骨科和泌尿外科；1957年扩建妇产科大楼，并增设中医科、皮肤科和理疗室。纺织第二医院临床科室比较齐全，有内科、神经内科、外科、神经外科、骨科、妇产科、儿科、中西医结合科、中医科、皮肤科、五官科、眼科、口腔科、麻醉科和老年医学科。1954年12月，世界红十字会上海市分会联合医院改为纺织第三医院。纺织第三医院临床科室有内科、外科、放疗科、妇产科、小儿科、耳鼻喉科、眼科、口腔科和中医科等。肿瘤防治是该医院的重点，并形成特色成为为纺织职工服务的职工医院。

上海纺织系统在新中国成立后到"一五"期间除了有了自己的职工医院之外，各企业为方便职工医疗，也逐步建立保健站或医务室，业务上接受纺织医院指导。保健站一般为职工轻度急、慢性疾病就诊配药。大、中型企业医科从少到多、由粗到细；小型企业一般只有综合性的医护人员1—2人，以内科、妇科为主。不少厂的医务人员分班服务，并到车间巡疗、送药。1956年，第三十五棉纺织厂将该厂的"超然别墅"改建成职工医院，设内科、外科、妇产科和中医科，病床30张，医护人员30人。

1951年5月，上海纺织系统开始实施劳保医疗制度，7月，纺织机关、事业单位职工开始实行公费医疗。"一五"期间，上海棉纺织国营企业的劳动保险费支出共计2519万元，平均每一个职工5年内享受342.9元。

（四）建职工住房和集体宿舍，增加职工食堂与浴室

解放前，棉纺织厂比较集中的普陀、杨浦等地区，时间一久自然形成工人棚户区，俚语也有叫"滚地龙"的。沪西纺织工人聚居于"石灰窑"棚屋。有些企业有砖木结构的工房，但工房墙薄柱细，雨天十家九漏。1952年，华东纺织管理局47个单位76 736名职工中，有眷属宿舍面积17.44万平方米，居住12 641人；单人宿舍面积2.09万平方米，居住6 205人。1952年，上海市建成第一批2万户工人住宅，也是中国第一个工人新村——曹杨一村。其中1万户分配给纺织工人居住。著名纺织劳模杨富珍、裔式娟、陆阿狗等人光

荣地成为新村首批居民。1956年,纺织工人住房已普及到曹杨、天山、甘泉、宜川、光复、安西、本溪、控江、凤城、长白、延吉、鞍山等建设的新村,共有眷属工房23.78万平方米,居住14 120户、28 291人;工厂单人宿舍2.77万平方米,住9 023人。有资料记载,当时对25个国营厂53 774人(占职工总数的81.18%)的调查表明,住进新工房的17 087人,占30.9%;住老工房的9 844人,占18.2%;职工自有房屋12 205人,占24.5%;职工租赁住房14 638人,占26.4%。对56家合营厂69 513人(占职工总数的80.41%)的调查表明,住工厂眷属宿舍的4 444人,占6.39%;单人宿舍22 618人,占32.53%;职工自有房屋18 661人,占26.85%;职工租赁住房23 790人,占34.23%。

解放前,缺乏食堂和浴室一直是纺织企业职工福利的短板。从上海解放开始,上海纺织系统即在原来破旧建筑的基础上扩建改建职工食堂30家以及浴室29家。申新纺织五厂食堂的午餐是分批次供应的。早班职工10点15分用餐,常日班职工是11点30分用餐。职工的午餐都是免费的。女工怀孕后会受照顾到楼上的饭间用餐。楼上是圆台面餐桌,一桌桌的菜,汤已经摆放好。申新纺织五厂的职员午餐,出勤一天,老职工扣1角,新职工扣2角。杨浦高郎桥纱厂区的浴室对男女职工是免费开放的。1956年11月,长阳路上的东泉浴室增设女子部,为区境内第一家女子浴室。

(五)纺织女工保健保护得到改善

纺织工业生产一线女工占比高是行业特点。上海早期的缫丝工人,女性占95%,男性仅占5%。1930年,上海棉纺、棉织业工人194 210人中,有女工141 518人,占72.8%。申新纺织九厂女工在该厂全部工人中的比重,1933年为75.4%,1934年为81.8%,1935年为82.4%,1936年为82.2%。其他如棉纺织业、毛纺织业、丝织业、针织业、毛巾被单业、制线织带业,女性占比也都超过50%。纺织女工的保健保护也是稳定职工队伍的重要抓手。

对女职工实行"四期"(经期、孕期、产期、哺乳期)保护。1951年4月,落实国家政策,明确女工生育可享受产前后假56天,住院费由企业负担,工资照发。1954年5月,又实行怀孕7个月以上孕妇给予工间休息一小时,抱奶每班两次,每次30分钟,婴儿8个月以上喂奶一次的规定。20世纪50年代,上海纺织系统配合企业医疗、保健部门,关心女职工的计划生育,一度学习苏联经验,提倡"光荣妈妈",育儿发红布,鼓励多生育。有些企业设立车间卫生室、孕妇休息室、哺乳室,实行专人代替抱奶。为了帮助女职工解决生活上的一些特殊问题,企业工会组织设立女工委员会,经常指导女工正确对待恋爱、结婚、孩子。对婆媳不和、夫妻不和的女工家庭,工会组织上门做好调解工作,还对未安排好生活而造成经济困难的,帮助其精打细算、计划开支等。有的企业还设立幼托班,小型企业联合举办托儿所,延长收托时间,实行三班服务,解决女工托儿难的问题。

二、组织文化知识、操作技能培训

旧上海,纺织工人数量虽大,但文化程度低于其他产业工人。新中国成立初期,上海纺织工人文盲半文盲人数约占职工总数的75%，成为全市扫盲工作的重点。上海纺织企业在文化知识培训方面，开办业余文化教育班，分批组织文盲脱产读书一个月，要求识2 000个字，能阅读《劳动报》和《工人半月刊》等通俗书报。上海第一、二、八、九棉纺织厂采用这一方法扫除文盲8 000人。1956年，华纺局25个国营棉纺织厂、印染厂、针织厂办有业余小学25所，业余中学16所，参加文化学习的有42 300人，占职工总数的64%。1956年，国务院发布《关于扫除文盲的决定》，上海纺织企业各厂发动群众掀起扫盲高潮，不少纺织企业在车间内设置宣传员，脱产做扫盲工作。厂部的扫盲由文教科负责，最初要求职工做到识字100个，会写自己的名字。申新纺织五厂、申新纺织六厂自办职工子弟小学，申新纺织九厂设立职工业余学校。

在技能培训方面，原中纺公司所属企业的培训一般仅停留在对刚进厂的工人实行技能培训，有生手女工培训和艺徒培训之分。生手女工进入工厂，由训练人员培训2个月，内容有生产知识、标准工作法、机台实习、实际劳动技能等。到期考核合格后成为"养成工"。艺徒培训期3年，由工程师或技师训练，每天实习8小时，授课2小时，必修数学、英文、物理、机电常识、机械制图，期满进行笔试、口试、体检，合格者为"长工"。众多私营中小型纺织厂多采取师傅带徒弟的方式。

新中国成立初期，许多纺织企业仍沿用师傅带徒弟的做法，订立师徒包教包学合同。上海纺织工会成立以后，通过班组学习，岗位练兵，劳动竞赛，举办各种技术理论、操作技能等训练班的形式，边教、边学、边做。1951年，借鉴以往艺训班、练习生班、技训班等做法，开办工人干部技术训练班，招收全国棉纺织行业中级以上优秀技工和近期纺织专业毕业的大专生，按专业编为清钢、条粗、细纱、准备、织造、试验等教学班。技工培训侧重于纺织安装设备理论和规范操作技能，大专生培训侧重于设备安装调试、保全的实际操作技能。

1952年，上海纺织工程学会、申新纺织九厂、第一印染厂、上棉十七厂等单位，分别在沪西、沪东开设4所业余初级纺织技术学校，设纺织、染织专业，招收纺织系统在职职工，学习初级纺织专业知识。1953年，上海纺织系统结合工资调整与技术等级挂钩的措施，在厂内开办钳工班、制图班、机物料班、电工班、平车班等。大中型纺织企业都建立了职工业余学校。

华纺局1951—1953年培养技术工人和技术干部563名。1954年训练班改为高级技工学校，共有113人毕业于此。"一五"计划期间，通过师傅带徒弟等方式培训五金、修缮、纺织设备维修工人34 817人，占当时技术工人总数6.16万人的56.52%。

为配合文化教育和技能培训，也为丰富职工的业余文化生活，许多纺织企业引导开展各种文体活动。1952年，在32家私营纺织企业中，建有乒乓球场地18个、篮球场地17个、排球场地14个、腰鼓队14个、乐队17个、图书馆藏书26 024册。上棉十二厂、十七厂和中国纺织机械厂还建有业余足球队，平时不定期开展棋类、球类、田径比赛。申新纺织六厂曾经是青年工人业余活动的汇聚地之一。当时申新纺织六厂有2个足球场，设在厂区里面。篮球场在眉州路东、河间路南，还安装了夜间灯光，晚上可用于比赛活动。篮球架一般都是工厂机动车间自己制作的。当时也有篮球爱好者聘请有经验的教练,每月付酬金100元,费用都由爱好者自付。有的企业还组织越剧、沪剧、京剧、舞蹈、歌咏等业余团体,经常在兄弟厂际交流演出和参加社会演出。每到劳动节、国庆节,纺织工人都会组织广场狂欢和游行。

申新纺织五厂秧歌队
图片来自罗苏文著《高郎桥纪事——近代上海一个棉纺织工业区的兴起与终结(1700—2000)》(上海人民出版社2011年版,第102页)

三、开展劳动竞赛,第一代纺织劳动模范诞生

三大改造完成后,上海纺织系统的生产资料具有完全的公有制性质,劳动竞赛的目标就有了满足劳动者不断增长的物质生活和精神生活一致性需要的共同指向。由于劳动者是国家和企业的主人,劳动者之间的关系就有了互助合作、互相学习、互相帮助、取长补短、共同提高的纽带。基于这样的客观条件,社会主义劳动竞赛得以开展,人们参赛的热情不断高涨。纺织工业本身属于劳动密集型产业,大量的劳动力在一起生活生产,再加上新中国成立初期上海的纺织建设任务非常繁重,在此情况下,为充分发挥广大纺织职工的积极性、主动性和首创精神以及增强广大劳动者的集体主义精神,上海纺织工会承担了社会主义劳动竞赛这一历史使命。自1949年上海解放之后,上海纺织工会组织发动群众,开展形式多样的岗位练兵、操作比武、技术革新、增产节约等一系列竞赛活动。这样的劳动竞赛活动可以追溯到俄国十月革命后列宁倡导的共产主义星期六义务劳动、20世纪30年代苏联推行的斯达哈诺夫运动以及20世纪三四十年代中国革命根据地的大生产运动。在这些轰轰烈烈的劳动竞赛中涌现出一批令人肃然起敬的劳动模范。劳动模范是劳动竞赛活动中的标兵,也是建设社会主义物质文明和精神文明的先锋。

1950年12月,纺织工会同华纺局联合组织职工开展"抗美援朝,保家卫国"的爱国主义劳动竞赛,普遍制订了爱国生产公约。1951年、1953年在纺织企业组织推广学习"郝建秀工作法""一九五一织布工作法""一九五三纺织机器保全工作法"和其他先进经验,从而提高了劳动生产率。1954年,为贯彻全国总工会"关于在国营厂矿企业中进一步开展劳动竞赛"的号召,劳动竞赛开始全面深入地开展。各纺织企业以班组为基础,从点到面开展个人与个人、小组与小组的竞赛。到1956年,有284个纺织企业参加了"比学赶帮"的厂际竞赛,308个车间开展厂际同工种竞赛。申新纺织九厂等29家工厂参加了全国纺织工业厂际竞赛。

通过劳动竞赛,广大职工怀着变革落后生产力的强烈责任感,针对设备陈旧、生产落后、劳动强度高的状况,纷纷献计献策,提合理化建议。1956年,对134家纺织企业的调查统计显示,全年提出合理化建议37 753条,采纳20 875条,可计算的价值折合1 932.5万元。"一五"期间的劳动竞赛在全国范围内掀起了一个波澜壮阔的先进生产者运动,促进了第一个五年计划的提前完成。

上海纺织系统孕育了第一批国家级和省市级的劳动模范先进集体、劳动模范先进工作者,集中体现了上海纺织职工的时代风貌和主人翁精神,也是一个时代经济发展的标志性引擎。

在劳动竞赛中涌现出一批劳动模范,其中广为人知的有杨富珍、裔式娟和陆阿狗等。

(一)杨富珍

杨富珍,15岁参加中共地下组织时担任交通员,解放后在纺织一线最基层工作。1953年,她出席全国青年社会主义建设积极分子大会时,受到了毛主席和周总理的亲切接见,这是一个最基层工人受到的最高政治礼遇。1956年,她获得全国先进生产者称号,是全国纺织生产第一线著名的劳动模范,其所在小组被授予"杨富珍小组"称号。她在上海第一棉纺织厂当织布挡车工时,摸索总结出一套先进的"五一织布法",后在全国纺织行业得到广泛推广,在纺织生产实践中深受好评。

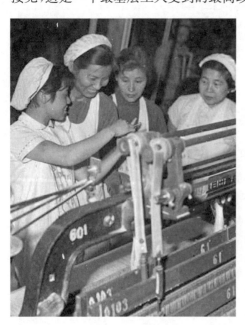

杨富珍的工作照

为确保织出的每匹布不出次品,必须将棉纱结头打得小、快、牢。她每天在家苦练"打结头"基本功,终于练就了在织布机上每分钟能打40多个结头的绝活。那时,杨富珍一个人要管20多台织布机,每个工作日,她都要在织布机的"弄堂"里巡视。为了保证眼睛看到每一寸布面,不让瑕疵从眼皮底下漏过,她用红布制作了20多朵红花,插在布面上,一圈下来,凭红花识别移动中的布面,仔细查看,再将红花移到后面的布面上。这也是她独创的"红布标注法"。她数年如一日的优质高产,创造了89个月无次布的行业神话纪录。

织布中的刮盘工序,杨富珍原先只会右手刮,发现自己的徒弟左手也能操作,琢磨后,认为左右手都能刮的话,减掉了转身这个工序,可以节省时间。杨富珍便虚心讨教,勤学苦练,终于练就了左右开弓的技法。为了生产更多的好布,杨富珍还带领织布班组,开展了"心贴布、布贴心"的劳动竞赛活动,把自己的经验传授给组员,让大家分享她的先进操作经验。

(二)裔式娟

裔式娟,上海第二棉纺织厂细纱车间挡车工,1952年加入中国共产党。1953年,其所在班组获"全国纺织工业模范小组"光荣称号。第一个五年计划期间,其所在班组连续5年被评为上海市的先进小组。1956年其所在班组被授予"裔式娟小组全国先进集体"称号,同年,裔式娟获"全国先进生产者"称号。以她的名字命名的小组保持了30多年的模范集体称号。

她的突出成就体现在曾总结以身作则,依靠群众,深入细致做好小组思想政治工作的经验,带领小组钻研技术,学习郝建秀工作法,自1953年起连续8年全面超额完成生产计划,产品的数量与质量均达到全国先进水平。

纺织系统"郝建秀工作法"在全国推广时,裔式娟作为上海代表被派到青岛学习。学习回来后,她经过刻苦钻研,形成自己独特的操作方法并带头推广。1952年小组中技术好的工人只有三四个,仅仅过了3年,在她的带动帮助下,小组成员个个都达到了"纺织能手"的水平。21支纬纱,车速从285转加快到400转,千锭小时产量从30多千克提高到45千克以上;32支纱,车速从250转加快到310转,千锭小时产量从16千克提高到21.5千克,并且棉纱标准品率全部达到100%。

裔式娟的另一个成就是善于带领集体共同成长。她经常在下班后利用休息时间到有困难的同事家中去谈心,帮助同事解决一些实际问题,还组织职工参观革命烈士斗争事迹展览等。3年中,全组32名工人中诞生了1位行业劳动模范、4位上海市先进生产者,受到嘉奖的9人,13人入了团,7人光荣地加入了中国共产党。她们的故事也被绘入了《不断跃进的裔式娟小组》《裔式娟小组的故事》等连环画中。

(三)陆阿狗

陆阿狗,供职于上海第二纺织机械厂弹簧工场,是共和国第一批纺织系统劳动模范。在1950年爱国增产活动中,陆阿狗成绩突出,其所在小组青年工人在超额40%完成第一期生产合同3.4万副细纱车上的卷架之后,又超额30%完成了第二、三期生产合同定额,使1951年全年生产任务在当年8月23日全部完成。他在纺织领域的主要贡献在于对纺织机械大牵伸装置的改造,以弹簧加压代替重锤加压后,可纺42—60高支纱,劳动生产率迅速提高。1954年5月底,上海首次评出陆阿狗等9个先进班组,向全市职工发出开展技术革新运动倡议,对推动上海工业系统技术改造起到积极作用。同年陆阿狗被上海推荐为全国人大代表,后作为优秀基层工人的代表,被选送入中国人民大学深造。陆阿狗的事迹曾作为连环画题材载于《陆阿狗生产小组》和《向陆阿狗叔叔学习》,在上海广为流传。

第五节 技术改造与技术革新并举

"工欲善其事,必先利其器。"从某种意义上说,工业纺织的技术进步必须依赖工业纺织技术设备的发展。上海工业纺织由李鸿章引进外国棉纺设备发端之后,跌跌撞撞走了一条边零打碎敲引进生产设备,边土法上马各企业相向前行的畸形发展道路。经过20世纪30年代"孤岛"繁荣期的快速"折旧"之后,又遇到抗日战争日寇的蓄意破坏和国民党撤退前的偷运毁机等磨难。新中国成立之后,为快速振兴纺织工业,在全方位建设职工队伍的同时,也在纺织局系统内建立纺织科学研究院,在纺织企业中掀起了新中国成立以后首波技术改造和技术革新的热潮。尽管当时的改造和革新在今天看来整体水准不是很高,但毕竟为纺织工业的后续发展奠定了良好的物质基础。

一、基建、能源建设以及环境改造

解放前上海纺织企业土建厂房因受建筑材料品质和设计施工技术的限制,一般厂房柱网较小,木结构常用6×3.66米,钢筋混凝土结构采用7—7.3×4.8—6.5米不等,且又都是带下弦的锯齿屋架。这样的结构建筑使得工作环境照明光线欠佳且易挂飞花。当时的技术改造在基础环境方面的工作量大面广,但取得的成绩为当时纺织工业的整体发展打下了坚实的基础。

(一)修建厂房、搬迁厂址

新中国成立初期,上海纺织工业共有厂房455万平方米,使用年限一般都在25—50年之久。除少数棉纺织大厂的厂房较为整齐外,众多中小型厂厂房简陋、拥挤,其中里弄工厂的厂房大部分濒临危房边缘。如上海针织五厂针织主车间1 000多平方米厂房因年久失修,为避免房顶坍塌,在车间内撑了不少木支柱,走进车间好似走进森林。还有许多厂房分布在市区居民比较集中的区域,与居民住房犬牙交错,矛盾尖锐。新中国成立后,在加固危房的同时,通过拔点迁建的办法来完成厂房设备的基础建设,如上海第二纺织机械厂首先从市区的江宁路旧址迁往郊区场中路。

(二)改造锅炉解决部分供暖

上海纺织行业练漂、染整、浆煮、烘燥、熨烫等许多工序本身需要供热。1946年的时候,上海中纺公司所属厂共有锅炉82台,制造年份最早的还是1894年的。新中国成立以后,通过加强检测和维修改造,采取调整锅炉管网、隔热堵漏和凝结水回收等措施来缓解供热不足的困境。1953年,上海第一印染厂对原有的5台水管锅炉进行大修,最终选择其中 2 台进行整修续用,再从系统内调入 3 台 20 年高龄的老锅炉,重建锅炉房,增设水斗式自动连续出灰装置,确保安全生产。新设计方案采取提离炉身,增大燃烧室容积,增添两次送风等技术措施,使煤燃烧完全。锅炉总容量自 30.2 吨/时提高至 45.2 吨/时。同时,又增设了省煤器、空气预热器、炉箅冷却器等设施,使锅炉总效率自 60% 提高至 81%,投产后每年可节煤 5 000 吨。锅炉房设计成两层建筑,下层设自动出灰装置,以改善劳动环境;上层设煤仓,用水平拉煤器分送至各台锅炉,使工人的操作条件得到显著改善。

(三)改进通风、给湿等方法,改善纺织车间空气

上海解放前的纺织企业一般只有尘塔抹除含尘空气此种单一的净化方法。这种方法是在清棉车间用吸尘风扇排出含尘空气,送入地下尘室,让其自然沉淀后,通过高出厂房 3 米的尘塔排出室外。当时虽然纺织厂每周采取人工清除尘室下脚飞花,但是这种方式在排尘风量增加、尘室风速加快的时候,沉淀作用就会减弱,且短纤维随之飞出塔外,影响周边环境,也有碍居民健康。新中国成立后,上海纺织企业首先对各厂尘塔进行技术改造。然后在车间内部由单独断头吸棉改为采用大风机集体吸棉方法净化空气。原先的吸棉装置由单独辊筒传动或电动机拖动,排放含尘空气不够彻底,且在车间内易造成气流混乱,对季夏降温不利。后经多家棉纺厂多次研究改进,设计出大风机集体吸棉的方法。1956 年,上海棉纺企业自行设计的集体吸棉装置顺利问世。当时这种装置上棉五厂装有 99 台、上棉十一厂装有 83 台、上棉十七厂装有 100 台。

夏季的降温问题是当时纺织企业的一大痛点。1952 年,上海纺织工业用电为 5.99 亿千瓦时,占全市工业用电的 63.5%。为不增加用电负荷,除有少量机器制冷设备之外,纺织企业在当时采取了物理降温方法。上棉五厂一织车间有 240 台织机,在外墙上加开进风洞 7 个,装排风扇、配 14 台喷雾机,使车间温度由改造前的 37.8℃ 降为 34.5℃、湿度 75%—80%。上棉十七厂三纺细纱间开天窗进风。每车装置 8 个喷嘴,每小时喷雾量最大可达 20 千克以上,车间夏季最高温度降到 36℃ 以下。早期的上棉十九厂给湿方法为高压水冲击式喷雾。在悬挂的直径 200 毫米无底、无盖圆筒中,利用 8 千克 1 平方厘米高压,水流从喷嘴喷出,受撞针冲击成雾。这种方式不仅下面有形体笨重的盛水盘,而且影响采光,设备效率差。经改造后有的企业采用气压式水箱,有的企业采用旋盘离心式喷雾机等方法,均取得良好效果。

二、关键工艺设备的技术革新

纺织工业门类众多,具体工艺及其操作虽有所差别,但基本原理相通。新中国成立后,纺织科学研究者在一些关键工艺设备方面开展一系列的革新。

(一)第一台 50 型棉细纱机诞生

1951 年,上海第二纺织机械厂(以下简称"二纺机厂")制造出国内第一台 50 型棉细纱机,年内投入批量生产 6.2 万锭,计 156 台。从此,二纺机厂成为国内第一家定点生产

细纱机的专业工厂。1955年,该厂接受援外项目订单,向缅甸出口2万件棉细纱机,当时与美国援建的同样生产规模的棉纺厂比较,在成纱质量、原棉耗用、操作性能、成本指标及价格等方面都优于美国援建的工厂。二纺机厂的细纱机由此声誉大振,东南亚国家厂商纷纷向其订购,棉细纱机成为二纺机厂当时出口创汇的主要产品。

(二)棉纺织造领域诞生国产第一批喷气织机

喷气织机将织轴上的经纱和从梭腔内或引纬机构引出的纬纱在织机上按织物组织交织制成织物,其工艺路线优于早期多数棉纺织厂采用的英国和美国进口的普通铁织机。新织机的传动开始逐步由蒸汽机向电动机过渡,采用以绳索带动天轴的集体传动,每台每天可产14磅细布2匹(每匹40码,折合单产3.05米/台时),挡车平均3台/2人。

(三)改进缫丝工艺,成功研制国内第一批D101自动缫丝机

原始的缫丝方法是将蚕茧浸在热盆汤中,用手抽丝,卷绕于丝筐上。盆、筐就是原始的缫丝器具。上海早期的缫丝无加捻装置,与近代机织大生产的要求不相适应。1951年,上海第一纺织机械厂在原环球铁工厂试制成功国内最早的立式缫丝车的基础上,成功研制出国内第一台D101自动缫丝机。其生产效率比立缫车提高1.5倍,每组只要6—8人管理,而其他等量的立缫车却需20人管理。而后,上海大利丝厂与科研机构合作,用新溶解剂溶解丝胶,其温度由210℃降为120℃,不仅节约能源,且可保护蚕茧溶解均匀。

(四)革新制造单程式清棉机,基本废除三道清棉机

上海早期的开清棉设备采用多种单机台棉箱机械。当时的单机效率低,工艺流程长,所以一般设置三程式清棉。清棉成卷机挡车2台/人,3—4人/套。1954年,上海纺织系统从改进棉箱以及末道清棉机挡车分段工作法等入手,改造成功新型单程式清棉机。新机型每件棉纱用棉量从新中国成立初期的210千克降至197千克。

(五)革新改造成功急行往复式络筒机(1332型高速络筒机)

在织布工序中将经卷纬机卷绕成的纬管纱,在织机上交织成织物的过程一般称为张力、排列、卷绕"三均匀"的工艺路线。早期络筒采用竖锭式络筒机,将管纱引出的纱(线)上下移动,平行卷绕在有边筒管上。卷绕线速度随筒子直径增大而加大,平均线速度110米/分—120米/分。整经是直接将管纱放在V形筒子架上牵引卷绕成经轴。这样的工艺生产效率低。改进后的1332型高速络筒机采用大容量的圆锥筒子(俗称宝塔筒子或斜筒),筒子架改为矩形复式架并增加锭数。这样不仅提高效率和节约回丝,而且每台挡车人数可减少至1台/人。

（六）成功改进并条机

上海早期的机器纺纱，并条机多数采用四罗拉牵伸装置，6 根或 8 根并合。根据所纺品种不同，设置 2—3 道并合工艺，挡车 1 节 6 根/人。粗纱机采用三罗拉牵伸装置，根据所纺品种不同，设置 2—4 道粗纺工艺，挡车 1 台/2 人。新中国成立以后，上棉三厂、八厂等率先开始工艺革新，调整并条机罗拉加压和隔距，将渐增式牵伸分配的并条机改为双区牵伸。统益棉纺织厂、申新纺织九厂和上棉二厂等将并条机改进为三上四下曲线牵伸，熟条均匀度均有所提高，同时，工艺上将机械式断头自停装置改进为电气自停装置，灵敏度明显提高。

（七）成功研制象鼻式和往复式堆布器

研制出象鼻式和往复式堆布器，以机械方式替代人工甩布操作，使全行业练漂工序摆脱了最为繁重的体力劳动。早期上海的染织厂首先从英国引进烧毛、丝光、烘燥等设备和技术。而后，光华机器染织厂引进德国的煮练、漂白、丝光、烘燥等机器及练漂技术。这些装备工艺均为间歇式分段加工，程序繁复，品种单一。新中国成立后，棉织物以绳状形式的淋酸淋漂工艺全都改用次氯酸钠轧漂工艺。1953 年，上海第二印染厂首创煮练进出锅机械装置，后被上海印染机械厂采纳，设计制造出象鼻式和往复式堆布器，工作效率得到明显提高。

（八）成功研制精练脱胶工艺获全国纺织技术大会一等奖

精练脱胶是将经过拣选的各类废蚕丝、废茧用稀碱液蒸煮翻腾脱去大部分丝胶再经过冲洗、烘干制成精干品的工艺。早期，为使丝纤维在加工过程中不致过度受损，先将原料进行碱性煮练后，放置于缸中发酵腐化 30—50 小时，促使丝胶和油脂水解而脱除。原料在发酵过程中需要经常用手工搅拌翻动，因此存在废气散发、劳动强度高等缺陷。1954 年，上海绢纺织厂开始技术攻关，直至 1956 年 2 月，该厂首例成功采用碳酸钠加中性肥皂的化学快速精练脱胶工艺，工序由原来的 10 道缩减为 4 道，加工时间按原料不同为 30—100 分钟之间。该工艺同年获全国纺织技术大会一等奖。

（九）改进染色配方，有效解决色布落水褪色问题

染色是对练漂后的各类织物进行染浴处理的工艺。早期，上海的染色企业大都采用英国、德国进口的染缸及配套设备，但是染色之后的颜色一直存在水洗褪色等不同质量问题。新中国成立以后，上海达丰、光华等染色企业开展技术攻关，1953 年，这些企业开始在红矾中加入少量阿尼林盐，并调整丝光碱浓度，改善了黑色泛绿现象。1956 年 4 月，废止盐基性染料染色，色布落水褪色的老大难问题得到解决。

（十）完成毛巾被单织机由人力木织机向电力自动织机改造升级

上海制造毛巾与被单的历史悠久，毛巾与被单是上海的纺织名牌产品之一。早期的

人力木织机一直可以追溯到1900年,川沙张艺新、沈毓庆等人仿制洋毛巾,对土布织机进行改革,使之成为国内最早的毛巾织机。织机为全木结构,主件有左右支撑架和上轴、下轴、综片、梭箱、踏脚等。1922年,三友实业社自制被单人力木织机,在国内首创独幅被单,改变原来用粗布拼接成被单的生产工艺。当时,毛巾、被单的花色变化主要依靠织造技术。新中国成立初期,一台毛巾人力木织机仅可以同时生产两条毛巾。1952年,上海萃众毛巾厂在毛巾织机上安装简易机械起毛装置,操作工从挡一台机扩大到挡两台机,此项技术推动了制织工艺自动化。1955年,上海中国铁工厂开始生产电力被单织机,其性能较阔幅人力木织机有较大提高,产量达到约8条/10小时。1957年10月,15118型三自动(自动换梭、断经自停、断纬自停)织机由上海毛巾二厂试制成功,由此,电力自动织机的织造过程均由自动化机械完成。

第六节 发展纺织科研教育,开启共和国纺织高等学历教育

解放以后,上海纺织工业的经济规模得到急速扩张,发展纺织工业科研教育事业显得十分迫切。从某种意义上说,上海的纺织工业规模和技术水平能够领先于全国其他地区,重要因素之一是其深厚的纺织教育历史积淀。1951年,以上海华东纺织工学院建立为标志,由此开启了共和国纺织高等学历教育历史先河。纺织教育力量的加入,无疑对促进上海的纺织工业以及带动全国的纺织工业发展及其纺织科学研究具有划时代的意义。

一、支脉宽广的上海私立纺织教育机构成为新中国纺织科研教育的重要奠基力量

解放前,上海纺织系统内部的教育机构不仅为当时的纺织工业提供了诸多的技术支持,也是上海教育战线的一支有生力量。

(一)上海文绮染织专科学校

该学校由纺织实业家、纺织教育家诸文绮创办。诸文绮1904年上海龙门师范学堂结业后,曾在上海江海关任职员两年后赴日本留学,攻读化学。他曾先后研制成我国首台棉线丝光机、色织布打样机。1913年,诸文绮集资数千元,在上海北四川路横滨路创办启明丝光染厂。他将理论与实践相结合,开发出丝光新工艺,产品得到市场高度认可,远销全国各地广受欢迎。1916年他兼并合资创办的大立布厂,改名为启明染织厂。1919年秋,诸文绮先后与人合资创办永元机器染织厂和大新染厂。1923年他又集资10万元创办大中染料厂,同年又合资创立万源白织厂和上海万源二分厂生产坯布。这些创业经历为其开展纺织染织业的专业细分教育打下了扎实基础。

1936年,诸文绮拿出自己创办实业所得积蓄,在上海闵行镇东首黄浦江边购地30余亩建造校舍及染织实习工场。1946年秋正式招生开学,诸文绮自兼校长。该校是一所三

年制专科学校,招收高中毕业生,开设纺织、印染技术专业课程。聘请的教师队伍中不仅有上海交通大学等著名学校的名教授,还有纺织印染企业中实践经验丰富的专家。诸文绮自己掌控的印染工厂就成为学生的教育实践基地。学校在教学过程中重视对优秀学生和贫困学生的资助与培养,设立奖学金和工读制度,品学兼优者可获甲等或中等奖学金,经济困难者可申请工读。学生可以利用课余时间,为学校做服务性工作,免缴学杂费。从文绮染织专科学校毕业的百余人,后都发展成为纺织工业战线的技术骨干力量。1950 年,学校划归私立上海纺织工学院,1951 年归到华东纺织工学院。

文绮纺织专科学校校训

(二)上海私立诚孚纺织专科学校

该学校早在抗战前夕由李升伯、张方佐等人筹划创办。为避免上海"孤岛"时期的各种干扰,学校名为诚孚高级养成所。抗日战争胜利后,学校才正式定名为诚孚纺织专科学校。校舍设在上海戈登路(今江宁路),1941 年学校地址迁往泼来斯路(今安福路)247 号。其间因抗战等原因停止招生,直至 1949 年新中国成立后恢复招生,先后共招生 6 届,毕业生 281 人,为共和国输送了纺织工业科研、教育及行政高级管理干部。

诚孚纺织专科学校校舍

主要创办人张方佐,1925 年毕业于日本东京高等工业学校纺织科,1926 年回国后先在日资喜和纱厂(后上棉七厂)、上海申新纺织二厂、上海新裕二厂等历任工程师、工厂主

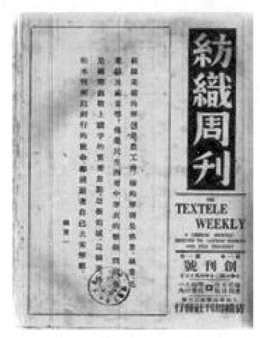

张方佐早期主导的部分纺织刊物

任、厂长等职。1946—1950年间,他被聘为中纺公司工务处副处长兼总工程师。在此期间,张方佐主持编写了《工务辑要》《纺织染丛书》《棉纺织工场之设计与管理》等著作。其中《工务辑要》一书篇幅高达90万字、《棉纺织工场之设计与管理》篇幅长达40万字。这些理论专著来自他的生产实践和理论积淀,是中国现代纺织生产管理史上的重要论著。

1950年7月张方佐担任华纺局副局长,直接主持全系统的生产技术和管理工作,当年同时兼任上海交通大学纺织系主任。1954年,主持发起组建中国第一所纺织研究机构——华东纺织研究所,同年,被国家授予中国纺织界首批一级工程师之一。1955年9月,受纺织部委托组建部直属的综合性纺织科学研究院,1956年3月,被委任为第一任院长。

(三)私立中国纺织染工业专科学校、私立上海纺织工业专科学校

私立中国纺织染工业专科学校、私立上海纺织工业专科学校分别于1940年和1942年在上海建立。私立中国纺织染工业专科学校位于小沙渡路(今西康路),设有纺织、机械、印染3个系。前5届为3年制,后4届为4年制。私立上海纺织工业专科学校位于澳门路原申新纺织九厂的一幢职工宿舍内。抗日战争胜利后,学校迁至福履理路(今建国西路)400号和赵主教路(今五原路)165弄5号两处,设纺织、机械、染整3个专业。两所学校共同点是对被录取学生免学杂费、免餐费,学生毕业以后都可在上海的纺织企业就业。

私立中国纺织工学院西康路校区旧址

所以当时前来应试的学生数量很多，而被录取的比例很低。如私立中国纺织染工业专科学校每年应考者千余人，而录取的仅20人左右。在私立中国纺织染工业专科学校担任教师的有从上海著名大学中聘请的朱物华、钟兆麟、曹鹤荪、苏元复、钱宝钧、徐燕谋等。在私立上海纺织工业专科学校担任授课教师的有知名学者教授，如蒋维乔、周承佑、毛启爽、朱子清、陆禹言、许学昌等。

二、上海纺织工学院率先开启国民高等纺织学历教育先河

上海刚刚解放的时候，为了尽快实现纺织教育资源的再整合，摆脱经费不足等各种因素的影响，由华纺局主持牵头，并得到上海棉纺织同业等社会力量的支持，经华东军政委员会教育部批准同意，将上海文绮染织专科学校、上海私立诚孚纺织专科学校、私立中国纺织染工业专科学校、私立上海纺织工业专科学校等4所私立纺织院校合并。合并之后成立私立上海纺织工学院。华东纺织管理局局长刘少文，副局长陈锡、张锡昌、张方佐及工商界著名人士荣毅仁、刘靖基等人组成校董会，申新纺织公司荣尔仁任校董会主席。私立上海纺织工学院的建立为之后建立华东纺织工学院做好了最有利的前期准备。私立上海纺织工学院的首任院长由华纺局副局长张锡昌兼任，周承佑、浦增愕任副院长。

1951年5月14日，纺织部、教育部决定整合上海的纺织教育资源，责成华纺局拟定筹备一揽子建校计划上报中央。经过中央批准的筹建单位和人员有：华纺局副局长、上海交通大学纺织系主任张方佐，华纺局副局长、私立上海纺织工学院院长张锡昌，上海交通大学工学院院长朱物华，私立上海纺织工学院副院长周承佑，上海第一棉纺织厂厂长洪沛然，上海棉纺织业同业公会副主任童润夫，华东教育部负责人唐守愚，上海公益工商研究所工组主任钱宝钧。经过半个多月的紧张工作，1951年6月2—8日，筹备委员会拟定的建校方案得到中央批准。方案主要内容为将上海交通大学纺织系、私立上海纺织工学院、上海工业专科学校纺织科的教育资源合并，统一成立新中国第一所高等纺织学历教育学院，命名为"华东纺织工学院"。校址选在上海延安西路与中山西路交叉处原光华大学的废墟及周边农田处，共183亩。学院受纺织工业部直接领导，并委托华纺局代行管理。招生分为四年制本科和两年制专修科。同时，为贯彻教育部"向工农开门"的办学方针，在华纺局所属企业内，招收初中以上青年职工、革命干部。学院设置纺织工程、机械工程、染化工程专业。张方佐兼任纺织系主任，钱宝钧兼任教务长及染化系主任，周承佑任机械系主任。受当时办学条件限制，另外设置分院，安排部分学生在上海交通大学铜仁路安达纱厂的旧厂房学习和生活，并规定在上海交通大学进行实习实验。1951年9月12日，新中国第一所纺织高等教育学府迎来一批学员，在延安中路金门电影院举行了隆重的新生开学典礼。

华东纺织工学院的建立不仅是上海纺织工业的一件大事，同时也是整个国家纺织工业发展史上的一块里程碑。

（一）传统工业纺织教育的资源得到充分释放

华东纺织工学院是在国家一穷二白的经济恢复时期建立的新中国第一所高等纺织学

府,筹建之初得到政府和社会各界的高度重视与大力支持,以上海及华东地区为主的纺织资源得到一次集结的机会。当时,不仅上海的纺织人才集中到华东纺织工学院,而且包括上海交通大学纺织系、上海的几所私立纺织学院在内的社会各界保存的珍贵技术、文史档案、资料全部集中到华东纺织工学院图书馆,成为学院图书馆建馆时期的基础馆藏。学院图书馆总藏书一度达到1.2万册,其中中文图书8 434册,外文图书3 624册,1954年达到3.4万册。截至1955年,学校竣工的教学楼、教研楼、实验楼、实习工场、教工住宅、学生食堂等建筑面积达35 710平方米。截至1957年,学校基础建设投资达到186.4万元,共有教授30名、副教授30名、讲师70名、助教229名。学校组建了棉纺、机织、丝工、麻纺、纺织材料学、纤维材料机械学、企业经济与组织计划、机械制图、理论力学、材料力学、机械原理、机械零件、金属工学、电工学、热工学、纺织机械、无机化学、有机化学、分析化学、化工、人造纤维工艺学、纤维材料化学工艺学、马列主义、俄文、体育、数学、物理等27个教研组。截至1957年,学校承接国家及学校各项科研成果达47项。其中1954年承担国家"超大牵伸纺丝""锭子试验""圆织机"3项重大课题;1955年的40项科研课题有一般性理论试验研究14项、为企业解决实际技术问题1项、教学方法研究6项、专题报告16项;1957年被列入国家计划的项目有"棉纺牵伸装置的研究""国产棉毛纤维物理性质研究""棉绒制浆粕及纺丝""蛋白质纤维的试验"等4项科研成果。建校初期担任社会学术团体工作或担任理事单位彰显学校社会影响力的有"上海纺织工程学会""中国纺织工程学会""上海市机械工程学会""上海市化学化工学会"等。1955年12月创刊《华东纺织工学院学报》,1956年6月创刊《华东纺织工学院学报(自然科学版)》等。1957年6月8日,经国家纺织部批准建第一个纤维实验室,聘请校内外专家19人成立纤维研究指导委员会。1957年7月31日,经纺织部教育司批复同意成立纺织机械研究室。

1951年华东纺织工学院

(二)积累纺织资源的同时,向全国培养输送纺织专业人才及打开国内外科研教学的窗口

华东纺织工学院首批学员共 1 263 名,其中包括纺织系、机械系、染化系招收一年级本科生 146 名;上海交通大学系等院系的二、三、四年级本科生有 212 名;棉纺、机织、印染 3 个专科招学生 170 名;高职班(棉纺班和机织班)学生 255 名;技术班(棉纺班)学生 47 名;还有其他院校并入学校的专科生(纺织班和机械班)、预科生以及高职班(棉纺班)、技术班(棉纺班)学生 223 名。1953 年 7 月接受苏南工业专科学校(初中毕业入学五年制专科)、华东交通工业专科学校机械科(初中毕业入学五年制专科)部分师生教学任务。1954 年 9 月建附设工农速成中学,承担 300 名产业工人和干部的教学培养工作。其中的学员有纺织战线劳动模范张秀珍、刘翠莲、相风祁等。1956 年 7 月承担青岛工学院纺织系学生 155 人,教职工 20 人的教学任务。是年 12 月,受纺织工业部委托,接受 4 届三年制专科老干部教学班。

对外的交流活动始于 1954 年。根据中央的指示精神,学校在教师中选拔留学苏联研究生 2 名,赴民主德国实习人员 2 名,在学生中选拔留学苏联大学生 5 名。同年,学校开始招收第一批外国留学生 4 名,其中来自朝鲜的 3 名,越南的 1 名。短短 3 年内,学校共接待外国友好使团包括日本、塞浦路斯、印度、巴基斯坦、民主德国、联邦德国、南斯拉夫、意大利、法国、澳大利亚等多批次国家代表组织。

学校成立之初的管理体制为院长负责制,直至 1957 年 6 月始推行党委领导下的院长为首的院务委员会负责制。1951 年 11 月学院成立院务筹备委员会接替原来筹备建校时期的院筹建委员会的全部工作。院务筹备委员会有 13 人组成,包括正副院长、教务长、总务长、系主任、工会代表、青年团代表、教授代表、学生代表。1952 年底,学院的院务委员

华东纺织工学院分院

会经中国共产党上海市高等学校委员会批复同意。当年学校还成立了人民助学金审议委员会,制定了《人民助学金奖励办法》。办法对学生助学金的规定按伙食费每月 39 工资分,学习及生活费用每月 10 元。家境困难的还可以另行申请补助。工农干部学生助学金,每月伙食费个人生活费 70 工资分,学习费 20 元,津贴 4.5—11 元,分甲、乙、丙、丁 4 等。另外家境困难的可申请补助每月最高 20 元。产业工人入学后一律按原工资的 75% 发给人民助学金。审议委员会由每班学生推荐代表 3—7 人组成审议小组一并参加审议活动。60%的学生可享受助学金待遇。

三、其他纺织教育科研机构的完善,丰富了上海纺织工业的文化底蕴

上海的纺织工业,除了拥有领先的高等教育之外,还有诸多的其他教育和科研基地。上海这些不同类型的纺织专业教育及科研机构的散枝开花,形成了纺织教育在上海的立体生态,对壮大上海的纺织力量功不可没。1954 年 5 月 8 日纺织工业部纺织科学研究所上海纺织科学研究分所建立,而后 1956 年 7 月 19 日改名为纺织工业部纺织科学研究院上海分院。这个专业纺织科研机构在上海的建立,首先标志着上海在全国的纺织技术领域的权威地位,同时表明上海承担全国的纺织科研职能已经成为一种常态化机制。

(一)业余纺织夜大学的出现充分体现了上海纺织教育的普及程度

上海的业余纺织夜大学出现在 1956 年,最早由华纺局下属的上海第十七棉纺织厂来承担这一筹建任务。早期的校址设在周家牌路 301 号,校名为上海纺织工业夜大学。1957 年 4 月,经高教部批准更名为上海业余纺织学院,学制为 5 年。教学计划、大纲、教材按照纺织工业部颁布的标准实施。招生对象主要为纺织系统的在职职工。另一所业余性质的纺织夜大学是华东纺织工学院设置的华东纺织工学院夜大学。此夜大学本科 5 年学制,专科为 3 年制,设置包括纺织、印染、针织、机械、化纤、自动化、企管、计算机、服装、工业外贸、供热通风、党政管理等 12 个专业。

(二)中等纺织专业教育补充了上海纺织专业教育的梯度形态

1952 年创办上海纺织工业学校,该校是一所全日制培养纺织中等专门人才的专业学校,学制设置 4 年,设棉纺、棉织、棉印染 3 个专业。校址设在原圣玛利亚女中(现长宁路 1187 号)。学校招生同样面向全国纺织系统的工人和学生。第一届共招收学员 1 196 人。为了将教育资源辐射全国,该校于 1953 年转归纺织工业部领导。1956 年同时招收应届初中毕业生,增设化纤专业。同年,开办纺校夜校部,学制 4 年,设棉纺、棉织两个专业班。1957 年 11 月的时候,该校虽然划归华纺局领导,但已经成为全国纺织工业重点中专之一,是一所全国性纺织应用类人才的摇篮。

(三)纺织技工、子弟学校等教育直接服务纺织一线职工

解放后,国家非常重视上海纺织一线职工的教育问题。这些教育形式包括:

(1) 技工学校。新中国成立后,上海纺织系统最早开办的技工学校是上海纺织工人技术学校,创建于 1955 年,学制 2 年,校址设在临平北路 7 号。第一批学员全部是一线职工。1956 年招收的第二届学员有当年转业复退军人。学员毕业后除第二届有 100 人输送苏州、安徽等地外,均被分配在上海市。学校开设清花梳棉、供条粗纱、精纺、准备、织造、纺织试验等专业,是一所培养纺织设备安装、维修技术(保全保养)工人的学校。

(2) 子弟学校。纺织系统的职工子弟学校起源于民国时期,一般是为了解决纺织系统劳动力的接替问题所为。旧中国的劳动力来源之一是通过"顶替"父母辈的职业实现的。当时上海在中纺公司系统有沪东、沪西纺织企业集中开办的 17 所职工子弟小学。新中国成立之后,这类子弟小学均由华纺局接管,同时又新建了 2 所。1955 年的时候,职工子弟学校移交市教育局及学校所在区管理。当时的职工子弟学校待遇优厚,有不少大学毕业生乐于任教,本科生占教师半数。学校不收学费,酌收杂费。课程设置、教学管理严格按市教育局统一规定执行。1956 年后,个别大中型企业为解决职工子弟入学难的问题,又有棉纺织、毛纺织、印染、纺织机械等行业共 23 家企业开办中小学。

(四)纺织工程学会

上海纺织工程学会是一个半官方的学术团体组织,行政挂靠华纺局。它在新中国成立前后为上海的纺织工业发展在技术、学术领域做出过重要贡献。其前身是中国纺织学会,1930 年 4 月 20 日创立于上海,由朱仙舫任主席委员。1949 年 8 月曾改组为中国纺纱染工作者协会,1950 年 11 月恢复原名。学会设学术部、科学普及部、咨询服务部、退休会员工作部、组织部和办公室等 6 个职能机构。下设棉纺、棉织、色织、染整、毛麻、丝绸、针织、巾被服饰、线带、化纤、纺机纺器、服装、原料测试标准、节能环保空调、微电子技术应用、非织造布织物、纺织科技情报、纺织医学等 18 个专业委员会。早期编辑出版了《纺织月刊》《染化月刊》《纤维工业》《混棉学》等有影响的多种刊物和纺织专门著作。

第七节 支援国内外经济建设,上海纺织融入"全国一盘棋"建设洪流

"一五"计划开启以后,整个国家的经济建设进入快车道。作为相对发达的沿海城市,上海开启了支援全国各地经济建设以及少量援助外国建设的新历史阶段。上海纺织工业支援国内外建设的背景源于中央"全国一盘棋"战略部署。计划经济时期的这种经济支援活动虽然带有明显的国家意志色彩,但从经济学角度看,是新中国成立以后第一次有规模的工业产业的转移实践。就纺织工业而言,上海的成就不仅突出反映在纺织支援全国各地建设,还反映在较早地开启了援助外国建设的先例。这也是上海纺织工业发展史上的一笔珍贵的文化财富。

一、支援外埠经济建设寄托了国家对上海工业基地的厚望

早在中央编制"第一个五年计划"的时候就提到要发挥上海工业基地的作用,规划指出"要充分利用东北、上海和其他沿海地区城市已有的工业基础,发挥它们的作用,以加速工业的建设","把大批优秀干部抽调到这些有决定意义的战线上去,就成为当前全党的重要任务"。根据中央指示精神,为鼓舞上海广大干部职工积极投身支援国家经济建设工作,上海市人民政府和上海总工会于1954年6月30日举行支援国家重点建设动员大会,正式启动支援外省经济建设工作。根据上海市档案馆馆藏档案《关于劳动力输送外地的材料》(档案号:B127-2-364-1)显示,仅1954年7月到1955年4月间的9个月时间里,上海报名人数共达2万人,其中包括部分劳动模范、工会干部和车间主任等生产上的骨干与积极分子。整个"一五"计划时期,上海向全国各地输送支援国家重点工程建设干部1.37万名。在抽调技术工人和管理干部支援国家重点工程建设的同时,上海市还为各工程项目培训了大量的技术人才。整个"一五"计划时期,上海利用自身管理先进、技术实力雄厚的工业条件,为国家重点工程建设厂矿、企业培训技术人员总数达3.6万人。

据《上海纺织工业志》记载,早在"1951—1952年间,上棉十五、十七厂附属毛纺工场的精、粗梳毛纺锭29 630枚,分别内迁支援北京、辽宁、甘肃、青海等省、市。1953年,上海第三印染厂漂染设备内迁支援四川地区。1954年,为筹建北京第二棉纺织厂和北京印染厂及郑州第三、第四棉纺织厂,上海共调去支援的技术干部313人、行政专业干部81人。1956年,上海裕民毛纺织厂等绒线纺锭2 000枚、长毛绒纺锭1 600枚内迁内蒙古自治区"。1956年,上海纺织系统向纺织工业部、纺织科学研究院、纺织工业设计院、石家庄第四棉纺织厂、邯郸纺织联合厂、西北第六棉纺织厂、西北印染厂、安徽第二棉纺织厂等单位输送技术干部417人、行政干部284人。1956年后,上海纺织系统抽调干部先后支援建设的地区有内蒙古呼和浩特第一毛纺织厂、青海毛纺织厂和新疆石河子八一毛纺织厂。1956—1957年,上海纺织企业整体支援外省的共有23家,随迁的职工3 299多名,包括迁往浙江5家(针织内衣4家、织带1家),职工177人;安徽6家(印染1家、制袜5家),职工414人;江西2家(印染、针织内衣各1家)职工260人;河南6家(针织内衣3家、制袜2家、毛巾被单1家),职工923人;湖南2家(印染),职工641人;湖北8家(印染1家、针织内衣7家),职工855人;北京2家(织带),职工29人。光新印染厂和南华染织厂合并内迁湘潭,填补了湖南印染工业的空白。1957年以后,上海的纺织成套机械设备开始陆续支援安徽、福建、四川、贵州、新疆等全国各地。整个"一五"期间,上海的纺织机械支援外埠产能可装备16个大型棉纺厂、30个大型织布厂。

首开整体支援外省先河的纺织企业是上海振丰棉织厂。上海振丰棉织厂早先位于上海巨鹿路151弄,最初由浙江宁波人王莲舫等5人共同出资创办,所以,老上海人也有习惯称之为"五福公司"。公司的主打产品是针织内衣。企业184名职工一同随工厂迁往安徽合肥东郊的铜陵路34号(原先地址)。合肥东郊是当时国家规划的工业基地,位于大别山地区,为配合治理淮河大型水库建设,需要有配套的企业入驻。有资料记载,时任上海

工业部部长的李广仁抗日战争时期在苏北工作期间,同合肥市第三任市委书记李广涛共过事。李广涛被安徽省委任命为工业部副部长后,就来到上海与李广仁接头。昔日老战友的战斗情谊,成全了这一纺织企业率先内迁支援的因缘。搬迁一年以后,1955年5月25日正式投产。扩建以后拥有职工2 766人,棉纺锭2.4万枚,年生产能力达棉纱4 300吨、针织内衣1 100万件、化纤布300吨,是一家全能型针织内衣厂。

二、上海纺织承担支援国外建设任务,彰显上海纺织工业地位

从国际背景看,中国革命取得成功是国际共产主义运动实践的一个组成部分。新中国成立之初,在国际共产主义运动的旗帜下,中苏两个社会主义国家很快结成战略同盟。苏联首先对中国进行了大规模的经济援助。这些援助工程在中俄发展史上绝无仅有。当时来华的苏联专家规模人数超过1.6万人。仅基础工业设施建设重点项目就达156项。这些项目的机器设备,主要是以货物贸易而不是以贷款交易的,其提供的技术是无偿的。1952年中国制定"一五"计划时,斯大林同意帮助建设141项重点工程,1954年赫鲁晓夫又追加15项并提升质量,成为奠定中国工业化基础的著名的"156项"。在这样的大背景下,早在1950年的1月,中国同样也开始了支援外国建设的工作。

20世纪50年代,出国对每一个中国人来说都是一种奢望。但从1956年开始,上海纺织工业开始断断续续承担了支援外国建设的任务。支援外建设工作在当时简称为"援外"。参与援外工作者,一般首先在政治上经过严格审查,政治上靠得住了,再从技术上看是否符合工作条件。满足"又红又专"的条件才能被选入援外队伍。"援外"在当时的含义包括可以出国帮助他国建设企业,还有一类通过外贸渠道,由计划指定的出口订单,当时也称为"援外任务"。从总体上说,能够出国帮助其他国家开展建设和能够承接国家指定的出口任务,这是上海纺织工业的荣耀,是国家对上海纺织技术力量的肯定。

(一)上海支援越南,开纺织成套项目援建先河

1955年7月,中越两国政府在河内签订经济技术合作援建越南"冬春针织厂"协定。上海华纺局在9月派遣上海针织印染厂厂长田文玉等一行5人赴越南考察。为筹建年产针织绒衫50万件、春秋衫20万件、汗衫40万件、袜子120万双、帆布腰带50万米、宽紧带12万米、蚊帐布300万米的纺织工厂进行落实规划。这是上海纺织工业最早以国产成套设备出口援外的企业。

(二)作为援外任务,上海纺织承揽大批出口任务,提升上海纺织的国际知名度

新中国成立之初,中国经济处在困难时期,上海的纺织工业相对其他工业具有优势。当时上海纺织产品通过贸易渠道出口到国外换取其他经济物资,对纺织企业发展来说是一次提高生产能力和技术水平的机会。1950年4月,中苏两国政府签订中苏贸易协定及交换货物的协定后,上海纺织工业开始承担对苏联、东欧等少数国家和港澳地区的贸易。1953年8月,国营上海第一、第二、第三毛纺织厂及私营章华、协新、海龙、寅丰等7家毛

纺织厂第一次接受出口苏联的呢绒生产任务,共计45.4万米。1954年,根据中央有关规定,上海的棉布、针棉织品等暂以内销为主,呢绒、绸缎、羊毛针织品等高级消费品可以争取更多的出口贸易。1956年6月,上海第二纺织机械厂向缅甸出口2.1万枚纺锭的细纱机。上海纺织机械产品第一次进入国际市场。

据资料显示,第一个五年计划期间,上海粗纺呢绒年出口量从10.02万米增加到163.6万米;精纺呢绒从34.19万米增加到582.72万米;毛线从3 900磅增加到33.5万磅;绸缎从1 773万米增加到5 422万米;毛巾(折合数)从146.4万打增加到326万打;被单从2.2万条增加到122万条;手帕从8.46万打增加到275.7万打。按当时价格,每出口12.5米呢绒相当于出口一吨大豆,出口22.5米呢绒相当于出口一吨大米,出口200匹绸缎相当于出口100吨大豆。

附录1:刘少文简介

上海华东纺织管理局军事总代表刘少文

刘少文,原名刘国章,河南信阳人。1925年加入中国共产主义青年团,同年转入中国共产党并赴苏联入中山大学学习。1927年回国,任苏联共产党代表团翻译。土地革命战争时期,任中共中央翻译科科长,中央巡视员,察哈尔抗日同盟军中共前敌委员会委员兼独立第十八师政治部主任,军委秘书长兼《革命与战争》军事杂志编辑,红军总司令部政治教导员,红二方面军政治部宣传部部长,中共中央西北局秘书长。参加了长征。抗日战争时期,任八路军驻上海办事处秘书长,中共中央交通处港澳办事处处长,中共中央南方局交通处处长、组织部主任秘书、情报部部长。解放战争时期,任中共上海工作委员会副书记,中共中央社会部副部长。中华人民共和国成立后,任上海市军事管制委员会轻工业处处长,华东纺织工业部部长,军委四部代部长,中国人民解放军总参谋部二部部长,总参谋部顾问。1955年被授予中将军衔。担任第三届全国人民代表大会代表,中国人民政治协商会议第五届全国委员会常务委员。

附录2:中国人民解放军上海军事管制委员会命令
令中国纺织建设公司

查中国纺织建设公司为国民党官僚资本企业,应由本会财政经济接管委员会轻工业处接管,兹派刘少文、陈锡为本会驻该企业军事代表,在军事管制时期,代表本会在该企业执行监督及办理一切接管事宜。仰该企业所有人员照旧供职,安心工作,维护生产,服从领导,遵守革命法纪,保护资财、机器、图书、仪器、账册、档案、

1950年接管中国纺织建设股份有限公司后新建立的华东纺织管理局(简称"华纺局")铜制印章

车辆、用具等,并应由该企业负责人员造具详细清册、确实报告、听候清点接管。凡保护有功者奖,怠工破坏、阴谋捣乱者依法严惩不贷,仰即遵照办理为要。

主任陈毅
副主任粟裕
一九四九年五月二十九日
中国人民解放军上海军事管制委员会(印)

是由:为令中国纺织建设公司之原有董事会停止一切职权由

资料来源:上海纺织博物馆

附录3:张承宗简介

张承宗,原名张德基,浙江镇海县人。中国人民政治协商会议上海市第五届、第六届委员会副主席、党组副书记,上海市第七届人民代表大会常务委员会副主任,中共上海市委统战部原部长,上海市革命委员会原副主任,上海市原副市长,中国共产党第八次、第十一次全国代表大会代表,中国人民政治协商会议第五、第六届全国委员会委员。新中国成立后,历任中共上海市委组织部副部长,中共普陀区委书记,上棉一厂党委书记,华东纺织工业管理局党委书记、局长,兼上海市纺织局党委书记、局长、市科委副主任及中共上海市委委员。

首任上海市人民政府纺织工业管理局局长张承宗

附录4:1950—1956年华东纺织管理局和上海纺织工业管理局历任局级行政领导任职信息一览表

姓名	职务	性别	籍贯	出生年月	在职时间
刘少文	华东纺织管理局局长	男	河南信阳	1905.12	1950.07—1952.04
陈 易	华东纺织管理局副局长	男	—		1950.07—1952.03
张锡昌	华东纺织管理局副局长	男	安徽和县	1916.11	1950.07—1952.03
洪沛然	华东纺织管理局副局长	男	四川资阳	1904.07	1950.07—1953.02
张方佐	华东纺织管理局副局长	男	浙江鄞县	1901.03	1950.08—1956
胡 明	华东纺织管理局局长	男	福建闽侯	1914.04	1952.04—1953.03
张承宗	华东纺织管理局副局长 华东纺织管理局局长 上海市人民政府纺织工业管理局局长(兼) 上海市纺织工业局局长	男	浙江镇海	1910.05	1952.04—1953.03 1953.03—1958.02 1954.04—1955.06 1958.02—1960.06
杨 纯	华东纺织管理局副局长	女	四川峨眉	1917	1952.09—1953.06
张 本	华东纺织管理局副局长	女	安徽全椒	1921.04	1952.09—1953

续表

姓名	职务	性别	籍贯	出生年月	在职时间
鲁纪华	华东纺织管理局副局长 上海市纺织工业局副局长 上海市纺织工业局局长	男	山东招远	1920.09	1953.03—1958.02 1958.02—1960.06 1960.06—1964.09
陈克奇	华东纺织管理局副局长 上海市人民政府纺织工业管理局副局长 上海市纺织工业局局长 上海市纺织工业局副局长	男	安徽定远	1917.10	1953.06—1954.04 1954.04—1955.06 1955.06—1958.02 1958.02—1958.08
李石君	华东纺织管理局副局长 上海市纺织工业局副局长	男	江苏扬州	1911.12	1953.06—1958.02 1958.02—1960.06
傅振军	华东纺织管理局副局长 上海市人民政府纺织工业管理局副局长 上海市纺织工业局副局长	男	江西宁都	1916.09	1953.06—1954.04 1954.04—1958.02 1958.02—1958.08
汤桂芬	上海市人民政府纺织工业管理局副局长	女	江苏扬州	1918	1954.04—1958.02
谭浩	华东纺织管理局副局长	男	安徽旌德	1917.03	1956.06—1958.02
葛恒	华东纺织管理局副局长 上海市纺织工业局副局长	男	浙江镇海	1921.11	1956.06—1958.02 1958.02—1958.08
林一风	上海市人民政府纺织工业管理局副局长	男	江苏苏州	1911.08	1956—1958.02

附录5：汤桂芬简介

汤桂芬，上海纺织工会首任主席，上海市纺织工会管理局副局长、上海总工会副主席。1931年进内外棉五厂做养成工（与企业订有学艺合同的未成年工人）。后进内外棉十四厂当织布工。1937年初入统益纱厂做工。后转永安三厂做工，1940年初再次进统益纱厂做工，参加中国共产党。次年7月任中共统益纱厂支部书记。1944年1月，入日商同兴被服厂开展党的工作。抗战胜利后，在沪西平民村组织和领导5万失业工人，举行多次集会游行要求复工，取得胜利。曾打入国民党内部任工福会一级干部以及上海市参议员。利用合法身份领导沪西棉纺厂工人开展争取生活维持费、争取复工、争取年奖及声援申九"二二"斗争等一系列工人运动，成为这一时期沪西纱厂工人的领袖，工人们都称她为汤大姐。1949年先后担任上海总工会筹备会党组成员及妇女部长、上海纱厂工会主席、华东军政委员会劳动部副部长、全国纺织工会副主席兼上海市纺织工会主席，1954年5月，任上海市纺织工会管理局副局长、上海总工会副主席、中华全国总工会执行委员。1954年当选为上海市和全国人大代表。

上海纺织工会首任主席汤桂芬

附录6：荣毅仁简历

1937年从上海圣约翰大学历史系毕业后，任无锡茂新面粉公司助理经理。

1939年兼任上海合丰企业公司董事。

1943年兼任上海三新银行董事、经理。

1945年任无锡茂新面粉公司经理。

1950年后，历任申新纺织公司总管理处总经理、恒大纺织股份有限公司董事长、上海市面粉工业同业公会主委、华东行政委员会财政经济委员会委员。

1957年任上海市副市长、市工商联副主委。

1959年任纺织工业部副部长，国家进出口管理委员会顾问，中国和平统一促进会会长。

1978年任第五届全国政协副主席。

1979年任中国国际信托投资公司董事长兼总经理。

1982—2001年3月任宋庆龄基金会副主席。

1982年后任香港特别行政区基本法起草委员会委员，暨南大学校董事会董事长。

1983年起任第六、七届全国人大常委会副委员长，同年当选为全国工商联第六届执委会主席。

1992年12月—1993年任第一届海协会名誉会长。

1993年3月—1998年3月任中华人民共和国副主席。

1993年3月辞去中国国际信托投资公司董事长的职务。

1996年9月9日被推举为中国扶贫基金会第三届理事会荣誉会长。

历任全国工商联第一至五届执委会副主席（副主任委员），第六届主席；民建第一至四届中央常委、副主委。

第一、二、三、八届全国人大代表（上海），第四、五届全国人大常委；第二届全国政协委员，第三、四届全国政协常委。

附录7：郝建秀工作法和一九五一织布工作法

（1）郝建秀工作法。1951年8月，纺织工业部和全国纺织工会在青岛召开细纱工作法会议，号召全国纺织工业学习和推广郝建秀工作法。它是1951年国营青岛第六棉纺织厂细纱挡车女工郝建秀所创造的一套比较科学的细纱工作法。

（2）一九五一织布工作法。1951年10月，纺织工业部和全国纺织工会在天津召开织布工作法会议，运用郝建秀工作法和苏联郭瓦廖夫工作法原理，综合天津第二锦纺织厂王德山和第三棉纺织厂姜淑英、青岛第四棉纺织厂魏秀英和第六棉纺织厂王建德、上海第一棉纺织厂朱法娣和庆丰棉纺织厂冯宝娣、大连纺织厂曲言增等的操作特点，总结出一九五一织布工作法。"一九五一"即因当年为1951年而命名。

附录8：张方佐简历

1901年3月29日出生于浙江省鄞县（今宁波市）。

张方佐，纺织技术专家、教育家，纺织科研事业的重要奠基人，首任华东纺织工学院院长

1919—1924年日本东京高等工业学校（今东京工业大学）纺织科毕业。

1924—1925年日本长崎纺织株式会社实习。

1925—1926年任上海喜和纱厂工务员。

1926—1927年任无锡振新纱厂工程师。

1927—1928年任萧山通惠公纱厂工场主任。

1928—1934年任上海申新第二纱厂工程师。

1935—1938年任南通大生副厂厂长。

1938—1940年任上海诚孚公司工程师。

1940—1945年任上海新裕第二纱厂厂长。

1945—1946年任中纺公司上海第一纺织厂厂务主任。

1946—1950年任中纺公司工务处副处长兼总工程师，兼任诚孚纺织专科学校校长。

1950—1956年任华东纺织管理局副局长，兼任上海交通大学纺织系主任（1950—1951年）、华东纺织工学院院长（1951—1953年）。

1956—1970年任纺织工业部纺织科学研究院（现改名为中国纺织科学研究院）院长，兼任北京化纤学院院长（1959—1963年）。

1972—1978年任北京市纺织工业局顾问、总工程师。

1978—1980年任纺织工业部纺织科学研究院院长。

1980年1月31日逝世于北京。

第五章

乘"大跃进"东风，上海纺织工业跃上新台阶（1958—1965年）

社会主义"大跃进"：上海纺织产业跨上新台阶

1958—1965年这段历史,起始于全国范围内的经济"大跃进",终于"文化大革命"前夕,涵盖了国民经济第二个五年计划和1963—1965年的国民经济调整时期。1958年,国家在经济战线号召"大跃进",上海的纺织工业在顺利完成第一个五年计划后,趁"大跃进"的东风,调整完善行政组织框架,计划管理日趋成熟,再加上后3年的经济调整时期的艰苦奋斗,上海纺织工业围绕提高"三率"(设备利用率、运转率、效益率),全面开展一系列的技术改造生产和技术革新项目,生产规模盘实扩展,化纤工业异军突起。如果说1950年后上海工业进入黄金时期,那么"二五"计划的发展使其达到了盘实扩展的最佳阶段。1965年上海工业生产能力在全国所占比重达1/2,其中棉纱约占1/4。在全国七大类、250种主要成套设备中,上海已能生产220种以上。

第一节 调整完善纺织系统行政组织架构

上海解放前和新中国成立初期,纺织工业中的资本结构比较复杂,原国民党遗留的纺织资产需要全部收回国有,回到人民的怀抱;原民族资本家的纺织资产需要进行社会主义改造,通过公私合营等政策措施,最终全部纳入社会主义经济大格局中进行发展。在这样独特的社会背景下,整个经济发展的动力,基本来自国家政府这只"有形之手"来进行调控。1950年7月,中央人民政府纺织工业部发布命令,撤销中纺公司,建立华纺局。华纺局既对所属各厂的人、财、物和生产、经营实行集中领导与统一管理,又是纺织工业的政府主管部门。1954年4月,上海市人民政府建立纺织工业管理局,以加强对全市中小型纺织企业的行政管理,并负责推进私营纺织企业和手工业纺织企业的社会主义改造。华纺局和上海纺织工业管理局的先后建立,标志着实行计划经济的、政企合一的管理体制的迅速建立和逐步加强。但是,随着我国经济建设的飞速发展,经过2年国民经济恢复时期和国民经济"第一个五年计划"的经济建设实践,以及上海民族资本的改造基本完成,上海的纺织工业进入社会主义建设的快车道,原有的行政管理框架已经完成了它当初的历史使命,与之相适应的新管理体制呼之欲出,上海的纺织工业构架需要一个崭新的顶层设计,从而担起国民经济"第二个五年计划"的新历史使命。

一、华纺局和上海纺织工业管理局合并,行政管理职能得到强化

1958年2月10日,中央决定撤销上海的原有两个局级纺织工业管理机构,即将原华纺局和上纺局合并,新建上海市纺织工业局(简称"市纺局")。张承宗任局长兼党组书记,原两局的党组相应撤销。1964年6月24日,组建中共上海市纺织工业局委员会,原属各区委领导的纺织企业党组织划归市纺局党委领导。9月22日张振华任中共市纺局委员会书记,刘青舟任市纺局局长。纺织工业局的行政机构设置包括:办公室、视察室、经济计划处、技术处、干部处、劳动处、原动基建处、供销分局、纺织研究分院等9个处室和化纤

筹备处。1958年10月增设纺织机械制造处、综合生产处、棉纺生产处。撤销化纤筹备处,成立原料生产处(1961年8月改为化纤办公室)。1959年2月增设援外办公室。1960年3月成立教育处,同年7月撤销供销分局,成立供销处和纺织科学技术办公室、纺织设计室。1962年,经济计划处一分为两,分设计划处和财务处,科技办公室改为科研处,撤销化纤办公室,另建工业公司。1964年,教育处与劳动处合并,改为人事教育处。各职能处室负责人均按照政府处级、副处级干部待遇管理。市纺局的办公地址在当年4月28日迁至中山东一路24号,管理上海纺织工业的中枢在这个地址上延续37年之久。

(一)层层落实行政组织架构

市纺局的成立,为理顺当时的行政管理提供了基础保证。按照"产品相同""地区相近""保持原有协作关系"不变等重组原则精神,进行新中国成立以后的首次大规模体制改动。从当年年初的2 838户企业,至年末改组合并为1 255户。全系统500家左右的企业,按专业行业重新划分,分别组建棉纺织、印染、一织、二织、针织、毛巾被单、制线织带、毛麻、丝绸、纺织机械、纺织器材和化学纤维等12家专业公司,行政管理做到纵向到底横向到边。

(1) 1958年9月,上海棉纺织工业公司各业务部门与市纺局相对应的处室合署办公。毗邻的申新纺织五厂、六厂与荣新一厂和启新、兆丰纱厂等合并为上棉二十一厂。之后,又有庆丰纱厂与达丰二厂合并为静安棉纺织印染厂。永安一厂与永安印染厂合并为永安棉纺织印染厂。上棉八厂与永安二厂合并为上棉八厂。上棉九厂与上棉十厂合并为上棉九厂。

(2) 1958年10月,上海印染公司与上海织布工业公司合并,改名上海市印染织布工业公司;针织内衣公司与制袜公司合并,改名上海市针织工业公司;针棉织联社与棉毛复制公司、手帕织带制绳公司、毛巾被单公司合并,改名上海市纺织复制工业公司。

(3) 1959年6月1日,上海茂华公司收购英商密丰绒线厂并改名国营上海茂华毛纺厂。

(4) 1959—1961年,鼎信(鼎鑫、崇信)、申新纺织二厂、永安三厂分别转业为无线电第一、第六、第二、第三厂。恒大、恒通分别改为微型电机厂和微型轴承厂。广勤厂改为纺织轴承厂。大同、和新等厂分别改为纺织机配件第一、第二厂。新生厂改为纺织电机厂。恒丰、丽新等厂分别改为第三丝织厂和丽新织造厂。信和厂改为第十二毛纺织厂。裕华厂改为第五毛纺织厂和毛条厂。

(5) 1962年7月1日,原分散在上海郊区的南汇、崇明、松江、嘉定、宝山、川沙等县的34家纺织工厂,划归市纺局领导管理。10月3日,上海市化学纤维工业公司成立。同年,根据中央和市委关于精兵简政、压缩城镇人口、支援农业的指示精神,市纺局对通过调整、关停、并转、迁移等方法整合255个单位,精减职工达42 231人。

(二)整合国家资源,发挥统一协调优势

成立市纺局的时候,中央把原属中央管理的纺织企业,全部下放给上海地方管理,从地方局部利益上讲,上海的纺织存量资产有了增量。除此之外,由于"大跃进"的原因,对纺织棉花原料的需求增大。从"第二个五年计划"的1958年起,中央通过行政手段,将原属江苏省的嘉定、宝山、上海县等地陆续划归上海市行政管辖,上海的棉田扩大,棉花产量逐渐增加。上海市郊产的棉花品质较好,在供应青黄不接时对缓解上海的棉花不足问题起着重要作用。市纺局通过统一协调,组织基层棉纺织厂与市郊棉花加工厂对口进行生产技术协作。在当时的国内经济形势面前,这种协调能力是一种最佳选择,且没有任何一种力量可以替代。

随后,1958年5月,市棉花公司由市供销合作局划属市纺局领导,这在体制上打通了管理的关节。1960年9月,改名为上海市纺织原料公司(简称"原料公司"),不但供应原棉,还扩大供应棉短绒、毛、麻、丝、化纤等原料。在市纺局的统一安排下,通过行政纽带,原本属于不同组织架构系统的供产销关系更趋协调,工和商关系更紧密。原料公司的原棉等原辅材料可以通过召开纱厂供销人员会议直接配厂,布置各厂报送有关原棉使用情况的统计表,使生产厂商及早知道配棉的底数,以合理安排生产。

1959—1960年,市纺局作为政府部门,出面统一协调,印染行业与外贸部门联合利用184万美元专用资金,首次引进18台套印染专用设备,其中包括平网印花机、树脂整理联合机、高温焙烘机、亚氯酸钠漂白机、热定型机等。纺织行业首次配备1 600毫米门幅产品的生产线,为后来发展树脂产品、网印花布、涤棉产品奠定了基础。

二、生产计划路线实现垂直管理

从经济管理角度而言,从"第一个五年计划"开始,国家首先在经济计划领域边干边实践,形成了一支管理干部队伍。前5年的管理干部队伍中,主要有参加过革命战争的革命干部,他们大都忠于党,忠于职守,进入"第二个五年计划"后,这一批干部大都在行政管理岗位担负使命。而同时,一批在计划经济体制下成长的、从事经济管理的业务干部也开始逐渐成形。经济管理骨干队伍的形成,主要体现在建立了纺织系统完备的管理措施和制度保障。因此,"第二个五年计划"开始后,诸如指标考核、定额管理、资金统筹等工作一方面主要围绕降工业制造成本展开,另一方面,在经济技术层面也充分体现了当时计划经济的业态特点。这些经济管理工作技能,其实是一种宝贵的管理经验财富。这些在实践中产生的管理技能在当年以及若干年后都起到了不可估量的重要作用。

自1950年8月起,国家纺织工业部正式下达关于各地编制1951年生产计划的指示,这意味着纺织系统即时开启了计划经济时代大幕。但从1958年的"第二个五年计划"开始,中央下放了许多计划权限。纺织系统的计划分支有国家计划和部管计划两大类。列入国家计划类的纺织产品包括化纤、棉纱、棉布、呢绒、麻袋、丝、丝织品等11个大类。列入部管计划类的产品包括印染布、针棉织品折用纱、化纤长丝针织品、羊绒针织品、毛毯等9个大类。生产计划的安排当时采取国家计划和地方增产计划两条路径进行落实。在国家宏观层面,纺织工业部对总产量进行计划控制,对供产销进行综合平衡。同时,协同国家计划委员会把指令性的年度计划下达给各级市的计划委员会再转发给地方纺织工业局。市纺局历史性地承接了国家这个计划指令任务,除了每年制订出一套完整的计划编制程序、指标体系等之外,还承担起部署所有国营纺织企业的生产、技术、劳动、供应、成本和财务计划等一系列流程管理工作。

(一)强化纺织工业局计划处的职能

1958年5月,上海市供销合作社所属棉花公司划归市纺局领导。1960年,供销分局的纱、布购销业务并入市纺局计划处,对全市棉纺织厂的半成品、成品的产销和产品储备、调度等职能实行统一计划管理。除了局系统设立计划处之外,垂直专业工业公司→企业→车间→工段→班组,层层设立计划处、科、组以及班组的计划员,生产计划一竿子插到底。生产企业根据自己的生产能力,向公司上报年度计划建议数,公司将各企业的生产建议数综合平衡后上报局,局将公司上报的生产建议数综合平衡汇总上报纺织工业部,由部召开计划会议按照国家计委的总计划,确定下一个年度各个地方的正式生产计划,并按生产计划分配主要原材料。从地方基层到中央部委形成了一个闭环计划网络。为使计划精准到位,1964年,局计划处将棉纱调度储存业务下放棉纺织工业公司;1965年又将坯布调度储存业务下放印染工业公司。

市纺局对公司和工厂计划以年度为基础,季度为依据。生产计划确定后,从局、公司到厂,从厂部、车间到班组,层层下达;又自下而上,一级对一级负责,从上到下,一级对一级考核。企业按计划生产的全部产品都按计划拨付内、外贸。这种供产销由国家包揽的计划体制,在物资短缺、管理水平不够先进的情况下,对保障人民衣着、平抑物价曾经发挥过重要作用。比如,上海在20世纪60年代初,由于纺织生产迅速扩展,再加上遇到棉花减产、调运跟不上等问题,当时全市存棉仅可用1—2天。这时,通过国家政府杠杆,及时调动力量,采取将原棉从码头、车站(专用线)直接拨厂的做法,克服了原料紧缺带来的不利因素。

(二)围绕降成本,经济管理能力显著提高

计划经济时期,除了生产多少销售多少、"以产定销"的管理模式之外,其核心就是资金的统一调配管理。从"一五"计划到"二五"计划过程中,不少企业在实际运行中尝到了国有家大业大好处的同时,出现大手大脚的情况。因此,"一五"计划期间通过"三反五反"运动来解决经济管理中的一些漏洞。而到了"二五"计划期间,管理的方式则开始围绕降成本的技术角度展开了。

1. 资金管理

企业的资金一般有三个来源渠道:一是按上级规定在企业内部形成的;二是由财政部门或有关政府管理部门拨给的;三是向银行商借的专项贷款。"一五"计划期间,企业在资金管理方面主要学习苏联的财务管理模式,采取设立流动资金和专项基金的做法。"一五"计划期间的流动资金主要指用于采购原材料、辅助材料、燃料、低值易耗品、修理用备件、包装物的资金,以及生产加工过程中的在产品、自制半成品、库存产品、待摊费用以及

产品销售结算过程中尚未收到货款所占用的资金。当时,企业须制订年度、季度计划上报局、公司财政部门审核同意后,由财政部门拨给,作为企业长期无偿占用的自有资金。企业的超定额物资储备和结算资金则由银行贷给,按规定期限归还本息。1952年的资金周转平均为74.53天,1958年为29.56天。"二五"计划开始以后,企业的流动资金均由银行贷款供给。但是,到了1962年出现了银行信贷失控问题。当年,为了解决企业资金的不合理安排问题,在全市范围开展清产核资工作,并重新核定企业的流动资金定额问题,之后,企业的流动资金开始改为80%由财政拨给,20%由银行贷款。计划经济的思想再度体现在企业流动资金的管理方面的几度波折。

专项资金主要有：① 企业设立大修理基金项目,按规定标准从生产成本中列支,用于固定资产大修理的支出。② 建立四项费用或更新改造基金项目(含技术组织措施费、新产品试制费、安全技术劳动保护措施费、零星固定资产添置费),由财政部门按预算下拨。③ 建立职工福利基金项目,按规定以工资总额的10%比例从生产成本中列支,其中工会经费为工资总额的2%,劳动保险费为工资总额的3%,医药卫生补助费为工资总额的5%,用于工会的经常性活动、职工医疗卫生、退休职工生活和职工的生活困难补助。④ 建立奖励基金项目,企业完成总产值、利润指标后,可按计划利润提取2.5%,超计划利润可再适当提取,用于改善职工物质、文化生活等各种福利设施及发给职工个人的奖金和特殊救济。1958年开始,地方实行利润留成办法,每年按规定的留成比例,层层分解落实到企业,用于补充流动资金与计划内基建投资、职工个人奖金、生活困难补助费和福利设施,企业不再按利润比例提取奖励基金。

2. 定额管理

定额管理,不论是在现代企业还是在传统企业管理中都是一项基础性管理工作。其在生产周转环节众多、原辅材料品种繁杂、劳动力岗位分工细致的纺织企业尤显重要。定额的内容包括原材料消耗定额、储备定额、产量定额、资金定额等。有了这些定额的基层数据之后,管理方面就可以采取指标管理、统计管理、原始数据管理等诸多配套管理措施的跟进。没有这些基础定额的确定,后面的核算考核等就成了无本之木、无源之水了。

(1) 原材料消耗定额包括用棉、用纱、用料、用电、用气、用水等各项具体定额。1949年解放初,上海的每件棉纱统扯净用棉206.86千克,1958年核定为192.87千克。

(2) 储备定额。1964—1965年,经市纺局组织专家反复测定,向各行各业颁发材料储备定额,用以核定企业流动资金、业内交流比较、加强物资管理。

棉纺厂每锭统扯储备资金定额为5.5—6元；

毛精纺厂储备资金定额是第三季度总产量(米)×1.55元；

毛粗纺厂储备资金定额是第三季度总产量(米)×1.35元；

绒线厂储备资金定额是第三季度总产量(吨)×1 250—1 500元；

羊毛衫厂(粗针)储备资金定额是第三季度总产量(件)×0.25元；

羊毛衫厂(细针)储备资金定额是第三季度总产量(件)×0.46元；

羊毛衫厂(圆机)储备资金定额是第三季度总产量(件)×0.35元。

(3) 1963年3月,根据国务院发布的《统计工作试行条例》要求,市纺局经市统计局批准设置一些专业统计报表,其中除了产量、质量和拨交量等常规管理统计数据之外,单列了主要原料使用量和动力、燃料、酸碱等用量的单耗数据等。1961年,国家颁布了《国营工业企业工作条例(草案)》(即《工业70条》),其中,规定国家对企业实行"五定",企业对国家实行"五保",其实际内容包含产量、品种、质量、消耗、劳动生产率、成本、利润、流动资金占用等8项经济技术指标。于此,纺织系统针对生产具有多工序、多机台、连续性、生产环节多变、生产调度频繁、记录频数大等一系列特点,尤其注重原始记录的及时性和准确性的管理。原始记录方面的管理制度包括从原料进厂到成品出厂,一般都有原料收付制度,生产落棉、回花、再用棉收付制度,残次纱收付制度,零布收付制度,落布牌子和计数器管理制度,细纱生产定额制度,成品收付制度,主要车间开关车制度,计量周期检修管理制度,在产品盘存制度。体现在班组管理方面的制度包括产品完工记录,在制品移动记录,工人生产记录,班组生产记录,有效工时记录,主要原材料、能源消耗以及发货单、任务单、进料单、领料单、主要设备记录卡片,大中小修理及设备事故记录单等。

第二节 大规模革新改造,纺织工艺装备全面提升

"一五"计划期间,上海纺织工业的主要精力除了恢复生产之外,其主要围绕没收官僚资本企业、对民族资本企业实行社会主义改造、引导手工纺织业走上合作化道路,通过公私合营等做法,基本完成了纳入国家统一的计划经济轨道这个重大历史使命。从"二五"计划开始,上海纺织工业集中精力修补旧中国遗留的以及"一五"计划时期折旧的纺织装备,大规模的革新改造,有力地促进了纺织工业的发展。以纺织用电量为例,1952年上海纺织工业用电5.99亿千瓦时,1958年,上海纺织工业用电达到9.53亿千瓦时,占全市工业用电的46.1496%。1959年始,针对上海出现的供煤紧张问题,纺织系统着手进行电力节能改造工作。为确保生产增长任务的完成,1960年6月,投资700多万元,开始新建煤气发生炉1561台。其中用于燃烧蒸汽锅炉的较大型煤气发生炉339台。1963年,开始了新中国成立后上海第一次纺织工业锅炉更新改造工作,首批为13台,计12.5吨时。

一、纺织工业机械化、半机械化程度达到88%

资料显示,至1960年3月,上海纺织系统有9万人摆脱手工操作和笨重体力劳动。1962年,纺织机配件行业完成2000余台各种专用设备的制造任务,在基本上满足上海生产发展需要的同时,也为全国纺织工业的升级改造提供了高质量的器材配件及机电装备力量。

(一)棉织行业一马当先,多项技术填补国内空白

(1)完成新中国成立以后棉细纱心脏部件锭子的首次升级改造任务,结束锭子长期依赖进口的历史。1958年,由新沪钢铁厂提供轴承钢,将广勤纱厂改建为纺织轴承厂、纺织专件厂共同制造,在上棉五、九、十一、十六、十七、十九厂和申新纺织一、五、九厂,统益、

中华一针、兆丰等棉纺厂首先将 236 472 枚悬挂式平面锭子改为滚珠轴承锭子,总投资 141.9 万元(每锭平均耗费约 6 元)。平面锭子改为滚珠轴承锭子后,提高锭速 20%—50%,节省用电 10%—12%,棉纱单产(折合 20 支纱)从 1958 年的 28.93 千克,上升到 1961 年的 35.8 千克,提高 23.7%。以每万锭计算,一年可增产棉纱 2 000—3 000 件、锭子的锭胆平均寿命从过去的 3 个月延长到 5—10 年。1962 年,棉纺织行业纺锭从 1958 年的 253 万枚压缩到 204 万枚,减少 19.4%。到 1963 年,纺织轴承厂共生产轴承锭子 200 余万套,全面实现上海棉纺行业全部平面锭子改造的目标任务。

(2) 自行设计完成国内第一台红旗 I 型棉精梳机制造。1959 年,上棉二厂利用进口的罗拉、锡林、钳板等主要零件,自制机架和传动部件,配制成 3 台定名为红旗牌的棉精梳机。1959 年,纺织工业部指定由上海第一纺织机械厂承担试制棉精梳机任务。一纺机厂会同华东纺织工学院、上棉二厂的科技人员共同研究,决定以上棉一厂 1958 年引进的英国 PLATT - HORDGOOD 为原型,结合中国实际,改进设计,试制 A201 型棉精梳机。1960 年 1 月完成样机,同年 6 月通过生产鉴定,经纺织工业部批准为国产第一代棉精梳机,获得第一个中国纺织机械优等机的荣誉。当年完成国家下达的 20 台生产任务。1963 年,经纺织工业部鉴定,各项技术质量指标接近英国 PLATT - HORDGOOD 型水平,被列为国家计划的重点产品。在这以后,一纺机厂对第一代 A201 型棉精梳机经过 4 次重大改进,车速从 116 钳次/分提高到 165—175 钳次/分,理论产量从 8.7—13.3 千克/台时增加到 11.9—17.6 千克/台时。1964 年的棉纱产量达到 8 906.50 吨,棉布 5 641.17 万米。1965 年,上海第一纺织机械厂为组织棉精梳机批量生产,邀数学家华罗庚亲临指导统筹法的应用,逐步建立均衡生产的正常秩序。其间,新建 5 100 平方米的铸工车间、建装配车间、大件车间、热处理车间、喷丝头车间和机料仓库、毛坯仓库等。企业开始自制砂模输送机及振动式、电磁式、气垫式等微振造型机,并增添亨特造型机等设备。之后相继试制成功国内第一台喷气织机和 A563 型超大牵伸精纺机。

(3) 自行设计完成开清棉联合机,将两道工序并为一道,棉纺工序得到优化。1960 年,上棉六、九、十九厂推广清棉机落卷、拔杠、生头三自动装置,减轻挡车工劳动强度。纺部后加工推广并、捻、筒联合机,使并线、捻线、络筒三道工序合而为一,提高单产 2—3 倍,节约用工 44%,节约用电 20%,可腾出厂房面积 10%。1964 年,上棉十九、十四厂分别试制成功棉包自动升降装置和圆盘式小机升降自动抓棉机,实现自动配棉、混棉。1965 年,上海嘉丰股份有限公司在改造老设备的基础上,闯出一条龙工艺革新的路子:清花改单程、粗纱由二道改一道,而后再腾出厂房,增添纺锭 3 200 枚,每年增产棉纱 5 000 余件。

(4) 改造更新全市老旧织机 7 000 余台。改进后的新型织机(1511 自动换梭式)提高了织布技术、布面质量和生产效率,减轻了劳动强度。之后,为适应外贸和服装业对阔幅织物的需求,又对 15112 型 44 英寸织机进行"狭"改"阔"的改造,数量逾万台之多。1964 年 5 月,新丰棉织厂改建色织厂,将 350 台普通织机改成 262 台多臂多梭箱色织机。1960 年,上棉十七厂新建精梳车间,增纺 42/2 支、60/2 支纱线和 32 支精梳针织纱,506 台织机由 44 英寸改为 63 英寸,逐步生产 50 英寸 30×30 支等阔幅细布,其中 48.5 英寸 20×20

支大鹏布远销瑞典及中国港澳地区。

（5）色织企业逐步改装54英寸（1×4）多臂多梭箱色织机140余台及整经、络筒、络纬等配套设备。1963年1月起，色织企业同时研究成功浆缸排花上浆新工艺，解决织造断头率高的技术难题。1964年，为开发涤棉色织布和扩大生产规模，上海色织行业建造2027平方米的新织造车间。当年7月，422台54英寸（1×4）多臂多梭箱织机全部投入生产，完成由白织厂向色织厂转变的改造工程。1965年，在国内首创独具风格的朝阳格细纺产品，迈出从纯棉到涤棉产品结构转变的第一步。同时，首家采用双踏盘织造，解决府绸织物的生产难题。同年，色织行业用CMC、PVA化学浆料上浆取代小麦淀粉上浆和低温、重压、低溶、快速的浆纱工艺，不仅降低能耗与物耗，而且基本上解决浆斑等质量问题。

（6）通过革新改造，形成国内第一家针织用纱专纺厂。1962年，上棉五厂对全国各地原棉经过近80次试纺摸索，与五和针织二厂开展植棉、纺纱、织造、成衣生产一条龙协作，形成国内第一家针织用纱专纺厂。1962—1965年，进一步对布面"大肚纱""一刀细""小辫子""花结"等质量问题进行了4次攻关，摸索出一套提高针织用纱质量的"二大一小"纺纱工艺（即粗纱捻系数大，细纱后区隔距大，细纱后区牵伸小）新工艺，减少了针织布面阴影细节，提高了条干水平。1963年根据已掌握的气候变化与成纱条干的关系，调整粗纱捻系数，避免布面条干"大波动"。改造后的汗布达到条干均匀、纹路挺凸、手感滑爽的质量要求，使32支精梳精漂鹅牌汗衫成为香港市场的名牌产品畅销不衰。

（7）制造出中国第一台圆刀机械割绒机。1958年，第一割绒厂通过技术革新和借鉴国外技术，制造出中国第一台圆刀机械割绒机。灯芯绒是经过割绒工艺在布面上形成绒条的一种棉织品，因绒条像灯芯，故名灯芯绒，也叫条绒。1960年8月，以当时的光中棉织印染厂为主，并入第一割绒厂等4家割绒厂，成立上海绒布厂，进行灯芯绒一条龙专业化生产。割绒机经不断改进后，1964年台班产量达1500—1900米，比手工割绒提高20—25倍。

（二）印染行业由原来"一缸二棒"的手工操作工艺进入到机械化、半自动化的流水线作业生产阶段，数百年手工作坊生产的染纱历史宣告结束

（1）印染实现连续化生产。1958年，大新振和茂盛兴印染厂在自制的空气氧化机上增装皂煮汽蒸设备，使染色后整理工序连成一片，缩短工时2/3，提高产量30%，节约用工15%和大量水、电、皂、碱。1960年，永安印染厂对原来染色生产过程的高、热、干工艺革新为低、冷、湿新工艺，成为当时的重大革新项目之一。它将印染生产从煮练、丝光、染色、印花到整理的20多道工序缩到10道。新工艺改变了过去坯布染色干了湿，湿了干，干了又湿，湿了再干的多次反复，从而大大提高劳动生产率和节省原材料。第一印染厂借鉴二印厂漂白大伞柄箱等连续化生产经验，首先建成大型绳状汽蒸连续练漂流水线，结束沿用几十年的煮布锅间生产历史。第二印染厂成功革新漂白全过程连续化，使原来由众多单机设备生产，改成煮练丝光、增白整理两条连续生产线，大大缩短工时，成为当时国内生产漂白布、涤棉布规模最大、质量最好的优势企业。在这期间，印染行业将色浆制作的煮糊、调色、滤灌、输送过程实现连续生产。印染生产将轧碱、汽蒸、水洗、轧染、漂白水洗等

工序连成一条线,使生产周期从22天缩短为8小时。

1958年,景福针织内衣厂建成2 400平方米成衣车间。之后两年,职工掀起技术革新热潮,针织车间成功革新1英寸1.5路棉毛车,使针织坯布单机产量提高4倍。成衣车间试制成功自动送扣机、钉钮机。漂染车间试制成功半自动染色机、半自动缩布煮漂连续生产流水线。同时,革新成功"双氧水煮漂一浴法"。1964年,采用双氧水练漂一浴法新工艺成功,将原来27道工序缩短到14道,且克服了长期未解决的漂白泛黄的质量问题。1960年6月,静安棉纺织印染厂为制造1 600毫米阔幅产品,先后改造安装烧毛机、8色印花机等17台;1963年,印染布年产量达到6 830万米。

(2) 1965年,上海第三印染厂开发靛青、富纤、仿蜡防、电解腐蚀、电解剥铬等16项新工艺,完成深色的确良、双箱蒸化等22个科研项目。

(3) 1965年,上海第七印染厂逐步统一布机型号,淘汰21种杂牌机种,换上1511S型、1515A型国产定型织机,改集体传动为单机传动。各染纱厂先后自行设计制造往复式染纱机、升降式染纱机、链条漂白机、烘纱机、皂练机及添置绞纱浆纱机、双箱染色机等实现连续化生产。

(三) 毛麻产业形成精纺、粗纺、绒线、羊毛衫、麻纺、长毛绒、驼绒、工业用呢、制毡等门类较齐全的毛麻纺织生产系统,1959年出口呢绒1 315万米,远销38个国家和地区

(1) 1958年7月,上海纺机行业有史以来首次大批量生产毛纺机械设备,首先为广东省提供中国第一次自行设计制造的整套麻纺机械,次年又向甘肃、青海、内蒙古、上海3省(自治区)1市提供2万吨洗毛、毛条和精毛纺的全程设备。

(2) 1958年,上海美纶毛纺织厂、上海茂华毛纺厂自行设计制造针圈型细纱机、横刷机、烫光机和卷煮机,将清毛和洗毛设备革新为连续化生产。1958—1963年,先后开发羊绒大衣呢、兔毛短顺毛大衣呢、学生呢、松结构花呢、银枪大衣呢、维罗呢等新产品,外销从苏联扩大到古巴、罗马尼亚、民主德国、美国、日本等国家和中国香港地区,年均出口量137.9万米。

(3) 1959年,毛织造行业大搞技术革新,将手摇横机革新成电动一条龙牵引横机。1960年,全行业横机挡车工4 000余人掼掉手摇柄,减轻劳动强度。随之又改进为单机传动,并在机上装置自动翻针、放针器获得成功。1962年,上海华新昌厂研制成功62式自动放针电动横机,并在全行业推广。毛织造各厂又在62式电动横机基础上,改进机械结构,采用光电控制等新技术,实现横机半自动化。1962年经纺织工业部鉴定,定为62式半自动针织横机为国内首创。

(四) 丝纺产品推陈出新,"二五"计划期间丝织品产量达3.18亿米,丝绸总产值达20.20亿元,实现利润24 506.4万元,分别为"第一个五年计划"期的205%、310%、503%

(1) "二五"计划期间,以上海丝绸技术研究所和印绸厂的一批设计人员、技术人员为

代表,他们革新印花工艺,并设计出具有民族风格的青铜器、景泰蓝、窗花、西汉石刻、蝴蝶等图案,产品打进欧美高级市场。上海织绸、染整各厂率先试制并扩大合纤绸生产,推出华春纺(绣表面料)、尼丝纺(滑雪服面料)、金雕缎(具有高花效果)系列绸,在国内外市场盛销不衰。

(2) 1958年,云林绸厂试制全国第一台双层丝绒织机获得成功。毛巾行业将双条毛巾织机改成3条毛巾织机,台班产量提高30倍。针织行业圆机由5路进线改为8路进线,产量提高50倍。织带行业采用多层、多条(多至数十条)织带机,产量成倍增加。

(3) 1960年,上海第一绸缎炼染厂将贴邻的正义兴绸厂和九兰梭子厂合并,改建扩大生产厂房,自制和改装整理机、染色机、精练槽。改进精练生产工艺,经过摸索测试,用统一时间、用料、操作的科学方法,改变以往小作坊式生产精练法,提高生产效率和产品质量。1965年底,精练木桶槽从15只增至29只,年产练白绸1 861万米,染色绸2 243万米。

(4) 1962年,恒丰立绒丝织厂在原厂区建成年产500万米的染整车间,后又建成月产40万米平素绒后处理装置。1964年,再建成800平方米年产60万米的印花车间。共有织机466台,集中生产行业所有乔其丝绒,兼产素软缎、美丽绸、彩条纺、彩格纺等品种。

二、纺织行业结构布局走向系统工程化

新中国成立以后,经过三年经济恢复时期和"一五"计划时期的集中建设,上海纺织工业开始由原来恢复生产、配件维修、技术改造,逐步转向纺织单机制造,再到提供成台配套技术装备的发展历程。以1958年7月上海纺织行业为广东省提供中国第一次自行设计制造的整套麻纺机械,次年向甘肃、青海、内蒙古、上海3省(自治区)1市提供2万吨洗毛、毛条和精毛纺的全程设备为标志,"二五"计划期间,上海纺织制造能力已具备生产棉纺、毛纺、麻纺、丝绢、印染、针织等主辅机能力,基本形成一个中国门类最多、品种最全、设备最齐、技术全面的纺机工业体系。上海纺织工业开始进入工程系统化新历史阶段。

(一)纺织制造配套力量的建制机构调整

1960年,上海纺机公司改由纺织工业部机械局和市纺局双重领导。同年4月,中机、一纺机、二纺机和远东针布厂下放上海纺机公司,同时市纺局也将局属的四纺机、上印机、纺机塑料厂划归上海纺机公司领导,并将荣丰纱厂改建为第七纺织机械厂,专业生产针织机械。1962年,上海纺织工业局将13家纺织机配件厂划入纺器行业,集中后的这支装备力量,先后制造2 000余台各种专用设备,为完善纺织产业链延伸打下基础。

(二)纺织技术研究力量不断增强

(1) 1959年1月,纺织工业部将纺织科学研究院上海分院下放上海地方管理,正式命名为上海市纺织科学研究院。下设7个研究室、1个实验工厂、1个修机工厂。1960年9月,市纺局将永安第五棉纺厂划给该院,又增设5个研究室(组)。1960年1月,全院迁入

兰州路545号永安五厂原址。研究院着重对新型纺纱、无梭织机、非织造布等新技术课题组织力量进行攻关。1962—1964年,共完成研究专题8 211项,取得48项科研成果。

(2) 1959年1月,静电纺纱新技术研究协作组以上海第九棉纺织厂为科研试验基地,完成纤维循成纱轴向伸直排列新技术研发,新工艺将纺纱速度从100转/分提高到300—350转/分。1960年,设计制造40锭单面机6台及60锭双面机1台。静电纺纱技术正式面世。

(3) 1959年,成立上海纺织工业半工半读专科学校,1960年改为上海纺织工业专科学校。首任校长由市纺局局长张承宗兼任。建校初期,在上海第十七棉纺织厂、中国纺织机械厂、第三毛纺织厂设立分校。设棉纺织、机械、毛纺织3个专业,学制3年,面向应届高中毕业生招录。学校占地面积69 200平方米,建筑面积68 926平方米,有图书26万册。

(4) 1964年,上海第一纺织滚动轴承厂和上海纺织电机修造厂分别建立纺织系统长度中心及电工中心计量室。长度、电工计量标准中心的建立,为整个纺织系统量值标准的统一和提高计量器具的准确性起了决定作用。

(三) 单列纺织工程进入高校教育学科建设和商业运作模式

(1) 1960年,市纺局设计室成立,为1964年8月1日上海纺织工业设计院成立打下基础。初建时,共有职工70余人,包括工艺、土建及公用工程等方面的专业设计人员。设计室改为设计院法人组织之后人员增至近200人。纺织项目工程设计开始进入规模化产业独立运作阶段。

(2) 1960年始,纺织工程作为一种教育模式,进入华东纺织工学院课程设置。1961年4月21日,纺织工业部教育司在华东纺织工学院召开会议,宣布调整专业学科设置,在纺织工程内设棉纺、毛纺、麻纺、机织及针织5个专业,化学专业改为纺织化学工程专业,1962年增设纺织企业管理工程专业。纺织相关专业高等教育的课程设置不仅标志着一门学科的问世,而且引领了国内纺织产业走向纺织系统化工程历史阶段。

(3) 1963年,上海第三印染厂扩建印花车间,开启印染工程项目先河。项目由市纺局设计室承担,包括在原印整大楼向东延伸扩建3层楼房,增加8色辊筒印花机2台和120米长的筛网印花台板4套及相应配套的印染设备,使全厂印花布比例由46.5%增加至83.29%。

(4) 1963年、1965年,毛纺工程项目输出西部兄弟省市。作为纺织系统工程输出,先后为陕西第一毛纺织厂、青海毛纺织厂设计两座粗纺车间。就设计规模而言,陕西厂为纺锭1 040枚、毛织机40台,青海厂为纺锭1 200枚、毛织机50台。两厂粗纺车间采用钢筋混凝土单层锯齿形厂房。1965年,为配合上海纬纶毛纺织厂迁建,为西藏林芝粗梳毛纺织厂进行工程设计。设计规模为粗梳毛纺锭870枚,毛织机32台,生产能力42万米/年。部分织机更新为H212A型毛织机。由于西藏林芝地处海拔2 970米的高原,水温加热至90℃就开始沸腾,达不到正常的染色温度。为了解决低温染色困难,经过小样反复试验,初步掌握适当选用酸性铬合染料、酸性浴染料及酸性媒介染料,同时改善工艺和改变操作方法,在87℃的条件下进行染色获得成功。

(5) 1964年,棉纺织工程项目首次援外,为非洲加纳设计制造第一座棉纺织针织联合工厂。工程设计规模为纺锭19 968枚,织机520台。生产中支纱、细布和平布,年产240万件棉针织内衣。设计制造集多项科研成果的定型设备,有2891型卧式翻布机、2212型棉毛机和247型煮漂锅等。又通过生产性试验,选用9°15′斜度的筒子作为针织用纱筒子,取代15°斜度的红木锭筒子。并以丝绸行业的K031型烘燥机和不锈钢松式绳状染色机代替传统的土烘房与铁木结构的绳状染色机新工艺。

第三节　上海率先建成中国第一家化学纤维企业

1961年9月,中国第一家自行设计、制造、安装的采用浸压粉联合机工艺的粘胶纤维厂——上海安达第一棉纺织厂化纤分厂(后改为上海第十二化学纤维厂)建成投产,年产3 400吨。"第二个五年计划"期间,化学纤维在上海实现规模量产,这不仅是纺织工业自身的一场材料革命,而且也是上海纺织工业在全国纺织工业体系建设中又一个标志性的重大贡献。化学纤维问世之前,纺织产业的纤维基本源于天然的棉、丝、麻等植物,而化学纤维则是一种以天然高分子化合物或人工合成的高分子化合物为原料制得的具有纺织性能的纤维。化学纤维生产企业在国内规模化开建,改变了纺织工业的生态结构的同时,其更多的意义在于纺织工业对国民经济发展的支撑作用由此进入一个历史新纪元。

一、国内探索发展化学纤维的简单回顾

人类在漫长的发展过程中,找到并真正利用的天然纤维不过十几种。而当进入化纤时代后,在短短的百年间,用于纺织的化学纤维层出不穷。按照不同的逻辑方法进行分类,至少可以按来源、按形状、按用途、按制备方法等标准划分出若干个大类,在这些大类里面又可以划分出许多个小类。国内化学纤维真正量产是在"二五"计划期间。但在"一五"计划期间以及更早些时候,化学纤维的萌芽早就开始酝酿。早期,国内通常将化学纤维的商品分为人造纤维和合成纤维两大类。人造的短纤维一律叫"纤"(如粘纤、富纤),合成纤维的短纤维一律叫"纶"(如锦纶、涤纶)。如果是长纤维,就在名称末尾加"丝"或"长丝"(如粘胶丝、涤纶丝、腈纶长丝)。化学纤维共同的特点是,具有强度高、耐磨、密度小、弹性好、不发霉、不怕虫蛀、易洗快干等优点,但其缺点是染色性较差、静电大、耐光和耐候性差、吸水性差。化学纤维的长短、粗细、白度、光泽等性质可以在生产过程中加以调节,这种调节能力体现的是对技术质量的把控水平。

(一) 国家层面的引进建设在"二五"计划期间崭露头角

新中国成立以后国民经济的迅速扩张,一方面带动了纺织业的全面升级,另一方面对纺织工业原料的需求量更大。当棉花等纤维植物歉收的时候,供需矛盾更为突出。

由于化学纤维具有特殊的、优越的性能,可以用它来进行混纺、交织、纯纺以及经过不同方法的处理,制造出质量优良、品种繁多、绚丽多彩、物美价廉的各种服装和装饰用品。积极发展化学纤维,弥补天然纤维资源的不足,已摆上当时纺织工业部等的重要议事日程。

(1) 引进德国设备,为化学纤维生产上马先行一步。1954年秋,纺织部组建化学纤维筹备工作小组。1955年5月,钱之光副部长率领中国纺织工业代表团访问苏联考察发展人造纤维事宜。1956年初,经周恩来总理批准从民主德国引进年产5 000吨人造丝的成套设备,开始建设我国第一个大型化纤厂——保定化学纤维厂。该厂于1957年10月动工,1959年10月第一纺丝区开始生产,到1960年7月全厂4个纺丝区全部投产,前后只用了大约3年时间。

(2) 引进日本成套化纤设备,开启维纶化纤规模生产先河。1958年,中国组建化工代表团访问日本考察维纶生产情况。维纶生产以石灰石为起始原料,我国的石灰石资源比较丰富,维纶也是合成纤维中吸湿性最好的品种,考虑到这些有利因素,1962年3月,化学工业部、纺织工业部向中央作了《关于发展维纶合成纤维工业的请示报告》。1963年,国家决定从日本引进生产维纶及其原料聚乙烯醇的成套设备和技术,兴建年产万吨的北京维纶厂和北京有机化工厂。项目从1964年8月23日动工兴建,经过一年多的建设,1965年9月投产成功。万吨维纶厂及其原料聚乙烯醇工厂的建成投产,为后续化学纤维发展打下了基础。

(3) 1962年,上海合成纤维研究所引进了1台日产1吨涤纶短纤维的试验性设备,开始研究涤纶的生产工艺。涤纶是合成纤维工业中后来居上的一个品种,它的起步较晚而发展最快。1963年,由中国自行设计的VD401涤纶短纤维纺丝机问世。

(4) 1965年,从英国引进了生产腈纶短纤维的成套技术,建设了兰州化学纤维厂。

(二) 对旧中国最早的丹东化学纤维厂的改造

丹东化学纤维厂始建于1939年,原身是日本侵华期间建立的东洋人造丝株式会社。装备来自日本拆迁来的20世纪20年代德国造的老设备,设计能力为日产短纤维10吨,1941年3月竣工投产。实际日产水平只有2—6吨。解放后,在纺织工业部和当地人民政府的领导下,抽调一部分人员,组成了筹建工作组,1956年5月完成了复工建厂的初步设计,能力为日产短纤维12吨。当年6月开始施工,经过将近一年的努力,于1957年5月投入试生产。1958年1月正式达产。

(三) 上海早期民族资本力量对化学纤维的探索

工商业主邓仲和曾求学于上海法政学院,早年在上海创办大庆棉布号。1937年1月赴意、澳、捷、匈、荷、德、英、法等国考察人造丝生产。1938年,以19 820英镑的价格从法国里昂人造丝厂购得古典式人造丝生产设备1套和试验机1台,并在安和寺路(现新华路)购地建厂。工厂命名为安乐第二纺织厂(后变更为上海第四化学纤维厂),为国内第一

化学纤维先驱邓仲和

个化学纤维厂。1950年10月,邓仲和与政府正式签订公私合营契约,总投资600亿元(旧人民币),公私股各半,华东纺织管理局方克强任董事长,邓仲和任副董事长,并改名为安乐人造丝厂股份有限公司。主要设备:原液部分有古典式浸渍机2台,粉碎机4台,黄化机3台和溶解机3台,及一批过滤机和熟成储罐;纺丝部分有1 600锭筒管式纺丝机4台,自制汰丝车10多台;另有24台加捻机、6台摇绞机。1958年4月30日正式开工,纺国内第一批75公支/30孔有光粘胶长丝,开中国人造丝生产先河。安乐人造丝厂开工后,国家领导人叶剑英、聂荣臻、陈毅、张闻天、罗荣桓、徐向前等先后到该厂进行视察。

二、上海发展化学纤维的历史成就

作为纺织大都市的上海,"二五"计划一开始,市纺局按中央关于"天然纤维与化学纤维并举"的发展方针,成立建设化纤企业的厂筹建委员会、化纤筹建办公室。下设锦纶6、锦纶66、腈纶、涤纶、氯纶、粘胶、醋酸纤维等7个建厂小组。并从纺织业内抽调428名干部和技术人员参加筹划工作。同时在纺织工业部纺织科学研究院上海分院设立化纤研究室。1962年10月3日,上海市化学纤维工业公司成立。直辖同丰浆粕厂、丽明浆粕厂、信孚浆粕厂、安乐人造丝厂、上海人造纤维厂、合成纤维实验工厂、群跃轧花厂(后改为第八化纤厂)、上海第十一纺织机械厂(后并入化纤机配件厂)等8家厂,兼管局属安达一厂化纤车间等7个单位。截至1961年,上海共有化学纤维生产企业18家。产品有粘胶长丝、短纤维、棉浆粕、木浆粕、锦纶6、锦纶66、腈纶等13个品种。1961年产量达1 270吨。"二五"计划期间,国家领导人董必武、朱德、邓小平、叶剑英、李富春、班禅额尔德尼·确吉坚赞、聂荣臻、徐向前、陈毅等曾先后视察上海化学纤维生产基地。

化学纤维工厂相继建成投产。1958年3月上海合成纤维实验工厂开始筹建,翌年10月建成投产。先后抽出国内第一根腈纶丝、锦纶丝,并试纺出锦纶66、涤纶长丝、醋酸纤维和锦纶1010综丝;1960年,上海信孚印染厂利用煮布锅等设备用木材加工厂下脚废料硬什木,试制成功木浆粕。同丰厂(后改为第六化纤厂)、丽明厂(后改为第七化纤厂)等印染厂相继改成木浆粕生产厂。华丰棉纺一厂(后改为第五化纤厂)用棉短绒试制棉浆粕成功后,将练麻工厂改建为浆粕车间。上海绒布厂参照苏联资料,设计制造"五合机",将五道工艺合并在一台机内,以简易一步法制胶工艺纺制成功粘胶短纤维。上海人造纤维厂(后改为第一化纤厂)、静安棉纺织厂化纤车间等随即复制其经验。1961年底,上海浆粕制造点已达31个;1963年,上海合成纤维研究所在研制出VD401涤纶短纤维纺丝机之后,又设计制造了VD402、VD403、VD404等型号的涤纶短纤维纺丝机,以及相应的干燥设备和后处理设备;1964年6月全国第一家小化纤样板厂——上海第二人造纤维厂破土动工,1965年3月建成投产,年产浆粕2 000吨,粘胶纤维1 600吨;1965年6月,中国自行设计制造安装的第一家涤纶短纤维厂——上海第二合成纤维厂动工兴建;1965年上海第二化学纤维厂筹建年产500吨粘胶强力帘子线的试验车间。

第六章 纺织工业在『文化大革命』中逆势成长（1966—1976年）

史无前例的"文化大革命"：上海纺织出口一枝独秀

自1966年开始,共和国经历了长达10年之久的"文化大革命"运动。按照国民经济5年一个规划期的发展节奏,跨越两个5年规划期的10年时间在"以阶级斗争为纲"的政治路线指引下,国民经济各个领域遭受了不同程度的影响。上海的纺织工业受到历史认识的局限,随波逐流,走过了一段崎岖的发展路程。但研究发现,在相对低速发展中,上海纺织工业仍然保持全国领先地位,服装等纺织品的产销总量保持持续增长态势,对全国特别是华东地区的辐射依旧较强,而全国对上海纺织业的依存程度仍然居高不下。同时,上海的纺织产业在"文化大革命"的"阶级斗争"中保存了经济、技术方面的核心实力,在纺织产品出口创汇、扩大化纤生产成套能力等方面为整个国民经济做出了应有的贡献。

第一节 政治环境影响经济发展,上海纺织工业经受时代考验

"文化大革命"是一场全国性的政治远动。这场政治运动历时长、涉及范围广,造成的负面影响是较大的。政治上的混乱势必造成社会局面的失控。在"文化大革命"的冲击下,中国许多地方的政府机关瘫痪、工厂停工、学校停课、农村大片土地荒芜。上海的纺织工业随波逐流,一度成为地方"文化大革命"的先锋骨干力量。

一、纺织科教力量的蒙难是上海以及国家纺织发展历史的缺憾

"文化大革命"伊始,大字报、大辩论、大批判活动如黑云翻滚,从文化领域扩大到政治、经济领域,直至社会的方方面面。一大批所谓的"走资派""学术权威"被揪斗,科研技术力量遭受重创。上海纺织系统的教训是惨重的。

(一)纺织科研学术机构被解散,纺织高等教育遭停课罢课

"文化大革命"开始后,"造反派"首先进行全面夺权,纺织系统各级党政组织都陷入瘫痪状态。1968年1月,上海市纺织工业局改名为上海市纺织工业局革命委员会。各公司及所属工厂相应成立革命委员会。"革命委员会"的建制替代了原来的组织建制。上海纺织局革命委员会带头撤销原来的处室,机构设置改变为办公室、组织组、政宣组、生产组。后增设援外办公室、武装保卫组和上山下乡办公室。这样的建制一直延续到1976年10月粉碎"四人帮"反革命集团后。在革命委员会的建制下,纺织系统的诸如纺织科学研究院等科学技术研究机构被解散。全国纺织高等教育等级最高的华东纺织工学院也开始进入"停课闹革命"的状态。1966年底至1967年初,华东纺织工学院成立68个造反组织,并任意"审查""隔离"干部和教师。1968年的时候,江青、张春桥直接插手,将当时的校领导温仰春等直接关押投进监狱,温仰春在狱中遭受折磨,一大批干部、教师遭到牵连。复

课以后,学校领导组建立校革委会,以"革命"的名义实施科学教育,教研室改为"连队"编制。直至1972年才开始撤销专业连队,恢复教研室管理机制。

其他纺织教育机构自1966年开始由于"文化大革命"的"停课闹革命"而均未招生,学校大半处在时停课时复课状态。纺织工读训练班、技术学校、职业学校的1969年毕业生被全部动员去黑龙江、甘肃、江西、安徽等省农场、林场和农村插队落户。

(二)纺织科技骨干遭受迫害

因为"文化大革命",上海纺织科技骨干力量遭受挫折损失的例子不胜枚举。除了诸如担任过华东纺织管理局副局长、交通大学纺织系主任、华东纺织工学院第一任院长的张方佐等一批技术领导干部或被下放或受批斗之外,不能忘怀的纺织科技前辈还包括:

(1)王子宿,曾任中纺公司上海第十四纺织厂厂长、国营上海第九棉纺织厂厂长、华东纺织管理局技术处工程师、上海第十二棉纺织厂工程师、上海纺织科学研究院工程师。1968年7月15日遭受迫害致死。

上海解放前后,南京国民政府及一批官僚资本大肆抽逃资金,上海纺织企业面临各种危机。王子宿配合中共地下党组织召开会议,联络全厂同仁,稳定了人心,并为地下党的护厂斗争提供了有利的条件。解放上海时,中纺十四厂完整无损地回到了人民的怀抱。

纺织科学技术专家
王子宿

王子宿在生产技术革新方面的成就包括将传统纺织蒸汽传动方式改为电力传动。这是一项大工程,需要对传动设备和机械器件进行一系列大的改造与调配。他将前纺采用集体传动,精纺机则改为单独传动,还改变了精纺机的排列方向。在织布工艺中,他革除有边筒子车,采用改装的半高速整经机;废除卷纬机,改用直接纬纱。其学术科研方面的成就包括:参加中国工程师学会和中国纺织学会,是中国纺织学会的发起人之一。早期做过中国华商纱厂的调查工作,参与制订了中国第一个棉纺织厂经营标准,为纺织厂提高管理水平和经营水平提供了依据。协助建立上海中国纺织工程研究所并出版刊物,并担任中国纺织染工业专科学校(后合并华东纺织工学院)校董等职。他在纺织领域重大的学术成果有:《建国十年来上海纺织技术(1949—1959)》(上海科学技术出版社,1959)、《国外棉纺新设备发展的趋向(一)(二)》(《国外纺织技术》1963年第9、10期)、《国外制毡技术的发展概况》(《国外纺织技术》1965年第11期)。此外,王子宿还与华东纺织工学院王仲宜教授一起将上海生产出口的4040府绸的生产工艺及产品质量等全套中文说明书译成英文,对上海纺织产品出口做出巨大贡献。

(2)欧阳晖,原中国纺织机械厂副厂长兼总工程师,中国著名纺织机械专家,也没有逃过"文化大革命"的冲击。20世纪50年代初,国内还没有完整的铸造机械和铸造工艺的专业工具书,大专院校铸工专业也缺少这方面的教材。1952年,欧阳晖领衔,成立了苏联出版的《铸工车间设备》一书的翻译小组,利用业余时间完成了《铸工车间设备》上下册约77万字的翻译工作,该书于1954年由机械工业出版社出版。这是当时唯一的较系统介绍国外铸工设备的论著,后成为高教局大专院校铸工专业的指定教材。20世纪50年代后期,为了解决化纤及纺织机械产品中无级变速传动的瓶颈问题,欧阳晖在可参考资料及实物极其缺乏的条件下,边设计边试验,设计工作于1959年完成。中纺机产品系列中又增加了一个新的品种和系列,结束了国内不能生产齿链式无级变速器的历史。60年代初,其主持设计建成了上海中国纺织机械厂第二个机械化铸造车间。此项工程浩大,为后来中国的纺织企业车间建设提供了基础样板。从整个车间的工艺布局、物流系统、环保、劳动保护到大量的各种专业机械的设计,均由中国独立自主地完成。这在当时代表了国内及亚洲地区的最高水平。第二个铸工车间的建成投产,进一步减轻了翻砂工的劳动强度,增加了环保措施,使环保条件有了明显改善,铸件年产量从2万吨提高到4.5万吨。

纺织机械专家欧阳晖

上海纺织系统还有一批优秀的纺织科学家在"文革"中受到不公正待遇,这是上海纺织发展历史中的一段悲哀过往。值得庆幸的是党的十一届三中全会后,经过拨乱反正,这些遭受"文革"迫害的科技骨干先后在政治上得到平反昭雪并恢复名誉,经济上遭受的损失也得到相应的补偿。

二、扫"四旧",搅乱纺织服装的多元化生产

20世纪30年代,尤其在"孤岛繁荣期",上海有"东方巴黎"之美誉。这种繁荣反映在纺织服装方面,不论是多样的面料、斑斓的色系还是新潮的款式,无不充分体现了这座城市在纺织工业方面雄厚的综合技术和深厚的文化底蕴。上海纺织工业的发达,从某种意义上说是上海的纺织服装推动了纺织工业的发展,它是一种文化助推剂和工业发动机。但是,"文化大革命"一开始,文化领域开始瞄准"四旧"开刀。所谓的"四旧"是指旧思想、旧文化、旧风俗、旧习惯的合称。可悲的是由"红卫兵"学生开始的要同旧的、腐朽的、反动的"四旧"彻底决裂,逐渐演变成狂热的践踏。服装中代表上海女性文化的旗袍等统统被打入奇装异服的"四旧"清除名录。这个时期,剪"小裤腿""飞机头""火箭鞋",揪斗学者、科学家等"资产阶级反动学术权威"的暴力行为成风。行动的狂热,使许多原本置身事外的学生参加到红卫兵的行列。工厂里面的"造反派"穿蓝色工作服,"红卫兵"学生一般都穿"军装",蓝色、绿色的手臂戴上显示"造反派""革命派"的红袖章。人们夏天上身就穿白衬衫,下身裤子要么是蓝色卡其裤,要么是军绿卡其裤。整个城市的颜色就变成了单一的蓝、绿、白或者灰色。

"文化大革命"期间,机关干部、工厂工人、学校学生都要参加军事"拉练"活动(即"拉出去练一练")。参加这样的军事拉练时不仅人人着绿军服(偶尔也有蓝、灰色衣服,但款式与军服同类),还要打个"井"字形背包,也是军绿色的。更有"造反派"头目模仿江青的

服饰,将江青的服装视为"江青服"来膜拜。高度的相似性和同质性服饰搅乱了服装审美,制约了纺织工业的发展速度。

三、上棉三十厂的王秀珍靠"造反"起家,一度担任上海市委书记、革委会副主任要职

1966年6月11日,王秀珍在上棉三十厂贴出标题为《厂党委在文化大革命运动中冷冷清清》的"大字报"("文革"中的一种向上级提意见的方式)。这是她开始在上海纺织系统带头向厂党委"造反"的第一个"标杆"行为。这张大字报,是王秀珍考虑了很长时间后,串联了一些对厂党委有意见的人一起商量后写出的。大字报稿由王秀珍执笔写成,由他们中间一个毛笔字写得好的人抄清。这张大字报首先质问厂党委:为什么捂阶级斗争的盖子?为什么把厂里的"文化大革命"运动搞得冷冷清清?接着,大字报分3个部分给厂党委扣上了3顶大帽子:第一部分,执行修正主义建党路线;第二部分,执行修正主义干部路线;第三部分,对"无产阶级文化大革命"的态度不好。

大字报贴出后,马上被上报送到市纺局党委,市纺局党委报送市委。市委当即派了工作组到上棉三十厂。根据中央关于工厂企业搞"文化大革命"的精神,决定先在上棉三十厂成立"文化革命委员会"(简称"文革会")。这个"文革会",是在"文化大革命"期间指导全厂工作的机构。按规定,"文革会"成员由选举产生,特别是主任一职,要在全厂职工大会上竞选产生。王秀珍打着坚决执行中央关于搞"文化大革命"的决定、支持群众大民主的旗号,加上那些跟她一起写大字报的人的推波助澜,王秀珍那年当上了厂"文革主任"。开启了她跟随"文化大革命"造反头目造反夺权的"革命"生涯。

四、上棉十七厂的王洪文靠造反起家,一度担任上海市革委会副主任以及中国共产党中央委员会副主席、中共中央政治局委员和常委

王洪文,1956年复员进入上棉十七厂担任保卫科干部。1966年11月初,王洪文与他人串联发起组织"上海工人革命造反总司令部"(简称工总司),并被推为主席团成员(后任司令)。1966年11月9日,工总司在文化广场召开成立大会,在成立宣言中公开提出"我们要夺权"的口号。由于中共上海市委拒不承认"工总司",王洪文等在会后煽动和裹胁数千人,强行登车要北上"告状",制造上海站36趟客货列车不能出发、铁道运输被迫中断31小时34分的"安亭事件"。此后,又接连制造"解放日报事件""康平路事件"等,使上海陷入极大的混乱。1967年1月6日,在中央文革小组张春桥、江青、姚文元等策划下,王洪文等于1967年1月6日在人民广场召开了"打倒市委大会",在全市掀起了"造反夺权"的"一月风暴"。1月19日,王洪文等又在"砸烂旧工会"的口号下,篡夺了上海市总工会的领导权,并大肆迫害工会工作者和劳动模范。1968年1月,王洪文兼任市纺局革委会第一召集人;1969年4月,其在中共九大上当选中央委员;1971年1月,任中共上海市委书记;1973年5月,调中央工作;同年8月,任中共中央副主席兼中央军委常委,逐渐与江青、张春桥、姚文元结成"四人帮"。1976年10月6日,"四人帮"反革命集团被粉碎,中共

中央政治局决定将王洪文隔离审查。1977年7月,中共十届三中全会通过《关于王洪文、张春桥、江青、姚文元反党集团的决议》,决定永远开除王洪文的党籍,撤销王洪文党内外的一切职务。

第二节 抓革命中促生产,上海纺织出口一枝独秀

"文化大革命"使国民经济遭到了历史性的挫折。但是,研究发现,在"文化大革命"后期,国家在保持"国际形象"、社会主义"国际主义"影响力方面还是一直有大国礼仪风范在延续。这种国际形象和国家形象的政治指导思想,大部分原因是因为"国际主义"理论体系没受"文化大革命"的破"四旧"等思潮影响。社会主义国家在国际上的形象,一是体现在对外援助建设,这些"援外"项目一般都执行国家的意志,更多是一种国际主义的无偿援助;一是体现在外贸出口,外贸出口虽然带有经济往来的性质,但是在落实具体生产过程中,国家一般会安排国内最好的技术实力去完成出口任务。不管是带有国家政治任务的项目援助,还是外贸出口的生产,其结果都在客观上带动上海纺织工业的成长发展。支援其他社会主义国家建设虽然从"一五"计划时期就已经开始,但是"援外"一直被推崇是我们国家的一项重大而又光荣的政治任务。因此,"文化大革命"期间,国家尤其是上海的纺织工业的援外任务一直没有中断,同时,从这一窗口观察,上海的纺织出口在10年"文革"中,却仍然保持一枝独秀。通过特定历史时期的"抓革命,促生产"方式促进纺织生产的进步还是值得我们记取的。尤其是1971年,中国恢复在联合国的合法席位后,先后与日、美、西欧许多国家建立外交关系,开展直接贸易的比例迅速提高。1972年中美发表联合公报之后,国家在国际贸易中的地位不断上升,上海纺织工业抓住这一历史契机,以其雄厚的纺织技术和深厚的文化积淀,以及相对充足的劳动力,通过有效配置资源,优化产品结构,积极扩大出口,当年纺织出口服装要货量增至2 650万件,比1970年的1 059万件增长1.5倍。上海纺织出口不仅在全国一路领先,而且也是"文化大革命"期间的一个重要历史贡献。

一、纺织工业在积极援助外国经济建设的同时锻炼自己的队伍

新中国成立以后,中国在世界社会主义大家庭中的国际主义精神一直被传颂。虽然发生"文化大革命"之后,纺织工业受到一定影响,但是仍有所发展,一方面没有减少对其他社会主义国家的经济援助,另一方面,因为"援外"工作锻炼了上海纺织力量,使其实力得到整体提高。"文革"期间,上海纺织工业采用3种援建形式,共完成12个纺织援外建设任务。包括欧洲国家1项:马耳他纺织厂(新建)。非洲国家3项:坦桑尼亚友谊纺织印染厂,纺锭4万枚,织机978台,印染能力3 600万米;马里塞古棉纺织厂的针织车间;坦桑尼亚友谊纺织印染厂扩建工程,新增织机216台,布动网印机4台,锅炉1台。亚洲国家8项:越南胜利针织厂(新建);越南第二棉纺织印染厂(新建);越南三八棉纺织印染厂增添氨压缩机4台,锅炉1台;越南河内缝纫线厂(新建);越南三八棉纺织印染厂,增添梳

棉机 12 台,粗纱机 6 台,细纱机 13 台;伊拉克基辅里毛纺厂(新建);中柬友谊纺织厂增加清棉、漂练设备各 1 套;也门荷台达纺织印染厂(新建)。

(一)"援外"工作考验上海纺织队伍,使其得到成长

"文革"期间,不少上海纺织干部、职工背井离乡来到他国支援当地的建设,不仅要克服生活上的很多困难,而且当援建的国家出现政局不稳定的情况时,"援外"工作人员的意志也面临重大考验。1966 年 2 月 23 日正当加纳总统恩克鲁玛在中国访问时,加纳发生政变,中方 125 名援外人员被围困在厂区内,几经周折直至 3 月 4 日,除 5 名留守外,其余 120 名专家才算通过各方面协调乘坐两架法航班机离境。1967 年 11 月,北也门发生战乱,中方援建的萨那纺织印染厂 6 次被炮击,32 处被毁坏,专家宿舍均被子弹击穿。中方援建人员不畏艰难,一起参与救灾、恢复生产工作而被载入两国友谊史册。

(1) 承担设计任务。1969 年,上海纺织设计院承担了设计阿尔巴尼亚地拉那精梳毛纺织厂的任务。其规模为粗梳毛纺锭 1 980 枚,毛织机 30 台及相应毛染整设备。采用国产 68 型毛纺设备。产品为 36/2 支全毛花呢、啥味呢、28/2 支全毛女式呢、24/2 支全毛粗哔叽、36/2 支细毛针织毛线及 20/2 支半细毛针织毛线。厂房建筑面积约 8 900 平方米,采用钢筋混凝土锯齿结构,柱网 9×12 米。空调设计夏季采用蒸发冷却,以达到降温加湿效果,冬季采用输送热风,保证车间温湿度要求。1974 年,上海纺织设计院承担了为伊拉克基夫里洗纺染毛厂进行设计的任务。选用 13021 型洗毛联合机一套,规模为粗梳毛纺锭 800 枚,采用 80583 型粗纺纺纱机,8641 型合股机。产品原料利用伊拉克卡拉迪地区羊毛,生产卡拉迪洗净毛约 500 吨/年,再纺制 6/2 支地毯毛纱约 250 吨/年。厂房建筑面积 6 425 平方米,为单层预制钢筋混凝土平顶结构。在生产车间设两个空调系统,一个是拣毛洗毛、染线车间,一个是梳毛、纺纱车间,以保证生产工艺所需的温湿度及劳动保护的要求。在拣毛工作台处设局部排风口,以吸去拣毛时扬出的尘土,经沉淀和布袋过滤后送入车间回用或排至室外。

(2) 承担提供设备和工艺技术资料并负责安装、指导生产的任务。这种形式的"援外"任务中设计和土建工作由受援国自己解决。这样的技术合作还包括中方专家组为对方培训管理力量和技术力量。中方人员按车间、部门和各主要工种制订培训内容、时间、方法措施,同培训人员一起下车间、跑仓库、谈经营。通过传、帮、带来提高受援方的业务水平,增强工作责任感和管理企业的能力。如 1968 年 8 月起,承担对坦桑尼亚友谊纺织印染厂进行工艺生产技术指导和锅炉检修任务,先后签约 4 期共 6 年半,派出技术人员 118 人。这是中国帮助坦桑尼亚并由他们自己管理的第一家纺织工厂。技术合作结束后,该厂全部由坦桑尼亚人管理。1969 年 7 月开始的中国与北也门萨那纺织印染厂的技术合作,是合作期最长的一个项目,先后签订 9 期合约,为时 14 年半,派出技术人员 242 人,帮助该厂安装设备、调试、投产,指导生产工艺技术及建立各项管理制度。

(3) 承担扩建改建任务的有中柬友谊纺织厂增添捻线染色设备等。

（二）"援外"的经验与教训

援建工作中如何适应当地文化及市场需求来设计纺织技术路线、装备等问题，为"援外"带来了很多经验与教训。援建蒙古乌兰巴托毛纺织厂时，中方没有做仔细的市场调查前，就在产品色泽的设计上凭国内经验，将男式面料产品色泽定为藏青色，将女式面料产品色泽定为紫酱红色，而实际上蒙古人男的爱穿咖啡色，女的爱穿鲜艳色，视紫酱红为忌色（俗称棺材色）。在援建柬埔寨的中柬友谊纺织厂时，工厂厂址建在岩石层上，施工时遇到诸多问题。为了解决排水需埋设3 955米管道，才能将水排往湄公河，为解决供水，在玄武石地层打井，一直钻探至102米深处才侥幸得水。这个教训是由事先的水文勘察不够到位造成的。还有对市场调查不够充分的教训，如工厂在开始设计时，只设计供纺纱，不供捻线，只供漂白，不供染色等问题。而当地的实际情况是：军人穿草绿色，公务员穿淡绿色，农民穿黑色，和尚穿黄色，一般青年人也都喜穿有颜色的衣服，仅部分老年人和大城市中少数人的上衣为漂白色。结果项目建成投产后，出现漂白布大量积压的情况。虽然后来再做弥补调整，国内再提供捻线设备、染色设备和染化料等，但还是不可避免地造成了财力受损等后果。

二、纺织面料及服装出口的增加推动纺织技术进步

上海纺织产品的出口历史比较悠久，而且一直是全国纺织产品具有国际地位的代表。早在1961年，中国最早建立的专业外贸公司改名为"中国纺织品进出口公司上海市分公司"。公司经营各种天然纤维和人造纤维织造的纱、坯布、漂布、色布、印染布、色织布、呢绒面料以及各类服装和纺织制成品，公司始终位于上海市最大的出口企业排行榜的前列。与之对应的还有专司丝织产品出口的"中国纺织品进出口公司上海丝绸分公司"这样的专业纺织出口机构。即使在"文化大革命"期间，国内的衣着服饰颜色局限在军绿色、藏青色的情况下，它们也带动了上海纺织产品出口的良好势头。

（一）纺织产业在"文革"期间始终得到中央的重视

"文革"期间，发展经济被视为资本主义，但值得庆幸的是，凡与出口贸易和国防建设相关联的任务相对较少受到干扰和冲击。

1966年5月1日—6月30日，全国纺织工业技术革命展览会在上海中苏友好大厦举办，国务院总理周恩来亲临会场。展出重大纺织技术革新项目3 100多项，两个月内接待来自全国各地的相关人员38万人次，上海纺织工业在全国的影响力迅速得到提高。这一年上海纺织秘密承接中央交给上海的用于中国第一颗氢弹爆炸试验配套的高强锦丝伞绸国防建设任务。这一重大任务在上海第六丝织厂、上海第二绸缎炼染厂以及上海绢纺织厂的积极配合下顺利完成，这也是上海纺织工业地位不可动摇的原因之一。

1967年6月25日，周恩来陪同赞比亚总统卡翁达参观上海第三十一棉纺织厂。1974年2月遵照周恩来指示，轻工业部、外贸部联合在上海召开出口纺织品现场会。上

海纺织系统介绍了加强工贸协作、搞好纺织品生产和外贸工作的经验。全国性的纺织会议放在上海召开,这是中央对上海纺织工作的肯定,也是对上海纺织工作的鞭策,同时也为全国纺织行业树立标杆起到了积极作用。

(二)纺织产品的出口孕育了纺织品牌的含金量

"文革"期间,为了满足布料服装出口任务增加的需求,上海纺织行业在原来纺织力量的基础上,挖掘潜力,开辟第二战线,发展市区街道和近郊农村加工点747家,从业人员近4万人。1973年,服装生产合作社全部转为合作工厂。服装工业生产每年推出新花色品种6 000余种,1976年出口服装4 139万件,较1970年增长近4倍。

(1) 羽绒制品服装首开中国出口产品纪录。上海飞达羽绒服装厂前身为上海沪东第一服装生产合作社,企业从1956年2月建厂开始,大体保持社员168人,分设12个门市部和2个工厂。1962年3月改名上海市延吉服装生产合作社,企业逐步从零星加工服务转向工业型生产。"文革"期间,坚持抓革命的同时抓促进生产。1972年开始在国内率先试产羽绒靠垫、枕芯、垫被和设计青年式羽绒服、羽绒背心等羽绒衫成品的出口样式。起先在上海对外小型交易会获得少量出口订单,继又设计出登山服与日本朝阳株式会社成交批量生产,首次实现中国羽绒制品的批量出口。1973年,出口羽绒衫1.42万件,比上年增加178%。1976年,加拿大UTERX公司慕名向该厂订购20万件羽绒服。出口服装数量增长更多的意义在于推动纺织技术的加快进步。1974年,国家体委交给该厂生产首批登山服的任务。第二年中国登山运动员在零下40℃的高寒气温下,首次穿上该厂提供的国产登山服,成功地登上珠穆朗玛峰。

(2) 真丝印花绸产品受到西欧、日本等国家和中国香港地区客户的好评。上海第七印绸厂自1969年起,针对出口任务的特点,生产上按品种、花样特点,采取定设备、定小组、定工艺措施办法,个别重点产品采取专班、专组、专色生产,使小批量真丝印花绸的质量、手感、色泽鲜艳度都适应出口批量小、品种多、要货急的特别要求。1972年,工厂按照外商对国内产品的兴趣爱好,专程派设计组前往长沙马王堆对出土丝绸进行考察,随即仿样组织生产真丝印花绸,产品在1973年春季广交会上引起轰动,售价由3美元/米提高到4.5美元/米。1974年、1975年,又相继设计生产"仿汉唐壁画""青铜器"等体现中华民族悠久文化历史图案的真丝印花绸,成为上海纺织出口产品的一道靓丽风景。

(3) 色织布料成为出口日本及欧美等国家的拳头产品。1970年,上海色织五厂为了打开出口销量,开发出井冈山牌色织纯棉精梳泡泡纱,因品质优良、色泽鲜艳、泡型丰满、花式新颖,成为长期畅销日本的拳头产品。1972年,又设计生产永久性泡泡纱,进一步受到外商的赞誉。1972年,国际市场灯芯绒热销,上海色织四厂设计生产花色线色织灯芯绒,产品风格独特,创汇高,填补了国内色织灯芯绒出口的空白。1973年,根据毛巾起圈的原理,设计生产适销对路的单纱薄型色织泡泡纱,主销日本、美国、澳大利亚等国家和中国港澳地区。当年又试制成功金驼牌色织涤粘中长花呢,在色织行业中开创色织涤粘仿毛花呢生产的新路子。1975年开始大量出口,产品远销世界许多国家和地区。上棉二厂的"荷叶牌"38支涤棉精梳包芯纱产品经上海第三织布厂和第七印染厂加工后的烂花布畅销欧美市场,在国际上占据一席之地。

(4) 什色卡其布的出口在"文革"期间进入全盛时期。"文革"期间生产卡其布的厂家多达10余家。20世纪60年代末,卡其布的年产量约达1.5亿米,占印染布总产量的15%左右。原料布产品不仅出口至苏联、东欧多国、古巴、加拿大、非洲多国、澳大利亚、东南亚多国、日本、新西兰等国家和中国香港地区。同时还加工成大量服装出口。

(5) 康派斯、海燕、金爵、箭鱼牌等上海衬衫年出口规模超过百万件。仅康派斯衬衫在1975年的年产量就达156.58万件,比1972年的74万件增长1倍多,年出口衬衫也由33.5万件增至73.8万件,增长1.2倍。上海衬衫厂的男式衬衫1976年产量达到15 684万件,其中出口91.32万件。上海第二衬衫厂的海螺牌衬衫以美国名牌阿罗衬衫为赶超目标,大量出口美国市场。

(6) 凤凰牌全毛提花毯、民光牌被单等床上用品"文革"期间风光乍现。由上海第一毛纺织厂出品的凤凰牌全毛提花毯,寓意为鸟中之王,毯中之冠。它是以纯羊毛为原料,通过染色纺纱和提花织机织造,并经过湿整理和刺果拉毛多道工序制成的水波纹提花毛毯。1971年12月,上海市人民政府准备接待美国总统尼克松访华,特为宾馆精选床上用品。上海为之选定制造300条高级全毛提花毯,材料选用马海毛和澳毛原料,规格为155厘米×230厘米×3.26千克,花色有牡丹、菊花等7种花型,1972年1月完成赶制任务,产品质量受到国内外友人高度肯定。民光牌被单也是上海纺织行业的一张名片。该产品始创于1935年,开始只有2465(厂定货号)6.5尺彩印花一个品种,采用油纸花板套色印花,月产量200条左右。抗日战争胜利后,月产量达9 000条,除供应上海市场外,大部分产品销往华中、华南、华北等地区。新中国成立后,民光牌被单扩大制织机台,增加产量。20世纪50年代后期,民光牌被单被列入上海被单业"高、精、尖"重点发展产品。1959年曾获上海向国庆十周年献礼的优秀产品奖。"文革"期间,民光床单开发新品种达129个,其中有16、20、32/2、42/2支等多种纱线织物。1974年,民光牌2669友谊被单采用织物丝光新工艺,改变棉纱线织前丝光为织后的织物丝光,提高织物牢度、色彩鲜艳度和布面光洁度。1975年,单个品种的产量达7.7万条,不仅销往亚洲国家,而且也开始出口进入非洲市场。

(7) 毛纺中的花呢、学生呢、国产平板凹凸花型羊毛衫等相继成为出口主打产品。"文革"期间,上海市纺织科学研究院、上海色织四厂、上棉十四厂以及色织行业的染纱厂、整理厂等一起合作,联合开发了金驼牌色织涤粘中长仿毛花呢,并于1974年正式投产。第二年开始作为出口商品,成为上海色织行业的升级换代产品。学生呢是粗纺呢绒中的大众化服装面料,20世纪60年代以前在香港市场上为意大利七重天牌所垄断。"文革"期间,上海第一毛纺厂开始研发以精梳短毛为主和粘胶纤维混纺的TL272学生呢。学生呢色泽也由单调的深素色发展到中浅色、混色等130多种。20世纪70年代开始作为出口产品大量进入香港国华、国兴、信发、五洲等国货公司,作为女装面料销往伊朗、也门、新加坡、伊拉克、联邦德国、法国、美国等国家。订货量从1964年的20多万米增加到1976

年的年均40万—50万米。国产平板凹凸花型羊毛衫由上海第三羊毛衫厂于1970年首创。产品工艺由手工操作改为半自动,并设计花纹控制系统,生产从单一品种发展到各种风格的凹凸花型羊毛衫,填补了国内空白,当年开始销往美国市场。

(8) 上棉二厂的荷叶牌涤棉包芯纱线填补国内空白,成为出口欧美市场的抢手货。1971年,上棉二厂针对包芯纱特点,优选最佳捻度,通过加强棉纤维与长丝抱合力技术攻关,开展合理配置细纱牵伸倍数等工艺研究,先后开发生产的品种有48、53、55、40、42支等5种涤棉精梳包芯纱,经第三织布厂和第七印染厂加工后的烂花布深受国内外用户的欢迎。1972美国客商曾特赠"中国烧花,扬威海外"的铜牌。1973年,根据服装行业出口的需要,试纺成功53/2、48/2、42/2支等3种涤棉精梳包芯缝纫线。该产品具有强力高、伸长小、缩水率小、光洁度好、细度适中以及能适应高速缝纫等特点。由此加工的服装平整挺括,缝纫效果好,解决了出口服装缝纫线的关键质量问题。"文革"后期,上棉二厂为满足外商订货需要,专门扩建了一座拥有12台A513型细纱机,计4 224枚专纺包芯纱的小车间,年生产能力达188.24吨。1975年,上棉二厂织布工厂868台织机全部更新为1511型国产新机。

(三)技术改造搭上出口革命任务东风,纺织基础装备在夹缝中不断得到改进

生产力的进步其实有其自身的规律,但是,受特定的历史情况的局限,生产力的发展或多或少受到政治因素的影响,纺织经济也不可能幸免。值得我们分外关注的是,"文革"期间生产力遭到破坏的时候,凡提到"出口任务"或者"军工任务"这些特定历史时期的"红色""革命"任务时,生产企业、各级组织部门、政府机构就会一路绿灯、一路政策倾斜。由此,纺织出口就成了推动当时纺织技术进步的重要原因之一。

1. 纺织专用锅炉设备

(1) 1969年2月,中国纺织机械厂、上海第一纺织机械厂、上海第二纺织机械厂、上海印染机械厂等参与全市快装锅炉生产大会战,完成1 000台炉排的铸造任务。上海第十八毛纺厂研制成功两种锅炉自动控制方法取得成功,一种是"卧式快装蒸汽压力自动控制"技术,另一种是"液压射流锅炉水位自动控制"技术:

前一种技术根据蒸汽压力控制原理,利用两只电触点压力表来自动控制锅炉蒸汽压力。当压力上升到6千克时自动降速,引风、鼓风、炉排半速运行。如果当时用气少,压力继续上升,升到5.7千克时,再恢复半速运行。如用气压力大,压力继续下降到5.5千克时,则加快到全速运行。这个技术改进的最大优点是,蒸汽压力比较稳定,对染色质量有一定帮助,同时使炉膛温度有大变化,这对保护锅炉,特别是水汽壁管有一定好处。电动机启动次数减少,也利于节电。这项技术在1971年6月完成并开始投入运行。

后一种技术是在卧式快装锅炉上,对水位要求实现二位式控制。原理是当水位降到低水位时,启泵进水;水位升至高水位时,关泵停进。高低水位相距9厘米,允许误差0.5厘米。整个技术中的关键4个元附件都是自主研发的,包括"单稳射流阀""双稳射流阀""脉冲滤除器""液电转化器"。这个技术的意义在于有效解决了锅炉加水频繁,偶有疏忽

即有锅炉脱水危险的问题。

(2) "文革"后期,改良成功全市第一台工业锅炉用布袋除尘器,除尘效率达98%以上,被称为"第一代工业布袋除尘机",有机械振荡和风振荡两种型号。其工作基本原理是布袋一级滤尘风扇排出的含尘气流从布袋的上口(称上进风式)或从布袋的下口(称下进风式)进入布袋过滤。布袋的下方有集尘漏斗,滤出的棉尘由漏斗集中。漏斗的底部有一对输出罗拉或螺旋输送器,或者漏斗的底部与一输尘风管相连,以输出漏斗中的集聚的棉尘。上进风式,由于气流从布袋上口进入布袋向下流动,棉尘的降落方向与气流方向一致,有利于棉尘的沉降,布袋阻力增加比较慢。下进风式则与此相反,气流自布袋下口进入,气流方向与棉尘降落方向相反,阻碍棉尘降落,布袋阻力增加较快。

2. 纺织机械设备

(1) 棉纺行业:上海纺织轴承一厂试制成功的分离型高速轴承锭子正式投产,"文革"后期全市棉细纱机实现了第二次锭子改造,锭速达18 000转/分。1975年6月23日,上棉九厂建成2万枚纺锭的回转钢领细纱机中试车间。上棉十四厂建成上海第一座气流纺纱中试车间,1975年纺锭减至188.55万枚,而棉纱产量为31.45万吨,棉布产量为83 433万米,分别比1949年增长136.6%和35.03%。上海第三织布厂将470台44英寸普通织机更新为329台52英寸1511型自动换梭织机。1973年3月全部翻改生产涤棉细布。当年总产值从1972年的935万元上升到1 801万元,利润从61.9万元上升到326.7万元。上海第六织布厂经过4年织机改造,1973年10月建成新型喷气化织布厂。上棉十二厂、上海第一纺织机械厂等组成精梳机三结合技术研究协作小组,先后两次对A201、A201B型精梳机进行高速技术改造的试验研究工作,进一步改进分离运动传动机构,车速分别达到165和200钳次/分,单产提高到15—18千克/台时。同时,为减轻挡车工劳动强度,上棉十二、二十八厂使用集体吸落棉装置,代替手工剥落棉操作,并试验以双筒单圈条取代单筒双圈条机构,获得成功。上棉二厂将老精梳机全部更新,并增添新机,全厂精梳机总量达到58台。"文革"后期,部分棉纺厂采用A272型并条机、A454型粗纱机等新颖设备。A272F双眼并条机采用三上三下加压力棒曲线牵伸,弹簧摇架加压,回转绒带揩拭皮辊,气流吸尘,棉条输出速度高达250米/分。A454型粗纱机为三罗拉双短皮圈牵伸,弹簧摇架加压,采用间歇积极回转绒套,并配附远红外光电断头自停、防细节、张力补偿等装置。

(2) 纺织机械行业:上海纺织机件一厂试制成功无切削钢,节约了大量钢材和劳动力。上海纺织五金二厂又先后开发出GU103-B3、B4型和104型两种毛纺织自紧结打结机。国产打结机、空气捻接器开始成批生产,1970年定型为GU103-B型自紧结打结机,成为第二代国产打结机。20世纪70年代,为配合络筒机的技术改造,该厂自行设计制造棉纺织用的FTGS202、FTGS203型和双面进纱的FTG204型机用打结机获得成功。上海印染机械厂设计出年产能力为25万匹的宽、狭幅棉漂染设备,定为71型,投产后,先后出口马里、南也门、苏丹、圭亚那、布隆迪、斯里兰卡、马耳他等国家。1972年,设计生产M751型热定型机获得成功,填补国内空白。1974年,试制出适用于涤棉产品印染加工的热熔染色机、树脂整理机等设备。同时,对54型、71型产品全面升级换代为74型产品,新机既适用于纯棉织物,也适应涤棉、涤粘、涤腈等混纺织物的加工。1974年,上海第二毛麻纺织机械厂制造SZN2-4型自捻纺纱机48台,提供二十一毛厂纺制针织用纱。"文革"后期,研制成SZN4-5型离速自捻纺纱机,出条速度220米/分,安装于第五毛纺厂。"文革"后期,上棉三厂建成腈纶膨体自捻纺中试车间。上棉二厂研究中长纤维超大牵伸自捻纺和超大牵伸自捻纺有色纤维色纺工艺获得成功。

(3) 印染行业:为增加出口创汇,上海第三印染厂于1971年12月13日成立圆筒镍网研制小组,自制镍网,填补国内印染工业技术装备上的空白。1974年4月,试制成功集成电路光电整纬器,解决了纬斜问题。此两项成果曾获上海市重大科技成果奖。第一印染厂、新光等9家印染厂采取会战方式自行制造氧漂机、氯漂机、热熔染色机、树脂整理机等涤棉染整设备,至1974年,行业增加6条树脂整理设备,完成对8条生产线进行狭改阔设备的填平补齐改造。上海第七印染厂为了配合出口生产任务,添装树脂整理、防缩、预缩等整理设备,并增设刮绒间,安装刮绒机13台,生产各种规格的单、双面绒外销印花布。1972年,外销绒布产量达到898万米。1973年起,增加涤棉布生产,发展1 600—2 800毫米阔幅产品。1974年涤棉印染布产量增加到358万米。同时开始翻建网印车间,安装4—15色1 200毫米平板自动网印机4台。1975年印染布总产量达到8 508万米,其中涤棉印染布785.4万米。

(4) 丝织行业:丝织行业企业在1969年以前,一直是以为外贸部门加工订货为主业。1969年后,外贸与工业改为购销关系,企业生产积极性显著提高,出口创汇显著增长。上海丝绸产品不仅用于衣着和装饰,也服务于国防、科研、医药,如真丝和合纤丝筛网、人造血管等。

1966年,上海第一丝绸厂研制成功丝织无梭喷气织机,以后又革新推广Kr-80复动式高速提花龙头,将提花织机车速从130梭/分提高到235梭/分,并适应多品种生产。1967—1971年,建成力织、准备生产车间两幢三层大楼,共计建筑面积9 478平方米。力织车间以SK69型、K72型自动换梭全铁织机替代铁木织机,准备车间改用K051-53型络丝机,K071、K079型并丝机,TV-2、K091型捻丝机等新型设备。1972年起,开发运用光电技术于丝织机,全厂90%织机安装开关式光电探纬自停装置,其中FGT-2型经纬探测器获上海市科研成果奖,并在市内外数十家丝织厂推广使用1 000余套。"文革"后期,开发合纤新品种,改变建厂以来以生产人造丝织品为主的结构。1972—1976年,合纤绸产量达2 555万米,是同期桑蚕丝产品量的9.14倍。主要品种有凉爽绸、涤爽绸、金雕缎等国内外市场热销产品。

"文革"中期,上海第一丝绸机械厂试制成功K72型自动换梭丝织机,后在丝绸行业逐步推广,为增加丝绸产品出口打下基础。1972年,第二丝织厂自行设计制造喷气织机110台和双层平绒喷气织机108台,生产效率提高1倍多,成品正品率稳定在99%左右。"文革"后期,为满足出口任务增加的需要,上绢厂试用多道高速针梳机代替延展和制、练条的新工艺,绢丝糙粒基本消除,断头从150根/千锭时降到80根/千锭时,200支和120

支绢丝单产分别提高到 5.81 千克/千锭时和 11.28 千克/千锭时。1973 年,上绢厂与第二纺织机械厂合作试制 DJ562 型绢丝环锭精纺机,该机牵伸机构由轻质辊加压改为三罗拉双皮圈大摇架滑溜牵伸。新工艺采用传动部分有满管自停、自动落钢领板、自动定位等装置。

(5) 色织行业:上海色织一厂试制成功国内第一台多滚筒磨绒机,为出口磨绒织物品种填补了缺口。1969 年,该厂自行试制成功 50 千克、100 千克高温高压筒子染纱机,简化染纱工艺,提高纱(线)染色质量,开拓纱(线)染色开辟新途径。1970 年,染纱四厂为生产硫化蓝劳动布,自行设计将轧染机改装成棉纱经轴染浆联合机,使之直接卷绕成织轴,缩减 10 多道工序。1971 年,上海色织二厂为满足出口市场对阔幅产品的需求,将 422 台 54 英寸织机更新为国产 1515 型 56 英寸(1×4)多臂多梭箱织机,将 2 台 1 400 毫米和 1 台 1 600 毫米浆纱机改为热风预烘式双浸双压浆槽浆纱机。同时,为适应产品小批量、多品种、翻改繁的特点和解决姐妹色产品排花困难等问题,在技术改造的推动下,首创整经、浆纱的经浆联合机,先后开发色织涤棉府绸、彩格泡泡纱、三叶丝、大提花、绉纱、烂花、青年布及涤粘中长等适销对路的产品和疙瘩纱、仿麻织物等新品种。

(6) 毛麻行业:羊毛衫行业全国首个电子群控全自动羊毛衫横机试验车间在上海羊毛衫八厂建成。电子群控是由一台装有电子计算机的控制器,灵巧地操纵 14 台横机,按照各自的工艺要求,自动进行起头、收针、放针等 10 种复杂的动作,直接织出色彩缤纷的各种羊毛衫衣片。这个试验车间的建成不仅使出口羊毛衫数量增长,而且为全国羊毛衫行业树立了一个榜样。在这之前,上海羊毛衫行业的技术改造已经进行过多次,解放初,羊毛衫横机都是手摇的,第二个五年计划后横机丢掉手摇的落后工艺,"文革"初期开始推广简易的半自动化工艺。直至 1974 年这个样板试验车间建成之后,羊毛衫八厂经过一系列的改造,在上海第七纺织机械厂、上海纺织电机厂、上海毛麻机配二厂、上海其他羊毛衫厂等企业,以及上海无线电十三厂等 20 多个单位的协助下,全厂 200 多台横机全部实现了单机电子化。在这之后,上海羊毛衫行业共有 1 600 台织机,除了有 600 台陆续采用电器加机械的方式实现半自动化以外,其余 1 000 台全部完成了用数字程序控制和光电程序控制的新技术改造任务。

上海毛麻行业在纺织电子应用技术方面取得 30 项技术改造成果,为"文革"期间的纺织历史留下一段佳话。这 30 项技术成果包括:压呢机自动空时控温、可控硅控制自拈纺线性调速、羊绒染色自动控制装置、电子清纱器、快速牢度实验仪、哄呢机无触点开关、细纱机无级变速、红呢机滑差调速、光电喂毛斗、高温高压染毛锅自动控温、1×4 光电探纬自动换梭、宿呢机自动测长、高温高压染色机程序控制、染色温度自动控制、脱水机晶体管自动控制、针刺植绒机无级变速、可控硅圆机电磁离合器、胶带穿孔机、胶带接触式程控横机、多路式电子程控横机、缩毛机自动控制正反转装置、CMOS 集成电路程控横机、CMOS 集成电路蒸汽烫衣机、三色电子提花横机、晶体管控制蒸汽烫衣机、光电纸带程控横机、液位电子控制器等。

1971 年,上海元丰毛纺厂先后开发羊绒花呢、嵌丝嵌条牙签条新品种,摸索出毛条印花新技术和以低支羊毛纺高支纱的新工艺。1974年,该厂建造3 150平方米的纺织大楼,增添6台B581细纱机,纺锭由3 000枚增至5 248枚与88台织机配套列装。

第三节　金山石油化工总厂开建迎来上海纺织工业新时代

解放前的上海周边地区,种植业和养殖业都比较发达,因而促进了上海纺织业较早进入工业纺织的时代。同时,工业纺织的技术进步加上上海得天独厚的文化环境又成就了规模化纤工业在上海地区率先取得成功。为上海纺织工业提供大量工业化纤原料来提升上海纺织工业实力,得益于上海金山石油化纤生产基地的开建这一重大举措。"文革"期间,在国家工农业生产受到重创的严峻形势面前,上海金山石油化纤生产基地的获批上马,不仅大大振兴了整个石油化学工业,而且对整个纺织领域的发展起到至关重要的作用。上海金山石油化工项目虽然可以划在化工建设领域,但是其功能主要是为纺织工业配套,因此其更多的意义体现在上海纺织工业史上。

一、金山石化项目背景追溯

上海金山坐落在上海市的西南部,位于长江三角洲南翼,太湖流域碟形洼地东南端。全境地势低平,地面自西北至东南略有升高,河渠交织成网。东邻奉贤区,西与浙江省平湖市、嘉善县交界,南濒杭州湾,北与松江区、青浦区接壤。东西长44千米,南北宽26千米,总面积586.05平方千米,拥有23.3千米的海岸线和建深水港的天然条件。1997年4月之前为金山县,后改为金山区。金山石化总厂是通过围海造田在一片远离上海市区的荒芜临海水乡兴建的。非常难能可贵的是"文革"期间,在"以阶级斗争为纲"的年代里,一个工业大项目在上海这座城市落地,除了在政治上具有诸多意义之外,也对促进当时的国内经济发展打进了一剂高效强心剂。

(一) 毛主席垂青的确良化纤面料,为加快引进国外大型化纤原料加工装备留下一段佳话

20世纪70年代,虽然"文革"还没有结束,但是在国际主义精神思想指导下的对外贸易、对外文化交流还是比较频繁的。这一历史背景也是后来大规模引进外国成套石油加工装备很重要的一个政治因素。

从国内的经济情况看,当时化纤工业已经在国内初创成功,大庆油田已经具备了为开发以石油为原料的合成化纤提供资源的产量能级。与此同时,让党和国家领导人更有紧迫感的是国内的棉花产量在"文革"期间减产严重。"文革"前的1965年,棉花产量是209万吨,到了1972年,即决定引进化纤成套技术设备的那一年,棉花产量已经下降到195万吨。在这有利因素和不利因素叠加在一起的时候,1971年7—8月,国家主席毛泽东在考察途中接触到由化纤生产的的确良裤子。这种的确良裤子面料,尽管还有很不透气等缺

陷,但是表面看上去挺括,手感很爽滑,且有不皱、耐穿、易干等特点,在当时几乎一衣难求。毛主席在了解到当时中国合成纤维的技术问题始终解决不了,这种的确良面料还只能用涤纶布制成时,就表示要通过引进等措施来加快解决8亿中国人的穿衣问题。

这一段历史佳话虽然没有文件佐证,但跟而后1972年毛主席亲批上海金山石油化工总厂大规模开始建设化纤基地及其他3个基地建设的时间是吻合的。

(二)接受党中央国务院的重托,上海各局对口承揽包建石化总厂各工程项目

为了解决全国人民的穿衣、提高生活质量以及跟上世界科技发展潮流等一系列问题,在上海金山建设石油化工总厂是国家的战略部署。1972年2月5日,经毛主席和周总理最后圈阅批准的来自国家计委的《关于进口成套化纤、化肥技术设备的报告》中共有4个相同项目。上海金山石化是其中一项且开工最早。其他3项分别落户在四川长寿、辽宁辽阳和天津。报告计划的4个大型联合企业项目,总的生产规模为年产涤纶、腈纶、锦纶共35万吨,塑料13万吨,各厂自纺合成纤维共23万吨,基本建设总投资73亿多元。化工生产设备以引进成套设备为主,化纤设备以及配套的公用工程以国内生产的设备为主。建设规模之大、技术之复杂,为纺织工业部门建设史上前所未有。

中央的文件精神传达到上海之后,上海市政府一方面派人赴京参加轻工部、燃化部、外贸部与外商有关引进化工、化纤技术设备的谈判,另一方面开始组建上海的总厂筹建指挥部。筹建指挥部当时设在金山卫人民公社内的一个简陋工厂。1972年8月1日,上海市政府"工交组"(当时分管工业的组织建制)召开负责总厂设计和对口包建的29个单位负责人会议,讨论总厂的总体布局。决定总厂一期工程土建结构设计由国内承担,上海化工设计院负责生产区总设计、上海规划设计院负责整个石化厂和生活区总设计。企业以石油为起始原料,采用烯烃为主的工艺路线,生产聚乙烯醇、丙烯腈以及少量聚酯3种化纤原料和醋酸、聚乙烯等部分化工产品,配以相应的纺丝生产线。设计18条生产装置,其中:从日本引进8套,从联邦德国引进1套,包括乙烯、聚乙烯醇、乙醛、高压聚乙烯、丙烯腈、丙烯废液处理、芳烃抽提、涤纶聚酯、涤纶抽丝等。国内自己制造的9套包括常压蒸馏、醋酸、硫氰酸钠、甲醛、塑料薄膜、腈纶抽丝、涤纶抽丝、空气分离等。总厂包括6个生产厂(化工一厂、化工二厂、维纶厂、腈纶厂、涤纶厂、塑料厂),4个辅助厂(热电厂、水厂、机修厂、污水处理厂),还有配合运输建设的上海历史上第一座横跨黄浦江的铁路、公路两用桥、2.5万吨级的外海岛式油码头等。

1973年,5万会战大军陆续来到金山工地。工地现场很快就实现"三通一平"(通电、通水、通路、场地平整)。职工医院、单身职工宿舍也开始建设。1973年年底前只用了32天就完成了长达8.5千米、120万土方的海堤工程,可以挡住最高达12级的台风和巨浪,围海造地近万亩。10月20日,上海市委决定建立"上海市石油化工总厂建设领导小组",黄涛任组长,陈去非任总厂筹建指挥部指挥,方荷生等人任副指挥。同时建立中共上海石油化工总厂筹建指挥部核心小组,陈去非任组长,方荷生等人任副组长。全市有23个局、23个设计单位以及一大批工厂承担主要生产和配套工程的保建任务。

参加筹建并担任过早期领导的还有周壁、龚兆源、李家镐、顾传训、王基铭、吴亦新、陆益平、戎光道、王治卿等。工程于1974年元旦正式破土动工。

金山石化总厂外景

二、金山石化总厂上马实现了化纤规模纺织"最后一公里"的成功闭环

金山石化总厂的上马,意义是多方面的。其突出意义首先是把规模纺织的产业链拉到了开端。这个产业链的拉长对上海以及对全国纺织产业的发展具有等同意义。纺织工业中的原材料化纤产品,早在"文革"前上海就有诸多突破,但是追溯到化纤生产源头的规模化石油化工产业深加工还是处于空白状态。从纺织全产业链的角度看,金山石化的上马推动了纺织产业链"最后一公里"的成功闭合。

(一)从产业经济角度看

(1)化纤原料规模深加工→化纤原料供给→纺织工艺实现→纺织产品形成的这样一个产业链,在全国绝无仅有,是当时国家层面的一个纺织标杆。这个标杆的意义跟上海原来在全国的纺织地位不无关系。金山石化总厂在上海的落地,有其历史必然性。它为上海原有纺织工业插上了腾飞的翅膀。它既是上海纺织工业也是整个国民经济的一个新引擎。

(2)按照规划,项目全部达到设计能力的话,可年产涤纶、腈纶、维纶等合成纤维8万多吨,约占当时全国化纤总量的1/4,相当于200万亩棉花,可解决近1亿人的穿衣问题。金山石化当年产生的GDP计入上海财政的话,其占比也是显而易见的。

(3)为后建的辽阳石油化纤厂、天津石油化纤厂和四川维尼纶厂国家三大化纤基地先行先试积累经验。包括上海的金山石化基地在内的四大化纤生产基地后来成为我国化纤行业发展的重要基础,某种程度上也意味着我国纺织工业体系的完整确立,标志着用石油、天然气做原料,生产涤纶、腈纶、锦纶等产品的一个新时代成功开启。

(4) 有利于纺织工业产业结构调整。按照1970年周恩来总理给轻工业部下达的"轻工业重点抓纺织,纺织重点抓化纤"的指示精神,上海围绕化纤生产而后又配合金山石化开建,不仅在纺织行政管理方面做了相应的调整,而且在产业结构方面开始将棉产、合成纤维产、机械加工等之间的比例做了相应调整。石油化工原料在新时期的工业化内部配套工作也在此翻开新的一页。1975年,邓小平复出以后,专程来上海视察了金山石化工地现场,而后国务院根据邓小平的提议,由国务院副总理谷牧主持召开了有全国重点基本建设项目的代表参加的现场会议,把上海石化的经验推向全国纺织战线。当时有国务院领导将金山石化总厂经验的示范作用比作中国化纤行业的"老母鸡"。

(二) 从产业技术角度看

从国外发达国家大规模引进设备,对于缩短与外国纺织技术的差距具有积极意义。随着设备引进的技术溢出是顺理成章的。通过引进,当时在化纤聚酯方面的技术基本保持在国外20世纪70年代初期的先进技术,国内拥有了日本帝人、钟纺、东丽,联邦德国吉玛,法国隆波等公司的多种技术。围绕金山石化项目的引进和自主研发,上海在化纤领域的技术进步具有触类旁通的扩散效应。比较突出的成绩有:

(1) 推动国产碳纤维研究工作。碳纤维是化纤领域的高端产品,它是一种含碳量在95%以上的高强度、高模量纤维材料。碳纤维"外柔内刚",质量比金属铝轻,但强度却高于钢铁,并且具有耐腐蚀、无蠕变,非氧化环境下耐超高温等特性,在国防军工和民用方面都有重要的应用前景,目前世界上生产销售的碳纤维绝大部分都是用聚丙烯腈纤维的固相碳化制得。国内在20世纪60年代开始研究,但进展非常缓慢。上海东华大学的前身华东纺织工学院也涉足研究碳纤维,上海合成纤维研究所在20世纪70年代初开始涉足这个领域,早期的原料主要来自进口以及吉林化工。上海金山石化上马之后,碳纤维原料可以直接在上海就地取材,上海合成纤维研究所在这方面的研究开始有所起色,1975年完成整套聚合纺丝设备。而后断断续续试制的预氧化纤维碳纤维供上海纺科院、硅酸盐研究所等使用。碳纤维的研究虽然落后于发达国家,但是上海在这方面跨出的第一步非常值得肯定。

(2) 促进化纤制造用喷丝板国产化。喷丝板(头)的作用是将黏流态的高聚物熔体或溶液,通过微孔转变成有特定截面状的细流,经过凝固介质或凝固浴固化而形成丝条。化纤纤维制造领域用喷丝板(头)是保证纤维质量的关键部件之一,是整个纤维制造流水线上的一个关键部件,具有"四两拨千斤"的作用。化纤进入中国的初期,国内生产用的喷丝板基本都是进口的。金山石化带动的大规模化纤生产推动了对国产喷丝板的研究。上海化学纤维工业公司化纤配件厂为之专门建立了喷丝板(头)制造车间。研制成功过去依靠进口的各种规格的喷丝板,使上海化纤生产开始逐步走向采用国产喷丝板的道路。研制成功的用钽代替传统的黄、白金作材料的喷丝头,从2 400孔逐步发展到12 000孔,既节约了大量贵重金属,又降低了生产成本。

（3）提升化纤纺织设备能级。20世纪70年代,上海的纺丝设备进入一个集中更新的时期,得益于金山石化引进先进设备及技术提升的影响,上海化纤纺织能级在1974年前后有了诸多进步。

短纤维纺丝及后处理：上海合成纤维实验工厂在"文革"期间曾用VD403纺丝机淘汰原有纺丝机取得成功。1974年之后,该厂通过研究确立头道用油浴,两道用蒸汽的两级拉伸工艺,稳定纤维质量。同年,上海第五化纤厂年产4 000吨、由VD405纺丝机和LVD801后处理设备(俗称七辊拉伸)组成的生产线投入运转,纺丝速度达900米/分,后处理各单机运转稳定,拉伸前后分别配备八辊导丝器和张力平衡架,收到丝片运行整齐平稳的效果。这些改进措施推广到各化纤厂的工艺设备改造中,使得上海纺织的化纤加工能力得到了提升。1976年,在纺丝冷却成形技术方面,上海第十、第七化纤厂改变侧吹风冷为环形吹风技术,收到丝条冷却均匀、产品质量得到提高的效果。这些技术后经不断完善,推广到化纤全行业应用。

长丝纺丝及后处理：上海第十二化纤厂自行设计制造单面下进酸纺丝机,克服初期R371型双面纺丝机传动、吸风等布局不合理的情况。1974年末,上海第五化纤厂长丝车间上马后,通过吸收发达国家经验,采用离心纺丝工艺,即凝固后丝条进入离心罐,工艺流程得到简化且产品质量有了更高保证。上海第九化纤厂通过吸收国外技术,自行设计VC401纺丝机和VC402双头纺丝机,采用炉拥纺丝工艺。而后又在VC441拉伸机上实施单区冷拉伸。生产锦纶6长丝的VC403纺丝机投入运行后,采用先进的螺杆挤压纺丝技术,淘汰炉栅纺丝工艺,从而消除融熔不匀、板结、死角等缺陷。1976年开始对部分锦纶6长丝去除加捻、压洗、定型3道工序,以无捻无定型丝出厂,大大简化工艺,降低成本。

第七章 贯彻中央『八字』方针，上海纺织工业在整顿提高中攀高峰（1977—1981年）

粉碎"四人帮"：上海纺织资本多元所有制浮出水面

1976—1981年,是中国历史上的一个重大转折期。上海的纺织工业抓住了这一历史机遇期,通过一系列的变革措施攀上了新高峰。

1976年10月粉碎"四人帮"、结束"文化大革命"后,中国在思想领域开展了一系列的包括真理标准问题讨论在内的拨乱反正认识活动,在政治、经济、文化各个领域发生了翻天覆地的变化。中共十一届六中全会通过的《关于建国以来党的若干历史问题的决议》扫除了许多历史上错误思想的障碍。从1976年11月国家计委着手制定新一轮国民经济计划起,在经济领域明确国民经济实行以调整为中心的"调整、改革、整顿、提高"的八字方针。全面开创社会主义现代化建设新局面的新长征从这一年迈开了初始的步伐。

在这样的大背景下,上海纺织工业迅速走出"文革"带来的一系列阴霾。1980年,在全国的纺织工业厅(局)评比活动中,上海市纺织工业局被评为唯一的"大庆式工业局"。当年上海棉纺织、毛纺织、丝织行业的设备完好率,分别达到99.9%、96.91%、96.8%;一等一级车率,分别达到99.78%、96.61%、99.4%;周期计划完成率,分别达到99.97%、99.96%、98.7%;准期率,分别达到99.36%、92.66%、90.9%。当年形成全面质量管理、全面经济核算和全员培训的"三全"管理体系。纺织工业在全国纺织工业中处于明显的领先地位。1981年上海纺织工业年创造利税达43.19亿元,登上了历史的黄金巅峰期,占全国的比重达15.6%。1981年主要经济指标与1978年相比,总产值增长26.92%;利润增长37.17%。每百元固定资产可以提供利润250元以上、每百元流动资金可以创造利润400元以上、每个职工平均每年为国家创造积累1万元以上。

第一节 适应国家战略变革,及时调整经济管理体制

自1976年10月粉碎"四人帮"以后,国家的战略重心由过去的"以阶级斗争为纲"转变为以经济建设为中心,上海作为受"四人帮"影响的重灾区,开始了一系列的包括从思想认识到经济结构、行政体制在内的调整工作。11月4日,以纺织工业部副部长谢红胜为首的中央工作组进驻了上海市纺织工业局。11月8日,上海市工交组派杨慧洁到市纺局开始前期调查工作,直至次年的4月12日,杨慧洁被正式任命为中共上海市纺织工业局委员会书记、局革委会主任。为了配合市纺局全面恢复工作,当年年底局党委派出第一批工作组,率先进驻原"四人帮"体系控制的上海第十七、第三十棉纺织厂等7个重点单位,后增至164个工作组。纺织系统的拨乱反正就此拉开序幕。

一、大造声势,大规模开展思想上的拨乱反正工作

1976年10月22—23日,上海纺织工人通过举行集会游行的方式,来庆祝粉碎"四人帮"反革命集团的伟大胜利,同时也集中抒发了被束缚压抑太久的革命情怀。1977年1月4日,市纺局党委在文化广场召开"纺织系统揭发批判江青反革命集团及其在上海的余

党王洪文、王秀珍、黄金海等人罪行"大会。

1977年4月26日，市纺局党委又在文化广场召开深入开展工业学大庆群众运动大会。纺织系统13 000多名干部和先进企业、先进集体的代表及先进个人出席了大会。轻工业部副部长谢红胜出席会议，还有中央工作组同志和财政局党委负责同志也参加了会议。会议期间，除了上海红光内衣染织厂、毛巾五厂、上棉十二厂、色织十八厂的代表分别介绍了他们揭批"四人帮"、开展"工业学大庆"运动的体会之外，会议还别出心裁地设计了各基层单位向大会报喜的情节。报喜的内容有市纺局印刷所精心印制的《毛泽东选集》第五卷模型、第二纺织医院首次断肢再植成功的捷报、各基层单位技术革新的新成果及全面完成国家各项经济指标的决心等。

同年5月25日—6月2日，市纺局举办"学大庆订规划学习班"。这个学习班是在贯彻落实全国工业学大庆会议精神的背景下实行的一次全局性的抓落实举措。参加学习班的共有120个单位、500多人。在提高学大庆重大意义认识的基础上，找出差距，明确目标，讨论并制定了市纺局层面、下属公司和有关工厂的学习与赶超计划。非常难能可贵的是在这个学习班上，纺织系统内部找差距开展对标活动，认识到我国织机同国外的差距。据说当时日本每个织布工人每年可织布56 400米/平方米，而我国只能织25 000米/平方米；毛织机世界水平是200转/分，我国H212只有105转/分；喷气织机国外400转/分以上，我国是330转/分；2.3米以上阔幅布机国外达200转/分，我国只有120转/分；在针织外衣方面，国外已经发展到细针距、高速30寸大圆机，而我国只能生产22寸大圆机。大规模地寻找同世界先进国家的差距，对之后几年上海的纺织工业赶超他国或多或少起到了积极的推进作用。

1978年10月16日，上海纺织系统14 000多名代表再次集聚文化广场，举行誓师大会，总结前一阶段工作，并部署决战当年四季度的工作目标。纺织工业部工作组王怀叔副司长出席大会并作指示。市纺局党委书记王子明作《紧张地动员起来，决战四季度，创建大庆局，为加快上海纺织工业步伐而奋斗》的工作报告。会议要求按照《工业三十条》规定要求搞好企业整顿，继续大打质量品种进攻战，全面赶超历史最好水平。上棉一厂、上棉三十一厂、中国纺织机械厂等13个代表做了发言。

这些大规模的会议以及办学习班的做法，虽然带来某些激进的弊端，但在当时的历史条件下，有利于快速摆脱"文革"经济受影响、观念受束缚等局面。以上海棉行业为例，通过集中学习、层层落实，行业7 547个班组全面开展思想、组织、作风、纪律、制度五整顿工作。1978年，全行业21家棉纺织厂和棉纺公司被评为上海市"大庆式企业"。仅1978年，上海精、粗纺呢绒行业涌现出万米无疵布工人207人，绒线染色百缸无疵线工人117人。同时精纺产品一等品率达到94.73%，毛线一等品率达到96.75%。

二、管理体制调整

一系列的大规模集中学习活动之后，纺织系统内部的管理体制调整和整顿也相继展开。1978年4月3日，王子明任中共上海市纺织工业局委员会书记，张惠发任上海市纺

 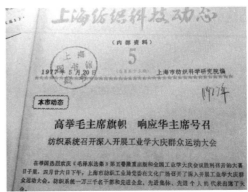

1977 的《上海纺织科技动态》，由上海市纺织科学研究院编写

织工业局局长。

（一）理顺纺织所属企业的归并

1978年5月，上海毛麻纺织工业公司实验室改建为上海毛麻纺织科学技术研究所。同年9月，经纺织工业部批准，该所成为纺织部产品技术标准归口单位。同年12月增设情报资料室，情报服务面向全国开放。1978年，上棉十八厂改为上海毛毯厂，划归毛麻行业。1978年10月29日，上海最后一家缫丝厂停产后的资产划给上海第四丝织厂管理。1979年12月3日，上海市纺织工业局运输大队建制撤销，上海市纺织运输公司成立。上海市纺织工业局建筑工程公司建制撤销，上海市纺织建筑工程公司成立。

（二）新建纺织机构，强化纺织管理力度

1977年，创建上海纺织工业职工大学毛麻分校，1980年6月更名为上海市毛麻纺织工业公司职工大学。1981年5月11日，上海市纺织工业企业管理协会、技术经济和管理现代化研究会成立。同年，上海毛麻纺织科学技术研究所挂牌成立。

（三）集工业制造与商贸于一体的新管理模式诞生

一种集工业制造与商贸于一体的新管理模式率先在上海纺织系统的制线织带行业诞生。制线织带行业在纺织系统中虽不算为一个大的产业类别，但是该产业就像工业大机器中的螺丝钉一样，看起来不起眼，却对整个行业起到四两拨千斤的作用。自古代以来就有用于缝衣的棉纱线、丝线，用于装饰的绣花线和花边等，一直为手工作坊生产。鸦片战争以后，英国、法国、日本等国纷纷在上海开设制线织带工厂，直至1927年以后，上海开始创办自己的线带厂。解放初期这类企业规模达到235家，1956年完成公私合营之后，制线企业达到64家，职工3 600人，生产总值达2 600万元；织带企业151家，职工7 635人，生产总值达5 235万元。

1979年3月23日，上海市制线织带工业公司下属的42家生产企业合并成24家，并组建经营部。同日上海针棉织品采购供应站线带科并入上海市制线织带工业公司。原针棉织品采购供应站经营线带产品的业务和人员并入经营部。经营部开始直接同全国300多个二级站和三级站发生销售关系。一个带工厂性质的贸易窗口开始浮出水面。经营部可以直接面对市场，凡计划内急需产品，做到千方百计增产，凡市场波动大的产品，采取灵活销售办法。计划外增产部分由经营部自行浮动定价。产品的定价权出现，开始有了市场经济的雏形。

在总结经验的基础上，1979年底，经国家经委批准，上海线带公司正式被列为企业性公司试点单位。公司对所属企业的人、财、物、产、供、销统一管理，实行公司、工厂两级核算。企业销售收入、主要原材料采购付款、税金利润上缴、银行信贷利润留存等均由公司集中办理。公司财务为全行业的资金结算中心。这是上海由国家经委批准的全市第一家工商合一的企业性公司，以为上海纺织行业的后续改革发展提供了一个样板标杆而被载入史册。

三、劳动制度变革

1977年，市纺局系统企业进行第四次工资调整，增资面46.06%，平均工资增加1.69元，增资人员平均增资3.68元。1979年市纺局系统企业进行第五次工资调整，增资面39.52%，平均工资增加2.40元，增资人员平均增资4.10元。同年，上海棉纺行业开始推行"四班三运转"劳动作休制度。"四班三运转"的含义是指每天三班运转生产，一个班休息，每班工作8小时，每周开班数由原来的18班增至21班的劳动制度。这样的作息制度先在上棉三十厂改革成功后，再到全行业推行，最大限度地利用了时间和设备。1979年，棉纺织行业产值302 659万元，棉纱产量35.34万吨，棉布91 830万米，分别比1977年增长19.82%、8.24%、9.1%。1980年，利润达到74 704万元，是新中国成立以来经济效益最好的年份。

四、试行"企业基金"办法进而推行利税承包办法

1978年的时候，上海纺织行业较早地开始实施"企业基金"办法。这个办法是企业在完成上级规定的8项年度计划指标（总产值、利润、上交利润、税收、劳动生产率、产量、质量、安全生产）和供货合同后，可按工资总额5%提取企业基金，用于集体福利设施和职工个人奖金。同时还规定企业提取的固定资产折旧费50%上缴财政，50%留用。

1980年1月，经国家经委和财政部批准，在上海纺织工业内以局为单位，试行全额利润留成办法，在一定程度上扩大了企业自主权。当时规定，全局在5年内必须以1978年为基数确保生产量每年递增8%，5年累计利润135亿元，5年净增利26亿元。在此期间，全局创造的全部利润上缴国家90.5%，留给企业9.5%，其中40%作为生产发展基金，福利基金和奖励基金各30%。企业有了一定的自主权，经营呈现出活力。到1980年，全局总产值比1979年增长11.55%，利润增长17.78%。在实现利润中，除归还贷款外，上缴国家24.81亿元，企业留存2.68亿元。同1979年相比，国家增收3.53亿元，企业多留

3 800万元,广大职工的物质利益也得到增加,全局职工人均奖金提成数为145元,实际人均发放136元,比1979年增长20%左右。

五、企业管理的理论研究被摆上纺织工业的议事日程

十一届三中全会之前的10年"文革",国民经济濒临崩溃,企业管理基本处在原始经验主义的低端运行阶段。原始经验主义与中国当时的军事管制等一些党政不分家的传统体制有关。当这种管理体制发展到经济多元化快速壮大的时候,其弊端就凸显出来了。随着上海市纺织工业企业管理协会、技术经济和管理现代化研究会的成立,上棉十七厂等也相继建立企业管理理论的机构。新导入的"全面质量管理"理论体系也在这个背景下开始推行。

"全面质量管理"的理念最早由邻国日本传入,它的核心是围绕产品质量,以提供满足用户需要的产品或服务的全部活动为出发点。这样的管理理念在当时几乎是一个颠覆性的经济管理创举。因此,在中国,此种企业经济管理领域中的管理方法,被隆重地写入了党的十五届四中全会《中共中央关于国有企业改革和发展若干重大问题的决定》中,明确提出要"搞好全员全过程的质量管理"。

全过程质量管理,通常用英文缩写"PDCA"来表示。"PDCA"指P(plan)——计划;D(do)——实施;C(check)——检查;A(action)——处理。这4个阶段循环往复,没有终点,只有起点。其基本内容为:管理的第一个阶段即计划阶段,主要内容是通过市场调查、用户访问、国家计划指示等,搞清楚用户对产品质量的要求,确定质量政策、质量目标和质量计划等。第二个阶段为执行阶段,是实施计划阶段所规定的内容,如根据质量标准进行产品设计、试制、试验,其中包括计划执行前的人员培训。第三个阶段为检查阶段,主要是在计划执行过程中或执行之后,检查执行情况是否符合计划的预期结果。第四阶段为处理阶段,主要是根据检查结果,采取相应的措施。这样的工作循环即为全面质量管理中的一种科学的工作程序。通过全过程质量循环提高产品质量、服务水平或工作质量在当时成为一种风尚。

在这样的国家政治大背景下,上海纺织系统自1978年以后,结合产业纺织原材料散而多、产业链长而杂的特点,率先组织实施"全面质量管理"体系,并取得了卓有成效的业绩,得到了中央与其他兄弟省市的高度赞扬和充分肯定。至1982年夏,市纺局已有298个厂推行了全面质量管理,占全局企业总数的68%。当年登记的质量管理小组有2 861个,参加人数32 104人。

新型全面质量管理机制的引入,给上海纺织行业带了诸多的积极变化。这种管理方法的革新带给纺织行业的成就是空前的。

(一)棉纺行业成就

(1)上海第五棉纺织厂通过开展全面质量管理活动,很快恢复生产秩序,在全面超额完成8项技术经济指标的同时,产品质量迅速提高,1977年被评为上海市"大庆式企业",

1978年,该厂被定为上海市第一批出口专业企业。丰年牌38支、46支纯棉精梳针织纱在1979年第一次全国质量评比中获棉纱国家金质奖。1980年再获国家工商行政管理总局国家著名商标证书。

(2) 上海第十七棉纺织厂曾是受"四人帮"影响较深的重灾区。1979年底该厂开始推行全面质量管理机制,并成立以厂长为主的研究推广小组,于1980年形成全面质量管理、全面经济核算和全员培训的"三全"管理体系。该厂二织工厂新产品生产质量管理小组,经过PDCA循环,积累上万个数据,克服"四难"(性能要求高,机械磨损大,织造困难多,设备条件差),研发出涤棉20×20支府绸新产品。该产品除保持涤棉布的所有优点外,还形成了紧密度高、透气性能好、防雨性能优良等质量优势,为开发生产太空衫、滑雪衫、风衣、雨衣等多种新型服装提供了理想原料,受到国际市场的追捧。次年,该厂就获得了全国企业管理优秀奖。

(3) 上海第二十二棉纺织厂在开展全面质量管理活动中加强岗位责任制,恢复和健全各项管理制度,开展"万米无疵点"活动,1977被评为上海市"大庆式企业"。1981年,"金双马"45支精梳涤棉纱获国家银质奖。1982年建成中国第一个国产气流纺纱7 200头配套设备实验工厂,被国家授予SQ1型气流纺纱成套生产线科技进步三等奖。

(4) 上海第三十三棉纺织厂加强内部管理,建立质量指标分工管理等制度,保持质量长期稳定,外销棉布保持免检出口的荣誉。1977年被评为全国"大庆式企业"。1978年5月恢复上海嘉丰棉纺织厂厂名。1979年9月,40×40支纯棉府绸在全国第一次质量评比中获棉布国家金质奖。

(二) 毛、丝纺行业成就

(1) 上海第五毛纺织厂自1976年后进行全面整顿,恢复和健全质量、经济、能源3项管理制度,修订厂规,明确岗位责任制,使产量、质量获得稳定提高。1979年9月在首届全国质量月总结表彰大会上,V86501单面华达呢获国家银质奖。

(2) 上海色织四厂一直以生产色线色织灯芯绒为主打产品热销国际市场。国家粉碎"四人帮"以后,工厂加强质量管理,成批生产色织中长织物,由于工艺精良,产品仿毛感强,企业声誉日增,产量逐年扩大,产品成为行业拳头产品。1977年金驼牌中长花呢获上海市著名商标证书、全国名牌产品证书。1980年,印花中条灯芯绒被评为部优产品,并获国家银质奖。

(3) 上海第七印绸厂曾经生产"仿汉唐壁画""青铜器"等体现中华民族悠久文化历史图案的真丝印花绸,受到西欧、日本等国家和中国香港地区客户的好评。自实行全面质量管理之后,产品质量有了进一步提高,1979年,在全国第一个质量月活动中,该厂生产的金三杯牌真丝印花绸获国家金质奖。

(三) 服装行业成就

(1) 上海针织五厂生产的鹅牌汗衫在"文革"期间一度出现质量下滑的情况,国家粉碎"四人帮"以后,该厂开展全面质量管理活动,大幅度进行工艺改进,使鹅牌产品恢复传统特色。1979年通过市纺局鉴定,产品恢复名牌信誉。1982年,32支精梳精漂汗衫获国家银质奖。

(2) 上海针织九厂1979年开始学习日本全面质量管理经验,并与日本企业开展多方面的合作,当年开发生产的向阳花牌38支精梳罗纹弹力衫裤,产品织物细密,弹性度好,做工精细,超过日本名牌产品AZ牌罗纹弹力衫,在国际市场享有较高声誉,该厂被评为上海市年度"大庆式企业"。1980年向阳花牌38支罗纹弹力短袖男衫获国家银质奖。

(3) 上海太平洋被单厂、上海第二衬衫厂、上海西服厂等企业纷纷加入全面质量管理活动行列,积极贯彻执行全面质量管理的理念和工作方法。1978—1980年,双船牌716-100支双股线素色缎档丝光毛巾获国家银质奖,海螺牌男衬衫获国家金质奖,高峰牌男西服在轻工业部全国西服评比会议上以98.3分获第一名,同时被评为上海市优质名牌产品,获得全国"著名商标"称号。

六、率先建立新中国第一支时装表演队

带有行政建制的时装表演队的建立,不仅推动了纺织技术进步,而且更重要的是为中国的纺织服饰文化观念带来一缕改革的春风。

虽说上海历来有"十里洋场""东方巴黎"之称谓,但在粉碎"四人帮"之前,却同全国服装一样,没有"时装"一说,也没有时装模特这个职业。因此,上海时装表演队的诞生也是几经周折。市纺局最终成为第一个"吃螃蟹"的人。从某种意义上说,上海时装队的建立预示着中国改革开放新时代的发端。从"服装"演绎到"时装"的故事,也是上海纺织史上的一段佳话。

(一) 一场内部观摩打开了一扇文化审美的窗口,服装的单一功能开始走向文化的新概念

1978年,精明的法国皮尔·卡丹服装公司通过中国街头涌动的单调颜色的衣装嗅到了无限服装商机。1979年春天,即在中国改革开放的第二年,皮尔·卡丹带着来自法国与日本的模特,分别在上海、北京举办了时装展示会。皮尔·卡丹带来的12名模特及时装秀,让中国人见识了笔直伸向观众席中间的T型台。但是这些模特却无法知道,这个时期的中国人在观看她们婀娜多姿表演的时候,中方组织者对观看人员有"三项硬性规定":一是对所有观看人员进行政审,一律对号入座记录姓名。二是入场券不得转让。三是限"内部参观",仅允许外贸界与服装界的官员与技术人员观摩。

1980年,随着国家改革开放力度的不断加大,日本和美国的时装表演队相继来到上海进行表演。"时装模特"开始进入中国人的审美视线。最先萌动组建中国人自己时装模特队想法的是上海纺织系统内部的服装设计师。从设计师角度看,设计出来的衣服如果套在木质衣架或者穿在人造木质模特身上展示,显然没有鲜活的气场而显得过于呆板。设计师对服饰的审美只有通过模特的展现才能较好地体现。从整个社会角度看,大众对

服饰的审美追求也随着社会的开放程度提高而出现了一个时代的潮流。

（二）时装表演从"业余"转为"专业"后，意外成功推销了库存积压面料而又延伸出新的商业价值

隶属上海服装公司的新中国第一支时装表演队队长为徐文渊。第一批队员是在服装公司下属的 80 多个工厂 3 万多名职工中不动声色地通过领导面试挑选后，再分别跟其本人打招呼之外，还要走访初选通过对象的家庭打招呼。时装表演的职业毕竟在那时还不能为大家所认知。第一批队员 14 人，其个人身份、阅历各有不同，有中学毕业直接进厂当工人的，也有曾经上山下乡、扛过锄头、提过镰刀的。初期的表演队为业余兼职性质，有演出任务的时候，提前排练演出，没有演出任务的时候，就回到原来的工作岗位上。演出也仅仅在公司的某个活动中穿插进行。表演队的排练也没有固定场地，两年中曾经搬家 9 次。后来随着演出场次的增多和演出范围的扩大，经市纺局的领导讨论之后，下达红头文件，正式批准其为带行政建制性质的专业表演队伍。

表演队有了官方身份后，在队长徐文渊的努力下，上海戏剧学院组织了形体、化妆、灯光、舞美及音乐一整套教师班子来帮助表演队的日常训练和演出。表演队得到专业训练之后的第一次商业演出便是把积压在仓库的多款面料设计成时装做展示，吸引了很多经销商前来观看，意外的是演出以后，经销商纷纷向服装公司订货，仓库里当时积压的大约价值 60 万元的格子、条子布货品销售一空。时装表演的文化审美与商业价值得到了完美的融合。当年的《人民日报》曾刊登了《新颖的时装，精彩的表演》一文，介绍上海时装队的演出。也曾有根据中国第一支时装表演队的故事拍摄的电影，名为《黑蜻蜓》。

第二节　通过补偿贸易，扩大纺织装备引进规模

由于"文化大革命"的影响，上海纺织工业在技术装备等方面与世界先进纺织水平的差距扩大了。粉碎"四人帮"之后，上海通过"补偿贸易"的形式，加大了引进力度，丰富了技术改造的内涵，对促进上海纺织工业的技术进步起到重要作用。这也是上海纺织工业在改革开放之初发展历史上的一大亮点。

一、补偿贸易概述

补偿贸易（Compensation Trade）又称产品返销，指交易的一方在对方提供信用的基础上，进口设备技术，然后以该设备技术所生产的产品，分期抵付进口设备技术的价款及利息。买方对购进的机器设备或技术知识等，拥有完全的所有权和使用权，卖方在工厂企业内不占有股份。这种形式既利用了外资，也扩大了商品的销售渠道。

补偿贸易是一种比较古老的外贸方式。1931 年德国首先采取这种方式，苏联和东欧国家在与西方的贸易中也常利用这种方式。如当年苏联从日本引进价值 8.6 亿美元的采矿设备，以 1 亿吨煤偿还；波兰从美国进口价值 4 亿美元的化工设备和技术，以相关工业

产品返销抵偿。早期的补偿贸易主要用于兴建大型工业企业。中国改革开放后也开始采用这种方式,但规模不大,多为小型项目,外商以设备、技术作为直接投资进入我国。典型案例是1978年11月的时候,香港永新集团董事长曹光彪投资数百万美元,在珠海开设了香洲毛纺厂,得到中央的肯定,其来内地投资的做法被总结为"三来一补"经验。为了让各地推开这种引进的办法,国务院于1979年9月颁布《关于开展对外加工装配和中小型补偿贸易办法》文件,补偿贸易随即在全国正式推广。

上海在纺织工业领域的补偿贸易主要解决除了技术进步之外的资金、外汇的不足,并利用这种方式开拓海外市场,增加外汇。

二、上海纺织工业在补偿贸易中的成就

(一) 同日本的补偿贸易

(1) 1978年9月,上海第五丝织厂较早地与日本神荣株式会社签订6年期的补偿贸易合同,引进1.7米阔幅织机210台及配套准备设备,价值1060万美元,年生产和服绸、双绉370万米,创汇1300万美元。

(2) 1979年,上海第十五丝织厂是全国首家与日本丹后商事株式会社签订补偿贸易协议,引进喷水织机而开办的专业工厂。引进的有日本津田驹工业株式会社制造的130台zw-100型喷水织机及经浆联合机、分经机、并轴机、洗涤机、烘干机等配套设备,包括1座占地3742平方米的单层现代装配式金属结构主厂房。工厂征地13600平方米,年产800万米KT190尼龙塔夫绸,由上海丝绸进出口公司代理返销日本,以7年加工费清偿引进设备、厂房的价款本息。1981年5月24日正式开工。这一补偿贸易项目在上海以及全国各地的纺织行业都产生过比较大的影响,是一个比较早且比较成功的引进项目。

从日本引进的喷水织机车速500转/分,相当于有梭织机的3倍。且卷装容量大,每月只需调经轴1只(有梭织机通常每月调4只)。因为该机生产的产品质量达到国际检验标准,因此上海市商品检验局准予免检出口的待遇。该设备的先进性还体现在劳动生产率高,每人挡车26台,是有梭织机的4倍。投产当年产量达717.60万米,加工费创汇71.54万美元。国务院副总理王任重、纺织工业部部长郝建秀、上海市副市长杨堤等先后造访该厂,并指示可作为丝织工业的改造方向。建厂初期,各省市先后有500多家企业单位、近2万余人次到厂参观学习。之后,又为广东、河南、湖北、陕西等省和苏州市纺织同行进行技术培训。再之后国内又相继引进6000余台日本喷水织绸新设备。

如此往复之后,上海第十五丝织厂在这方面积累了许多有益经验,后经政府部门批准,该厂开始自营进口日本津田驹第二代产品zw-200型高速喷水织绸机74台等纺织设备。引进设备过程中同时邀请日方专家到厂进行技术辅导。

(3) 1979年1月,上海第四丝织厂开始与日本京都市松村丝店株式会社,以补偿贸易方式引进价值2.9亿日元(134万美元)的津田驹KN、PK型4×4、8×8多梭箱织机65台和以KU-3中卷装捻丝机10200锭为主体的络丝、并丝、整经、扬返、自动卷纬等设备80

余台,生产日本民族服装用料和服绸系列产品,合同为期5年,产品返销日本。

(4) 上海针织九厂于1979年开始与日本进行补偿贸易,先后引进日本OKK19针细针距织机38台、大和YAMATO全套缝纫机237台。通过引进设备成立"向阳花"生产车间,专门生产向阳花牌38支精梳罗纹弹力衫裤。这些设备加上上海纺织工人的精细做工使该产品织物达到细密白亮且弹性好的质量要求,返销日本之后,在日本市场享有较高声誉,订货量逐年增加。

(5) 1979年11月12日,上海第十二服装厂与日本三井物产株式会社开展补偿贸易,引进3条西服生产流水线专用设备共107台,翌年2月正式投产。

(6) 1979年,上海第一丝绸印染厂和日本签订11158电力纺儿童烫金刺绣和服、手绘真丝和服两个补偿贸易项目。1982年,在全国率先引进日本电脑程控7000型平圆网两用印花机。

(二) 同欧美国家的补偿贸易

1980年,上海新光内衣染织厂和美商D-H-J制布公司签订补偿贸易合同。美方提供粘合机和聚乙烯网膜,中方用国产坯布加工成网点粘合衬布返回,投产两年即实现补偿合约。

第三节 技术革新成果创下上海纺织工业历史之最

得益于工业纺织发祥地的先发优势,上海纺织工业长期坚持并重视技术革新,1976年之后的近10年时间内,上海在技术革新方面的成就达到了新中国成立以后的历史最高点。研究发现,新中国成立后,上海在纺织工业技术革新进程中,大致经历了三个时期。

第一个时期大约是新中国成立后的10年间。这个时期技术革新主要是通过购买外国设备来实现的。购买引进设备和自行技术革新在外部形式上虽有相同之处,但其内涵存在明显的差异。前者主要是资金的投入,通过购买实现装备升级,其特点是快捷以及资金的投入比较集中。后者的特点是自主研发,通过自身的力量来提升技术进步,是国内纺织技术实力的自我提升,具有自主知识产权。

第二个时期大约在"文革"前以及"文革"期间。"文革"期间,在"抓革命、促生产"的旗帜下,上海的纺织出口一枝独秀,带动了技术的不断发展。这个时期的技术革新改造重点转移到品种开发等方面。包括棉纺行业大的技术革新改造集中在牵伸机械方面,增添精梳和蒸纱设备;织造方面增添了部分阔幅织机;印染整理方面,自制了大量的氧漂机、亚漂机、热熔染色机、热定型机等;化纤问世以后,围绕发展化纤和化纤混纺产品的技术革新改造也出现了较快的增长。20世纪70年代末的时候,上海的涤棉印染布产量达到3.75亿米,占印染布总产量的近30%。中长纤维仿毛织物和涤纶长丝的仿丝绸织物生产也在"文革"结束后得到了长足发展。技术革新改造助推了由使用单一的天然纤维,改为天然纤维和化学纤维并举局面的提早到来。

第三个时期是粉碎"四人帮"以后至1981年的几年间。为了尽快缩短由于"文革"造成的同世界先进纺织技术的距离,同时也为满足国内对纺织产品日益增长的多样化要求,上海在引进外国纺织技术装备方面出现新热点。引进外国先进的纺织技术装备,其意义不仅是缩短了由"文革"因素拉大的与国外纺织技术的差距,而且对加快上海纺织技术进步以及带动国内纺织产业发展具有较强的引领作用。上海在引进国际纺织技术装备方面由来已久,但是这一轮的引进同时伴随着技术革新与技术改造的双轮驱动,这是推动上海的纺织工业达到历史最高点的重要原因。

一、行政推动,抓技术革新从提高思想认识开始

粉碎"四人帮"、结束"文革",从某种意义上说,当时在意识形态领域最大的收获是全国人民对国家建设发展要围绕经济这个中心展开、经济工作是所有工作的出发点和最终落脚点有了共识。而推动经济发展的第一要素是科技。思想认识提高之后,上海纺织系统采取了一系列的手段和措施,技术改造和技术革新全面开花。

(一)1977年10月5—6日,市纺局党委召开下属2 000人规模的大会

这次大会是全国科技大会召开前的一次地方性科技会议。之前,国家发出了《中共中央关于召开全国科学大会的通知》,市纺局为了贯彻中央精神,提出了纺织系统如何大搞科研,赶上发达国家的科技水平的具体措施和目标。这次大会的主题是"掀起学习、宣传、贯彻中央《通知》(《中共中央关于召开全国科学大会的通知》)的热潮,动员千军万马向纺织工业科技现代化进军"。参加这次会议的除了市纺局下属的各公司、基础厂、纺织科研院所、市纺局"7·21工大"等单位主要负责人之外,还有广大科技人员和革新能手。大会表彰了纺织系统在科研和革新改造中作出成绩的46个先进单位、54个先进集体和259名先进个人。

市纺局党委书记杨慧洁、副书记张惠发在会上分别作了讲话。张惠发的书面报告为《全党动员,书记动手,迅速把上海纺织系统的科技工作进一步蓬勃开展起来》。上棉十四厂、第十化纤厂、上棉九厂、第四漂染厂等代表作了大会发言。非常难能可贵的是在这次会议上,上海的纺织工业提出了到1985年的工业总产值目标要比1976年翻一番;并同时提出在1980年以前,先要努力掌握世界先进技术,建立一批新技术工厂或车间;要认真贯彻落实党对知识分子的政策,要狠抓科技队伍的发展和建设。

这次会议的召开以及以上这些提法,不仅反映了当时国家的政策走向,同时,也从一个侧面反映了当时上海纺织工业在粉碎"四人帮"以后的积极进取的精神风貌。

(二)1977年11月12—29日,市纺局承办了历时17天的全国纺织工业科研技革经验交流会

参加会议的代表共有500多人,包括来自全国29个省、市、自治区纺织工业主管局的领导,在纺织科研、技术革新中做出显著成绩的先进集体和先进工作者,纺织工业战线的

著名劳模,纺织科技界知名人士。轻工业部副部长陈维稷、轻工业部纺织局局长刘瞻自始至终参加并主持会议。上海市委、市革委、市工会等领导陈锦华等出席了相关活动。会议表彰了51个先进单位、77个先进集体、133个先进个人、197个重要革新成果。会议讨论和制定了纺织科学技术发展的近期和远期规划,推选展出重大科研和革新成果400多项,其中棉纺103项、棉织51项、印染52项、毛织61项、麻纺织47项、丝绸48项、针织41项和复制14项。

这样的会议规格以及规模是空前的。这次会议是国家发出的"向纺织工业科学技术现代化进军"的号角的具体落实。选择在上海召开,从某种意义上说是对上海纺织工业的肯定,也对上海在技术改造和技术革新方面起到了很大的促进作用。

(三) 1978年11月2日,市纺局召开科技革新大型座谈会

这次大型座谈会的特点是选择在受表彰的12家先进集体单位现场召开。参加会议的是全市各纺织领域的250多名干部。上棉十二厂被誉为"科学实验尖兵"厂,是上海彼时发展起来的革新改造样板企业。该厂以发展品种,提高质量,提高劳动生产率,减轻劳动强度为目标,结合本厂实际成龙配套地推广了纺织部推荐的31项重大革新项目。该厂分14期工程成功改造了梳棉机,使单机产量提高了1倍以上,梳棉机的台数从404台减少到172台。通过改造,该厂的运输线,自动化程度显著提高:从黄浦江上岸的原棉,由一条76米长的原棉运输线送进仓库,而后用铲车运入车间。从清棉、梳棉、并条、粗纱、细纱到筒子、经轴、织布直到布匹打包出厂,各道工序由16条自动运输线互相衔接,运输线全长1 200米由电视监控来进行指挥。

通过现场会的直接观摩,市纺局要求全局系统向上棉十二厂学习,狠抓老厂改造,打好革新改造硬仗,这是继1977年全局大会全面铺开、1978年全国性会议推动的又一种行政手段。

(四) 停顿10年之久的上海市纺织工程学会恢复活动,为纺织系统推进革新改造提供新的动力引擎

1977年11月30日,在全国纺织工业科研技革经验交流会后,上海纺织工程学会以技术报告的形式开启了已经停顿10年之久的学术活动。出席这次报告会的有全国纺织工程学会理事长、轻工业部副部长陈维稷,上海市科协负责人高孝冲,市纺局顾问朱寿安以及各地轻纺学会的领导、科研院所等科技人员200多人。这次会议的重头戏是上海市纺织科学研究院技术情报室、全纺会棉纺劳动生产率调查小组等作了关于国外棉纺织工业的劳动生产率等的报告。这样一个学会平台,既从行政层面也从技术层面为进一步的技术革新奠定了基础。

二、技术革新、技术引进、技术改造和基建项目做到有机结合、联动实施

粉碎"四人帮"之后,在政府提出的全面提升技术革新的要求下,上海纺织工业在结合

对老厂房基建设备新一轮改造的同时,还做到技术革新、技术引进、技术改造联动叠加同步发展,技术得到快速进步。

(一)棉纺行业

(1) 1976年,上海第三织布厂由上海市外贸局、市纺局共同投资300万元建造3层楼新车间,安装90英寸1515型织机300台。1977年底,为适应品种需要,将90英寸144台织机改装成52英寸1511型216台织机,生产涤棉细布。1979年被评为上海市"大庆式企业"。1981年有659台织机生产混纺、化纤产品,总产值达到5 525万元,总产量1 828万米,利润1 389万元。

(2) 1978年,上海第五棉纺织厂在被评为上海市"大庆式企业"后又被定为上海市第一批出口专厂,为此进行第一期扩建工程,扩锭5 200枚。丰年牌38支、46支纯棉精梳针织纱在1979年第一次全国质量评比中获棉纱国家金质奖。1980年再获国家工商行政管理总局国家著名商标证书。当年开始第二期扩建工程,新建两层筒摇大楼,精梳机增至40台,新购A515精纺机,扩锭4 492枚。1982年棉纱产量13 120吨,比1976年增长23.52%。

(3) 1979年、1980年,由上海纺织设计院承担上棉十九厂、嘉丰棉纺织厂房扩建工程。为上棉十九厂设计的规模为转杯纺5 712头,生产粗支纱,同时引进联邦德国RU11转杯纺机及相应配套设备。通过结合织布车间危房翻造,再从联邦德国等国家引进转气流纺成套设备,扩建生产工厂,建筑面积达16 909平方米,年生产能力达到7 000吨棉纱。并将N型45英寸及G型4英寸布机改为1511M型、56英寸自动织机共1 240台。为上海嘉丰棉纺织厂设计扩建规模为纺锭20 800枚,织机240台,生产涤棉混纺纱、纯棉纱、涤棉府绸及纯棉防绒布。采用A513C细纱机,1515-75英寸织机及相应配套设备。厂房为两层钢筋混凝土装配整体框架结构,楼面用预制槽板,柱网9.9×8.4米,建筑面积达23 472平方米,上下两层均设吊平顶作为管道层,用吊平顶代替楼板,结构简单、费用减少。

(4) 1981年10月,上海第八棉纺织厂从联邦德国和瑞士等国引进2.2万锭全套环锭纺纱设备,新建三纺车间。

(5) 1980年起,上海毛巾二厂、十二厂、十五厂和大华纺织装饰用品厂、被单漂印一厂等出口企业进行了重点改造。业内16家企业先后从意大利、丹麦、英国、西班牙、法国等国家和中国香港地区引进新型阔幅织机、阔幅印染设备、深加工专用设备92台套。增强缎档、螺旋、割绒、绣花、贴花、满底版印花等毛巾类产品的生产配套能力,提高阔幅涤棉被单等产品的后整理能力。

(6) 上海永新雨衣染织厂结合大规模老厂改造,从联邦德国购进染整复合涂层整理机、多功能轧光机等先进设备,提高印染布后整理能力。建成包括热油锅炉房、小发电站在内的总面积为13 129平方米的染整新车间,形成从细纺薄织物到帆布等厚织物的全能型加工能力。先后研制生产60/2×60/2支120×70涤棉府绸、45/2×45/2支100×53涤棉线绢以及涂层、轧光、拷花、金银粉彩点等新产品,填补了国内空白。

(二) 毛纺行业

(1) 1978年，上海元丰毛纺织厂开始产量逐年上升，年总产量达到70余万米。同年，获上海市工业学大庆先进单位称号。1982年，建造3 120平方米染整大楼，引进预缩机、罐蒸机，配置国产给湿机、剪毛机等设备。

(2) 1979年起，第一毛纺织厂结合老厂房翻建改造，引进细纱机、罐蒸机、洗缩联合机等各类设备近70台，增强纺、染两部能力，提高了毛纱质量及呢绒后整理水平。

(3) 1979年9月，上海第五毛纺织厂的V86501单面华达呢在首届全国质量月总结表彰大会上获国家银质奖之后，为提高精纺产品档次，分别从英、法、意大利等国引进针梳机、混条机、粗纱机、细纱机、半自动络筒机和倍捻机等设备，形成2 880锭精纺纱生产能力。

(4) 1979年起，上海第十七毛纺厂进行"脱壳"改造，对前纺东大楼进行加层，新建染化大楼和教育、食堂大楼；改建金工、条染车间以及扩建辅助设施，面积达20 982平方米。根据工艺要求，改造工程同时从联邦德国、日本和中国香港地区引进2套腈纶针织绒纺纱设备14 540锭和染整配套设施，总投资达2 939万元。

(5) 1980年始，上海第三毛纺织厂扩建厂房12 000平方米，更新细纱机6 000枚，先后从国外引进SKF摇架、快速出样机、络筒机、并条机、倍捻机、电子整经机、剑杆织机等先进设备，形成年产60万米高支、薄型呢绒生产能力，为企业发展增添了后劲。

(6) 上海毛毯厂引进剑杆织机、抓剪联合机、滚球机等国际新一代设备60余台，扩大毛毯生产，增加花色品种，提高产品服用性能。

(7) 上海第十二毛纺织厂先后从比利时等国引进粗纺梳毛机、汤姆森拉剪联合机等设备，扩大彩色簇绒毛毯生产。

(三) 丝织行业

(1) 1978年，上海第一绸缎炼染厂建成精练车间大楼，使精练生产能力由3条线扩大到5条线。1980年对染色车间危房进行翻建，从日本、联邦德国引进技术装备之后，又先后从意大利、丹麦、瑞士等国引进具有先进水平的染整设备和电子测色系统设备，适应各类真丝绸生产加工需要，成为全国真丝绸炼染生产的骨干企业之一。

(2) 1980年，上海第三丝织厂新建5 435平方米的4层厂房，首次引进日本大卷装高速经纬设备，成功解决电力纺等产品纬线加工等问题。

(四) 针织行业

(1) 1976年起，上海印染针织厂开始筹建年产850吨的低弹涤纶针织外衣松弛印染后整理中试车间，1978年底建成投产。1980年涤纶布产量达到1 904吨，是设计能力的两倍。当年利润达到2 853万元，创历史最高水平。1981年，再投资扩大年产2 000吨印染后整理生产能力，压缩袜子生产，并添置针棉织品漂、染、烘、轧、翻等设备和混纺纬编设备。

（2）1977年，上海百达针织厂总面积为3 833平方米的4层成衣大楼和360平方米的漂白车间相继竣工，形成从裁剪开始到成品进仓的生产流水线。整个漂白工段实现连续化自动化。其时，扩大化纤产品，生产34支腈纶棉毛布，销往中东地区，供不应求。投产的氯纶棉毛衫裤对关节病有一定疗效，盛销一时。后经上海市经委批准该厂筹建针织工业大楼，总投资达4 100万元。同时引进联邦德国I1108和S1108大圆机、美国IOBEX万能轧光机、针铗拉幅定型机、日本NS－11亚漂流水线及电脑绣花机，THEN高温高压染色机以及意大利缝纫机等的针织、漂染、成衣设备等。通过引进革新改造，企业很快全方位具备生产全棉、化纤、交织混纺等中高档内衣的能力，坯布产量从建楼前的2 900吨提高到4 800吨。由于产品结构变化，新产品大量投入，产值、利润名列行业前茅。

（3）1978年，上海五和针织二厂3 720平方米的4层大楼竣工，更新针织车间。同年，在上棉五厂协助下，针对1966年以来鹅牌产品质量下滑的问题进行工艺整改，取得成效，32支精梳精漂汗衫不久获国家银质奖。此后，高档真丝针织服装全面投产。推出长袖衫、翻领衫、睡袍、夜礼服等诸多品种，部分产品被视为珍贵工艺品。

（4）1980年起，上海景福针织厂建造1万平方米针织大楼，并从日本、英国、法国、联邦德国引进7个机种18套设备，形成以22台细针距弹力罗纹机和亚漂机为主要设备的细针距弹力专线；以10台针织大圆机、剪毛机、高温高压染色机、千丝光机组为主要设备的天鹅绒专线。经过技术改造，共开发面料95种，品种多达2 081个，丝光天鹅绒等成为国内外的热销产品。

三、重视开展纺织规划和纺织情报的研究

粉碎"四人帮"之后的上海纺织工业之所以得到显著发展，就其工作方法及成就而言，还与重视开展纺织规划和纺织情报的研究有关。

（一）对纺织发展规划总体认识的提高

全国科学大会以后，上海开始从地方总体发展的角度开展纺织规划工作。重视对规划的认识，是一个产业成熟的标志。1978年，上海纺织科学研究院针对我国人口多、耕田少的特点，提出了解决大国穿衣问题需大力发展化纤工业的基本判断。通过对纺织原料的结构实证研究分析，研究者看到了当时世界上化纤纤维已占整个纤维原料的40%以上，而我国所占比例则还不到10%的严峻事实，相应提出了上海纺织工业发展的"五个突破"规划方向，对后期上海的纺织工业发展起到了前瞻引领作用。这"五个突破"基本反映了上海纺织工业的总体发展已经开始走向跟世界先进水平比高低的新历史阶段，是上海纺织工业在认识水准上的成熟标志。这"五个突破"是：一是化纤加工技术要有一个突破，为吃好用好化纤闯出路子；二是传统纺纱、织布、染整技术要有一个突破，为老厂改造解决关键技术问题；三是新型纺纱、织布、染整技术要有一个突破，与世界先进水平比高低；四是电子计算机的应用要有一个突破，为纺织工业现代化开辟道路；五是基础工艺理

论和测试仪器要有一个突破,为发展现代纺织技术打好基础。

(二)重视纺织情报收集,加深对拓展科技视野的认识

从粉碎"四人帮"开始到1981年的这段时间,整个国家在改革开放的旗帜下,对外交流的深度达到历史最高水平。与此同时,上海纺织工业关注世界先进技术的程度也达到了历史最高水平,包括在纺织系统内建立专门的情报机构,将世界各国先进的纺织技术介绍给国内企业借鉴。进入20世纪80年代,随着科技的发展,科技文献的数量急剧增加。全世界每年出版的科技期刊约有5万种、文章400万篇以上、专业会议记录约1万件。公开发表的论文10万篇以上、工业产品样本约50万件、专利文献约40万件、图书约70万种(其中科技图书约17.5万种)。化学和纺织两个产业,每年出版的文献近10万种。剔除重复部分,属于纺织技术的文献达2.5万—3万件。在如此浩繁的文献资料中,上海纺织科技情报所承担了大量的筛选、分类和翻译等工作。比如根据1977—1981年的《上海纺织科技》杂志资料显示,这份被打上"内部资料"字样的杂志,开设专栏,每一期至少有5 000—15 000字不等的篇幅介绍世界各国最新纺织动态。有的以出国考察报告的形式,有的以与来沪国外同行交流的形式整理出介绍文章进行宣传普及。上海纺织科学研究院在1978—1981年期间,科技人员撰写的学术论文有100多篇在上海市纺织工程学会发表,其中有30篇被推荐在全国年会上发表宣读。上海纺织科学研究院还编辑出版《纺织文摘》《印染》《上海纺织科技》等3种刊物,承担编写了《纺织史话》《长沙马王堆出土纺织品研究》等专著。为了扩大、提高纺织情报工作的规模和研究质量,上海纺织科学研究院除了"文革"的特殊时期之外,坚持根据发展需要,先后举办了英语、日语、机械设计、电子技术、化学测试、数理统计等各种类型的专题培训班。培训的方式有脱产学习和业余学习相结合、集中办班和分散学习多种形式,做到普及与提高相结合。

除了上述认知水平提高之外,还应该提到的一个经济背景就是资金充足。资金充足一方面源于新中国成立以后纺织工业自身发展的积累,另一方面得益于政府运用国家的财政力量进行技术改造。自1979年以后的10年中,上海纺织工业用于固定资产投资总计41.129 8亿元,引进各类设备196项,耗用外汇1.5亿多美元,其中大部分资金及项目在前5年中完成。

四、重视先进纺织测试技术配套,助力推动技术进步

测试技术在任何一个工业产业部门都具有举足轻重的作用。上海的纺织工业一直保持国内领先地位有着各方面的原因,尤其在"文革"结束后的几年中,上海纺织工业的发展达到了历史最佳状态,其中一条不容忽视的原因,就是重视先进纺织测试技术的配套作用。先进的纺织测试技术不仅能够及时提供对国外先进纺织样品的剖析数据并提供改进方向,同时又能在日常工艺管理中保障产品质量的稳定持续提高。

以上海纺织科学研究院理论分析研究室为主体,在国家科委、纺织部、上海市科委等方面的支持下,成功研制出"第三批"具有20世纪70年代水平的纺织现代测试仪器。包

括：纤维卷曲弹性仪、纤维动静摩擦系数测试仪、纤维压缩弹性仪、纤维热收缩测试仪、数字式气流细度仪、新型单纤维强力机、光电式织物密度仪、织物保温仪、加速转子型起毛起球机、钉锤式钩丝仪、气流纺纱粘度试验仪、自拈纺纱半周期拈度试验仪等。这些测试设备对当时研究国外纤维和保障国内纤维纺织质量起到了重要的历史作用。

结合科研实际，用现代纺织测试技术承接剖析国外某些技术攻关任务，为国内纺织产品提高质量和提供改进方向奠定基础。比如，1981年，上海纺织科学研究院会同华东纺织工学院、上海新光内衣厂等，利用红外分光光度仪剖析联邦德国均染剂AMK，并在这基础上成功试制出了国产均染剂SFH。该助剂研究成功后，可节约染料用量10%，而且质量稳定，固色率高，为替代进口均染剂节约了大量的外汇。

五、电子计算机参与日常管理规模不断扩大

国内采用电子计算机来参与纺织工业企业管理的历史主要是从"文革"后期开始的，上海比较领先的应用主要集中在羊毛衫、手套等方面的横机群控、圆纬机计算机提花控制、机织提花花型制备与织机提花控制等方面。1978年全国科技大会召开以后，上海纺织工业计算机应用在吸取前一段经验的基础上有了较大幅度的提高。计算机应用开始进入生产质量控制及企业管理等方面。1981年12月23—27日，中国纺织企管协会电子计算机运用学组的第一次会议在上海召开，既拉开了计算机在纺织领域广泛应用的新大幕，也充分肯定了上海在计算机纺织领域的突出成果。

（一）喷气织机生产过程监测与控制采用计算机的成功应用，获1978年的纺织工业部科技成果一等奖

该喷气织机的计算机控制监测系统由上海纺织科学研究院协同第六织布厂共同研制。系统采用国产5-108电子计算机，运算速度3万/秒指令。整座织造车间有240台喷气织机，每台织机安装发讯装置，自动采集在生产过程中的布长、纬停、经停、其他停、停台等5种信息，分别通过20个信号站与计算机相连接，数据经过计算机处理后，向信号站输出每台织机的折合标准品单产，提供生产现场作数据显示。操作人员在监测系统的控制机房内，可根据需要随时打印报表和进行显示，为生产提供一系列及时正确的监测数据，每2秒钟就对整座织造车间的240台喷气织机进行1次自动监测，促使机修工加强对低效率机台进行重点检修，使车间的低效率机台数从原来占总机台数的15%下降到3%以下。这不仅减轻了挡车工的劳动强度，而且使挡车工有更多的时间做好巡回工作，预防疵布的产生。1980年12月，整座车间的平均效率达到96.56%，下机一等品率达到93.82%，产量提高5%以上。

（二）上海第六织布厂、上棉二十八厂、上棉十七厂等成功将电子计算机应用进入辅助企业管理系统

1978年，上海第六织布厂在上海无线电十四厂、上海纺织科学研究院的协助配合下，

成功试制了织机产量电子计数器,不仅能够及时准确反映每个挡车工的当日产量,而且直接减轻整理车间分码工的劳动强度,计算准确率达到99%。该电子计算器采用PMOS集成电路,实现织机多机台产量集体计数的原理是在织机卷取辊上的96牙齿轮上装一只自制尼龙转盘,齿轮每转过2.4牙,尼龙转盘就转一转,尼龙转盘转一转即卷取辊卷取一厘米长的织物,就发出一个信号给干簧继电器吸动一次,将信号输入到RS寄存器里寄存起来,然后再由总移位器将每台织机产量的并行信号,变为串行信号送到计数器里显示出来。

1980年,上棉二十八厂连同上海纺科院协同对织造车间进行对设备、工艺、操作、空调等参数实行计算器联机科学管理的攻关,1980—1981年,先后对1088台织机实行电子计算机监测。该研究原理主要是将车间各机台信息经信号站与机房沟通,每站连接织机28—32台,每台织机安装5只传感器,分别发送经停、纬停、其他停、停台和布长信息,再加1套继电回路,把瞬时信息锁定,通向信号站暂存处理,做到计算机间隔2秒采集信息1次。车间设置大显示屏显示各队区生产实况,机房设置小显示屏显示落布预报实时信息。

1981年,上棉十七厂在纺织工业部和上海市经委、科委、市纺局的支持下,连同上海计算机技术研究所,以美国ALTOS公司的微机为主要硬件,配置关系式数据库管理系统INFORMIX为主要软件,针对原棉仓库管理、成品仓库管理、配棉管理、生产统计、织部质量信息反馈、工资管理、人事档案管理、成本核算等8个子系统,成功进行数据共享及信息交换的计算机管理。这个管理系统后来被推广到全国其他地区并获科技部嘉奖。

六、以节能、改善工作环境为重点,开展技术革新改造

纺织行业的能耗以及工作环境一直是制约纺织技术进步的主要因素之一。粉碎"四人帮"之后,上海纺织工业在大搞技术革新改造的同时,十分注重对能源及环境保护的研究。

(一)对燃煤热值利用率措施改进的成就

1979年我国的每千瓦时平均煤耗为0.421千克,每千瓦时电的热能为860大卡,因而其从煤转换到电的热利用率只有29%。再加上电的输送、变压和电机损耗,热利用率将不到25%。当时我国工业用电的价格是每千瓦时为0.07元左右,热电厂供地余热热量的价格是8元/百万大卡,两者差别达10倍以上。提高燃煤的热值利用率就成了纺织工业降低成本的一个重要环节。1978年,全国首台热油载体锅炉在上海新联印染整理厂试制成功。上海新联印染整理厂为了配合化纤生产线上马,在上海市经委的牵头以及投资下,研发成功燃煤热油载体加热炉对多机台供热的新技术。这项新技术可以做到用1台热油炉对5台热机提供3种不同的温度,满足了工艺需要。1982年,他们又在原来基础上进行改进,在160万大卡/时炉的基础上设计制造出国家定型的QXL-Y150-7/270-A热油载体锅炉在全国推广。

在这项技术改造中,还同时推出双碟阀技术,使煤气温度得到自动控制的同时,带动对

转轮履带退浆机和红外线定型机作部分革新,攻克纬斜、缩水率等 11 个难题,使中长产品后整理质量大大提高。1978 年在全国中长织物交流会上评出的 8 块标样中该厂独占 4 块。

(二) 对水资源处理措施改进的成就

1977 年,上海第二十九棉纺织印染厂开始研究涤棉快速退浆工艺条件,1981 年投资 150 万元,建成污水处理中心,日处理废水 5 000 吨,解决印染废水污染问题。国家外经委、纺织工业部决定该厂印染车间为生产出口产品车间,产品出口率达 80%,销往 81 个国家和地区,全年创汇 2 080 万美元。该厂当年被评为上海市"大庆式企业"。

上海针织行业在粉碎"四人帮"之后,加快技术改造力度,安排资金建设污水处理中心,污水排放达到国家规定的排放标准。总投资在 1 000 万元以上的有上海针织厂、上海织袜一厂、针织大楼(百达和针织一、二厂)、针织五厂、景福针织厂、针织二十厂、中华第一棉纺针织厂、针织十厂、织袜十五厂等。

(三) 研制成功细纱棉自动清洁器

1978 年开始,上海纺织科学研究院等单位开始研究细纱机自动清棉问题。国内以前的细纱清棉器由于吹吸用的风扇在巡回时都需要带电动机一起移动,要用导轨接触导电,故在运转过程中有易产生火花等安全隐患。为了加快研究进度,上海纺织科学研究院联合上海纺织机械二厂等,在参考了当时瑞士 LUWA 清洁器的样机后,采用了分隔龙带的装置,使龙带固定在规定的位置,再配置一套自制的利用电磁吸铁的拨叉装置、托龙带的托轮装置等配套设备,有效解决了细纱清棉的自动化问题。不仅细纱机的工作环境得到改善,而且细纱机的断头率有了明显的下降。

(四) 研制成功络筒机 LF - 82 型龙带式自动清洁器

LF - 82 型龙带式自动清洁器主要应用在棉纺织厂高速槽筒络纱机上作自动往复吹风,这套装置研究成功,不仅可以改善劳动环境,减少挡车工的工作量,而且直接有助于减少由于飞花造成的纱疵。1980 年 8 月 28 日,由棉纺公司主持在上棉六厂通过技术鉴定,出席会议的代表有 46 人,分别来自棉纺公司所属的 16 家企业。

七、举办产品技术鉴定会、技术交流会频次创历史之最

从 1976 年 12 月起至 1982 年间,上海在纺织工业领域的成就还体现在一系列的产品技术鉴定会、规模技术交流座谈会等都达到历史之最。一般而言,一个产业领域技术鉴定会以及规模技术交流座谈会频频举行,标志着该产业的兴旺发达与成熟。

(一) 技术鉴定会

1. 承接国家组织的技术鉴定会

这样级别的鉴定会一般习惯称为国家级鉴定,其代表着当时的技术制高点。

(1) 1976年12月2日，轻工业部组织在上海第四漂染厂召开"中长化纤织物松紧染整工艺与设备"技术鉴定会。北京、天津、辽宁、江苏、陕西、山东、河南、湖南、湖北及上海等10个省市的有关单位的80余位代表参加会议。这项技术是按照轻工业部下达的任务，由上海纺织科学研究院和第四漂染厂共同完成的。这是针对国家化纤工业迅速崛起后，为满足不断增加的花色品种市场要求而研发的一套新工艺与设备。这项成果可以使中长纤维产品具有弹性好、缩水小、毛型感强等特点。鉴定会充分肯定了松式、平幅、高效、连续等工艺上的特点。其意义更多地体现在为我国中长纤维产品的染整加工提供了新的经验和方向。同月22日，按照轻工业部的安排部署，上海市纺织工业局组织召开了"中长纤维一条龙纺纱设备"鉴定会。参加会议的代表达101名，分别来自11个省市的52家单位。

(2) 1977年12月16日，上海承担了由轻工业部组织召开的5种纺织仪器鉴定会。上海纺织科学研究院和上海纤维检验局等分别介绍了5种纺织仪器的性能、结构、原理及研制过程。会议代表来自北京、天津、陕西、山东、广州、广西、辽宁、兰州、浙江、常州、石家庄等53个单位。会议进行了6天。轻工业部科技司、机械局领导到会并发表重要讲话。这5种纺织仪器分别是Y151纤维摩擦系数仪、Y391纱线弹性仪、半自动织物折皱弹性仪、钉锤式勾丝仪、翻动式起毛起球仪。

(3) 1978年10月25—31日，纺织工业部在上海第十八毛纺厂召开"腈纶膨体粗绒线纺纱生产线新设备"鉴定会。腈纶膨体粗绒线纺纱生产线新设备项目是为配合上海石化总厂腈纶车间上马而量身打造的。参与设备研发的单位有：前纺设备由上海第一纺织机械厂提供BR-221型并条机和BR-231型并条机；第三道设备由上海毛麻第二纺织机械厂提供BR-400型饼状的并条机；后纺设备为以第二纺织机械厂为主提供、第十八毛纺厂合作共同研发的B643型合股机；摇纱部分的B701A设备由邯郸纺织机械厂提供。参加这次鉴定会的有来自全国各地43个单位的共127名代表。会议历时7天。会议后期还通过了与GR201-100型高温高压筒子染色机配套的GR251-100型筒子脱水烘燥机的单机鉴定报告和机械包装的专用绒线自动拧绞机的单机鉴定报告。

(4) 1978年11月25—29日，上海市纺织工业局接受纺织工业部委托在上海召开"G253型喷气织机中试"鉴定会议。出席会议的50多名代表来自全国9个省市的棉纺织厂、大专院校及科研单位。G253型喷气织机进入中试在国内外备受关注。这是吸收国内外先进技术和总结国内诸多经验革新而成的一个重大科研成果。与会代表及纺织工业部机械局的领导在对资料审查和现场观摩后，一致给予高度肯定。

(5) 1978年12月25—26日，纺织工业部委托上海市纺织工业局召开"H271型片梭织机中试性机械"鉴定会。H271型片梭织机是上海市纺织工业局组织调动全市各配套企业和高等院校联合攻关会战完成的一项综合课题。研制出的8台机器安装在上海第五毛纺厂调试并完成试生产。它的技术优势包括最大筘幅216米；纬纱色数2种；开口为外侧式凸轮开口，最大10片综框；扭轴投梭；采用分离筘座等。前来参加鉴定会的有纺织工业部机械局、科技司、生产司、研究院和北京二毛纺织集团以及上海市纺织工业局、上海纺织研究院、上海纺织专科学院等会战单位的50多人。

（6）1979年1月15日，上海市纺织工业局接受纺织工业部委托在上海召开"M2D树脂"鉴定会议。2D树脂是当时纺织系统用得最多的织物树脂整理剂。它虽然具有性能稳定、整理效果良好、合成方便、成本低廉等优点，但也有不耐氯漂和高温焙烘泛黄等缺点，因此不能用于耐漂白产品的整理。M2D树脂是2D树脂的甲醚化产物，它具有水解稳定性高、氯损小和高温焙烘不泛黄等特点。其整理成品可以达到耐氯漂白和低甲醛产品的质量要求（氯损＜5％，存放一年后的成品上甲醛含量稳定在50 ppm以下）。此项成果的主要研制单位是上海纺织工业专科学校和上海红光内衣染织厂。参加会议的48名代表分别来自除上海外的西北地区19个单位。

（7）1980年12月2—4日，纺织工业部委托上海市纺织工业局在华东纺织工学院主持召开"纬编针织外衣原料与组织结构的研究"鉴定会。参加会议的50多位代表分别来自6个省市24家单位。上海纺织科学研究院和上海针织二十厂科研小组汇报了他们通过对84种化纤材料、55种组织结构的试验，研制出适用100多种纬编针织外衣织物的工艺方法和关键设备。鉴定会的结论是，该项目研究能紧密结合针织外衣的生产实际，系统地总结了设计方法和原理，提供了丰富的织物组织结构，研制了新的测试方法和仪器，对我国纬编针织外衣的发展具有重要的指导意义。

（8）1981年1月16—19日，纺织工业部委托上海市纺织工业局在上棉二十一厂召开"G146A－180型浆纱机"鉴定会。该机主要用于纯棉经纱上浆，以中低支纯棉纱为主，条纱质量能适应织造要求，对纯棉细支高密及涤/棉细布也能实施上浆。全机空载调速范围在2—120米/分，一般常用车速在35—60米/分。织轴卷绕采用ZX3无级变速器，适用织轴最大直径为650米。参加会议的有北京、天津、河南、河北、湖南、湖北、陕西、山东、辽宁、江苏等地以及上海棉纺公司、一织、二织、大专院校、研究单位等11个省市67个单位的136名代表。

2. 由上海市纺织工业局出面组织的技术鉴定会

这样的技术鉴定会一般被称为市级鉴定，在指导、推动整个上海地区的纺织技术进步方面具有积极意义。

（1）1977年5月6日，上海市纺织工业局在上棉九厂召开"涤棉细纱空气轴承回转钢领"鉴定会。空气轴承回转钢领是当时细纱机上的一项重大革新。革新之后，可以加大管纱卷装，增加细纱产量，提高劳动生产率。上棉九厂和上海市纺织科学研究院共同承担了这个革新项目。上棉五厂、六厂、九厂、十厂、十二厂、十七厂、二十一厂、二十五厂、二十八厂和上海第四毛纺织厂、第七毛织厂、纺织机械一厂、纺织五金三厂、棉纺塑胶件厂、上海纺织工学院、上海市纺织科学研究院等单位的78名代表出席会议。北京第二棉纺织厂、杭州第一棉纺织厂等外省企业也应邀前来参加会议。

（2）1978年9月27日，上海市纺织工业局在上海第二丝织厂召开"酚醛塑料管导片中试"鉴定会。酚醛塑料管导片硬度为87.3（布氏），耐磨性能比原来"372"塑料管导片提高3—4倍。参加鉴定会的有市纺局下属公司、工厂代表共40多人。

(3) 1978年10月13日,上海市纺织工业局在上海针织九厂召开"全自动缝下边机"鉴定会。截至会议召开,已在流水线上生产12万件衣服,质量达标率达到95%以上。全自动缝下边机符合缝纫自动化发展方向,缝纫时间从原来的15.5秒缩短到12秒,比手工挡车提高效率70%,彻底摆脱了一人一机的落后面貌。该项目由上海纺织研究院、上海针织九厂、四厂、八厂、二十厂等共同完成。参加鉴定会的有上海市纺织工业局系统24家单位。

(4) 1978年12月15日,上海市纺织工业局在上海第二十一毛纺厂召开"腈纶三股针织绒自捻纺工艺"鉴定会。三股针织自捻纺纱是一种新型纺纱技术,属无锭纺纱。纺纱速度可以达到110—120米/分,自捻纱周期长度220米/分,往复次数与回转次数之比为1:175。参加研制的单位有第二十一毛纺厂和上海市纺织科学研究院。参加会议的代表来自市纺局下属各公司、厂和研究单位,共30余人。

(5) 1979年1月10日,上海市纺织工业局在上海第四漂染厂召开"中长化纤织物松式连续轧染工艺与设备"鉴定会。该项目由上海第四漂染厂和上海纺织研究院共同完成。这是在"松紧松"中长化纤连续轧染的基础上研制的一台松式连续轧染机,该机采用过热蒸汽松式蒸化固色和无底还原蒸箱等设备,完善了中长化纤织物的松式染整工艺,使产品质量与毛型感进一步提高。

(6) 1979年12月10日,上海市纺织工业局在第二毛纺厂召开"高温高压溢流染色机染仿毛型机织物"鉴定会。用高温高压溢流染色机染纯化纤织物国外已广泛采用。上海的这套机器是由上海纺织机械二厂经过一年多时间研制出来后安装在第二毛纺厂试生产的。该项目投产后共染了3大类5个品种,有涤粘、涤腈花呢、华达呢共11种颜色,56缸,276匹,5431千克,染色质量一等品从开始的55%提高到95%以上,完全符合设计要求。参加会议的代表有来自上海纺织机械器材工业公司、上海毛麻公司、上海二纺机和上海第二、三、四、五、六、七毛纺织厂以及上海第一羊毛衫厂以及常州染纱厂等的40余人。

(7) 1979年12月10日,上海市纺织工业局组织在上海新光内衣厂召开"均染剂SFH"鉴定会。均染剂SFH是涤棉纺织物分散染料及还原染料染色的均染助剂。染液中添加了均染剂SFH后,能提高染色织物的均匀性和丰满度,有效改善棉结、白芯、条形造成的染色疵点。项目由上海纺织工学院、上海纺织研究院及上海新光内衣染织厂3个单位共同参与。

(8) 1980年12月9—11日,上海市科委、上海市经委联合主持召开"聚砜酰胺纤维中试"鉴定会。聚砜酰胺纤维的良好性能可以被广泛应用到耐热毛毯、超高压防燃带电作业服、操作屏蔽服、耐高温金属涂层布及其制品等方面,在上海第八纤维厂投入使用的中试生产线在国内具有领先的优势。参加会议的除了各相关生产企业代表之外,还有上海交通大学、华东化工学院、华东纺织工学院等共43家单位的84名代表。

(9) 1980年12月20日,上海市纺织工业局组织在上棉二厂召开"SFA2701型并条机单机生产"鉴定会。SFA2701型并条机是上海第八纺织机械厂在上棉十二厂改造的1242型并条机基础上,学习国内外先进技术研制设计的新型设备。该机在前罗拉表面线速度为100—120米/分条件下,运转稳定,产量比老机单眼提高1.2—1.6倍,总耗用功率2.01

千瓦(当加压 2×60 千克,前罗拉 120 米/分)。参加会议的有上海纺机研究所、纺机公司、棉纺公司、上棉八厂等 19 个单位的 61 名代表。

(10) 1980 年 12 月 25—27 日,上海市纺织工业局组织在上棉七厂召开"SAC - 33 型和 SAC - 34 型锡林针布"鉴定会。为适纺中、细号纱的需要,在定型产品 SAC - 3 型的基础上,吸取国外新型针布的特点,将 SAC - 33 型和 SAC - 34 型两种新针布的设计横向密度加大,每平方英寸的齿数由 SAC - 3 型的 635 齿增加到 820 齿,梳理度得到提高。参加会议的代表有纺织工业部科技司及北京、浙江、河南、广东、江苏、陕西及上海等 7 个省市 35 个单位的 72 人。

(11) 1981 年 3 月 18—19 日,上海市纺织工业局组织召开"自拈纱半周期拈度测量仪"鉴定会。自拈纱半周期拈度测量仪测试速度比手工快 8 倍,工人的劳动强度明显降低。此项目由上海市纺织科学研究院完成科研,由上棉二厂和上海五花毛纺厂配合完成测试验证。参加会议的有上海棉纺织工业公司、丹东毛绢纺织厂、北京第二毛纺厂、大连纺织厂、华东纺织工学院等 16 家单位的 30 多名代表。

(12) 1981 年 12 月 30 日,上海市纺织工业局组织在上海针织十七厂召开"高温曲线三角棉毛机多机台生产"鉴定会。高温曲线三角棉毛机多机台生产课题由上海市纺织工业局下达,上海市纺织科学研究院、上海针织十七厂、上海针织三厂分别完成对 Z211 型棉毛机老机改造的三角键型态设计和部分附属装置的研究。鉴定会前,共有 18 台高速曲线三角棉毛机投入 3 班生产,机速达 40—48 转/分(线速度 1—1.21 米/秒),单机产量提高 40% 以上。完全符合设计要求。参加会议的有各相关公司、高等院校、研究单位以及纺机厂和针织厂共 21 家单位的 58 名代表。

(13) 1981 年 4 月 14 日,上海市纺织工业局组织在上海第二织布厂召开"SGA1401 - 180 型浆纱机机械"鉴定会。该课题由上海棉纺公司科研所、上海第二织布厂、上海第五织布厂、上海第三纺机厂、上海纺织专科学校及沪东纺机厂共同完成。其中沪东纺机厂承担试制,在第二织布厂完成安装,电器部分由第三纺机厂完成设计。主拖动直流电机的自动调速范围达 3—80 米/分,当电网电压波动正负 15% 及轻载到额定负载时车速的波动小于 2.5%,完全达到设计要求。

3. 由上海市纺织工业局所属的专业公司组织的以及企业自行组织的产品技术鉴定会

这类鉴定会一般被称为厂级鉴定,因为规模不大而鲜见文字记载,但这些鉴定会背后的研发队伍和技术革新内容也是活跃在生产第一线的推动纺织技术进步的重要因素,不容忽视。这类鉴定会包括上海棉纺织科研所组织的"梳棉 SX - 500 型星式圈条器"、上海第八纺织机械厂组织的"SFQD01 型高速高效金属针布冲齿机"、棉纺公司组织的"络筒机 LT80 - 1 型自动清洁器"、上海丝绸公司组织的"绢纺绸用水溶性聚氨酯后整理工艺"鉴定会等。

(二) 技术交流会

粉碎"四人帮"之后,上海的纺织系统为了追赶"文革"损失的时间,除了在技术改造、技术革新方面抓落地注重实效的大力推进之外,还在不同层面组织力量,通过召开各类技术交流研讨会等形式推动地区技术力量的成长壮大。这些技术交流会大致可以分为两大类:一类是纺织工业部或轻工业部组织以及上海市纺织工业局举办的规模技术交流会。这类会议展现了上海在纺织领域的先进实力,同时也给其他省市的兄弟纺织企业输送经验和提供技术支持。还有一类是上海的纺织企业同境外纺织企业的技术交流,重点是吸收外国先进纺织技术。

(1) 1977年6月28日—7月1日,轻工业部科技司在上海召开"电子提花圆纬机技术座谈会"。会上交流了来自上海、天津、山东、太原、湖北、成都6个地区的电子提花圆纬机及花型准备系统的研究进展等情况,听取了全国针织科技情报站所作的《计算机在我国针织工业应用情况的调查》、上海市纺织科学研究院所作的《国外双面圆型针织机的电子选针和计算机花型准备》的主题演讲。这些信息交流和实地座谈,有利地促进了电子提花技术的快速提高。参加会议的代表共39人。

(2) 1977年6月23—28日,应中国纺织品进出口公司的邀请,意大利斯尼亚(Snia Viscosa)公司来上海交流织袜工程技术。经过交流,国内的240—260针等织机完全可以在改进后生产具有国际水准的无拈丝袜。参加技术座谈会的有轻工业部、上海织袜一厂、上海织袜二厂、天津织袜二厂、无锡织袜一厂等单位。

(3) 1978年4月2—4日,上海市纺织工业局联合北京纺织局在上海联合举办"气流纺纱运转操作法和运转管理制度汇报会"。这也是一次纺织工艺及管理方法的现场交流会。来自上棉十四厂、上棉二十二厂、北京三棉、天津四棉、无锡一棉等的操作能手在现场实地表演汇报了气流纺纱值车及络纱操作示范。在观摩的基础上,会议代表就之前编写的"气流纺纱运转操作法和运转管理制度初稿"进行逐字逐句的讨论与修改。纺织部科技司的领导当场发言表态,将这一成果推广到全国其他省市地区。出席会议的有来自上海、天津、江苏、广东、山东、湖北、河南、辽宁、陕西、四川、安徽、山西等省市29个单位的70名代表。

(4) 1978年11月1—6日,纺织工业部在上海东风雨衣染织厂召开"预缩整理机改造研讨会"。研讨会听取了上海地区改造预缩整理机的情况介绍,交流了各地区在预缩整理机改造方面的经验,而后探讨后期改进路线方向,收到良好效果。会议期间,会议代表参观了上海东风雨衣染织厂、上海第四漂染厂、上海第十六漂染厂。参加会议的有北京等21个省市自治区纺轻工业局和有关印染厂、研究所的代表。

(5) 1978年12月2—13日,澳大利亚羊毛公司(简称A.W.C.)应中国纺织品进出口总公司的邀请,一行10人来上海就澳洲羊毛整理和客观检验的技术进行座谈交流。澳方带来的有关资料13篇,合订为两册,包括新产品展示、幻灯片等科技资料对上海纺织工业扩宽视野带来了新的思路。

(6) 1980年12月15—21日,纺织工业部组织在上海召开"全国涤粘中长纤维织物生产技术经验交流会"。会议期间各地代表分别参观了上海生产涤粘中长产品的10个工厂,上海第一织布厂作大会经验介绍。会议共收到67份总结资料,其中32份资料作交流介绍,并对各地区带来的330个印染、色织样品进行观摩分析点评。参加会议的有21个省、市自治区的有关代表共170人。

(7) 1981年3月12—16日,在纺织工业部科技司的牵头下,上海线带公司承担了"缝纫线缝纫性能测试方法"会议。缝纫线缝纫性能测试方法是由纺织工业部科技司作为方法标准的试验研究项目下达后,由上海线带厂组织实施的。作为一项行业方法标准起草的主要实施单位,上海线带公司在会上详细介绍了缝纫线缝纫性能测试方法的草案内容,得到与会代表的充分肯定。参加会议的代表有北京、天津、广州、武汉、瓦房店、苏州、宁波、福州及上海等9个地区18个单位的共30名代表。

八、1978—1980年8月,上海在全国纺织工业科技成果中的获奖项目数量达到112项

一等奖5项:① AN9-76型气流纺织中试车间SQ1型气流纺织机。② 中长纤维超大牵伸自捻纺、色纺超大牵伸自捻纺有色纤维色纺工艺、腈纶膨体自捻纺中试车间。③ SG1型八项不夹综丝穿经机、SGA1701型自动穿经机。④ P75-Z喷气织机、GA701(1 100毫米)喷气织机。⑤ 喷气织机电子计算机监测系统。

二等奖12项:① 上棉十二厂一纺工场更新、改造、新技术配套。② FA251型精梳机。③ 箬绒毛毯生产线。④ 真丝络、并、拈工艺及设备。⑤ 筒子自动缫丝机。⑥ 中长纤维松试连续轧染工艺及设备。⑦ MH441-160电子雕刻机。⑧ 涤纶、锦纶异型纤维。⑨ 锦纶66四管连续缩聚工艺及设备。⑩ 液态孕育处理制取蠕墨铸铁在织机铸件上的应用。⑪ 酚醛纤维。⑫ 中强型碳纤维研制。

三等奖31项:① 混合机械。② A172-AU052滤尘器。③ ZQIA型气流纺纱高速专用轴承。④ A190双联梳棉机。⑤ SB型往复式半自动络筒机。⑥ GH79-1高速自动卷纬机。⑦ 高效除尘电子自控2吨/小时快装锅炉。⑧ GN721型桡性剑杆毛织机。⑨ NCF-03恒力矩起毛机。⑩ 涤/麻中长纤维纺纱染整工艺设备研究。⑪ 双喷染色机工艺设备研制。⑫ KT-80双花筒停针复动式提花机。⑬ 织花手帕机。⑭ 选针式提花毛巾袜机。⑮ 5路/英寸高效能棉毛机。⑯ 大梭大芋平走商标花边机。⑰ 合纤针织物平幅松弛前处理工艺及设备。⑱ ZTY1576型全自动提花移圈横机。⑲ 电子提花回复(平板式)售套机。⑳ 全自动绒球机。㉑ 7551型衬经衬纬针织圆机。㉒ 改造涤棉染整设备实现高速高效。㉓ 均匀轧车(MH552-180型)。㉔ 涤纶短纤维油剂JD-1型。㉕ 丙烯腈水相连续聚合。㉖ 黏胶纤维原液过滤新材料——合纤毯。㉗ 聚丙烯腈中强碳纤维原丝。㉘ 整体毡和异型毡针刺工艺与设备。㉙ 9539轧光锦丝绸。㉚ 细密编碳丝三向之物工艺与设备。㉛ 抗静电纺织材料。

四等奖64项:① 气流纺纱产品服用性能的研究。② 高空吸尘清洁器。③ JH型固体式红外反射探纬仪。④ SD79-9型涂胶锭带。⑤ 空调自动回转式水过滤器。⑥ SFES-1型消噪声耳塞。⑦ 尼龙包覆钢丝综。⑧ 塑料绕丝筒管。⑨ B593型绒线细纱机。⑩ N107洗缩联合机。⑪ SL79001洗缩联合机。⑫ 超级耐洗粗纺羊毛衫。⑬ 聚

丙烯熔喷吸油毡。⑭ 片梭织机的梭夹制造工艺。⑮ 腈纶长丝束连续染整。⑯ LB023型洗毛联合机。⑰ 苎麻切短脱胶新工艺。⑱ 双色涂层尼丝纺。⑲ 暗盒绒条。⑳ 对轴式长丝通用浆丝机。㉑ 台式圆网印花机。㉒ 三角形热合板印花。㉓ 12107真丝双绉特殊整理。㉔ Z503A型提花袜机。㉕ 79-3型三吃加横条提花袜机。㉖ SZ711型单面纬编机。㉗ 单面无虚线电动提花横机。㉘ 电子群控高温高压自动染色机。㉙ 低弹纬编针织物防起毛起球勾丝整理。㉚ 棉毛衫布衬里浸塑手套及工艺设备。㉛ GK78-1型筒式双针绷缝机。㉜ 经编提花织机。㉝ Φ600毫米轴流式降温机消声器。㉞ 自动化油料仓库。㉟ 叠圈式连练漂机的张力自动控制。㊱ FHJ-Ⅱ型紫外线火焰监视器。㊲ 微孔弹性轧辊。㊳ 验布、定级、计量、卷筒联合机。㊴ 双氧水硅酸盐稳定剂C75的研究和应用。㊵ 匀染剂SFH的研究及应用。㊶ 甲醚代二羟甲醛二羟基乙烯脲树脂（M2D树脂）。㊷ 绝缘树脂AR-301。㊸ 静电植绒仿麂皮绒新产品研制。㊹ 纯棉绉纱织物。㊺ 印染废水臭氧脱色。㊻ 腈纶高速纺丝。㊼ 电渗析水纯化硫氰酸钠回收液。㊽ 交联聚酯型、交联聚醚型氨纶纤维及工艺。㊾ YG541型织物褶皱弹性测试仪。㊿ 化学纤维热收缩率测定仪。51 纤维卷曲弹性仪。52 数字式纤维细度仪。53 织物动态耐磨仪。54 CK5118型数字程控立式车床。55 321草绿维纶防水布。56 GQF-1型干式轻潜水服材料。57 105-450涤纶丝带。58 7.5锦纶筛网。59 （7.5—8克旦）高强锦纶6长丝。60 镀金属化纤布。61 酚醛碳毡及活性碳毡。62 5-400双层锦丝收口绳。63 丙纶特品丝（200公支/12根、65公支/34根）及格子绸。64 SG2-1-180砂浆机。

这些科研成果数量不仅位居全国之首，基本涵盖了上海纺织工业全方位的科技水平，同时也基本代表了当时国内纺织工业的最高水平。

第四节　纺织国有资本结构开始破冰，多种所有制浮出水面

党的十一届三中全会以后，改革开放的步伐明显出现加快的迹象，经济的增长方式呈现外延与内涵式并存提速的格局。上海纺织经济为适应这一历史性变化，在经济增长的同时，改革的风口出现了国有资本结构开始破冰、新所有制形式浮出水面的新情况。

一、建集体所有制企业，安置返城知青9 057人

党的十一届三中全会后为了解决返城知青就业问题，根据统一部署，上海纺织工业共提供16家企业，并由8家企业提供了能够分得开的8个车间，建立了24家独立核算、自负盈亏的集体所有制的企业。上海被单十一厂、毛巾十一厂、毛巾二十四厂分别转为集体所有制企业之后改名为大新被单厂、三新毛巾厂、永新毛巾厂。

从理论上说，全民所有制和集体所有制都是社会主义公有制的重要组成部分。全民所有制与集体所有制是社会主义公有制的两种表现形式。全民所有制是社会全体成员共同占有和支配生产资料的公有制形式；集体所有制企业，有时简称集体企业，是指财产属

于劳动群众集体所有的社会主义经济组织,生产资料归集体所有,但工资福利等待遇参照全民所有制企业执行。国有企业办大集体是指由国有企业批准或资助兴办的,以安置回城知青和职工子女就业为目的,主要向主办企业提供配套产品或劳务服务,由主办企业委派人员或领导参与生产经营并在工商行政机关登记注册为集体所有制的企业。

这样的集体企业是特定历史条件的产物,工业系统包括纺织系统历史上都曾有过,只不过不是主流形式而没有被广泛关注。上海是全国纺织工业的重镇,且纺织企业具有劳动力密集的特点,从这个意义上说,纺织职工子女返城之后,如果不能及时得到安排,势必影响纺织职工家庭的稳定进而影响整个社会经济的发展。在改革开放的初期,上海纺织工业不仅顺利解决了大批返城知青的就业问题,同时探索实施了所有制结构的变革。

二、纺织国有资本破冰联营乡镇经济,上海毛纺织行业捷足先登,在南汇县首开资本输出记录

1979年,上海纺织工业利用上海第十七毛纺厂引进国外先进装备后替换下来的毛纺设备,和南汇县黄路、三墩两个公社联营,创办了全民所有制和集体所有制联营的大治河毛纺厂。这是上海第一家将国有资产输出到乡镇集体企业联合办厂的纺织企业。工方,也就是国有资产占55%,农方,也就是集体资产占45%,总投资额为1 648万元。厂址位于南汇县黄路乡邬家路桥北首,川南奉公路西侧。初建规模为5 200锭,1981年的时候扩能1 600锭。建厂初期职工750人,当年产量706吨,实现利润543万元。1981年产量达1 030吨,实现利税755万元。工厂下设16个科室和3个制造车间。

(一) 发起背景

党的十一届三中全会号召各行各业都要解放思想,农工商要综合经营,轻工、纺织、手工业要"大上快上"。1979年,广东、福建等地的开放、吸引外资等改革举措已经得到中央的肯定,这是一个大背景。这个事情的具体缘由还跟当时纺织工业部分配给上海9 200锭一套日本毛纺设备有关。按照纺织工业部的要求,这些设备的外汇贷款和利息,按规定统由上海市纺织工业局提供色纱和腈纶衫来归还。设备计划安装在第十七毛纺厂,可这样一来,原先企业的旧锭怎么处理呢?上海市纺织工业局的领导觉得旧锭换新锭,产量增加不多,可能无法及时归还外汇贷款。如果将这些旧锭利用起来,向郊县发展,闯出一条发展生产的新路子倒是一件两全齐美的事情。在征得上海市相关领导部门的同意后,上海市纺织工业局的领导就创办工农联营企业,与南汇县委主管工业的同志开始协商落实。因为是上海市纺织工业局的主动邀约,当然也因为改革开放的良好环境,南汇地区,也就是农方,恰逢机遇,受到来自上海纺织工业的青睐,双方一拍即合,当即商定工农双方成立专门筹建领导班子。

由政策释放的劳动热情体现在工厂的建设速度方面:双方在不到一个月的时间内就完成了选址、产品设计和工程设计等初步方案。施工过程中,农方组织2 000多名劳动力,克服了种种困难,只用了85天时间就完成了5 000平方米主厂房的建筑任务,为毛纺

厂提前投产创造了有利条件。工方参加建设的市毛麻公司组织了10位毛纺厂技术过硬的老师傅，突击拆装主机，做到争分夺秒，连续作战。不到半年时间，5 200枚纺锭全部安装完毕。工程建设创下当年动工当年投产的纪录：1979年2月破土动工，1980年2月1日实现全面投产，全厂建筑面积为13 500平方米。

（二）经验与教训

上海纺织系统较早地将国有资本与集体乡镇企业联合办厂，其意义一是为国有资产实现资本经营树立了标杆；二是在当时有效解决了提高地区经济效益的问题。这在当时经济效益普遍不高的情况下，具有比较突出的现实意义。毛麻企业的大部分职工看到日夜相伴的"脱壳"设备有了"继任者"，心理上的安慰也是国有企业老职工特有的一种心态。

（1）纺织工业的"第二战场"初露端倪。从城市工业布局看，上海市区的工业过分集中，平均每平方公里有三四十家工厂、4万多人。上海纺织职工队伍有43万人之多，产值占全市工业总产值的1/4，出口占全市出口总额的40%，上海纺织工业的大发展在空间上首先出现了瓶颈。但环顾上海郊区，却充满了地域互补的有利因素。上海郊县人多地少，再加上当时为配合城市建设连年兴修水利的情况，农村的耕地面积在不断减少，农村人均可耕地面积也相应减少。当时黄路、三墩两个公社人均不到7分地。在人多农活少的情况下，社员（农民）有时出现轮流出工的情况。相对多余的劳动力迫切要求寻找出路，就业矛盾非常迫切。上海市纺织工业局的这一举措，正好在当时解决了农村的这个矛盾，犹如一场及时雨。这两个公社拿出71亩地办厂，安排700多名青年社员（农民）就业，一方面减轻了地区的经济压力，安排进厂务工的农民，一年收入要高过生产队一个强劳动力社员的收入，他们个人的生活可得到很大改善；另一方面，在以工养农、以工促农的同时实现以农反哺、以农促工的双向双赢局面。所有制的突破在空间上成就了"第二战场"的崛起。从纺织工业内涵角度看，粉碎"四人帮"后，上海的纺织工业不论是设备还是产品都面临改组、"脱壳"等升级换代的窗口期，大规模的老旧设备转移，腾出了一条规模引进、系统改造的新路径。上海第十七毛麻厂在新装备9 200锭产能的同时，又增添了一个拥有5 200纺锭的大治河毛纺厂的控股权，产能在提高中实现了升级换代，又给地方政府创造了新的利税贡献。大治河毛纺厂每年为国家生产1 000吨左右的针织绒产品满足内外销需要。

（2）工农联合企业的出现，催生了"董事会"领导管理模式的萌芽。计划经济年代，国有企业一般采用党委领导下的厂长负责制或直接厂长负责制两种工厂管理模式。不论是党委领导下的厂长负责制还是直接厂长负责制，其共同的特点是没有董事会这样的领导决策机构来管理工厂。简单来讲，是因为国有企业单一的资本结构中，厂长或书记都是国有资产唯一的出资代表人，行使国有资产的管理权限就可以了。工农联合企业的出现，丰富了资本结构，所代表的除了国有资本利益之外，还有农民的集体资本利益。为此，当地农方提出建董事会，再设想建投资公司，专门研究在利润分配上可以兼顾国家和集体两大利益群体的协商机制。大治河毛纺厂的分配是在互惠互利的基础上，经过仔细核算，反复协商之后确定的按投资比例分成的方法进行的。除此之外的土地折算部分,经过协商按每亩300元计土地补偿费。

(3) 教训。大治河毛纺厂在丰富资本结构、盘活国资方面值得肯定,但其管理上的弊端也是显而易见的。这些弊端的根源主要还是与其对应的国资控股的思维模式有关。大治河毛纺厂虽属乡镇企业,但因国有控股,工方一股独大,在管理观念上难免带有较强的计划经济色彩。大治河毛纺厂的厂级和科室的正职,由工方委派,副职由农方推荐,但还要经工方上级党委批准。企业的产供销一般都由工方负责,农方的积极性缺少充分发挥的制度空间。另外,国有过剩产能、落后产能如果大面积走向农村乡镇,会导致征地过多,耕地减少,基建摊子过大等其他负面情况。

上海大治河毛纺厂厂区全貌

三、纺织资本联合境外资本,首家沪港合资联合毛纺公司成立

1980年,上海毛麻纺织公司与香港半岛针织有限公司等单位合资创办上海第一家、也是全国纺织系统首家沪港合资企业——上海联合毛纺织有限公司,注册资金为900万美元。它拥有41 000平方米的现代化厂房,从日本引进的KYOWA梳毛机、SMIT箭杆织机等全套具有国际先进水平的毛纺织染整技术设备和国外先进的管理技术,是集纺、织、染为一体的全能生产企业。主要生产经营各类优质毛纱、毛衫、呢绒、服装和饰品等五大类产品。年产各类优质毛纱300吨、毛衫14万打、呢绒60万米。

(一) 发起背景

1979—1981年,国际毛纺工业风生水起。1980年、1981年,上海毛纺工业持续增长11.39%和14.86%,在1982年的时候,毛纺工业达到了发展的高峰时期,全市拥有43个企业,约5.3万名职工,全国大部分的呢绒毛线由上海生产。但到了1982年的年末,受国际毛纺工业市场萧条的影响,上海毛纺工业出现了整体滑落的情况。上海毛纺工业中的不少骨干企业在几十年老设备带病运转的情况下,生产能力不足的矛盾开始凸显。上海毛纺工业走到了如何振兴重新崛起的十字路口。

唐君远,曾在上海解放初期就任上海毛纺织工业同业公会主任委员,这位爱国资本家一直关心并直接参与了上海毛纺织工业的发展。1979年上海工商界代表团赴港访问时,唐君远就对其长子唐翔千说:"你要带头回来投资办点企业,引进点先进设备,为国家做点事情。如果亏了本,就算是孝敬我的好了。"在他的促成下,上海首个合资联合毛纺公司的老板唐翔千就这样开始了上海的联合毛纺业的新历程。在内地这一头,倪云凌,这位上海毛纺工业中的传奇人物,就在这个时点上再次站到了改革开放的前沿阵地。他在这一年成为上海联合毛纺织有限公司首任总经理、常务董事。倪云凌从20世纪50年代中期开始,就主持上海毛纺织行业的生产建设,长达30多年之久。他不仅参与、见证了上海毛纺织行业从计划经济到改革开放初期的一系列改革创新成果,还随国家纺织代表团出访欧洲各国,成为较早的集先进技术与先进管理理念于一身的学者型专家。1979年,他抓住了随政府代表团考察香港毛纺织工业和市场的机遇,经过其与各方面的努力,签下了与香港半岛针织有限公司合资办厂的合作协议,成就了上海第一个沪港合资企业"上海联合毛纺织有限公司"的诞生。1980年工厂开始筹建,在他的大量调研和周密布局下,上海联合毛纺织有限公司很快成为国内具有样板性质的优质毛纺企业,走红香港与上海乃至全国市场。

(二)历史意义

上海联合毛纺织有限公司是改革开放后经中华人民共和国对外经济贸易部批准建立的上海第一家沪港合资企业。其成功的管理思路,不仅创造开业3年半收回全部投资的业绩,为后人提供了新鲜的管理经验,而且成功树起了一面合资开厂的旗帜,在改革开放的初期极具引领示范作用。它在技术精湛、产品工艺先进的质量保障体系中,创出"上海市名牌产品""联合"牌羊毛衫,呢绒、服装和饰品等产品曾多次在国际、国内获奖的骄人业绩也为上海纺织工业添上一笔耀眼的光彩。

四、上海手帕进出口公司率先创建生产与外贸经营一体的工贸公司,开启纺织生产到外贸一条龙无缝对接的管理新业态

1981年,长期从事手帕生产和出口的5位同志上书国务院,历陈手帕这个小商品是出口创汇的"大拳头",为了发展和扩大深加工、高创汇的手帕的生产和出口,必须实行工贸结合。在国务院领导的支持下,经过反复协商争取,终于在1982年1月,在上海建立了全国第一家工贸结合的手帕进出口公司——上海手帕进出口公司。

计划经济年代的出口贸易一直由国家专门机构代理,由具备外贸进出口资格的机构来安排生产任务以及销售任务,企业不能直接对外销售。党的十一中三中全会以后,随着改革开放的力度加大,从1980年开始,上海有个别企业先后取得直接对外贸易的

自营外贸公司权限。上海手帕进出口公司在1982年的时候,率先取得了生产与外贸经营一体的工贸公司资质。手帕产业虽小,但在上海纺织行业能够打破企业生产和外贸销售脱钩的新经济业态,它还是第一家。

(一)工贸一体化的特征

工贸合一的上海手帕进出口公司是在国务院的亲自指导下建立起来的"以工为主、独立核算、自负盈亏"的进出口公司。改革前,一块小小的手帕要经过工业局→商业局→外贸局及其所属的专业采购公司→批发站→销售店后才能到达消费者手中。这样的流程除了冗长之外,还有一个最突出的问题是市场信息的失灵,消费者在这个流程中处在被动的位子。也就是工厂生产哪种款式,消费者才能用哪种款式,工厂的年产量也是根据自身的能力、资源等决定的,而不是按照消费者的要求组织生产。

改制前,工贸分家,由两个部门归口领导,因为环节繁多,只要有一个环节出现问题,就会影响交货。1978年,因市场变化,外贸部门拒不收购增产手帕,工业部门又不能在国内市场销售,有些工厂连工资也发不出,经工贸多次谈判未果,企业只好被迫转产。改制后,工贸产销统一,这种情况就可以避免了。生产和外贸都在一个公司内部完成。订单落实后,即安排自己所属企业有的放矢地加工生产。上海手帕进出口公司成立的当年,同阿尔及利亚事先有一个42万美元的手帕布合同,原定5月起到年底分批交货完约,但到了4月的时候,对方临时要求在5月底前一次性完成交货。这种情况在工贸分开的情况下是不可能完成的。工贸一体之后,公司内部经过商量合力采取措施,结果在5月底前一次交清货物,客户非常满意。

(二)工贸一体的历史意义

工贸合一之后,公司的国际市场竞争力和创汇能力显著提高。过去,工贸双方各自核算,往往各自打自己的小算盘。工业利益少了不愿生产,外贸利益少了不愿经营。有一年,美国商人多次向外贸部门要求订购22英寸防护染色的头巾,这是美国农民的必需品,需求量每年100万打左右,但由于手帕工业缺乏这种大规格头巾的印染设备而没有接受。工贸合一以后,美国商人再次提出供货要求时,上海手帕进出口公司加强内部协调,使过去无法成交的业务得到了落实。1982年手帕生产达到2 880万打,出口成交2 140万打,各比前一年增长11%。手帕出口创汇额比前一年同期增长了35.3%,实现利润1 416万美元。

(三)填补了体制创新的最后一项空白

从全民所有制企业和集体所有制企业的联合到内地资本与香港资本的联合,再到工贸合一的经营体制完成创新,标志着上海纺织在体制层面的改革画上了完美的句号。外贸经营体制的工贸合一直接对口国际市场,为后续企业改革开放,走进国际市场树立了标杆,完成了探索性的前期开拓任务。1982年以后,上海的外贸管理体制迅速变革,陆续建立了一批工贸结合的进出口企业和技术贸易进出口企业,一批生产企业也获得了自营进出口权。小小的手帕公司担当了改革开放走进国际市场的先锋角色。

附录：倪云凌简介

上海联合毛纺织公司首任总经理倪云凌

倪云凌,上海市嘉定县人,1928年出生于一个贫困的工人家庭。1946年,考入中国纺织建设公司技术人员训练班,攻读毛纺织专业。1948年毕业后,进入上海第十五纺织厂毛纺织部工作,任技术助理员。1951年,倪云凌调到国营上海第三毛纺织厂任毛条、机动车间主任。1960年起,倪云凌任上海毛麻纺织工业公司副经理,分管生产技术工作,后任总工程师。1981年任中外合资上海联合毛纺织有限公司总经理、常务董事。《毛纺织染整手册》编写组总负责人。著有《国外现代毛纺织新技术和管理》等论文20多篇。《毛纺织染整手册》修订本获得全国优秀科技图书二等奖。

第八章 上海纺织在『转轨』中开始进入全面承包期（1982—1987年）

承包制以及横向经济联合：对铁板一块的国有资产发起挑战

1981年上海纺织工业年创造利税达43.19亿元,登上了历史的巅峰期之后,就开始调头进入下滑通道。20世纪80年代末的时候,上海纺织利税为13.5亿元,与历史最高峰相比下降了66.7%,纺织老工业基地的发展面临整体性的挑战。从1982年开始,党中央、国务院决定用两三年时间,有计划有步骤地对国营企业进行全面整顿。1984年以后,上海市纺织工业局为了贯彻纺织工业部提出的"狠抓'转轨'、'变型',改善企业素质,为进一步提高纺织工业的经济效益而努力"的号召要求,开展了一系列的"转轨""变型"工作。这些工作包括,在企业内部开始试行责权利相结合的承包经营模式,在纺织纵向行政系统内开始大幅度的体制变型以及上升到中观层面的横向经济联合等深层次的经济格局调整。这些调整措施为缓解当时整体经济效益滑坡赢得了时间,为后续进一步的国企改革放权积累了宝贵的经验。

第一节 "两权分离"理论浮出水面,纺织企业进入全面承包期

从粉碎"四人帮"到结束"文革"再到改革开放的初期,上海纺织工业同全国其他领域的国有企业一样,经历了经济活力得到迅速释放带来的企业效益恢复、上涨之后,开始面临可持续发展的重大压力。

1983年的时候,上海纺织工业有一份针对工业技术装备状况的调查报告,曾形象地指出:上海纺织工业患了"老化症""衰退症"和"虚弱症"。调查报告中提到上海纺织工业的主机设备中,产于四五十年代的占60%。厂房大都建于20世纪二三十年代,危房隐患严重。全局设备新度系数仅0.63,低于全国平均水平。装备的陈旧,与上海纺织工业创造的利润悉数上缴国家,而国家对上海纺织工业的技术改造在相对长一段时间里极少投入等方面不无关系。1987年4月18日,中央领导来上海视察工作时指出,企业实行不同形式的承包经营责任制势在必行。上海纺织工业所面临的发展问题,上升到整个宏观层面看,其实是那个年代国有企业的通病。为了改变这一状况,首先在理论界借鉴了农村联产承包的办法,提出了所有权与经营权两权分离的大胆设想。这些理论上的突破为后来国有企业在操作层面开始全面试行承包办法打下了基础。

一、全面承包前后的上海纺织产业情况

20世纪80年代以后,针对国有企业普遍的经济效益低下或亏损局面,在政府层面对企业的考量采取简单的承包经营的办法。承包的实践中发现所有权与经营权的两权分离落地、国家税收基数的核定、企业上交利润与自主分配、物资采购以及价格管理等与企业承包配套的一系列政策都处在一个探索阶段。

承包是一种理论上的两权分离经营模式,从管理上说,这是一种带行政性质的"计划"

安排。承包的大致含义是企业与政府也就是上海市纺织工业局进行契约谈判,企业按照契约要求完成年度各项承包所涉及的内容,政府按照这些契约条款进行考核和实施管理。这样一个似乎简单的管理模式,却在当时中观政策没有完全配套、政府职能没有完全转变的情况下,在跌跌撞撞中承受了诸多来自传统计划管理模式的惯性挑战。

(一)纺织原料采购计划价格与企业成品市场定价权呈现新旧体制转换交替带来的阵痛

当时,上海纺织工业除了要承担承包所需承担的普遍职责之外,还受到上海资源禀赋不足的制约。上海虽是纺织重镇,但不具备纺织原料的资源优势。上海纺织所需的原材料几乎全部依靠外购途径实现。承包开始阶段,纺织原材料的物资采购,尤其是棉纺材料的供应还处在尚未完全开放的阶段。

价格对一个企业来说是影响其发展的重要因素。研究发现,直至1987年5月,根据上海物价局的通知,上海市纺织工业局尚可在系统内对棉纱、坯布实行有控制的浮动价格。其中的价格政策背景是:从1951年开始直到1983年,纺织产品的价格,一直由国家严格管理。其间,虽然棉花价格多次调高,而纺织品价格始终未作相应调整,而是采用调整税率或采用财政补贴等方式进行调节,形成纺织品价格的"30年一贯制"。1982年9月、1983年6月直至1986年12月,国务院批准国家物价局、轻工业部、商业部关于逐步放开小商品价格的报告,并相继公布了第一批到第三批小商品目录。在这些小商品的目录中,上海纺织工业产品中仅有绳类、带类、线类、袜类、羊毛衫、毛巾、床单、线毯、绒毯、布鞋等被列为小商品范畴。与此同时,1983年10月,国务院批转国家物价局和国家经委的报告,对工业消费品实行优质优价、低质低价的政策。1984年3月,进而明确获得国家金质奖、银质奖、优质称号的纺织品,给予分别不超过15%、10%、5%的加价优惠;对棉布中的花布和色织布试行花色差价,可在10%以内上下浮动。1986年1月,这个加价优惠开始扩大到粘纤花布、针棉织品,同年8月扩大到印染布,10月,再次明确对质量达到国际水平的毛纺织品,实行高档产品优质浮动价,幅度在30%以内的由企业定价。纺织工业部批准上海市纺织工业局4家企业、5种产品享受高档产品浮动价。它们是元丰毛纺织厂的全毛高级牙签条单面花呢、纯毛变斜花呢,寅丰毛纺织厂的全毛派力司,第六毛纺织厂的毛条印花啥味呢,章华毛纺织厂的全毛花呢。

(二)企业敏感的工资分配政策体现更多的是国家的指令意志而非企业的效益

1. 1985年前的分配状况

纺织企业的工资分配,在计划经济时期经历1952年、1956年两次工资改革和7次工资调整。整个纺织系统的企业职工的工资水平,自1950年的人均657元/年,增加到1985年的人均1 339元/年,增长103.8%。研究发现,上海纺织企业直到承包制开始,工资的每一次调整,都必须贯彻政府4种指令性精神原则,其历史线索分别如下:

(1)逐级下达工资指标或整级数,由企业按范围人数、规定政策、升级条件、考核评定升级后增加工资。1960年工资调整,因国家遭受自然灾害等因素,经济暂时困难,贯彻了"工人少增,干部不增,党员干部(17级以上)减资"的要求。

(2) 按规定政策升级或增加工资,不下达工资指标。1972年工资调整,其范围是:1957年前参加工作、工资在3级及以下的,一般增加8元。工资在3—4级之间的,调整到3级工增加工资后的工资水平。1960年前参加工作工资在2级及以下的,一般增加7元。工资在2—3级之间的,调整到2级工增加工资后的工资水平。1963年前参加工作,工资在1级及以下的,一般增加8元。工资在1—2级之间的,调整到1级工加工资后的工资水平。这种增加工资的办法,俗称为"硬档增资"。1985年工资调整,全局采用"纳、半、升"办法,除运转生产工人外,其他职工工资不在工资标准上的人员,可以先纳级,纳级的工资增加额最多不超过2元,然后按企业自费工资标准,先增加半级工资,再升一级工资。

(3) 既有政策规定的"硬档升级",又逐级下达工资指标。1977年工资调整,对1971年前参加工作的1级工、1966年前参加工作的2级工和相似的干部,可硬档增加工资。对1971年前参加工作的其他职工,下达36.5%增资面的控制指标,由企业按升级条件,考核、评定职工升级或增加工资。这种增资办法,俗称"硬软结合"。

(4) 既下达工资指标,又结合企业自由资金,调整职工工资。1983年工资调整,国家按范围人数下达人均3.5元工资指标,并规定与企业的奖励基金和结余的工资基金结合起来调整职工工资。这次工资调整,改固定升级为浮动升级,经2年考核,合格的固定,不合格的降下来。

2. 1985年后的分配状况

1985年以后,纺织工业部为了整顿企业劳动管理,在总结"万锭百台用人"标准的基础上,结合全国纺织企业单产水平高低不一的状况,组织各地按"基本合理,大体可比,简明易懂,计算方便"的精神,制订出棉纺织、棉印染、毛纺织、麻纺织、缎丝、丝织、针织(内衣)等行业的"单位产品用工标准"。上海市纺织工业局按照这一国家标准组织实施。之后的1986年的工资改革与其说已经开始了承包意义的具有企业自主成分的工资分配改革,还不如说仍摆脱不了国家指令计划的意志。

1986年,承包模式已经在各工业部门贯彻实施,但纺织企业的工资分配仍须经国务院批转。经国务院批转的纺织企业的工资改革方案大致包括:同意上海纺织运转工人实行新岗位工资制。按照工种的技术难易、责任大小、劳动强度、劳动条件等,统一划分"两类"和"五岗"(棉印染、印花挡车工设特岗)。以棉纺织、棉印染、毛纺织、丝织、色织、床单、毛巾、织带、帆布、绸印染、绢纺、绒毯及手帕为一类;以毛条、羊毛衫、内衣、袜子、手套、围巾、床罩、制线、绳缆、经编、护身用品、造纸毛毯为一类。新工人进厂,1—3岗熟练期1年;考核合格后,工资按岗位工资标准的60%、70%、80%、90%及100%逐步过渡。4—5岗熟练期6个月,考核合格,工资按岗位工资标准的70%、85%、100%逐步过渡。

直到1987年,上海纺织系统明确在结合1986年实施新岗位工资制的基础上,推行以岗位标准工资计算计件单价的全额计件工资制。同时提出计件可以上不封顶,下不保底。

采用定额与超额两种单价,产、质量结合考核。把生产协作区内的辅助工种和主体工种捆在一起计件,鼓励工人超产保质、鼓励工人提高出勤率。上海市纺织工业局有254家企业18.68万工人被列入参与此项改革范围。

(三)纺织物资管理权限的放开时间滞后于承包经营体现了政府在职能转换上的摇摆不定

纺织企业生产中所需的物资除了原来材料之外,还有诸如纺织器件配件等都归国家物资管理部门掌管,带有很强烈的"统一计划、分级归口管理"的计划色彩。1985年以前,国家物资供应体制,以计划分配为主,企业只有通过物资计划才能取得所需物资,组织产需平衡,以保证生产建设的需要。物资计划的编报,按物资分类,一般分年度、半年度、季度和月度4种计划方式。值得肯定的是上海的纺织机械配件管理体制早在1983年的时候开始率先进行改革。改革的成就主要体现在,除部管(统配)、局管的配件产品仍按计划数量平衡分配外,大部分产品由新组建的上海纺织器材配件技术贸易服务中心实行开放经营,直接对使用单位供应。这是一个计划供应与市场调节相结合的最早雏形。这种模式发展到1985年的时候,上海有170家大小不等的机配件厂开始纷纷成立自己的经营机构,纺织物资供应才慢慢转向市场经济的商业模式。

(四)经济规模及纺织工人的福利待遇在调整中寻求平衡点

1. 产业规模

1983年上海纺织的年总产值为134.03亿元,总利润为17.87亿元,税利合计为27.85亿元。出口比重为:外贸收购总值(不变价格)38.36亿元,占全国的31.65%。年末职工人数为484 600人。上海市纺织工业局下属企业467个(不含联营乡镇企业数)。机构建制为共有棉纺、第一纺织印染、第二纺织印染、第一织布(色织)、针织、巾被、线带、手帕、丝绸、毛麻、化纤、纺织机械、纺织器材等13个工业公司,另外还有纺织原料、纺织运输、纺织建筑等3个服务性公司。主要生产设备:棉纺锭为219.37万枚,其中气流纺为15 500头,棉布织机51 400台(其中56英寸以上的阔幅织机为21 000台)。毛纺锭为162 900枚,固定资产原值为27.19亿元。主要产品产量:化纤为5.21万吨;棉纱为39万吨,棉布为15.81亿米,其中涤棉混纺布为5.38亿米;印染布为12.84亿米;呢绒为3 100万米;绒线为2.14万吨;纺织机械为10万吨。

2. 福利分房

上海纺织工人的福利待遇一直具有产业工人的标志性意义。纺织职工的住房福利,在计划经济年代由企业来承担的历史由来已久。20世纪80年代以后,为了进一步解决职工住房困难,上海市纺织工业局成立"住宅办",专门负责征地、筹款、建房、售配住房等工作,加大住宅建设的力度。到1987年,共建住房138.44万平方米,改善45万户职工的住房条件,解决人均2平方米以下的特困户1 984户。住房遍及全市各区,其中开发并主建了泰山、高家巷、古北一村、国和住宅小区、纺平大楼等高多层项目。

3. 建职工疗养院

职工享受疗养待遇是计划经济年代国有企业最突出的福利待遇之一。1984年、1988年上海纺织系统在已经开始推行承包制度以后,相继在无锡太湖湖畔建造350张床位规模的马山疗养院和在青浦太浦河畔建造156张床位规模的老年职工康复疗养院。此外,有纺织机械公司、服装公司在浙江富春江畔建造桐庐疗养院,分别有床位208张和100张。服装公司的马桥疗养院有床位208张。丝绸公司建造的青浦疗养院有床位100张。企业出资建造的疗养所、休养所有9个,床位375张。

4. 退休工人的利益保障措施

企业承包制开始之后,如何有效保障退休工人的利益开始被提上议事日程。1985年11月,由上海纺织工会牵头,组织建立了"纺织退休职工管理委员会"(简称退管会),隶属上海市总工会。之后在上海市总工会的协调领导下,逐步形成局、公司、厂3级纺织退休管理网络。各级退管会坚持对纺织职工遭遇天灾人祸、重病住院、生活困难、家庭纠纷等问题者进行关心。其间还有不少企业为老人做体检、开设老年门诊服务等。上海第十二、十七、十九棉纺织厂和第二印染厂等还办起"春风托老院",为孤老全托、半托提供方便。1987年后,3级管理网络中的不少退管会逐渐办起经济实体,将50%的利润用于补助生活困难的离、退休人员。

二、上海纺织企业承包的具体做法及理论探讨

承包是国家层面推进的一项国策,一般的流程是上海同中央签承包合同。也就是说上海有一个总的经济指标盘子,而后上海市纺织工业局同上海市政府签承包合同。再而后是局下属企业同市纺局签承包合同。以此类推,用层层签署承包合同的办法来推进这项国策的落地生效。

(一) 上海市纺织工业局同上海市政府承包合同的基本内容

1983年,全国实行第一步利改税的时候,上海纺织系统采取全额利润留成承包方法。1985年,国家实行第二步利改税,内容是将1985年前实行的工商税,划分为产品税、增值税、营业税。而当时调节税税率的确定,是参照企业1983年实现利润,在变动产品税、增值税、营业税税率而增减的利润后,作为核定的基期利润。基期利润扣除按55%计算的所得税和1983年留利后的部分,占基期利润的比例,为核定的调节税税率。上海市纺织工业局当时核定的留利额为29 870万元,其中生产发展基金4 971万元,占16.64%;后备基金1 494万元,占5%;福利基金12 174万元,占40.75%;奖励基金11 231万元,占37.61%。这个承包基数是上海市经委所属12个工业局中,人均留利水平最低的。

1986年,随着按规定减免了企业的部分调节税之后,纺织系统开始对相应部分企业的承包方案,结合第二步利改税实施方案进行适当留利水平的上浮调整。1987年,上海纺织系统的承包基数再次调整,分别采用上缴利润基数包干、上缴利润定额包干、递增包干、减亏包干等4种办法,实行承包经营责任制。全局有446个全民所有制企业实行了承

包,占应承包数的 97.9%。

上海市纺织工业局负责将总承包数分解并同下属公司再签订承包合同。下属公司再层层落实到相关企业签订承包合约。对下属企业的约定是按合约企业超承包基数的部分,按超额比例大小,提取基金。这部分基金规定其中 20% 为福利基金,80% 为生产发展基金。对实行递增包干的企业,超基数的留利,规定 50% 为生产发展基金,30% 为福利基金,20% 为奖励基金。

(二) 纺织企业内部承包改革的个案分析

上海整个纺织系统各企业间的规模、盈利水平、管理思路等都存在较大的差异,但是承包改革的大致方向是一致的。这些做法主要表现在"基数标的"的确定和效益的"挂钩"两个方面。上棉二十八厂企业内部的做法是划小核算单位,实行"两包、两挂钩、三制约"的承包责任制。

1. "两包、两挂钩"的含义

一是利润承包与奖金水平挂钩浮动;二是工资总额承包与各部门"标的"挂钩浮动。

为便于核算,上棉二十八厂首先对纺部、织部两大车间和 20 个科室在 1983 年定员定额的基础上核定包干人数。总务、机动、供销等部门原则上不新增定员。科室干部在控制人数的基础上做到增人不增资,减人不减资。

(1) 利润承包。利润承包方案制定原则是"包死确保,不足扣奖,超利嘉奖,争取力争"。达到确保利润的部门可以提取人均 16 元的基础月奖;凡确保利润未完成,纺、织两部门利润每降低 1 万元,人均扣奖金 1 元,外场科室人均扣奖金 0.7 元。超利进行加奖,纺、织两部门凡利润超一万元,人均加奖 2.5 元,外场科室人员加奖 1.4 元。

在利润承包中,为了鼓励一线职工,则采用系数奖金。浆缸系数 1.6、一岗系数 1.5、二岗系数 1.4、三岗系数 1.3、四岗系数 1.2、五岗系数 1.1。例如,人均提奖 16 元,则浆缸得奖金为 $16×1.6=25.6$ 元。运转机工,按所在工序的挡车工岗序执行。运转锅炉、运转电气系数为 1.4。长日班及其他部门系数为 1。纺部系数为 1.124 5、织布系数为 1.318、机动系数为 1.050、其他部门为 1。

按照这个承包系数,各车间、部门在内部实行承包时,都相应制定了工种系数,以区别劳动强度、技术难易和贡献大小。

(2) 工资承包。工资总额包干的前提是在上海市纺织工业局批准核定的企业标准工资和标准定员基础上,通过企业内部的企管办根据经济效益商讨出一个考核标的。这个标的分成三档:一档——先进水平,二档——平均水平,三档——确保完成水平。如果标的达到一档水平,纺、织两部工资总额增加 16%,外场科室增加 14%,相当于增加一级工资;如果标的达到二档水平,纺、织两部工资总额可增加 10%,外场科室增加 8%,相当于增加半级工资;如果标的达到三档水平,则拿核定的包干工资总额;如果完不成三档标的则工资总额要下浮 3%。这个做法就把工资指标同承包标的实现了挂钩。各车间、科室、班组相应承担了自我控制工资、奖金发放的责任。把工资的增减和经济效益挂起钩来,逐月浮动,标的完成得好,工资可以增加,标的完成得不好,或者没有完成,工资就会减少。这种承包办法可以减少原来工资增资过程中的平均主义。

2. "三制约"的含义

利润、工资承包同效益挂钩之外,上棉二十八厂还制定了3项制约措施。制约的内容包括产量、质量的制约和安全生产指标的制约。比如布机车间实行工区承包,承包项目:产量(折合单产)2.897米/台时;质量(操作坏布)363.9只/月;制约指标:安全生产——轻伤事故每发生一起,工资下浮1%;重伤事故每发生一起,工资下浮2%;工区产质量完成承包数,工资上浮10%;未完成则工资下浮2%。安全制约指标还包括重伤、火警、死亡、火灾,如有一起,则工资下浮3%。棉纱标准品率为99.5%,不达标则工资下浮1%。

(三) 对承包制的理论思考

上海市纺织工业局实施承包方案以后的头两年经济增长稍有起色,之后的三年由于各种原因承包基数均未完成。其中原因可能有以下几方面。

1. 推行承包制与"治理、整顿"的国家宏观政策没有配套

这些不配套包括国家颁布的各种税收政策和指令性价格调整的内容政出多门,企业无法在承包契约中合理体现。国家宏观政策措施在当时治理整顿形式下不断出台,让企业在承包契约内以不变应万变,使企业缺乏自我发展能力的矛盾日益突出。承包的发包方采取行政手段,利用契约手段助力企业走上市场之路,但是市场环境的不完备,使得企业陷入既想进入市场竞争又害怕竞争,既想找"市场"但又不得不找"市长"的困境。这背后的深层次原因是中国的企业改革除了企业自身的因素之外,还有更多的是企业外部因素,宏观经济环境强烈地左右着企业的行为和决策。国家一方面单向要求企业改变现状,一方面又不能同时改变政府直接管理企业的职能,承包只能停留在企业与政府在指标基数上的讨价还价中。

2. 承包演变为一种行政手段而不是制度创新

自上而下,按照行政隶属关系建立起来的承包方式,并没有改变我国行政经济的本质。承包制度下,企业的生产要素计划供给指标的减少,"一厂一税"制度的形成,既降低了政府经济管理的效率,也大大增加了企业生产运转的费用成本。看似简单的承包操作办法,其实背后牺牲的是制度运转成本。1984年开始,国家财政停止对国营公交企业增拨流动资金之后,企业自有资金开始逐年下滑。大部分企业开始依赖举债贷款维持生产。纺织系统的原材料及产(商)价格受双轨制因素影响,一方面企业自身调价前库存物资仍以相对较低的价格摊计成本,虚增利润,另一方面用原来的自有资金购买新一批原材料的实物量相对减少,企业自有资金逐年遭贬值。

3. 承包的改革仅仅是一种权宜之计

在当时国民经济出现普遍不景气的情况下这种权宜之计也不是不能理解。其实国家还是想从增加企业留成利润开始改革,是在推进到第二步利改税阶段而陷入困境的。两步以税代利改革,对于确定企业与政府间的利益分配关系,逐步形成企业自我积累的机

制,从而慢慢走向财务自给自足体制,无疑具有十分重大的意义。但是,从我国社会经济的实际情况看,以税代利的改革其实是政府对企业的一次减税改革,它的代价就是政府财政收入减少。而接下来的问题是,政府减税能够带来的究竟是企业生产的扩张效应(将税后留利转化为投资),还是企业职工的需求膨胀效应(将税后留利大量转化为消费)却是极不确定的。除此之外,企业赋税的公平是以税代利改革的关键所在,为了做到这一点,又必须进行物价改革,以消除双轨制以及市场价格扭曲造成的错觉。单就这一物价改革而言,其成本是非常昂贵的。仅物价补贴这一项制度就可以让当时的财政不堪负担。所以,1984年当以税代利的改革进入到第二阶段的时候,承包已经开始流于形式且弊端已经逐渐显现。

4. 工资收入同经济效益挂钩演变成承包的核心部分,原因在于整个国民经济缺乏应有的考核机制

上海实现工资总额与经济效益承包挂钩的做法从1984年开始试点到1987年,挂钩的职工数量达到41万人之多。实行"工挂"的职工人数约占全民所有制企业职工人数的78.5%。理论上说,企业自负盈亏,工资总额上缴以后,剩下的都是企业自己的。但是,留归企业的收入,如何处理好积累与消费及分配之间的关系,牵涉全民资产安全、兴衰等资产的增值保值等一系列问题。当承包全面推开的时候,这些属于整个宏观经济层面的深层次考核问题处于改革的真空状态,这也是导致承包制后期无法顺利推进的重要原因之一。

第二节　在行政层面推行机构变革,采用管理手段拉动经济向好发展

1983年以后,上海的纺织产业由于各种原因开始出现历史性的大面积下滑态势。为了制止经济波动,上海纺织系统在这个时期集中开展了一系列的行政机构变革工作,其主要目的是为整个体制机制的改革作出实践性探索,同时也充分反映了上海纺织系统面对不利经济形势积极作为的精神风貌。

一、变革行政性公司为经营性公司

行政性公司与经营性公司的改革是企业获得自主经营权的一个重大突破。上海纺织系统的建制一般分市纺局—行政性管理公司—企业三级架构。计划经济的最大特征就是从企业原材料进厂到生产数量再到销售市场的信息都按政府(市纺局)指令执行。这个指令就是沿这个三级架构层层下移落实的路线图。企业没有经营的权利,企业的上一级行政性公司主要职责是贯彻市纺局的指令计划实施到位,同样没有经营的权利。上海从1984年开始,在市纺局这个国家机构职能不变的前提下,下属行政性公司率先走出自主经营的步子,这是一个重大的转折。

（一）棉纺类公司

1984年3月，上海棉纺织公司、上海第二织布厂、上海印染公司，改组成立上海棉纺织工业公司、上海市第一棉纺织印染工业公司、上海第二棉纺织印染工业公司。1987年1月撤销上述公司，与此同时，新建上海纱布经营公司、上海第一和第二纺织印染经营实业公司、上海棉纺织经营实业公司，完成经营性公司的跨越。对应的上海市纺织工业局部门则改为棉纺织印染行业管理处（简称棉纺印行业处），下辖工厂103家，研究所2家，其中棉纺织厂31家，织布厂38家。

1985年2月28日，上海第一织布公司直接改建为工贸相结合的经营性公司，改名为上海新联纺织品进出口公司（简称新联纺公司）。所属生产出口产品的纺织厂、印染厂、色织厂共53家。新联纺公司成立之后，发挥工贸结合的优势，生产企业联同公司一起同客户洽谈业务，直面市场需求和市场变化。初建时的1985年创汇316万元，改制取得初步成效，受到业内普遍关注。

（二）毛麻类公司

上海毛麻行业的行政性公司向经营性公司转轨中，采取的做法是在工业公司层面先增设经营班子，在行政性公司的内部先设立经营的职能机构，下属各厂也相应设立经营机构。全行业先后派出30余个市场调研组，200余人分赴全国调查市场，与27个省、市批发部门建立产销关系，举办各类展览会、订货会达70余次。1985年随着国家放开毛纺原料经营权，1986年第四季度，毛麻行业撤销行政性的工业公司，新组建上海毛麻经营实业公司，1987年改组为上海毛麻纺织联合公司。与之对应的上海市纺织工业局设立上海毛麻行业基层工作处和行业管理处。

上海章华毛纺织厂1986年1月直接改组为上海章华毛纺织公司，实行董事会领导下的经理负责制。1987年5月，在上海南京西路950号开辟章华、贯一联合经营的呢绒面料服装门市部，兼设章华公司总联络处。1988年，该公司共生产各类呢绒323.5万米，其中外销150万米，占46.36%，创汇825万美元，实现利税2 749万元。这是一个通过直接变革企业领导架构而实现自主经营的典型案例，在上海纺织系统的改革中具有标杆意义。

（三）毛巾被单类公司

毛巾被单行业在上海纺织系统中虽然有些属于大集体企业性质，但在改革开放初期为安排知青返沪等方面做出过重要贡献。1986年11月，上海市毛巾被单工业公司撤销。1987年，行业部分企业采取自愿组合的办法，组建经济联合体，分别成立上海纺织装饰公司、上海西西床单公司、上海友谊毛巾联合公司。1988年3月，由行业各厂、各经济联合体、纺织装饰用品科技研究所、职工大学巾被分校等55个单位组成上海毛巾被单工业联合公司，完成行政性公司向经营性公司的变轨改革。对应的上海市纺织工业局部门则建毛巾被单行业管理处负责分管工作。

（四）线带类公司

线带类产品虽然规模比较小,但在上海纺织家族中却有小而精的特色。上海线带行业最早萌芽于20世纪初叶,早期的产品大多来自英国等西方国家,产品最早俗称洋线团。几经改革之后,主要产品有出口急需的宝塔线、绣花线、缎带等8大品种。改革开放初期,线带类所有企业在1986年之前全部隶属上海市线织带工业公司,也是上海率先成立的全市第一家工商合一的企业性公司。将行政性公司撤销以后更名为上海线带公司,公司实行经理负责制,并设立公司管理委员会,下辖企业24家,全部实行自主经营。改制经营性公司后,1987年,行业外销收购额达到13 565万元,比1978年增长64%。

（五）化纤类公司

上海的化纤工业在全国具有样板意义,在当时投入了全国和上海的财力、人力、物力等各种资源。1984年,上棉二十厂划归上海市化学纤维工业公司,改名第十四化纤厂。1986年,上海市化学纤维工业公司撤销,建立经营性公司,更名为上海化学纤维公司。公司实行经理负责制,并建立管理委员会和职工代表大会制度。公司与下辖生产厂商在经济上实行两级核算,当年经国务院批准划为大型企业。

（六）丝绸类公司

上海的丝绸工业历史悠久,在全国以及东南亚都享有较高的地位。丝绸产业在新中国成立以后一直得到政府的大力扶植,外销势头不断攀升。党的十一届三中全会以后,上海市丝绸工业公司虽然有下属各公司、企业较早地设立外贸进出口机构建制,但真正将上海市丝绸工业公司这个行政性公司撤销是在1987年7月。撤销而后再新组建的经营性公司为上海丝绸公司。经营性公司组建不多时,全国出现了"蚕茧大战"导致"厂丝大战"。"20/22AA级厂丝"从国家定价5.4万元/吨猛涨到21万元/吨。当时计划的国家划拨厂丝原料出现全部断供情况。新组建的上海丝绸公司主动出击,与安徽六安合作成立申皋丝业联合开发公司,开辟蚕丝基地,竭尽全力帮助各厂自筹原料。同时,通过筹借周转外汇,用出口化肥向四川以100∶1串换厂丝。经营性公司的优势在当时发挥了应有的作用。

二、组建集团性公司,缓解政府"简政放权"权力下放时的短暂管理真空压力

企业集团,是指一批具有内在经济联系的企业,基于共同的利益和一致的目标,通过自愿联合形成的生产经营群体。改革开放以后,国内断断续续出现集团性企业。1987年,上海集中出现各类集团组织机构达120个,其中工业系统达102个。纺织系统的企业集团组织机构达89个,参加企业集团的企业达500个。上海纺织企业集团的发展速度之快、数量之多创下工业行业产业组织的历史之最。

(一) 历史背景及主要特征

企业集团的集中出现,大致时间是在政府各局下属的行政性公司撤销以后。从宏观上说,集团建制的出现顺应了国家经济体制改革中"简政放权"的基本思路,是其在微观层面的体现。上海的纺织企业不论是资产还是数量都位于地方经济的前列,当市场经济的大潮开始涌动,企业在短时间内出现诸多"没有上级"的失落感。原先的管理模式下,企业有事情通过找市长就可以解决问题的思路,改为通常要市场来解决问题,企业在短时间内出现不适应的情况。从地方政府的角度看,为了遵循国家层面的体制改革放权思路,在短时间内就会出现没有抓手的"失落感"。集团建制的出现,既迎合了企业习惯的依赖"上级"的心理,又顺应了政府宏观调控成本最低的改革要求。

1. 以品牌为龙头组建集团

上海纺织系统拥有较多的名牌产品,这些名牌产品在全国以及国际市场拥有一定市场份额,具有较稳定的客户资源。因此,这些品牌所属的企业在纺织系统内部具有一定的号召力和凝聚力。纺织系统的这一类集团公司相对数量较多。比如,上棉十二厂、第十七织布厂、第二十二漂染厂等以"卡其"类名牌为龙头组建"康达纺织品联合公司",也称卡其集团。由上棉十九厂、十五厂、十六厂、第二十九棉纺织印染厂、第九织布厂、第五印染厂等单位组建以纯棉、涤棉细纺印花布为龙头的"华申纺织印染联合公司"。以高支、高密织物为龙头,由上棉二厂、六厂、二十八厂和新光内衣染织厂组建"申达纺织、服装(集团)联合公司"。以纯棉染色府绸产品为龙头,由嘉丰棉纺织厂、第十七漂染厂等单位组建"嘉华纺织印染公司"。以线绢府绸和风雨衣、夹克衫为龙头,由上棉九厂、上海永新雨衣染织厂等单位组建"福华纺织品联合公司"。以床罩、被单、毛巾、浴巾、餐巾、台布、窗帘、墙布、家具布、蚊帐、地巾、线毯、地毯等装饰用纺织品为龙头,由上海太平洋被单厂、崋众毛巾厂、上海床罩厂、大统被单厂、大华纺织装饰厂等单位组建"上海纺织饰品(集团)公司"。

2. 以规模企业为龙头组建集团

这种类型的集团公司大都集中在纺织机械行业。以中国纺织机械厂为龙头,围绕织布机系列产品,组建"上海远东织机公司",加入成员有 20 家单位。以上海第二纺织机械厂为龙头,围绕细纱机系列,组建"上海双菱纺织机械(细纱机集团)联合公司",加入成员有 19 家单位。以上海印染机械厂为龙头,围绕印染设备,组建"上海五环印染机械联合公司",加入成员有 10 家单位。

3. 以上下游产业链为主组建集团

上海梭子厂、上海梭子配件厂、上海纱管厂等单位组建的"上海沪光纺织梭管器材(集团)公司"以及上海停经片厂、上海钢丝综厂、上海综架厂、上海钢扣厂、上海金属针布厂等组建的"上海联谊纺织器材配套公司"具有"小而全"的上下游联合特征。当然以品牌、以规模企业为龙头的集团也不乏上下游的关系,只是关注的重点有所区别而已。

(二) 集团公司的意义及历史局限

集团公司集中出现在当时计划经济向市场经济过渡时期,它在中观层面为政府职能转变和企业属性重塑的特定阶段提供了缓冲空间。

1. 为政企分开进行有益尝试

政企分开是中国经济体制改革的一项重大内容。虽然在改革初期政府意识到政企不分弊端的严重性,但始终在"分而不开"的处境中徘徊。究其原因,其中有一部分是因为政府与企业之间缺少一种以市场行为为桥梁的组织架构。如果能够在改革中组建企业间自然形成的一批企业集团,并且逐步接过原先由地方政府和行政部门行使的微观经济职能,这样就能在政企分开、企业自主经营的改革中起到加速剂的作用。国家对企业的调控可以通过集团这个组织来组织、实施,相对于政府直接面对企业进行调控不仅成本有效降低,而且为政府将企业推向市场迈出了重要一步。

2. 为企业规模经营提供新的途径或平台

上海的纺织企业历史悠久,素有数量多而且分散等特点,甚至许多街道、里弄都蕴藏着作坊式的星罗棋布的经营场所。改革开放之初,这些企业往往最早领受了"春江水暖鸭先知"的竞争滋味。生产规模偏小,生产和投资相对分散,这是上海纺织产业的一个硬伤。集团的组建,从某种意义上说有利于上海纺织产业的结构调整。从理论上说,企业集团的大规模生产可以带来规模效益,企业集团的组建可以为政府产业政策有效实施提供组织保障,社会资产向企业集团的集中可增强其投资能力,进而助其在国内市场以及国际市场提高竞争能力。

3. 为提高专业化协作程度、扩大上海纺织品牌的市场覆盖面起到积极作用

集团公司之前的企业间相互协作大都依靠行政性公司来组织协调,行政性公司撤销之后,集团按照经济合理、管理科学和生产连续等要求建立相对稳定的经济联合体,不论是对内配套协作还是对外争取市场资源,其管理成本都会降低,从而有利于所有企业竞争能力的不断加强。

4. 历史局限

上海纺织系统众多的集团性公司的集中出现自然有其历史原因,而就集团公司的性质而言,其实并没有改变原先的行政性公司"翻牌"为经营性公司的性质。集团公司的性质,从某种意义上说,只是行政性公司与经营性公司的"集大成"而已。改革开放的初期,集团性公司担负了一部分原先政府的行政职能,但同时又承担了一部分的市场经营性职能。这里深刻的原因是政府还没有进入真正的市场经济的改革期,这是一个历史的局限。值得肯定的是,集团性公司在缓解政府与企业脱钩前的真空管理期矛盾方面起到了历史性的积极作用。

第三节 发展横向经济联合体,纺织资本在流动中实现增值目标

横向经济联合是指在商品生产、流通和技术开发过程中,一些彼此相关和相互依赖的

经济单位按照自愿互利的原则建立的某种经济联合形式。按照1986年3月31日《经济日报·农村工作通讯·第5期》的定义表述为:"所谓横向经济联合,是相对于我国原来的以纵向行政手段为主的经济联合而言的。它是在企业自愿互利的原则下,打破地区、部门和所有制的界限,打破部门和地区之间的条块分割,打破企业'大而全'、'小而全'的组织机构,逐步形成的一种新的企业群体或集团,为社会主义商品经济的发展开辟道路。横向经济联合有两种基本形式:一是企业之间的联合、二是区域之间的联合"。上海在20世纪70年代末同本地乡镇企业开展过少量的以资本为纽带的合作之后,历时10多年,跨部门跨地区的经济合作得到空前的发展,可谓走在横向经济联合的前列。横向经济联合促进了地区产业结构的优化调整,并为企业生产要素的全方位流动带来积极意义。

一、上海纺织横向经济联合的背景与成就

上海市政府于1986年6月10日发布《上海市进一步推动横向经济联合的试行办法》文件,对开展横向经济联合的一些具体要求作了政策部署。这是继1986年3月23日国务院发出《国务院关于进一步推动横向经济联合若干问题的规定》文件之后,结合上海的实际情况采取的落实中央政策的具体举措。

这些文件明确指出,横向经济联合是国家经济体制改革的重要组成部分,也是实施上海经济发展战略的重要内容。要求通过加强横向联合,以广阔的腹地为后盾,改造上海传统工业,开拓新兴工业,推动技术进步,促进经济的更快发展。截至1987年,上海工业系统组建的已投产的经济联合体达1 716个,全年工业联营产值120亿元。比上年增长1倍以上,占全市工业总产值的比重从上一年的6.9%上升到12%。通过与外省市的联合经营,1987年全市拆借进出总额280亿元,比前年增长2倍。企业间的横向联合,使上海从联营中返回的利润逐年增多,以上海地方全民所有制工业企业为例,1985年利润返回量1.8亿元,1986年增至2.3亿元,1987年跃升到8.1亿元。外贸行业通过出口代理、换购、串换、国内补偿贸易等横向联合方式,外省提供上海口岸的出口货源逐年上升。1986年为34.57亿元,占当年口岸出口货源的27%。1987年达44亿元,占口岸出口货源的30%。上海纺织系统的横向经济联合成就主要体现在上海市郊和外省市两部分。

(一)向市郊横向联合经营的实体

截至1987年末,上海纺织工业与10个郊县和部分农场,共合资联办企业达242家。投产的主要设备有棉纺锭9.7万枚、气流纺3 400头、棉织机4 139台、毛纺锭34 740万枚、毛织机529台、羊毛衫横机986台、丝织机310台、毛巾织机350台、被单织机240台、手帕织机200台。至1987年,仅上海南汇县工农联办纺织工业产值达5.3亿元,占全县工业产值的30%;利润0.66亿元,占全县工业利润的29%;出口创汇0.718亿美元,名列郊县之首,初步形成了一个门类齐全的小纺织工业区域。

（二）向外省市横向联合经营的实体

1981年，上海丝绸工业公司和四川省茧丝绸公司横向经济联合，以技术服务方式换取丝织和绢纺原料。1982年，上海市纺织工业局与安徽马鞍山市地方经济体组建沪皖纺织联合开发公司，共同投资开发经营色织、针织、毛巾被单等产品。1984—1986年，上海市纺织工业局和江苏、浙江、安徽、湖北、广东、河南、山东、福建、宁夏、四川等省、自治区，共建立横向经济联合企业99家。主要设备有棉纺锭14 680枚、棉织机504台、精梳毛纺锭4 752枚等，生产纺织原料、纺织服装主辅料、纺织机械零部配件和纺织器材。1987年起，为发展上海经济区联合，加强经济技术协作，又以老设备棉纺锭74 712枚、气流纺896头、自捻纺64头、涡流纺96头、棉织机50台、精梳毛纺锭2 200枚、涤纶短纤维设备2套及年生产能力为2 000万米的印染设备，分别作价投资与江苏、浙江、安徽联办19家企业，产品全部或部分纳入上海市计划额度。还以纺织工业部分配的横联棉纺锭4万枚和江苏联办棉纺厂。与此同时，为解决上海棉纱供应不足，上海市纺织工业局以纺织工业部分配的横联棉纺锭，辅以相应的技术力量，在山东产棉区陆续新建、扩建列入国家计划的棉纺锭8万枚、地方计划棉纺锭3.6万枚，以拓展棉纱供应基地。

二、上海纺织系统横向经济联合的个案分析

上海纺织规模一直受地域空间等因素的影响，但是，横向经济联合的发展，为拓展纺织加工空间提供了诸多便利条件。

（一）康达纺织集团

康达纺织集团是上海纺织系统最早成立的一个企业集团，拥有纺织、印染、服装一条龙的优势。但是由于上海缺棉、缺纱、缺布等自然因素的限制，在国家配额日益减少及基本实现市场化的转折关口，集团开展横向经济联合方法，挖掘生产加工技术潜力，1987年增加出口货源棉纱204吨，棉布300万米。集团直接由外贸收购的金额比上年增长38.9％，集团的利润比上年提高40％。

1987年，集团所属成员上海第十二棉纺织厂与浙江省龙游县联营创办棉纺厂，做到当年建设当年投产，当年实现盈利30万元，解决400多人的就业。上海第二十二漂染厂与江苏昆山县印染厂开展横向联营，上了一条180染整线，1987年投产，按照上海的质量标准组织生产，产品质量符合出口要求。联营企业不仅成为上海纺织在昆山的一个出口基地，而且也成为昆山当地产值超亿元的明星企业，为集团当年外贸印染布比上年增长50％做出了贡献。

通过横向经济联合，1987年，康达纺织集团已拥有纱锭25.2万枚，线锭5.6万枚，布机4 455台，印染生产线3条，麻球生产线4条，各种针织机械200余台，缝纫机450台。年生产棉纱4.5万吨，棉布1.26亿米，印染布4 700万米，麻球480吨，服装130万件，针织服装1 700万件。

(二)上海纺织在邻省江苏昆山的联合经济

江苏昆山紧邻上海,铁路距离只有53千米,水路和公路都很方便。两地同处长江三角洲,地理位置以及发展方向比较相近。历史上,昆山与上海在经济上有着千丝万缕的联系。昆山的纺织工业是一个薄弱行业,但是,土地、劳动力以及农副产品资源十分丰富。20世纪80年代初通过重点发展同上海的横向经济联合,截至1985年,先后有19个乡以上企业与上海对口联营,促进了当地经济的快速发展。1985年,纺织行业年产值达到30.418万元,比上年增长108%,占全县工业总产值的23.6%。

上海纺织同江苏昆山地区的横向经济联合具有一定的典型意义。联合的形式,一般是昆山方以土地、厂房作价投资,上海方以设备、技术作价投资。双方的投资比例也就作为确定分成比例的主要依据,不论是新购设备还是将原有设备迁移作价重置,都能贯彻风险共担、互惠互利的原则。1986年上半年,上海纺织在昆山帮助改建、扩建一个棉纺织厂,建设一家由联合体同外贸合营的服装厂和一个苎麻纺织品的工厂及加工基地。这样,上海纺织同昆山的横向经济联合,从单一的生产协作,逐步发展到棉、麻、毛等门类齐全的纺织、染整、服装生产的一条龙配套协作。由产、供、销的一般联合逐步发展到贸、工、农的配套协作。上海可以将其视为纺织后方基地,昆山方面则还带动了当地纺织行业的骨干企业与一般企业、乡镇办企业与村办企业之间的第二层次联合,包括带动与纺织配套相关的电子、塑料等企业的联合发展。

三、横向经济联合的意义与历史局限

横向经济联合是经济体制改革初期的资本流动、经营方式层面的大举措。新中国成立以后,国内大大小小的企业,包括后起之秀的乡镇企业在内的管理方式基本沿袭的是自上而下的比较刚性的计划经济模式。当横向经济被允许发展的时候,沿袭已久的刚性体制出现了全方位的松动。不破不立,横向经济联合为计划经济向市场经济的转变开创性地作了前期的探索实践。以市场为导向的经济形态就此拉开序幕,新兴的多元化经济开始了它艰难的旅程。

(一)上海开展横向经济联合的意义

上海历来吃惯了安稳的"计划饭",指令性的计划经济指标占70%以上。随着经济体制改革的深入,指令性计划的缩小,作为加工型城市,上海面临严峻的挑战。通过横向经济联合,上海的产业结构调整得到了一次历史性的机遇。

(1)通过开拓横向联合,把产品转移出去的同时,带动降低生产力要素在生产中的消耗来实现整体制造成本的下降。如上海市纺织工业局把10万多枚的纱锭扩建计划额度转到兄弟地区,以建成半成品基地,前期的土地、劳动力等生产要素成本得以快速降低,上海纺织生产的结构性问题通过借势借力得到调整。

(2)横向流通领域采取补偿贸易的形式,在市外建立第二货源基地,解决上海市内纯

棉产品生产不足,市场供不应求的情况。1987年,上海纺织向市外的收购额占到总收购额的40%以上。如向三门峡会兴棉纺厂投资150万元,工厂每年提供各种胚布300万—350万米,5年不变,每年偿还资金20%。向合肥安徽第一棉纺织厂投资200万元,工厂在4年中提供涤棉胚布2 200万米,分年金偿还资金。向常熟和苏州2个色织厂投资40万元,工厂每年提供被单布60万米以上,补充上海市场的不足。上海市针织品批发公司经营的床上用品,全年通过横向经济收购近2亿元的产品,起到了"市内不足横向经济补充"的作用。

(3) 通过横向经济联合,密切了与其他兄弟省市地区的关系。至1987年,上海在外已有省办、中央部办及地、市级以上政府和大型企业办事机构182个。1987年,上海还分别与湖南、江西、四川、重庆、新疆、吉林、黑龙江等7个省、市、自治区签署了《关于横向经济联合中的企事业单位合法权益保护协议》。上海市总工会、工商联、团市委积极参与横向经济活动,全年承接的兄弟地区技术协作项目达2 000多项。上海与兄弟地区的经济联系已经渗透到联合开发原材料、产品扩散、技术转让、人才培训、资金融通等各个领域。横向联合促进了一个多层次、多渠道、充满活力的上海经济格局的加速形成。

(二) 横向经济联合的历史局限

1986年的六七月,复旦大学经济研究中心接受上海市政府协作办、体改办、经济研究中心等委托,对上海横向经济联合的情况做了一次大型调查。调查范围主要包括上海毛纺、服装以及轻工机械行业的3 342家样板企业。作为改革开放初期的一种经济现象,横向经济联合的历史局限主要包括以下几点。

1. 有80%的调查对象认为上海的优质名牌产品的质量有所下降

上海的老牌老字号产品具有悠久的文化、历史沉淀,当这些产品在满足不了市场需求而外发到联营厂去加工的时候,其质量与原厂有差异已经成为一种新现象。消费者在市场上往往会多一个问号,来追问所购买产品是不是联营企业的产品。这个现象在上海延续了很长的时间,其主要原因是原厂生产管理与联营企业生产管理上存在差异。上海品牌产品质量下降的一部分原因是横向经济联合所导致的,这个结论能反映当时的客观实际且较中肯。

2. 横向经济联合的经济效益出现一边倒现象,折射了这个经济业态的不稳定弊端

调查表明,就横向经济联合的得益而言,外埠企业大于上海企业,乡镇企业大于国有企业,生产单位大于科研单位。以技术投入开展横向联合的矛盾往往反映在,输入方抱怨付费标准过高,而技术输出方则不满收费标准太低。横向经济联合体中的创利分配缺少科学管理,而往往导致合作方的矛盾。有时为了掩盖这样的矛盾而采取隐匿实际收入的手段,或以有时为本企业职工提供物质实惠,或以"内部价"进行生产资料和消费资料的串换等方式来平息矛盾。

这些不稳定的因素由诸多方面的原因诱发。其中共性的包括外埠与乡镇企业的地区优惠政策明显高于上海的国有企业。随着税利分流试点的推行,大中型企业在横向经济

联合中所能享受的一些优惠政策,又被税收政策的调整所抵销。国有企业在横向经济联合中,联合与否在税收政策优惠上没有多大区别。为此,有时为享受乡镇企业的优惠政策,一些大中型企业与区县搞联合,哪怕是国营企业之间的联合,也往往要挂上一块乡镇企业的招牌。这样做,短期会有利可图,但从长期看,这种业态不仅造成国有资产流失,而且不利于可持续发展。

3. 横向经济联合中生产力因素的流动与"所有制不变、隶属关系不变、财政解缴渠道不变"之间的矛盾无法调和是横向经济联合发展的关键制约因素

企业之间实行横向经济联合是受客观经济规律支配的。它除了受生产关系发展规律支配外,生产力因素重新结合的必然性也是一种导因。生产力因素互相结合形成生产力之后,不是永远不变的,而是不断发展变化的,在不断发展过程中产生的种种矛盾,需要企业内部和企业之间不断调整,以解决这种变化产生的矛盾,才能使生产力发展走上一个新台阶。但是,由于企业之间的横向经济联合从一开始就约定了联营中的这个"三不变"原则,实践证明横向经济联合经营中提高生产力非一日之功,而生产力不先进造成的不利结果是很难改变的。横向经济联合更多体现的是单个产品的数量增加、诸多劳动力的时空改变而不是新生产力要素的质变。

4. 在财政包干、外贸包干、信贷切块实施等体制影响下,地方政府受地方刚性利益的驱动,所制定的地方政策难免带有"诸侯经济"阴影

产业结构、产品结构的调整,更多的是依靠短期增量的投入来实现,从宏观层面看,低水平的重复投资、低水平的效益回报离实现经济良性发展的要求尚有距离。

第九章 深化改革,上海纺织工业打响突围战(1988—1992年)

打响世纪突围战:上海纺织产业大军走出困境

上海纺织业自发祥再经过百年淬炼,至20世纪80年代初叶进入鼎盛时期之后,开始进入下滑通道。以传统的劳动力密集型为特征的纺织产业与上海国际化大都市的城市定位发生了整体性的错位。随着以市场为主导的经济体制改革的不断深入,纺织行业中的民营企业和外资企业在生产成本以及技术优势等方面形成了对传统国有纺织企业的竞争包围格局。这是一波不可阻挡的改革浪潮对以国有计划经济为主的传统工业格局的大冲击。上海纺织行业出现了大面积的亏损以及大面积的下岗现象。其间,又逢1988年的上海甲肝大流行,纺织系统罹患甲肝病者高达3万多人。这些内外困难叠加在一起,上海纺织工业进入历史最低谷期。为了缓解各种经济矛盾,上海纺织行业在这段最困难的历史时期,浴火重生,恪尽职守,开展了一系列卓有成效的改革探索,经济效益出现了新的转机。1992年完成纺织工业第一轮承包时,当年实现总产值219.71亿元(1991年为210.05亿元),比1991年增长4.6%(1991年比1990年增长2.47%);全员劳动生产率1992年实现43 531元(1991年为40 503元),比1991年提高7.48%(1991年比1990年增长3.27%)。

第一节 经 济 背 景

20世纪80年代末,上海纺织行业出现市场疲软问题,其实已经到了行业全线调整的关键时期。1988年,上海纺织工业总产值是139.16亿元(按照1980年不变价口径),时隔一年的1989年下探至134.20亿元。1989年8月3日下午,时任中共中央总书记江泽民到上海第二纺织机械厂视察。该厂是1987年1月在上海市全民所有制企业中首家以契约形式实行全员承包经营责任制,通过厂内承包形式,组织全员以当事人身份共同努力提前完成各项指标的明星企业。江总书记的视察不仅肯定了该厂改革的成功做法,也是对上海纺织系统改革发展成果的一次大检阅。党和国家最高领导人视察上海纺织企业的历史可以追溯到1956年的1月10日,时任国家主席毛泽东到上海申新纺织九厂视察。第一次视察的背景是第一个五年计划期间,上海的纺织工业如火如荼,成为新中国的重要支柱产业。第二次的视察背景则意味着上海的纺织工业出现了历史性的转折,寄托着总书记对上海纺织系统尽快走出困境的殷切期望。

时隔一年的1990年,时任政治局常委、国务院副总理的姚依林在时任上海市市长朱镕基的陪同下,视察上海绢纺织厂。再时隔两年后,时任国家主席的杨尚昆视察上海第二衬衫厂。党和国家领导人在这短时间内密集造访上海纺织行业,为上海纺织改革在探索中发展指明了前进方向,使纺织行业坚定了勇往直前的信心。

一、纺织发展过程中积累的矛盾出现集中爆发态势

有历史学家把1988—1992年称为国家经济层面经历了一个"伟大的历史时刻"。

从全国看,国有纺织工业已经成为全国国有工业中困难最为严重的行业。首先,低水平的重复建设总量超过了市场需求,特别是初加工生产能力增长过快过猛。以棉纺锭为例,1981—1991年,棉纺锭从1894万枚陡增到4192万枚。随着棉花价格、人工成本和各项费用的提高,相当一部分国有纺织企业丧失了竞争能力。其次,国有纺织企业平均资产负债率高达82%,比全国国有工业高出17个百分点。资不抵债的企业占26%,如果加上潜亏等因素,实际可能超过40%。再次,劳动生产率低。纺织工业是劳动密集型产业,为社会消化吸收了大量劳动力就业,但随着技术装备水平的提高,富余人员增多情况日益突出。最后,企业经营机制转化滞后,不少企业还是习惯计划经济的一套做法,重生产轻销售,对市场需求的变化不能作出快速灵敏的反应。

上海纺织系统的具体情况是,1982年以后,原棉多次提价,从1981年的134.9元/担提高到1989年9月的258元/担,全系统各项费用和营业外支出增加22亿元。按生产费用要素分:1981年原材料、能源占90.88%,工资和附加值占3.27%,折旧与大修理占1.39%,其他费用占4.26%,利息支出占0.2%。到1990年,工资和附加值的占比上升到6.98%,利息支出的占比上升到2.5%。工费成本的大幅度上升,出现了工资成本与劳动生产率逆向发展和超计划成本的现象。1991—1992年,工费成本继续大幅度上升,全局企业人均工资水平从1990年的2841.3元上升到1991年的3281.3元再到1992年的4216元。到1992年,上海市纺织工业局全局离、退休人员达270168人,占企业在职职工人数的57.8%,成为全市离、退休人员最多的一个局,当年支付离退休统筹费、交通费、丧葬抚恤救济费、护理医疗卫生费等共达86225万元。效益下降导致不少企业已面临亏损边缘。

从纺织企业规模上看,上海纺织职工数量每年以万计速度下降的同时,中外合资企业的数量开始上升。合资企业数量上升的原因是国家改革开放力度的加大和上海纺织在逆境中取得成果。1988年末,上海市纺织工业局所属499个企业拥有557344名职工,其中,全民所有制企业413个,集体所有制企业70个,国集合营企业6个,中外合资企业10个。1990年末,上海市纺织工业局所属企业495个,拥有职工522914名,其中,全民所有制企业404个,集体所有制企业69个,国集合营企业6个,中外合资企业16个。1992年末,上海市纺织工业局所属企业471个,拥有职工513232名,比1988年减少44112名,中外合资企业由1988年的10个增加到31个。

二、宏观层面改革把企业推向社会的速度正在加快

党的十一届三中全会以后,国家在宏观层面开始全面反思企业的经济属性问题,让企业还其本身的价值,从原先过多地承担着政府附属物的角色中独立出来,这种意识成为当时的时代共识。1988年,国家首次颁布的《全民所有制工业企业法》以及之前的《企业破产法》《中外合资经营企业法》(1979年颁布,1990年第一次修订),从法律层面赋予了企业应承担的责任和义务。与此同时,1988年全面经商的大潮风生水起,商品

价格出现了"双轨制",中央采取对经济实行整顿治理,紧缩银根,减少基建的做法,使其后3年经济发展都在4%—6%的低点徘徊。1989年11月6日召开的中国共产党第十三届中央委员会第五次全体会议审议并通过了《中共中央关于进一步治理整顿和深化改革的决定》。这一系列的社会大背景下的改革措施为上海纺织企业在困境中寻求新突破提供了新的政策和理论支撑。1992年的1月,邓小平视察南方后,中国经济出现了新的转机。

三、混乱的"双轨制","看得见的手"和"看不见的手"博弈拉锯,纺织企业面对双重挑战

(1) 1989年12月,国家物价局、纺织工业部、商业部发文通知,对60支以上的纱、布产品(含60支以上混纺织物)的定价归企业。1992年1月,国家物价局发文通知,将纱、布中的花布以及呢绒、毛线的定价权下放给企业。1992年底,上海物价局规定,上海的汗衫背心、棉毛衫裤、色织布、漂色布、绸缎、麻袋、绢丝、柞蚕丝等8项纺织商品仍归口上海市物价局管理。

(2) 1988—1991年间,国家计划分配给上海市纺织工业局的原棉数仅为棉纱生产计划数的73%,而实际调沪棉花数又仅及计划数的68.996%。在计划配给数不能全部落实的情况下,上海采取用地方外汇进口棉花(包括进料加工)的措施。1991年正逢棉花丰收,种棉产地脱离国家计划采取直接来沪用降低售价、延期付款、送货上门等手段向上海纺织企业竞销,习惯在计划体制下工作的思维模式,导致至1992年6月的时候,上海积压的原棉大大超过计划数达到13万吨之多。

(3) 化纤产品的计划控制与市场调节政出多门。1988年,上海计划委员会出面协调让上海的化纤生产增产,并采取返还"两金"的做法下达指标数。1988年,上海市计划委员会下达给上海纺织工业返还"两金"的指标是:涤纶短纤维1 500吨,维纶短纤维500吨,涤纶长丝70吨,涤纶加弹丝940吨,涤纶聚酯切片2 950吨,聚乙烯丝3 200吨。1989年是:涤纶短纤维1 500吨,维纶短纤维500吨,涤纶长丝200吨,涤纶加弹丝500吨,粘胶纤维600吨,腈纶100吨。1990年是:腈纶200吨,维纶500吨。1991年是:腈纶600吨,维纶500吨,涤纶加弹丝200吨。1992年是:腈纶200吨,维纶500吨。而与此同时,国家纺织工业部1990年下达给上海纺织工业减免税指标为腈纶8 960吨,1991年为腈纶6 700吨,1992年腈纶7 300吨。

在此期间,纺织工业部对上海石化和仪征化纤等企业生产的涤纶、腈纶等实行导向性计划,即在人民币计价的基础上,再加收一部分外汇(美元)额度。纺织工业部对上海地区发布的年度导向性计划指标:1990年涤纶短纤维19 200吨,每吨收外汇额度850美元;涤纶长丝400吨,每吨收外汇1 300美元。1991年涤纶短纤维7 850吨,每吨收汇800美元;涤纶长丝400吨,每吨收汇1 430美元。1992年涤纶短纤维1.5万吨,每吨收汇500美元。

第二节　走外向型路线,纺织进出口机制全面改革

20世纪90年代前后,上海纺织工业在低谷中的时候,积极进取,利用上海口岸长期外贸进出口的经验优势,走外向型路线,通过全面改革进出口贸易的体制机制,走出国门争取国际市场以弥补国内市场的需求不足。1990年的一季度效益滑坡转为二季度的爬坡,三季度、四季度的上坡。1990年的二季度纺织出口创汇达23 284万美元,比一季度增长15%。截至1990年11月底,出口拨交创汇累计完成10.28亿美元,超额完成了当年出口拨交创汇10.2亿美元的承包指标。1991年,整个纺织系统的三资企业数量达102家,投资总额达3.92亿美元,协议利用外资1.73亿美元。1991年批准的三资企业,总投资是前10年总和的1.85倍,协议利用外资是前10年总和的1.99倍。1992年,企业自营出口和三资企业出口创汇共为4.84亿美元,其中三资企业创汇1.44亿美元,共占52%。

一、纺织自营出口取得重大突破

(一) 放开外贸经营权

1988年,上海市政府决定给予上海纺织系统出口比重大、产品有声誉、具有自营出口条件和能力的3个集团、3家工厂以外贸经营权。3家集团:其一,上海康达纺织印染服装(集团)公司,以生产涤棉卡其、纯棉为主。由上棉十二厂、第十七织布厂、第二十二漂染厂等单位组成。其二,申达纺织服装联合(集团)公司,以生产纯棉、涤棉细纺织物及衬衫为主。由上棉二厂、上棉六厂、上棉二十八厂、新光内衣染织厂等单位组成。其三,上海华申纺织印染(集团)公司,以生产纯棉、涤棉稀薄型织物、防拔染花布为主。由上棉十五厂、上棉十六厂、上棉十九厂、第二十九棉纺织印染厂、第五印染厂等组成。3家工厂:上海第二纺织机械厂、上海第一丝绸印染厂、上海第七印染厂。

这些企业在获得外贸经营权之后,开始承担国家出口创汇的计划任务,并实行独立核算自负盈亏。取得外贸经营权之后,6家企业分别展开新的工商登记、开立新银行外汇账户以及海关、商检、保险、仓储等一系列工作。

1. 上海康达纺织印染服装(集团)公司

该公司由原上海康达纺织联合公司(简称康达联合公司)扩展组成。康达联合公司(曾称上海康达卡其集团)成立于1986年8月27日,共有成员企业30家,其中工业企业28家,科研、金融单位各1家。康达(集团)公司注册资本为21 549万元,是核心层固定资产和国拨流动资金的总和。核心层和局属紧密层企业拥有棉纺锭40.7万枚,苎麻纺锭5 340枚,捻线锭7.7万枚,精梳机149台,织机5 618台,其中喷气织机54台,印染布生产能力23 319万米/年。卡其、人造棉、麻类织物的上海市场占有率达70%以上。公司实行总经理负责制,同时成立管理委员会,协助总经理对(集团)公司重大问题进行决策、组织、计划、协调、考核和服务。

公司是上海纺织系统第一个实行计划单列的企业集团,在全市率先实行先与市财政承包,再由集团与紧密层签订分包合同。1987年核定承包上缴目标为1 061万元,实际完成1 527万元,超承包上缴目标43.92%。1988年9月获自营进出口贸易权,列为上海市首批开放经营试点单位,直接参与国际营销。公司配置外贸业务各类人员,实行厂商直接见面,满足客户对小批量、多品种、快交货的要求,成交价格始终保持高于一般水平的5%—10%。同时,充分发挥质量、品种、档次的优势,开发粗支超重cvc卡其面料,中支仿棉无光轻磨毛面料,高支、高密纯棉细斜纹面料等换代出口产品,使出口创汇和综合效益逐年增加。1989年出口创汇总计392.97万美元,其中自营出口265.87万美元;1991年出口创汇556.8万美元,其中自营出口423.77万美元。产品销往美国、联邦德国、日本等10余个国家和地区。

2. 申达纺织服装联合(集团)公司

申达(集团)公司注册资金1.8亿元,是实体内企业固定资产和国拨流动资金的总和。公司实行总经理负责制,同时成立管理委员会,协助总经理对重大问题进行决策咨询。该集团核心层企业拥有纺锭23万枚、织机4 500台、3条染整线和4条服装生产线,职工2.2万人。另有竖风棉纺厂、沪淞棉纺厂、九峰织布厂、西渡织布厂等4家紧密层企业,新光周庄分厂等5家半紧密层企业以及张家港市化纤纺织厂等33家松散层企业,共计50家企业组成跨地区、跨部门的外向型企业集团。1989年起,申达集团正式开展自营进出口业务,承担出口创汇指标1 854万美元。当年完成直接出口拨交创汇2 530万美元,加上自营计划外出口183万美元,合计创汇2 713万美元,超指标46%。自营出口平均换汇成本为4.79元/美元,集团弥补外贸亏损后,赢利130万元,取得较好的经济效益。

申达(集团)公司自营出口的做法是:统一承担实体内企业对国家的经济责任,实行一部分对政府有关部门承包经营、一部分向财政结算、一部分工资总额与经济效益挂钩、一部分向银行统贷技术改造资金和对外贸易所需的流动资金。申达(集团)公司自营出口后,直接面对国际市场,建立快速反应机制,交货期从接单到出运由一般45—60天缩短到30—45天,最快的6天,卖价提高5%。集团还统一采购原料、提供市场信息、组织联合经销。1989—1990年为成员厂进口棉花5 000多吨、涤纶纤维4 000多吨,降低了工厂的原料成本。1991年棉花调价后,换汇成本上升,有的产品发生亏损,集团发挥纺、织、染、服装一条龙的联合优势,实行集团内部结算价格,调节各厂利润分配,发挥了规模经营的作用。1990年自营出口创汇741万美元,比1989年增长近3倍。

3. 上海华申纺织印染(集团)公司

上海华申纺织印染(集团)公司前身为上海华申纺织印染联合公司,1987年2月15日由上棉十五厂、上棉十六厂、上棉十九厂、上棉二十九厂、第九织布厂、沪东织布厂、第五印染厂等7家企业组成,为半紧密型的经济联合体,注册资金88万元。1988年1月,上海市纺织工业局对公司实行计划单列。同年3月,上海新业印染厂加入为成员企业,公司注册资金增至150万元。9月,获得自营进出口权,注册资金又增至450万元。公司在资金、商标、配额、补贴等均未配套到位的情况下,1989年完成出口创汇3 849万美元(其中自营出口275万美元)。1990年自营出口402万美元,比上年增长46.2%。

(二) 外贸实行"双线承包"

1988年12月30日,上海市纺织工业局作出决定,从1989年起,上海纺织品实行外贸代理制和工贸"双线承包"。实现外贸体制改革,并非所有企业都要自营进出口业务,对于多数企业来讲,主要形式是代理制。工贸"双线承包"、外贸代理出口,主要是核定生产企业承包的出口创汇指标,同时也作为有关外贸公司的代理承包指标,以促进工贸双方共同完成出口承包任务、承担应有的责任。"双线承包"的含义,对工贸公司来说,一方面承包自营出口的收汇任务(包括外省货源、联营厂货源和保留收购制货源的出口),另一方面承包代理出口的收汇任务。两项任务都完成,才能作为全面完成承包任务,并与工资、奖励挂钩考核。企业采取根据不同情况采用不同承包方式,这些承包方式大致分成4种情况:

(1) 服装、针织、巾被和线带行业的产品,原属于外贸自负盈亏试点范围的部分,国家不给予亏损补贴,企业出口产品收到外汇实行"倒二八"分成,即20%上缴国家,12.5%留给上海市,其余由企业在国家规定的政策范围内自主支配。

(2) 棉纺织、印染行业的产品,属于外贸非自负盈亏范围的,在对企业核定出口创汇、收汇和缴汇指标的同时,还要核定各类商品的换汇成本,确定盈亏基数。

(3) 毛纺行业由于所需原料羊毛都要自行解决进口问题,采取给予实行外汇和人民币的自行平衡,按净创汇分成的特殊政策,即在出口产品收到外汇以后,先归还进料用汇,然后按"倒二八"分成,即以净创汇的20%上缴国家,12.5%留给上海市,其余由企业自主使用,国家不给亏损补贴。

(4) 丝绸行业的原料仍由中国丝绸总公司统一经营管理。

(三) 上海市政府发出"22号文件"配套出台6条鼓励出口措施,奖励政策体现"权、责、利"一致原则

(1) 保证煤电优先供应。供电部门对上海市纺织工业局的日用电量指标从450万度增加到530万度。遇到电网特殊情况必须临时让电时,保证在半小时前通知到企业。煤炭部门保证供煤不低于上一年同期水平。

(2) 资金优惠。1989年5月前由中国人民银行上海市分行提供5亿元资金,专门用于清理外贸与工业企业之间的原有的互相拖欠款项。由中国工商银行上海市分行采用特种承兑汇票贴现的办法,解决代理制下生产企业拨交货款与外贸预付款的差额。生产企业按外贸现行价开具发票,为照顾生产企业的实际情况,可先按照外贸实际预付款额缴纳税金。待出口报关销售后,在补足应交税金差额同时,由外贸企业办理出口全额退税,再由外贸企业及时退给生产企业。已经批准的自营出口企业,资金由银行直接贷款予以支持。

(3) 落实棉花资源及资金。按照1989年当年的国家分配计划额度以及已经进口的棉花数量,再加1990年一季度所需用棉,还需要进口补缺的7.4万吨棉花其配套人民币

资金由银行支持筹措。

（4）弥补超额亏损的办法责成上海外经委、经委、财政局、外汇管理局、上海市纺织工业局同时商定上报。

（5）奖罚办法：

第一，完成"双线承包"出口创汇指标（10.3亿美元）的，在1988年的工资总额的基础上，增提8%的目标工资。超过10.3亿美元的，每超1%，提上浮工资1%。完不成的，按同比下浮工资。

第二，承担"双线承包"的厂长经理，超额完成指标在10%以内的，按照完成难易程度，在原经营者奖励的基础上，增发一次性奖金，超额完成10%以上的，再增加奖金以及浮动工资。完不成任务的，扣发全年奖金。生产企业完不成"双线承包"交汇指标的，缺额部分由企业用自有资金购买调剂外汇额度补足。

（6）要求工贸代表小组每周碰头一次，共同协调对外成交、价格、交货等方面问题，做到和衷共济。

二、纺织来料加工快速增长

1989年9月，上海市政府办公厅转发外经贸部《对外加工装配业务有关问题的规定通知》，鼓励上海各纺织企业开展来料加工业务。政策规定，企业开展来料加工的工缴费收入，可以用外币结算，开户到工厂直接结算。工缴费收入的外汇额度，除10%上缴国家、10%上缴主管局外，80%的外汇额度全部归工厂所得。由有外贸经营权的公司介绍客户给工厂进行来料加工的，外贸公司可得30%的外汇额度，另上缴国家10%外，工厂净得60%的外汇额度。有外贸经营权的公司为来料加工进行代理进出口、报关、托运、保险、结汇等业务的酌收手续费1%—3%，银行结汇手续费收取2.5%。来料加工工缴费的收入，在3年内，企业可免征工商统一税和企业所得税。来料加工合同规定的进口原材料、辅料、包装料等和外商提供的部分设备及零配件等，都实行免征进口关税和工商统一税。

1990年，通过外贸经营自主权的公司介绍，承接到的来料加工业务涵盖服装、手套、袜子、涤纶线、牛仔裤、棒针衫、帘子布、PU革、印染布、丝绸方巾等。参加承接加工的工厂主要有：上海实验服装厂、上海时装厂、上海衬衫厂、手套一厂、上棉七厂、上棉二十五厂、化纤十一厂、第五印染厂、针织二十厂、第一丝绸印染厂、第七印绸厂等，全年承接加工合同50份，加工工缴费收入886.07万美元。1991年，承接到服装、涤纶线、羊毛衫、毛纱、呢绒、牛仔服、丝绸领带、方巾等加工业务。承接加工的工厂有：上海实验服装厂，上海第一、十二、十四、二十五等服装厂，东昌服装厂，康派司衬衫厂，永新雨衣厂，胜利服装厂，春光服装厂，景纶针织厂，上棉七厂，上棉十五厂，上棉十六厂，协丰毛纺厂，十二毛纺织厂和第七印绸厂、申实纺织公司等，全年承接加工合同121份，加工工缴费收入754.5万美元。1992年，来料加工的品种有：服装、衬衫、帽子、雨衣、风衣、手套、羊毛衫、棉大衣、涤纶线、手帕、丝绸服装、印染布等，承接加工的企业有：第一、四、二十四等服装厂，实验服装厂,南汇服装厂,精美服装厂,康派司衬衫厂,上海羽绒服装厂,和平帽厂,寰球手帕厂,上棉七厂,第一、七印绸厂和华申公司所属各企业。来料加工业务当时出现短期交货来不及的情况,部分加工合同外发给奉贤县、南汇县和江浙的太仓、南京、平湖等地区代加工。全年承接加工合同 99 份,工缴费收入 655.58 万美元。

三、引进来和走出去办厂的双向速度全面加快

为了打好外向型经济这张牌,上海纺织在进出口机制上动足脑筋。自营出口是通过承揽海外订单将本地纺织企业产品打入国际市场来缓解纺织市场疲软问题,而把境外的资金引进办厂和将中国的纺织资本输出境外办企业的方法,则是能有效发挥本地纺织劳动力、资本技术综合作用的最佳途径之一。至 1989 年,上海纺织工业系统的合资企业达 18 家,总投资 5.6 亿元。其中吸收外商投资 8 969 万美元,占投资的 52.9%。至 1988 年底,在境外创办纺织企业的合资企业达 12 家。除我国香港地区之外,还有非洲的毛里求斯,中南美洲的哥斯达黎加、多米尼加、巴拿马、牙买加,以及美国、墨西哥等国。其中在牙买加创办的牙买加涤棉纺织有限公司拥有 1.5 万枚纱锭、348 台织机,是一个中等规模的棉纺织厂。1989 年 11 月 23 日,上海服装公司与墨西哥伊沙克萨瓦纺织集团合资的上海—墨西哥服装有限公司在墨西哥开业。1990 年 1 月,上海市服装公司与中美洲伯利兹国雷迪尔工业区合资的福瑞尔有限公司在伯利兹成立。1991 年 12 月 12 日,上海市服装公司与墨西哥帕赛菲克公司合资的上海永太服装有限公司正式开业。12 月 18 日,由上海第十印染厂、台湾民兴公司、香港民亿公司三方合资经营的上海民丰纺织印染有限公司正式成立,企业界、金融界知名人士郑逢时为首任董事长。1992 年 3 月 14 日,上棉二十二厂与香港半岛投资有限公司合资经营的中南纺织有限公司签约仪式在新锦江大酒店举行,总投资 2 300 万美元。

四、时装表演队和纺织会展活动走国际化道路,从侧面出击提升上海纺织工业的综合影响力

1988 年后,上海纺织系统两支时装表演队开始到国际舞台上参加各种走秀活动。在国内市场疲软的情况下,时装表演队配合走外向型经济路线,通过到国外展示国内纺织实力的方式,协助承揽商业订单,为开放的上海纺织增色添彩。

1988 年 10 月,上海第一丝绸印染厂的时装表演队在享誉法国、日本等地之后,首次登上美国洛杉矶的 T 台。这支时装队年龄在 16—25 岁之间,腿长 80 厘米以上,无论是外形还是仪态上都可同西方专业模特媲美。带去美国的服装产品主要包括有中国韵味的现代时装、中国少数民族风采的彩缎时装、国际市场流行时装、丝绸衣裤、艳丽夏装、手绘丝绸冬装、中国传统靛蓝印花衣裙、混纺丝绸时装、黑丝绒晚装、中国旗袍等 10 个大类不同风格的丝织产品。演出 3 天,带去的 2 000 件丝绸服装当场被全部售空。

1988 年 11 月,隶属上海市服装公司的时装表演队,继参加第二届巴黎时装节之后,受邀出访葡萄牙里斯本演出。当地的平时容纳 500 人的大型餐厅式剧场临时增加了 300

个座位。葡萄牙总统夫人、财政部长夫人等各界知名人士纷纷前来观赏。当地的服装设计师以及当地数十名服装客商提出了经营上海服装产品的意向。还有一位当地有影响力的商务人士当场签署了合资开办企业的合作意向书。葡萄牙里斯本的纺织大门就此被上海纺织业打开。

1989年4月18日,上海纺织组团随上海展团赴法国参加第七十一届里昂国际博览会,成交金额362万美元,占上海展团总数的40.7%。7月20日,由上海市纺织工业局、上海市国际贸易信息和展览公司、香港雅式展览服务有限公司联合主办的上海多国纺织和服装机械展览会在上海展览中心开幕。9月25日,上海服装公司举办名师新秀佳作展示会,展出300多套最新佳作。

第三节 纺织市场化程度不断提高,企业经营机制改革向纵深发展

自1988年上海纺织系统开始全面推行承包责任制之后,企业形成了新的经营管理框架。但是,经过几年的实践,发现承包并不是"一包就灵",许多诸如企业追求短期行为等新的矛盾开始突出。进入20世纪90年代之后,企业改革开始向纵深发展。1991年,上海市纺织工业局已有80%以上的企业进行了各种内部机制的改革,包括上岗合同制、全员劳动合同制、仿三资、股份制、集体合作制等。纺织系统的第三产业开始崭露头角。资本经营带动生产经营,全纺织系统规划出121块计96万平方米的土地进行房产经营。有108家企事业单位进入并参与浦东新区的开发开放工作,上海整个纺织工业结构发生重大改变。

一、纺织股份公司破茧而出

1991年12月10日,经上海市人民政府同意,组建上海二纺机股份有限公司、上海嘉丰股份有限公司、上海联合纺织实业股份有限公司。股份公司的诞生是经济体制改革向纵深发展的一个标志性事件。自1949年上海解放将官僚买办的纺织资本收回国有,再加上通过赎买政策将民族纺织资本进行社会主义改造之后,上海的纺织工业资本长期雄踞国有资本前列。纺织股份制企业的诞生意味着国有资本一股独大的历史宣告结束的同时,一个多元资本结构的纺织历史新纪元的开启。

(一)1992年3月,以上海第二纺织机械厂为发起人,成立了上海二纺机股份有限公司

公司的境内普通股(A股)和境内外资股(B股)均于1992年在上海证券交易所上市,成为新中国成立以来内地最早上市的股份公司之一。其注册资本(股本金总额)为566 449 190元,其中国有股占46.31%、境内上市内资股(A股)占12.57%、境内上市外资股(B股)占41.12%。

1. 独特的纺织地位为改革先行奠定基础

上海第二纺织机械厂始创于1923年,原为日商内外棉系统的棉纺厂,1944年改为机械厂,厂址在沪西戈登路1286号(现江宁路普陀路口)。抗日战争胜利以后,工厂被中国纺织建设公司接管,改名为中国纺织建设公司第二机械厂。新中国成立后,工厂获得了新生,改名为国营上海第二纺织机械厂(简称上海二纺机)。1951年,留美硕士、纺机专家陈文禧出任代理厂长,在他的带领下,当年11月自行设计制造50型细纱机成功开车,标志着中国自行生产细纱机历史的开始。从1957年起,上海二纺机开始试造捻丝机、缫丝机、并丝机、综合式大牵伸等设备,为从单一产品逐步转向多品种生产打下了基础。1958年8月,为适应生产发展的需要,上海二纺机在江湾场中路筹建新厂,自1959年起陆续搬迁,到1962年全部完成搬迁。上海二纺机成为中国细纱机生产的核心企业之一。改革开放以后,上海二纺机较早从日本、德国等发达国家引进了1.5万吨涤纶短丝纺丝机、POY涤纶长丝纺丝机的设计和制造技术。经过消化吸收,成功生产出来第一台国产的1.5万吨涤纶短丝纺丝机,先后获国务院重大技术装备小组的国家嘉奖和国家科技进步二等奖。德国的POY涤纶长丝纺丝机国产化率超过80%,取得了十分明显的经济效益。企业主要生产销售纺纱机械、化纤机械等产品,其研究开发、生产制造、综合竞争力在国内同行业中均处于领先地位,是中国大型纺织机械制造销售商之一。曾获得的主要荣誉包括国家科技进步奖、国家五一劳动奖章(全国先进集体)、国家二级企业、国家一级计量合格单位、纺织系统双文明建设优秀企业、上海市质量管理奖、上海市文明单位、上海市模范职工之家等殊荣。

1988年起,该厂在上海市首批获得外贸自主经营权。在没有外贸流动资金贷款的条件下,该厂从提高企业素质入手,强化全员竞争意识和质量意识,多渠道开拓市场,当年实现出口创汇1128万美元,比历史最高水平的1987年增长1.6倍。其中,自营创汇453万美元,自营收汇415万美元,分别比上级下达的指标超额4.4%和1%。1988年当年实现工业总产值增长11.05%,达到14860.6万元;实现利润增长25.13%,达到3118.3万元;全员劳动生产率增长13.64%,达到人均35757元/年。

2. 改革先锋——黄关从为企业股份制改革立下功劳

上海二纺机之所以成为上海纺织系统最早成功进行股份制改革的企业,与当时的黄关从厂长不无关系。

1985年,黄关从出任上海二纺机厂长后,抓住了改革开放带来的机遇,锲而不舍地在深化改革中求发展,形成了在全国企业改革中有示范作用的"二纺机模式",被誉为"企业改革的排头兵"。1986年初,上任不久的他便开始了在国企中的一系列改革。对内,他把原先9个生产车间和部分科室的一些职能小组,重新组建为6个相对独立自主、自计盈亏的分厂,并通过厂内银行运用计算机信息管理系统开展内部独立经济核算。1987年1月起,在上海市全部企业中首家以契约形式实现了全员承包经营责任制。通过厂内承包的形式,组织全员以所有人身份共同努力,提前超额完成各项指标任务。1988年的3月起,全厂开展逐级聘用、优化劳动组合、改革传统的劳动人事制度,全年共分离出富余人员

433人(包括自然减员后不再派人顶岗),占全厂职工总数的10.4%。1988年7月1日起,全厂推行新的工时定额,平均压缩15.88%,促进劳动生产率的提高。对外,组建了集科研、生产、经营、外贸于一体的联合经济实体——双菱纺织机械(集团)联合公司。推行"科技兴厂",向社会公开招聘43个专业的150名各类人才和80名中、高级技工,加快企业技术进步。江泽民在1989年先后两次亲临视察上海二纺机,并两次题词。朱镕基、李瑞环、吴邦国、黄菊等领导也先后到上海二纺机视察。1990年,上海二纺机被全国纺织企业协会评为全国纺织企业管理奖金梭奖单位。上海企业管理协会评选黄关从为优秀企业家。

3. 实现上市股份制企业之后的管理机制,由原来计划经济一贯沿用的厂长负责制或党委领导下的厂长负责制改为董事会、股东大会、监事会的决策监督运营机制

上海二纺机企业原来的党、政、工三套班子的变化是:企业的党委书记由股东大会选举为副董事长,工会主席和一位来自普通群众的职工代表当选为董事。党委副书记由股东大会选举为监事长,工会副主席和纪委书记当选为副监事长。在当选的监事会成员中,职工代表占1/3以上。这个管理模式基本体现了现代企业制度的法人自治结构,即董事会决策、总经理负责日常经营、监事会行使监督权。

(二) 1992年3月7—15日,上海市纺织工业局所属上海嘉丰股份有限公司宣布,以每股35元招股登陆中国资本市场

公司股本注册资金7 063.18万元、实收股本7 063.18万元(其中国家股5 913.18万元、法人股150万元、个人股1 000万元)。参股投资的法人单位有:中国纺织品进口总公司5万股,法人代表张关林;中国纱布进出口公司2万股,法定代表人沈发根;上海投资信托公司1万股,法定代表人鲍友德;上海嘉华纺织印染联合公司2.5万股,法定代表人程介禄等8家法人单位。个人股东28 365户,其中内部职工4 794户(当时的职工人数为4 794人)。当时的董事长为程介禄,副董事长为韩再良,总经理孙再华,总工程师由孙再华兼任,总经济师由程介禄兼任,法定代表人为程介禄。

原上海嘉丰棉纺织厂是一个具有50多年历史的中型纺织企业。细支高密纯棉坯布和棉纱产品是该厂的拳头产品,其中大部分产品长期出口。一丝不苟、精益求精的治厂风格使得产品质量保持长期稳定而在业内赢得口碑。20世纪60年代的时候,嘉丰棉纺织厂被树为全国勤俭办企业的5个标兵企业之一。在全国工业学大庆的活动中,被誉为全国学大庆排头兵企业。1979年,企业主打的4040纯棉府绸产品获国家金质奖。实行外贸代理制之后,1987年成为上海棉纺织行业中利润最高的企业之一。1985年企业人均每年奖金为188元,而1987年提高到900元。厂里新建浴室、食堂,改建职工俱乐部,扩建幼儿园、托儿所等,一系列关心职工待遇的改革措施出台,不仅提高了职工的劳动积极性,而且大大推动了企业的技术进步,也为后来较早进入中国资本市场打下了坚实的基础。

(三) 上海联合纺织实业股份有限公司进入资本市场

1992年3月15日,经中国人民银行上海市分行(92)沪入金股字第4号文批准,上海

联合纺织实业股份有限公司向社会个人公开发行股票 1 100 万元(其中公司内部职工 220 万元),每股 10 元,计 110 万股,每股售价 43 元。上海联合纺织实业股份有限公司上市进入资本市场,其意义更多在于为吸引更多的外资企业进入中国市场以及进入中国的资本市场树立标杆。

上海联合纺织实业股份有限公司由原沪港合资的上海联合纺织实业有限公司改制而成。与上海二纺机和嘉丰棉纺织厂不同的是,上海联合纺织实业有限公司从成立之初就是一个合资性质的企业,而不是一个纯国有企业。公司是在上海第一家中外合资企业——上海联合毛纺织有限公司的基础上发展起来的,是于 1987 年经上海市政府批准成立的控股性集团公司。上市之前与联合毛纺织有限公司为同一法人。联合毛纺织有限公司在境内先后投资兴办了 7 个中外合资企业。上海联合纺织实业股份有限公司的经营范围同国内的一般性制造企业略有不同,表现在以下几个方面:① 投资。与境内外企业在国内投资举办纺织业和其他工业的合资企业、独资企业、合作企业,投资的范围以工业和相应配套的工业为主。② 补偿贸易。受公司所投资的企业的委托,为其开展来料加工和补偿贸易业务。③ 贸易。受公司所投资企业委托,为其进口原材料、零配件、出口该公司的产品。④ 咨询。提供国际经贸信息和咨询服务。⑤ 其他业务。经政府批准可在海外设立办事机构、分支机构和联合国内企业开展境外投资业务,开厂设店,开拓海外市场和资源。

企业资本构成为:公司原注册资本 1 500 万美元。其中上海纺织工业经营开发公司出资 810 万美元,占 54%。上海市工商界爱建金融信托投资公司出资 90 万美元,占 6%。香港联沪毛纺织有限公司出资 600 万美元,占 40%。董事长为张惠发(法定代表人,内地方),副董事长为唐翔千(总经理,香港方)。

二、发展纺织第三产业被提上议事日程,资本经营与生产经营并行发展

1992 年底,上海市纺织工业局在转变自身职能方面迈出了重要一步,即宣布新组建上海纺织发展总公司。公司注册资本 2.1 亿元,其主要领导由上海市纺织工业局的主要领导担任,邹术法任管委会主任,梅寿椿任总经理。其主要职能是统领原机关所属 19 个第三产业单位及技术、智力型的子公司共同开拓发展第三产业。上海纺织发展总公司的建立,意味着纺织系统在政府层面的第三产业的最高归口单位面世,这不仅具有导向性意义,而且标志着上海纺织系统在改革开放以后运用资本经营来带动生产经营的新思维的觉醒。

改革开放前,上海纺织企业算得上是家大业大,在计划经济年代执行国家纺纱生产计划做到尽责尽职,但对企业自身的资本经营缺少应有认识。随着改革开放不断深入推进,纺织系统内的不少企业开始从发展第三产业的角度尝试进行初期的资本经营。比如上海第二棉纺企业,先后辟出 1 万平方米的沿街地盘,筹建商务楼、饮料城、酒家、商住大厦。后来又将布机车间腾出来筹建车城、电脑电讯城,其经济效益超过了主业纺织产业,弥补了企业的效益不佳等短板。纺织第六织布厂利用级差地租,把新型织机迁至市郊,腾出 3

栋大楼开发招商,企业存量资本盘活后,资本经营带动了生产经营,效益明显得到提高。

1992年,上海纺织企业通过土地改性而开建的用于发展第三产业的主要建筑还有:长久大厦(第九印染厂)、中环大厦(被单四厂)、绿寓小区(针布厂)、银鹿大厦(第六毛纺织厂)、银统大厦(大统被单厂)、汉森大酒店(手帕四厂)等。

1992年,上海市纺织工业局机关系统直接筹建的第三产业的单位有上海纺织劳动力资源开发公司、上海纺织工业对外经济技术合作公司、上海纺织财务技术投资公司、上海通力纺织新产品开发经营公司、上海纺织电教实业公司、上海华立实业公司等,这些公司全部归口在上海纺织发展总公司旗下。这些举措在当时的积极意义还在于及时消化了局政府机关的富余人员,推进了政府职能的转变。

三、建立4项专用基金,运用金融工具自行解决纺织系统资金短缺问题

改革开放的初期,一方面企业的市场化程度在不断提高,另一方面金融系统的资金调拨政策等还相对跟不上变化的市场需求。在这种情况下,纺织系统较早地通过基金方式来参与企业市场化改革。从1988年开始,经上海市人民政府批准,纺织系统设立4种基金,有效解决了当时矛盾比较突出的原料、机械装备、危房改造以及培训教育等问题。

(一)纺织原料开发基金

随着纺织原料需求矛盾的日益凸显,在原来单靠国家调拨的纺织原料越来越少、上海纺织工业要实行"两头在外,以进养出"的情况下,为建立上海纺织自己的原料基地,从1988年6月1日起,上海纺织开始实行按使用原棉数量提取原料开发基金的办法来有效缓解在纺织原料调拨中的矛盾。这个办法规定:由上海纺织原料公司供应的纺纱用棉,一般棉花,每100千克2元,新疆长绒棉每100千克加价200元。这笔基金由上海纺织原料公司建立专门账户,根据上海市纺织工业局的通知,拨付原料基地开发单位使用。

(二)纺织机械开发基金

计划经济时期,纺织工业部门长期执行的是纺织机械的低价政策。这对于纺织工业的发展曾起到了一定的促进作用,但也导致了纺织机械行业缺乏自我发展的后劲。随着改革开放的深入,这个矛盾日益突出。一方面,纺织机械企业缺乏必要的生产手段,难以制造国际先进水平的纺织机械,另一方面,原有的纺织机械与引进技术开发的新设备,价格相差几倍甚至几十倍。为了支持纺织机械厂加快引进、消化、吸收、创新技术的步伐,发展自己具有先进水平的纺织新装备,进而调动纺织企业使用新设备的积极性,通过用对纺机老产品征收销售附加费的办法来筹集资金,建立纺织机械开发基金,作为纺织机械发展的专款,来用于对旧机械的限制淘汰和开发更多的新设备。

(三)危房改造基金

上海纺织行业的厂房,大多数建造年久,危房问题日益严重,而企业财力不足,缺乏资

金进行翻建改造。为此,上海市政府1988年2月批准,上海纺织系统所属企业,从1987年7月起算,对房屋及建筑物的账面原值进行调整,并将调整后所增提的折旧基金,作为危房改造基金,由上海市纺织工业局统筹安排,集中使用。集中使用的折旧基金的所有权仍属于企业,自第六年起,由市纺局分期归还。危房改造基金采取有偿使用的办法,借款单位应规定期限,从更新改造资金中归还。

（四）教育、卫生基金

上海纺织系统内的教育体系包括全日制高等院校2所,中等专业学校5所,技工学校17所,职工大学11所,党校、干校各1所,还有电大教学班、职工中专等。纺织系统还有医院3所,病床1457张。这些教育、卫生部门的发展,为全系统培养人才,提高职工队伍素质,以及保障职工身体健康提供了有力保证。为了给改善教育、卫生条件提供一定的投资经费,经上海市政府同意,向企业集中一部分教育、卫生基金。其具体办法是在企业留存的生产发展基金中提取6%,缴给上海市纺织工业局统筹安排,主要用于教育、卫生单位的基本建设和添置、更新大型设备。基金政策规定不能用于教育、卫生系统的日常开销,并规定企业每年分4次上缴上海市纺织工业局统一安排。其中1/6由局上缴上海市经委统一管理。

四、搭上上海浦东开发开放的快车,纺织企业有序进驻浦东新区

1990年,中共中央和国务院决策开发浦东,这对上海及全国来说都是一个新的发展机遇。上海纺织工业抓住浦东开发的机遇,一方面充分利用浦东新区的政策,以浦东为窗口,对外从浦东新区向保税区和境外延伸、对内向浦西延伸,带动浦西老厂的技术改造和出口创汇,从而形成新的连接国际市场的一条通道。另一方面,上海纺织企业根据市场环境变化,结合浦东新区的特定环境开展了一系列的体制机制的调整,为整个纺织企业的脱困转型起到了积极作用。

（一）上海化纤公司捷足先登,趁势重整化纤产业结构布局

(1) 将原先已经坐落于浦东的老厂,即上海无纺布厂、上海化纤十厂、上海化纤十二厂重新组建一个实体性的联浦化纤实业公司,并筹划在新区建集金融、经营、房产、商业、展览、办公为一体的多功能大厦(联浦大厦),力求成为全国化纤行业浦东开发区的一个经济窗口。

(2) 将坐落在奉贤星火工业区的"八五"国家科技攻关计划重点项目生产7万吨聚酯切片的上海纺织涤纶总厂注册登记在浦东新区,并以前店后厂的形式,使浦东新区和奉贤星火工业区两店连线,充分享受浦东新区的政策红利。

(3) 发挥上海化纤第十一厂生产锦纶帘子布的优势,实行老厂改造转移,即在浦东杨园与外商合资兴建一个年产6000吨锦纶工业用丝项目,逐步打造成为浦东新区一个大型锦纶生产基地。

(4) 将上海化纤公司的注册登记、经营场地转移到浦东新区,逐步将浦西的化纤企业转移到浦东,使其能够享受浦东的优惠政策。

(二) 上棉十七厂进军浦东,改制成立龙头股份有限公司

上棉十七厂在浦西有 6 个生产工厂、14 万平方米老厂房,先将 6 个工厂中最大的一纺和一织两大工厂迁入浦东,为在浦东扎根并对接国际市场打下基础。而后经过市政府批准将上棉十七厂改制成立龙头股份有限公司并发行法人股 3 000 万元和个人股 1 500 万元。这些资金一部分用来改造浦西的老厂房,一部分在浦东川沙县城厢镇附近购买 50 亩土地。另外,将一纺一织迁移腾出的土地拓展开办第三产业。这一做法一举两得,解决了工人扩大就业和产业升级的矛盾。

(三) 将浦东原有的 7 家纺织企业重组成立上海八达纺织印染服装公司

这 7 家企业是上棉十厂、上棉二十七厂、上棉二十八厂和上海第三印染厂、章华毛纺织厂、第四服装厂以及第二十三针织厂。重组之后的八达纺织印染服装公司在利用外资的技术、管理和销售渠道,开展多种经营方面起到了积极作用。

第四节 妥善安置下岗职工,首建上海纺织劝业开发公司

上海纺织系统在上海的工业地位历来举足轻重。20 世纪 90 年代,上海纺织系统的职工占全市总数的约 1/10,为上海最大的用工行业。改革开放之初,上海纺织历史性地进入了企业再生重组的艰难时期。截至 1992 年,已有多家股份制企业、仿三资企业等不同资本结构的企业诞生。推行全员劳动合同制的企业有 50 家之多,涉及职工近 10 万人,另外还有 300 多家企业实行上岗合同制。按照当时 10% 的富余劳动力、隐性失业人员比例计算,整个纺织系统就有 5 万名职工面临下岗或需重新就业的选择,下岗或再就业的矛盾开始普遍蔓延。为了保障企业可持续发展以及社会的稳定,妥善安置好纺织企业的离岗职工的生活和再就业成为整个纺织系统的一项重大工程。

一、果断组建上海纺织劝业开发公司,缓解下岗就业矛盾如雪中送炭

上海纺织企业大面积职工下岗其实在 1991 年已经出现,至 1992 年的 8 月 8 日,经上海工商核准登记注册,上海纺织劝业开发公司正式挂牌成立。这也是上海工业系统中第一家劝业公司。劝业公司由上海市纺织工业局和上海市纺织工会联合创办,投资方为上海市纺织工会。其主要任务是为纺织系统富余人员重新就业提供服务,公司具有第三产业性质。劝业公司经理由纺织工会主席李翔麟担任。如此大规模的分流职工再就业,需要得到社会方方面面的大力支持,因为在当时的劳动法规里,没有这种先例。当时上海市的分管领导通过多次实地视察研究,在取得多方面的支持和一定共识后,决定试一试。劝业公司就好似一个隔离带,在企业和市场之间起缓冲作用,既能保持社会稳定,又能帮助

职工再就业。

劝业公司做出了以下努力：① 开设劳务就业市场。包括开辟集贸市场、灯光夜市、大排档、小百货、汽车修理及零配件买卖、特种设备维修站。② 提供职业技能培训。包括建设缝纫、驾驶、烹调等培训中心，为下岗再转岗创造条件。③ 建立开通计算机信息网络，并与各区人才交流中心联网，形成两级职业介绍双渠道。

二、"无情"调整，"有情"操作

历史是无情的，产业结构大调整同样是无情的，但上海市纺织工业局领导班子在面对大规模产业调整带来的下岗待岗潮面前，坚持具体操作必须要有人情味的指导思想。这些具有人情味的做法主要包括针对当时社会养老、医疗保险制度还不够完善以及职工走向市场缺少心理承受能力的现实，大胆冲破原有的束缚，创造性地采取了"离岗不离编"的政策，摸索出了加速分流的"5个一批"过渡性措施，即：企业立足自身，积极创造新的就业门路，自行消化一批；转岗培训，引导下岗职工进入劳动力市场，向外送出一批；鼓励下岗职工自谋出路，允许挂职一批；组织大龄下岗职工，离岗不离编，集体劳务输送一批；年老体弱者退养一批。操作过程中根据当时各项规定对号入座进行安置，并保证对每一位员工按政策发放基本生活费和缴纳医疗养老金。

附录："3＋3企业（集团）"1989—1992年自营出口创汇表

单位：万美元

年份 单位	1989年	1990年	1991年	1992年
康达集团公司	76	265	424	807
申达集团公司	183	741	1 916	3 750
华申集团公司	275	403	2 138	4 630
二纺机厂	698	876	1 265	1 711
一丝印厂	423	619	1 553	1 365
七印绸厂	276	458	1 077	1 102

第十章 搭建完成现代企业管理制度基本框架（1993—1995年）

政府角色转换：上海纺织控股集团挂牌

1993—1995年是上海纺织工业从1949年新中国成立以后沿袭已久的国家计划管理体制退出历史舞台的最后时期。在这历史转折时期，上海纺织系统解放思想，深化改革，确立行业战略调整目标，并取得了实质性的进展，历史在这个时间点上留下了上海纺织灿烂的光辉篇章。1993年，上海市决定在纺织行业率先进行国有资产经营管理的改革试点，1995年5月，上海纺织控股(集团)公司建制构架正式挂牌，上海市纺织工业局走完了计划体制下的最后一段管理历程，一个全新的现代企业管理模式迎来了新时代的曙光。短短的3年时间中，上海纺织一方面面临大量失业带来的就业社会压力，另一方面积极探索在困境中的绝地反击，将上海传统的纺织工业推向了一个新的历史巅峰。

第一节　上海纺织工业走向市场的时代背景

20世纪90年代初，随着中国"入关"临近，全国纺织品产大于销，总量过剩的宏观环境还没有得到有效改善。纺织企业的各种负担带来的负面效应制约着上海纺织企业的经济效益与发展前景。改革的列车已经驶上了这座城市的快车道。回望历史，上海纺织工业，从1994年上溯至1949年，共创产值6 353亿元，完成利税815亿元，出口创汇290亿元，可谓国民经济发展的高积累母体工业。截至1994年，上海纺织国有大中型企业占全市工业的20%左右。1994年，也是上海纺织控股(集团)公司正式挂牌的前一年，上海市纺织工业局的"家当"是：有独立核算工业企业465户。按所有制性质分，国有企业291户，集体所有制企业54户，股份制企业7户，外资企业38户，港、澳、台投资企业64户，其他经济成分11户。按企业规模分，有大型企业48户，中型企业129户，小型企业288户。全局固定资产原值90.78亿元，固定资产净值58.35亿元。1994年新增固定资产12.73亿元。1994年末，全局有员工403 248人，其中技术人员40 125人。

一、宏观经济政策聚焦企业体制改革中的深层次问题

1993—1994年，围绕国有企业改革，中央层面密集出台了一系列的推进改革的政策措施，也为上海纺织工业改革指明了方向。

(1) 1992年，邓小平视察南方讲话之后，社会各界对建立社会主义市场经济的紧迫性有了新的认识。1993年年初的1月5—10日，全国经济体制改革工作会议在北京召开。这次会议明确提出一定要紧紧围绕建立社会主义市场经济体制的改革目标，进一步解决经济发展和经济体制中的深层次问题。3月8日，国务院批转国家体改委《关于1993年经济体制改革要点》，要求各地各部门根据实际情况认真贯彻执行。该"要点"提出，经济体制改革工作的主要任务是：继续贯彻落实《全民所有制工业企业转换经营机制条例》，以转换国有企业经营机制、转变政府经济管理职能为重点，围绕把企业推向市场这一中心环节，加快企业改革步伐。

5月9—11日，江泽民在上海主持召开华东六省一市经济工作座谈会。8月22—28日，江泽民考察东北部分大中型国有企业，他在各种场合多次提出：搞好国有大中型企业的根本出路，在于深化改革。必须坚定不移地贯彻落实《全民所有制工业企业转换经营机制条例》，转换企业经营机制。要继续转变政府职能，实行政企分开，把该"条例"赋予企业的权利不折不扣地落实下去。确保企业的法人地位和在经营活动中的自主决策权，使企业真正成为自主经营、自负盈亏、自我发展、自我约束的法人实体和市场竞争的主体。

11月11—14日，党的十四届三中全会在北京举行。全会审议并通过《中共中央关于建立社会主义市场经济体制若干问题的决定》。该"决定"指出：社会主义市场经济体制是同社会主义基本制度结合在一起的。建立社会主义市场经济体制，就是要使市场在国家宏观调控下对资源配置起基础性作用。为实现这个目标，必须坚持以公有制为主体、多种经济成分共同发展的方针，进一步转换国有企业经营机制，建立适应市场经济要求，产权清晰、权责明确、政企分开、管理科学的现代企业制度。全会通过的《中共中央关于建立社会主义市场经济体制若干问题的决定》，可谓是在20世纪90年代进行经济体制改革的行动纲领。

(2) 自1988年4月第七届全国人民代表大会第一次会议通过中国第一部《中华人民共和国全民所有制工业企业法》之后，又相继出台了第一部《中华人民共和国企业破产法》（1986年12月22日第六届全国人民代表大会常务委员会第18次会议通过）、第一部《全民所有制工业企业厂长工作条例》（1986年9月15日）、第一部《公司法》（1993年12月20日第八届全国人民代表大会常务委员会第五次会议通过），第一部《公司法》于1994年7月1日起施行，第一部《劳动法》于1994年开始施行。这些政策法规的诞生为后期深化国有企业改制奠定了法理基础。

二、试水对国有存量资产的管理，从管人管资产到以管资产为主的转变

1993年7月16日，上海市国有资产管理委员会宣告成立，由当时的市委书记吴邦国担任主任，当时的市长黄菊任副主任，委员包括各有关部门的主要领导。同时设立了单列的常设办事机构——上海市国有资产管理办公室。按照"国家所有、分级管理、授权经营、分工监督"的原则，上海市政府提出的改革框架是：立足于转变政府职能、整体搞活国有经济和实现国有资产的保值增值，坚持在实践中把握"开创性、坚韧性、操作性"的有机统一，从实际情况出发，明确了"三个分离""三个转变""两个促进""五位一体联动"的改革目标和方向，创新了国有产权制度的实现形式。

"三个分离"是指政府的社会经济管理职能和国有资产所有者职能分离；国有资产的行政管理同国有资产的运行管理相分离；国有资产所有权同企业法人财产权相分离。

"三个转变"是指国有资产管理体制要实现的目标：从实物形态的国有资产管理为主向以价值形态的国有资产管理为主转变；从静态国有资产管理为主向动态国有资产管理为主转变；从"两权合一"的行业管理为主向分层次的专职管理为主转变。

"两个促进"是指国有资产运营要达到的目标：促进存量资产盘活，增量优化，努力做

到社会主义市场经济和宏观调控条件下资源的优化配置;促进企业的重组、重整和产权的流动,推动企业的改制、改组、改造,优化资源配置,确保国有资产的保值、增值与公有制经济的巩固和发展。

"五位一体联动"是指推进国有资产管理体制改革要同推进国有企业改革、政府机构改革、社会保障制度改革以及干部人事制度改革相配套。

(一) 上海纺织国有资产经营管理公司正式成立

1993年9月3日,上海市纺织工业局召开了一次历史性的党委扩大会议,会议的内容涉及上海纺织国有资产管理体制改革方案。上海市纺织工业局作为全市国有资产管理体制改革的试点,这个纺织改革方案经上海市委领导原则同意后,上海市纺织工业局党委召开扩大会议讨论实施步骤。会议之后,1993年9月7日,上海纺织工业党委宣布,成立由8人组成的上海纺织国有资产管理经营公司筹备小组,朱匡宇、姜光裕为负责人。经过不到一年时间的积极筹备,1994年6月8日,上海市纺织国有资产经营管理公司(简称上海纺织国资管理公司)正式成立。公司注册资本为642 914万元。朱匡宇任管理委员会主任,姜光裕任总经理。

(1) 法律地位及基本建制。上海纺织国资管理公司是由上海市国有资产委员会批准组建,并授权根据产权关系经营管理各成员的国有资产以及合资企业中的国有资产部分。成员企业包括上海市纺织工业局所属的全部国有企业。公司设管理委员会,是公司的权力机构,总经理为企业法定代表人。管理委员会和总经理对授权范围内国有资产的保值增值负责。公司设三部一室,即资产管理部、资产经营部、人事部和办公室,分别负责资产的管理、经营、投向、对产权代表的考核等事宜。

(2) 职责与意义。上海纺织国资管理公司成立以后,其意义首先是标志着国企改革的步伐已经跨越到在体制上对资产的经营有了新的突破。上海纺织国资管理公司的职责主要集中在对存量资产的盘活,对增量资产的优化以及提高国有资产的运营效率方面。同时也为整个上海的工业结构调整作出探索性的尝试,这也是一大贡献。这些贡献还包括:① 积极探索纺织工业在全市的资产布局。通过对市区规划的346户企业采取保留、兼并、销号、转移等方式,上海纺织国资管理公司采取统一部署、分步实施的办法,在奉贤、金山、宝山、青浦、松江等郊区建工业小区,为完成纺织工业空间布局的历史性战略转移打下基础。② 盘活存量资产,加大在第三产业中固定资产投入的比重。针织大楼、毛麻大楼、丝绸大楼、服装大楼、申达大楼、纺织大厦、纺织国际广场、纺织休闲度假中心等分别纳入规划。

(二) 与上海市纺织工业局的关系

上海纺织国资管理公司的行政级别为"局级"建制单位。上海市纺织工业局因为没有撤销,因此,两个建制机构在一段时间内的双轨并行,势必导致在职能交叉方面出现一些摩擦。当时的约定是上海市纺织工业局的职能逐渐调整,凡能下放给企业的经济职能尽量下放,能转移到上海纺织国资管理公司的尽量转移。上海市纺织工业局的主要任务是保证市政府、市经委对下的领导条线不断、工作渠道不乱,并支持国有资产改革的稳步推进。这个关系原则的确定符合政府职能逐渐退出的基本思想。上海市纺织工业局为政府机关,而上海纺织国资管理公司则是企业,行使资产经营管理职能。

行政领导:上海市纺织工业局局长同时担任上海纺织国资管理公司总经理。党委领导:上海市纺织工业局局党委"一对三"(上海市纺织工业局、上海纺织国资管理公司、中介机构)。各级工会:统一接受产业工会的领导。各级团委:统一接受上海市纺织工业局局团委的领导。

(三)上海纺织国资管理公司与企业的关系

从上海纺织国资管理公司依法注册登记成立之日起,享有所辖企业的全部国有资产的所有者权益。依据产权关系,不同程度参与子公司的投资决策、战略规划、人事任免、收益分配和审计监督等重大事项。企业作为经营单位,依法享受法人财产权。在民事主体上,出资者与企业法人是一种平等关系。纺织企业中无论是百年老厂还是万人大厂,上海纺织国资管理公司一旦成为国有资产的出资方,其受资的企业只能处于子公司的地位。母子公司的关系,是一种明晰的资产纽带关系。上海纺织国资管理公司的目标是,不再干预企业具体的生产经营,而是从实物形态管理转向以价值形态管理为主的经营管理方式。所有者不再抓企业经营过程中的人财物和产供销等具体业务,而是抓企业为国有资产保值增值这一任务。

第二节 稳定大局,上海纺织工业实现第二次创业

20世纪90年代初,上海纺织工业的第二次创业成为当时直接关系纺织系统内部及整个城市改革成败的一个大局问题。上海纺织第二次创业是一项探索生存与发展、走出困境、重塑纺织形象的系统工程。从1993年开始,上海纺织系统的下岗工人开始呈现增长态势。当年,上海市纺织工业局停关并转销号老企业29家,压缩陈旧棉纺锭8.8万枚及相应前道落后设备,精简职工6万余人。下岗减员实现再就业成为当时稳定上海经济的一项重要工作。

一、提高对国有企业改制的思想认识与制度安排双管齐下

上海纺织企业中包括大部分干部在内,面对大规模的下岗问题,思想认识一度出现波折。改变这些思想认识,统一到改革必要性的认识上来,上海纺织系统历经磨难后,终于赢得了柳暗花明又一村的预期效果。

(一)摆事实,认清扭转困难形势的艰巨性

进入20世纪90年代后,传统的计划经济体制开始逐渐淡出,上海纺织工业经受了四大冲击:一是"三资"企业、乡镇企业和原料产地企业发展迅速,上海纺织工业原有的优势丧失。二是长期以来引以为豪的厂多人众的优势已经成为影响发展的包袱。人员冗余、

社会负担在市场疲软的情况下日益加重。三是原材料成本的上涨等不利因素不断蔓延。企业经济效益连年滑坡,各方却没能推出好的解决办法。四是装备落后、债务沉重,银行贷款困难。昔日的积累大户变成了困难大户,"摇钱树"变成了"苦菜花"。

出现这些困难局面的根本原因,不是单个企业的不作为,也不是企业职工的不努力,而是机制的束缚。在传统的计划经济体制向社会主义市场经济体制转变的过程中,一部分企业拥有厂房、设备等有利条件却"求生无门",另一部分企业的扩张冲动因得不到资产的实质性注入而"壮志难酬"。双方条件和需求的不匹配以及无法优势互补,直接指向对国有企业进行资产改革的愿望。国有资产被"凝固"的弊端在改革中不断被揭示出来。瞄准资产进行改革的认识在实践中被不断提上议事日程。

(二)抓落实,为保障下岗再就业职工的合法权利而作出制度安排

截至1994年底,上海全民所有制纺织企业职工的平均年龄为38岁,30岁以下的职工占职工总数的15%,36—45岁的占50%。在面临下岗的职工中,技术平平的各类操作工占39.78%,从事简单劳动的辅助工占44.59%,这两者之和占了下岗职工总数的84.37%。当这些年富力强的职工下岗之后,就业的渠道可能转移到合资企业、独资企业、民营乡镇企业或者股份制企业中,他们共同面临的问题是劳动关系的改变。劳动关系,是中国企业职工十分注重的一个方面,是中国企业职工普遍具有的心理文化特征。随着国有企业在国民经济中所占比例减少和现代企业制度建设日益深入,非国有企业或股份制企业的数量开始增多,这就意味着职工代表大会制度如何建设以及工人阶级如何在市场经济中找到生存和发展道路等问题都将落到工会这个组织的肩头。1993年,上海纺织工会换届,新任工会主席王水宫临危受命,第一件事情就是突出抓工会组织的工作,为上海纺织第二次创业开山辟路、保驾护航。

(1)建劳务市场。1993年6月25日,上海纺织劳务市场揭牌仪式暨劳务招聘洽谈会在上海市纺织工业局干校举行。市劳动局副局长曹贵生、肖义家等参加会议。当天,招聘洽谈会有2千多人参加面谈。

(2)建帮困基金。1994年6月24日,上海市纺织工业局举行职工救急救难基金会帮困济难中心成立暨献爱心仪式,市总工会副主席杜玉英,上海市纺织工业局新老领导朱匡宇、姜光裕、倪志华、王水宫、梅寿椿等出席会议。梅寿椿、李祥麟任基金会顾问,姜光裕任名誉理事长,王水宫任理事长。

(3)进一步完善再就业机构。1993年8月18日,纺织劳动力资源开发公司成立,拟定了全面实施再就业工作的计划设想,纺织系统的再就业工作有了纲领性的制度安排。1994年10月7日,上海纺织国资管理公司劳动力置换分公司成立,组建了38个工作站。这是新组建的上海纺织国资管理公司第一个专门接手下岗再就业的组织机构。当年的目标是安置转岗工人3 630人。

(4)纺织工会在推动产权变更的同时,努力促成一整套企业内部责权利相互制约、调动各方面积极性的新型劳资关系。纺织工会开始介入企业产权改革中,包括依法代表职

工签订集体合同和指导职工签订劳动合同等一系列的代表职工合法权利不受侵害的改革中。至1994年末,上海市纺织工业局系统共有265户企业24 685名职工实行了劳动合同制,分别占企业户数的69%和职工人数的68%,分别比1993年上升1倍多。

(5) 积极协调,开展安民帮困活动。1994年下半年,累计为444户困难企业支农职工共45 490人次从市帮困基金获得了418.24万元的生活补助费,并为160户人均工资低于最低保障线的亏损企业职工共90 273人次贷款达310.86万元,为81户困难企业职工52 573人次争取到国庆、元旦、春节一次性补偿金额达317.29万元,年终还为103户企业争取到609.53万元贷款解决拖欠劳模和老职工医药费的问题。从市帮困基金中争取的总金额达1 655.92万元。

(6) 因地制宜,将转岗培训和在职培训相结合,为职工第二次创业准备条件。纺织行业内成立技术管理委员会,把技师组织起来开展技术交流和攻关,充分调动他们的积极性,从而推动了技术工人的培训工作。1994年全年在70 416名技术工人中有56 880人次接受了培训,提高了技术水平。1994年还评聘出3名高级技术工人、137名技术工人。全年完成7 600人次的转岗培训,完成技术指标150%。

二、全面出击,两年召开大规模创业大会13次,变被动下岗为主动创业,为纺织体制改革赢得时间

(一) 国家领导人以及上海市领导亲临纺织系统

1993年4月22日,上海副市长蒋以任率有关部门领导到上棉二十二厂调研,实地研究帮助消化富余人员的相应政策。1994年1月26—27日,中共中央政治局委员、市委书记吴邦国和市委副书记王力平、副市长蒋以任等到第二毛纺织厂、上棉九厂、灯芯绒总厂、民丰纺织印染有限公司、上海市服装公司视察。吴邦国希望纺织系统结构调整步伐再快一点,帮助好的企业把"台"搭大,对困难企业要研究出分类解决问题的办法。1994年5月1日,中共中央总书记江泽民到上海灯芯绒厂厂长刘天福和龙头股份有限公司工人、市劳动模范杜玉英家慰问,希望他们在上海纺织工业第二次创业中作出更大成绩。1994年10月6日,上海市纺织工业局召开再就业工程恳谈会。市委、市府副秘书长冯国勤,市总工会副主席杜玉英,市劳动局局长王世宽和市社会保险局、市国资管理办公室、市经委的有关领导出席。会上姜光裕局长作了情况介绍,冯国勤要求政府各有关部门把纺织再就业工程作为一个试点,加强信息与服务工作。1995年5月18日,中共中央总书记江泽民在市委书记黄菊、市长徐匡迪等的陪同下,至联华合纤股份公司视察。

(二) 上海市纺织工业局局长、书记靠前指挥

1993年1月5日,上海纺织系统召开政治经济工作会议,局党委书记朱匡宇作了题为《在第二次创业中重塑上海纺织新形象》的工作报告,局长姜光裕作了题为《定位、创业、接轨,开拓新局面,跃上新台阶》的工作报告。1993年2月4日,上海市纺织工业局在云

峰剧场召开全系统各级领导干部大会,前任书记邹木法、局长梅寿椿向大会提出上海纺织工业要以第二次创业精神,深化十二字定位方针的建议。1993年3月10日,上海市纺织工业局举行大型座谈会,局、公司(集团)和60家重点企业的领导干部共300人参加。局党委书记朱匡宇主持会议,姜光裕局长宣读了《关于在上海纺织第二次创业中学习黄关从的创业精神的决定》,朱匡宇书记号召全系统广大干部和职工学习黄关从执着追求、自尊自强的爱国精神;敢为人先,永不满足的超越精神;求知唯实、科学管理的务实精神;严正清廉、率先垂范的自律精神。1993年12月24日,上海纺织系统召开1994年度政治经济工作会议。局党委书记朱匡宇、局长姜光裕对新的一年中上海纺织第二次创业的任务作部署。1994年6月15—22日,上海纺织第二次创业规划宣传团先后在中国纺织机械厂和第二棉纺织厂举行5场报告会,分别由朱匡宇、倪志华、肖义家、王水宫主持会议,姜光裕、李克让、杜双信作报告,各单位党政领导、厂级学习中心组成员共4 000余人次参加听讲。1994年12月15日,上海纺织系统召开1995年政治经济工作会议,局党委书记朱匡宇、局长姜光裕分别作了题为《以人为本,建设创业文化,推动上海纺织工业再创辉煌》和《坚持改革,争创一流,加速推进现代企业制度》的报告。

(三)工会组织表彰创业先进活动

1993年9月10日,上海纺织工会召开转业下岗人员安置工作交流研讨会,上棉二十一厂等6家企业工会介绍经验,纺织工会主席王水宫提出关于企业安置下岗人员的10条指导性意见。1994年2月23日,在上海云峰剧场召开"上海纺织第二次创业93群英大会"。中国纺织机械股份有限公司董事长、总经理黄关从被授予"上海纺织第二次创业93创业楷模"的称号。上海第二毛纺织厂等8个单位被授予"上海纺织第二次创业93标兵企业"的称号。上海针织内衣(集团)公司总经理苏寿南等8位同志被授予"上海纺织第二次创业93标兵个人"的称号。同时,宣布55家上海纺织第二次创业先进企业和55位上海纺织第二次创业先进个人的名单。

三、"纺织空嫂"成为上海纺织职工第二次创业的一道风景

下岗再就业在20世纪90年代初是整个社会的热门话题之一。社会上对上海纺织女工往往存在年龄偏大、文化程度不高等偏见。为了打消这道偏见的屏障以及拓宽纺织系统下岗人员再就业的渠道,全市动员,各部门全力配合,"空嫂"上岗,见证了上海纺织系统再就业工程的一段佳话。

1994年12月9日,上海市领导冯国勤率上海市经委、劳动局、社保局、财政局等一行来到上海再就业恳谈会现场。各委办局当场表示,只要有需要,愿意全力配合。舆论界的声援工作立即作出反应。当晚,上海《新民晚报》发表了一篇题为《纺织点亮一盏灯》的短论。随后,上海市纺织工业局又与《新民晚报》联合举办了《纺织职工要转岗,社会各界扶一把》恳谈会。会上,经市妇联牵线,上海市纺织工业局与上海航空公司签订在纺织下岗女工中招收空中乘务员的协议。上海航空公司总裁孙仲理当众发布了这一消息,消息很快在社会上引起轰动。

"空姐"变"空嫂"在民航界本身也是一件小概率事情,何况从"纺嫂"成为上海首批"空嫂",这一职业生涯中的华丽转身,恰巧见证了一个行业乃至上海、国家一代劳动者在改革发展的年代里,成功完成角色转换的缩影。

1994年,沈红梅的面试通知单

1995年3月8日,地处上海西部的千鹤宾馆内气氛高涨。上海纺织系统各厂报名的2 317名女工以及陪同她们前来面试的父母、丈夫等把整个考场围得水泄不通。经过层层筛选,从通过第一关的65人到通过第二关的28人,再到最后一关,18人脱颖而出。18位"空嫂"分别是:陈丽萍、樊丽华、顾敏、顾雯珠、胡伟萍、苗江梅、曲中伟、沈红梅、施建梅、施松蓉、施雅芳、吴尔愉、邢薇、张玉娥、赵金芬、周慧琦、周燕萍、朱跃华。其中,顾雯珠曾是一位时装模特;樊丽华是第一位通过面试的纺织女工;苗江梅很靓丽;周慧琦从1995年飞行到2012年退休后再度重新被返聘回单位;吴尔愉,她31岁参加首批"空嫂"招聘,这是中华人民共和国民航业第一次突破"空姐"年龄限制,她42岁时,航空公司总结推出《吴尔愉服务法》,是中国民航界第一本以个人姓名命名的服务法,之后,她又成为上航第一位55岁继续飞的"空奶奶""空外婆",曾获得全国劳动模范称号、全国五一劳动奖章。

1995年3月8日,18位"空嫂"正式进入上航

"纺嫂"变"空嫂"之后,带动了上海为纺织下岗职工安排就业的新热潮。当时浦东开发开放后要成立一个区域性的巴士公司,董事会明确提出,就招纺织女工。这样,"空嫂"

之后马上有了"巴嫂"。当年地铁的首批员工也专门招收纺织女工,这样,"地嫂"也应运而生了。而后,有一大批寻呼台都是手工接线的,纺织女工又变身为"呼嫂"……一大批"纺嫂"就此走向社会各行各业。

自"空嫂"之后的3个月期间,纺织系统就顺利转岗职工15 846人。至1995年末,全纺织系统职工总数下降为37.65万人,成功实现了17万富余职工的顺利大转岗。

1995年,上海"空嫂"第一次登机后的集体照

第三节　企业破产与纺织品牌扩张并行

国有企业破产,在新中国成立后到经济改革间的工业史上没有记录。1994年的3月,上海纺织系统内的第二织带厂宣布破产。破产第一次进入大众视野,上海第二织带厂的破产在全国具有典型意义。一破一立,与企业破产同行的是,上海纺织行业经过一系列的改革,悠久的纺织历史与不断创新的管理磨合而成的名牌积淀相得益彰。破产带来的积极意义由此更多地集中到了为名牌让路,以集中更多优质资源,而这种壮士断腕的城市精神被载入史册。

一、"蛇吞象",上海纺织产业结构调整打出重拳

在从计划经济转向市场经济的过程中,上海纺织系统面临的棘手问题,是作为上海母体工业的纺织产业,由拥有家大业大人口众多的优势到一夜之间亏损巨大,这一优势成为纺织系统的包袱。如何解决这样棘手的问题,按照时任上海市纺织工业局党委书记朱匡宇的话说,只有大大压缩生产总量,向技术资金密集型方向调整,纺织工业才有发展前途。将上海第二织带厂列入依法破产的决定,在当时是一件需要勇气和智慧的艰难选择。之所以说需要勇气,是因为国有企业破产没有先例。当时国内针对破产的法律,只有一部1986年颁布的《企业破产法(试行)》,其条款内容还不足以涵盖市场经济环境下遇到的所有问题,包括职工安置、资产处置、企业遗留问题等。说需要智慧,是指只有通过"吃螃蟹",才能在实践中取得改革的经验。

(一) 建立清算小组,政府各职能部门提前介入

上海第二织带厂坐落在延安西路1672号,其历史可以追溯至1948年,其名为大生织造厂。1956年公私合营的时候,上海益兴织造厂等6家工厂并入大生织带厂。1966年的时候更名为上海星火织带厂,1979年更名为上海第二织带厂。该企业曾经是行业的利税大户,1979年至破产审计之前共上交利税3 000多万元。1987年后,同类产品在乡镇企业大量出现,市场竞争十分激烈,同时由于缺乏资金改造设备,产品一直处在中低档水平。1990—1993年连续4年亏损,累计亏损额251.6万元。在这种情况下,要维持387名在职职工和439名退休职工及45名支农职工的生计,实属困难极大。到期债务无法清还,如果继续勉强维持,只能加快国有资产的流失。

1993年9月—1994年2月,上海市委、市政府曾多次召集市委办和上海市纺织工业局有关部门进行可行性研究,并对其准备破产一事作重要批示。在政府各委办的多方协调下,由蒋以任副市长担任总负责人。市政府印发1994-1专题会议纪要,具体实施破产试点工作。上海市政府组织经委、体改委、法制办、劳动局、财政局、社会保险局、国资办、人民银行上海市分行、市总工会、高级人民法院、长宁区法院、市纺局等多家单位,专门召开《关于上海第二织带厂实施破产试点的问题》专题会议。会议对职工及资产的安置和处置在法律的框架内进行充分的讨论并取得一致意见后统一执行。

1. 审计、评估、处置国有资产

1994年3月,长宁区法院立案受理上海第二织带厂破产申请后,当即安排保安公司对全厂的机器设备、厂房等财产进行有效保管,并组织专业人员对所有实物,包括房产、织带专用设备、通用设备、车辆、成品、在制品、低耗品、原材料等进行彻底清点造册。清理应收账款包括对外投资、联营、办三产的债权债务所有财产。由长宁区法院向债务人发出通知93份,计金额120万元,确认债权60万元,已收回30万元。

经审计师事务所核实全部报表及账册确认,上海第二织带厂的账面总资产为835.38万元,审计后资产总额调整为595.56万元,净资产负172.72万元。经上海市国有资产管理办公室立项,由上海市会计师事务所对上海第二织带厂缝纫财产进行评估,评估后的总资产为640.76万元,比评估前增值7.6%。在审计、评估的基础上,事先征得债权人同意后,清算组经法院同意,在上海《解放日报》刊登出售房产、旧设备、车辆、成品、原材料等财产的广告。

2. 妥善安置职工

1994年3月,上海第二织带厂通过《解放日报》刊登破产公告,部分待工在家的职工闻讯赶到厂里,很多人哭了,但是,无奈地接受了破产现实。由于政府等多方面的提前介入,按照破产流程,在做好职工思想工作的同时,事先解除了合同制工人的合同,并梳理了按规定可以提前退休、退职人员的手续。除了一部分商调和一部分辞职的,最后约剩下170位职工待安置。当时的方案是,出售机器时吸纳部分职工,每安置1人,以2万元计算抵扣卖价。这样的考虑是基于保障社会的稳定,保护生产力,同时可以让机器设备、厂

房、原材料、在制品等得到最大限度的合理使用。对自谋出路的以及一些不宜继续参加工业生产劳动的职工,作一次性补偿,发放安置费,计算口径按本企业的工龄计。按照事先的工作安排及有关安置职工的法律框架,为最大限度保证职工的权益,上海第二织带厂职工的安置费及欠公积金贷款在破产清偿时被列入第一偿还顺序。

1994年4月27日,上海市长宁区人民法院下达了民事裁定书,上海第二织带厂正式破产。这也是《中华人民共和国企业破产法(试行)》实施7年后,上海第一家正式破产的国有企业。

(二)上海宽紧带厂走资本运作途径,成功接盘上海第二织带厂

企业破产之后的资产处置及员工的安置是上海纺织在进行产业结构调整过程中最先考虑的重点问题。选择产品相近、系统一致的企业来市场化运作企业间的资本流向,是上海纺织系统继上海第二织带厂破产之后走出的第二步——资本运作。

上海宽紧带厂坐落在上海市愚园路1032弄60号,与上海第二织带厂同属长宁区所辖。该厂的历史比上海第二织带厂更早,创建于1924年。经过历史变迁,工厂经历了1956年公私合营、六七十年代的"文革"洗礼,后经过市纺局、制线织带公司对几十家同类企业的不断整合调整,成为本市专业织带生产企业。创建初期设备有1511型有梭织带机、铁木式编织机等。生产产品主要包括各类刚性织带、弹性宽紧带等。进入政府牵头接盘上海第二织带厂候选名单,是因其有比较扎实的管理基础。

1988年上海宽紧带厂的设备、计量、企业管理等工作,先后通过上海市纺织工业局系统评审、上海市经委系统的综合评审。1990年,上海宽紧带厂在调整中发展,建立职工利益共同体,在计划经济向市场经济转变的同时,在稳定经营的前提下,修订完善各项承包指标,运用现代化管理手段来提高各项工作的适应力。1992年率先进入金桥出口加工区,并与之共同组建上海金开装饰花边有限公司,产品得到了进一步发展,企业有了新的面貌。

1994年,当长宁法院宣告上海第二织带厂破产后,上海宽紧带厂现身,经上海国资办清算确认,上海第二织带厂的全体职工和设备原料由上海宽紧带厂接收。当时职工仅260多人的支部级上海宽紧带厂斥资160万元,一举收购总支级国有企业上海第二织带厂的全部生产设备并吸纳其职工,完成了一次以小吃大的"蛇吞象"资本运作。

1995年,经上海市经委、市国资办、上海市工商局及上海纺织申达集团审核,经该厂职工的共同努力和大部分职工出资,获得购买国有资产产权的机会,一次性将国有资产全额置换出来,企业的经济性质由原国有小企业转制为股份合作制企业。转制完成后,召开了第一届股东代表大会,成立了第一届董事会,并推荐陶勇为董事长,下设监事会等分支机构。国有资产经过一系列的流程再造,上海纺织系统诞生了第一家由国有小企业改制的股份合作制企业。

(三)意义与思考

国企破产之后,职工面临劳动合同终身制的改变,心理承受能力遭受了一次从未有过

的大考。国有资产退出,国企职工走向市场,其过程虽然充满阵痛,但是,围绕国有资产的改革风暴迟早会发生。上海的纺织系统在产权改革领域下了一盘先手棋,实践中积累的经验与教训为国企改革、为经济发展和法治建设提供了一条新思路与新办法,其意义远远超过两个国有小企业本身的盛衰成败。

(1) 自1986年11月1日国家颁布实施《中华人民共和国企业破产法(试行)》以来,上海在1992—1993年期间,法院共受理了50多宗破产案件,但大多是乡镇企业和三产型的经营性公司,国有企业的破产案例,在全国范围也不过是20家,上海一家都没有。企业破产后如何安置职工是一个难点。此法第4条指出:"国家通过各种途径妥善安排破产企业职工的重新就业,并保障他们重新就业前的基本生活需要,具体办法由国务院另行规定"。但是,直到1994年,也未见有国务院相关方面的实施办法出台。某些领域政策滞后于经济发展可能会导致更多的社会成本的增加。

(2) 国企破产,虽然遵循的是优胜劣汰的市场规律,打破了政府包办包揽的成规旧套,但是,受历史局限,破产这个司法层面的事情,该由政府来主导还是该由企业来主导,在当时尚未完全划清界限。上海第二织带厂的破产以及接盘企业的选择,其做法还明显带有计划经济的政府影子,还带有较明显的政府主导色彩。与此同时,按照当时的规定,破产企业的清算组该由法院在政府各有关部门中指定产生。但是,由于破产清算的工作量大、延续的时间较长,政府有关部门还没有做好抽出专门人员、专门机构可以配备专门人员的准备。在这样的情况下,政府职能部门采取委派有关人员兼任的办法,精力如何集中、工作怎么连贯等问题还有待解决。

(3) 在安置职工方面,还有社会配套养老保险、待业保险和医疗保险等一系列的社会保障功能不够健全的不利因素。上海第二织带厂的破产,为这些制度的出台提供了诸多鲜活的经验与教训。

二、品牌扩张是经济体制改革中的一缕春风

自20世纪80年代中后期至90年代初期,上海纺织行业别无选择地经受了国家从计划经济转向市场经济变革带来的一系列阵痛。企业生产除了劳动力成本过大之外,还面临原材料涨价、设备更新缺乏资金、市场疲软等一系列灾难性的困难。如何走出这样的窘境,上海纺织领导班子经过仔细分析和多方论证,提出了打"品牌"牌的战略设想。上海市纺织工业局副局长刘勤亲自带队,到20家品牌企业进行两轮的现场办公。中国工商银行上海分行从支持国有品牌的大局出发,打破常规,从1994年起连续4年给予品牌专项贷款,1994年是1.12亿元,1995年是2亿元。这些资源犹如雪中送炭,帮助上海纺织品牌驶入了高速发展的快车道。1994年,首批20种纺织品牌销售收入比上一年增长了33.34%,1995年增长到44.89%,加上第二批评选出的7个品牌,销售收入达到29.64亿元。1995年,上海市首次开展推选名牌产品时,上海纺织的27种著名品牌获得了社会公众较多的选票,除了一种新创品牌未满3年未上榜之外,其余全部榜上有名,占当时所有上海名牌的18.82%。纺织品牌的扩张,既保存延续了上海纺织悠久的历史传承,又为深

化经济体制改革赢得了时间和空间。

(一)通过举办大型展会,由市场推出社会公认的纺织品牌

1993年12月31日,上海市纺织工业局在上海展览馆组织大型上海纺织精品展示展销会,历时7天整。200多家参展企业共推出6 000种新品、精品,销售总额达787万元,参观者逾10万人次。

1994年5月23日,上海纺织首批推荐著名品牌擂台赛在中国纺织机械厂举行。经过激烈竞选,评出20个著名品牌,按当时得分排名为:三枪、海螺、凤凰(毛毯)、民光、凤凰(羊毛衫)、钟牌414、春竹、鹅牌、大地、司麦脱、金钟、飞轮、飞马、皇后、三蝶、双羽、船牌、曼丽尔、章华、菊花。6月14日,上海纺织20种著名品牌被媒体广泛宣传。当天,上海人民广播电台开始每天播送一档由名牌企业厂长介绍产品的历史和特色的节目。7月31日,上海东方电视台摄制的《名品传友情——上海市纺织工业局20只著名品牌巡视》开始正式播映。8月8日,以著名品牌命名的上海海螺(集团)公司成立,市委书记吴邦国为公司题名。

(二)动用文化媒体力量,全面铺开品牌

在上海市纺织工业局品牌办公室的统一安排下,每个品牌企业认缴2万元的集中宣传费,在全国发行量较大的15种报刊上,运用现代广告广播学原理,统一广告视觉形象,设计专门的广告语,相对集中地安排刊出时间。上海人民广播电台新闻台《海上新空气·国货精品》、市场经济台《玩家新潮》、东方广播电台《中国名牌》、中央人民广播电台《企业之声》等节目和上海《消费报》的《每日一品》栏目中都逐一介绍上海纺织品牌的历史特色,连续20—30次,形成一个一个系列。在《上海新闻报》上开设《纺织名品苑》专栏,每周用半版的篇幅,连续两年报道纺织品牌的特点和最新动态。《上海画报》开设专栏,用中英文两种版本向海内外发行。上海《文汇报》开设《名牌世界》,从纺织学术角度发表权威点评文章。

1994年9月,在中纺机会场举办的一场企业品牌歌唱会上,有20支企业歌唱队分别演唱自己企业创作的品牌歌曲。文艺界的吕其明、黄准、瞿维、严金萱、陆在易、图巴海、侯小声等10位著名音乐家为20家著名品牌单位创作企业品牌歌。这些歌曲包括《我们吹响海螺》《菊花之歌》《飞吧,美丽的凤凰》《美丽的羽毛》《七彩浓情印丝绸》《奉献闪光年华》《天下笑迎三蝶来》等。演唱会的当天,朱匡宇局长登台指挥,全场高歌《上海纺织创业歌》,一时间台上台下一片欢腾,品牌歌唱会达到高潮。

(三)举办首届上海国际服装文化节,推动上海的服装文化大发展,为上海纺织品牌建设注入活力

服装是历史的记忆,也是文化的载体。中国悠久的历史,孕育出多彩的服装文化。上海的纺织工业是其"母亲工业",同时上海又是中西文化的交汇地,因此上海与服饰文化有着密不可分的历史情缘,在中华服饰沿革中形成的海派风格,独具韵味。上海不仅有"东方巴黎"之称,还是历史上公认的"时尚之都"。1995年3月21日,首届上海国际服装文

化节拉开帷幕,这一天似乎成为中国纺织服装界的节日,成为上海的宝贵资产。开幕节当天晚上,一台以服装为主题,以文艺表演的形式展示的千变万化、争奇斗艳的晚会,集聚了一流的舞蹈演员、一流的模特明星和一流的声、光、电、色多层次、多视角、多媒体技术手段,将上海服装之都的千姿百态展现得酣畅淋漓。上海服装的品牌知名度和影响力再次得到强化和提升。

(1)"政府搭台,企业唱戏"的运作机制,几乎成为日后其他各大城市举办服装(时装)文化活动的通用模式。原上海市政协主席、时任上海市副市长的蒋以任亲自挂帅担纲上海服装文化节组委会主任。组委会隶属上海市政府经济委员会,资金由上海服装集团赞助。以政府背景命名的大型活动平台,除了艺术、旅游和电影节之外,上海国际服装文化节就此被延续至今,成为上海这座城市的重要名片。

(2)"中华杯"全国服装设计大赛成为中外国际文化交流的蓄水池。由上海国际服装文化节延伸出来的这一服装设计大奖赛,而后一直成为国际交流的重要平台与纽带。每年吸引中外优秀服装设计师、时尚媒体界、服装评论界、服装市场界各路精英,来到这里施展才艺,交流信息。年轻设计师逐鹿T台,将自己构思独特、风格鲜明的作品在"中华杯"的平台上展现出来,以期实现自己设计大师的雄心伟志。吴海燕、赵玉峰、祁刚、武学凯、张继成、唐炜、张伶俐、计文波、曾凤飞等众多中国著名服装设计师都曾在这个平台上,以各种方式参与活动,由此,"中华杯"被服装界及时尚媒体广泛赞誉为"服装设计师的摇篮"。这为提高上海服装产业的文化品位起到了不可估量的积极作用。

(四)实施"三名"战略,产业结构取得重大突破

所谓"三名"战略是指,以"名牌、名人、名厂"为龙头,推出企业重组再造的大动作——以20个著名品牌为龙头,集约业内资源,组建一批优势企业集团;以名人挂帅当产权代表,实施收购兼并,促成一批企业良性发展;以名厂作支撑,形成规模效应,带动一批高创汇企业。名牌、名人、名厂,这笔国有资产中的巨大无形资产,被作为"金矿"发掘出来后,成为纺织大调整的有力支撑。通过企业组织结构的调整,实行资金和资源的优化配置,促使国有资金实现增值保值。

(1)组建太平洋机电(集团)有限公司(简称太平洋机电)。太平洋机电的领头人物是黄关从。1989年,黄关从出任上海第二纺织机械厂厂长。1992年,黄关从对第二纺织机械厂进行股份制改造,总计集资6亿多元。同年,黄关从辞去第二纺织机械股份公司总经理的职务,主动出任当时的亏损企业中国纺织机械厂的厂长,在黄关从的努力下,将中国纺织机械厂运作成功上市,从而使其经济效益从亏损转为盈利几千万元。1994年8月,上海第二纺织机械股份公司与中国纺织机械股份公司合并成立太平洋机电(集团)有限公司,注册资本12.37亿元。其后,太平洋机电围绕产权流动和资源重组,摸索出"太平洋资本运营模式":首先将上海地区33家行业的国有产权整体重组到集团公司;其次,制定总体发展战略;最后,优选有效资源,融合新体制企业,吸纳海外资产和资金,由此实现了国有资本与民营资本产权的重组,既有资源重组意义,又有体制改革的实际效果。之后几

年,太平洋机电规模迅速扩大,资产迅速膨胀,仅用12.37亿元的总资本最终控制了55亿元的总资产。

(2) 组建上海三枪(集团)有限公司(简称三枪集团)。1994年11月18日,由上海纺织国有资产经营管理公司以原上海针织内衣(集团)公司本部及针织九厂等企业全部资产出资组建,集团领头人是苏寿南。三枪集团的资本构成是:母公司为上海针织九厂(包括针织一厂、针织二十二厂),全资子公司为上海第五棉纺织厂、五和针织二厂等3家企业;还有外高桥的联桥实业有限公司、马来西亚的太田实业有限公司、上海南飞针织有限公司、上海三枪制衣有限公司等18个中外合资的控股子公司和参股公司。固定资产原值2.73亿元,注册资金1.53亿元,拥有自主经营进出口业务权,产品远销世界五大洲70多个国家。三枪集团主要生产"三枪"牌高档内衣系列产品,具备以棉麻、丝、毛、混纺、化纤等为主要原料的纺织、染整、成衣加工一条龙配套生产体系。1992年以来,三枪集团前身和三枪集团每年推出一种领导内衣潮流、引起轰动效应的拳头产品,包括1992年的柔暖棉毛衫裤系列、1993年的全棉凉爽麻纱内衣系列、1994年的薄型高支纯羊毛内衣系列、1995年的牛奶丝内衣系列。三枪集团的运作特点之一是通过盘活资产存量,达到效益最大化。其利用品牌无形资产和先进的技术、管理,采取兼并企业、优化组合的办法,在北京、河北、西南、东北等地区建立跨省市、跨部门、跨行业的经济联合体,既分担国家困难,又实现自身经营规模和经济实力的迅速增长。

(3) 组建上海海螺集团有限公司(简称海螺集团)。海螺集团以上海第二衬衫厂为核心组建,上海第十二服装厂、上海夹克衫厂、上海针织帽厂等9家企业加盟。海螺集团导入CIS(企业形象识别系统),做大品牌、做大市场,率先开发新型面料,设计出系列"海螺"男衬衫,还形成了与"海螺"男衬衫相配套的意大利风格的西服、夹克、工艺帽等产品,在市场上扬起了一阵"海螺"风。1994年,"海螺"男衬衫在上海衬衫销售排名榜上名列前茅,上海市大百货商场占有率达12%。

(4) 组建凤凰纺织装饰(集团)有限公司。以"民光""凤凰"的品牌为龙头,发展床上用品、盥洗配套、包覆面料、窗帷挂饰、餐巾台布等系列产品,加强装饰纺织品的配套性、系列性和艺术性;以上海汽车地毯总厂为核心,做大与上海支柱产业相配套的汽车地毯、汽车内饰等产业用纺织品。

(5) 组建上海三毛企业(集团)股份有限公司。上海三毛企业(集团)股份有限公司,于1993年9月由原上海第三毛纺织厂改制重组后以社会公开募集资金方式设立,是中国毛纺行业首家同时发行A、B股的上市公司。公司注册资本2亿元,总资产8亿元。

(五) 充分利用级差地租,为整合纺织品牌扩张腾地造楼

通过关、停、并、转、迁、销号一批没有生命力的老旧纺织小企业,盘活存量资源。此举既可以腾出地块、用于房地产开发,在房地产开发过程中集中品牌资源,实现最大限度的扩张效应;又可以此作为纺织全局实行战略转移、摆脱困境的重要途径。

1993年11月2日,上海纺织轴承一厂与普陀区商业建设公司正式签约合资兴办上

海昆仑商城,总投资1亿元。这是上海纺织系统利用级差地租启动的一个较大项目。当年12月,由中美合资的上海佳华房地产有限公司成立。合资的初衷是吸引外资及其技术力量,以加快纺织资源的改革。公司总投资3500万美元,中方投资360万美元。

1993年全年,上海市纺织工业局共停、关、并、转销号老企业29家,压缩陈旧棉纺锭8.8万枚及相应前道落后设备,精简职工6万余人,腾出地块78处共51万平方米。同年,以纺织企业土地改性而在建的主要建筑有:鼎新大楼(鼎新印染厂)、三和花园(第七印染厂、第二制线厂)、汇丽花园(上棉六厂)、利宏大楼(第三织带厂)、三维大厦(上棉二厂、纺织机械专件厂)、天歌大地商厦(永新内衣染织厂)、航天宝都(协新毛纺织厂)、康海大楼(第十一毛纺织厂)、新建大厦、富安大厦(第二制毡厂)、常德公寓(纺织物资供应公司)、荣丰花园(上棉三十一厂)、平武大楼(手帕染纱厂)、金源国际大厦(第七毛纺织厂)等。

第四节　拥抱竞争时代,上海纺织控股集团挂牌成立

1995年5月24日,经中共上海市委、市政府批准,撤销上海市纺织工业局,上海市纺织国有资产经营管理公司改为上海纺织控股(集团)公司,由朱匡宇任董事长,姜光裕任总裁。同时建立中共上海纺织控股(集团)公司委员会,朱匡宇任党委书记。长期以计划生产为主的纺织产业就此画上句号,一个市场化竞争时代的大幕拉开了。

上海纺织控股(集团)公司挂牌

一、上海纺织控股(集团)公司的基本建制

集团总资产360亿元,净资产150亿元,注册资本64亿元,集团本部设有7部2室(人事部、财务部、投资发展部、资产经营部、经济运行部、对外经济合作部、劳动部、总裁办

公室、监审室)。

经过整合,集团建有 7 家全资子公司(华申、申达、新联、针织、化纤、汉森、华宇)、3 家控股子公司(龙头、三毛、服装)及 5 家直属单位(纺织发展总公司、纺织原料公司、纺织运输公司、新纺织实业有限公司、纺织对外经济技术合作公司),1 家受托单位(上海纺织集体资产经营公司)、10 家科研院所。生产企业共 158 家(上市公司内企业 29 家、三资企业 53 家、混合经济企业 40 家、集体企业 13 家、国资企业 23 家),进出口贸易公司 22 家。从业人员 6.95 万人,生产经营的产品大致分为棉纺、毛纺、色织、印染、服装、巾被、装饰、手帕、化学纤维、产业用纺织品等 10 个大类。

二、上海纺织控股(集团)的主要职责及意义

自 1949 年 5 月 27 日上海解放到 1995 年 5 月 24 日,一辆寄托了几代纺织人百年梦想的历史战车整整跨越了 46 个年头后,已经习惯了的计划体制行政指挥框架在这一天宣告寿终正寝。同时,上海市政府宣布撤销原有的上海市纺织工业局及稍前不久建立的上海市纺织国有资产经营管理公司。同一天,上海纺织控股(集团)公司的大牌匾正式亮相上海外滩中山东一路 24 号。

其一,从纺织控股公司与纺织工业局的称谓上可看出的最大区别是,前者是市场化的公司而后者是政府性质的工业局。名称的改变意味着政府职能开始转变,政企分开在行政建制上得到突破。其二,在控股的含义下,其管理职能开始聚焦到对资产与资本的管理。也就是说,上海纺织控股(集团)公司是一个进行国有资产投资、控股和经营管理的具体经营者。经营的是国有资产,在国家资产的授权范围内进行具体操作,主要承担国有资产的保值增值责任。

纺织控股(集团)公司与上海国资局签署合约。1995 年 10 月,以上海纺织控股(集团)公司的名义与上海国资局签订国有资产保值增值责任书。主要内容为以 62.8 亿元净资产为基础,增值目标为 2.5%,即增加净资产约 1.57 亿元。此举开上海各控股公司之先河。

纺织控股(集团)公司与各下属分、子公司董事长等资产管理负责人签署保值增值合约。同时,将各有限公司董事长的人事、劳保、福利关系集中到控股公司统一管理,以便促使他们在资产运作过程中与控股公司上下协同、凝成合力。顶层的控股公司资产管理部门开始拟定加强年初的预测、年中的监控和年终的内审等管理制度。

纺织控股(集团)公司着手处理不良资产,加大产权流动及变现力度,实现资本结构优化。处置不良的国有资产,这在过往的 46 年间是一道不能逾越的鸿沟:国有企业中的一些即使破旧不堪的固定资产,企业也没有处分权。这些国有资产存在财务账面上不仅稀释了资产负债率,而且掩盖了企业运行质量的真实性。控股公司成立之后,按照资产合理流动原则,在企业出售、股份制企业有偿收购国有企业、国有企业有偿收购集体企业、购入产权、中外合资、中外联营、入股控股、上市股份公司出让国家股进入二级市场以及把国有小企业的产权部分或全部出让给职工等方面都实现了新的突破。

由此，企业还原了企业自身应该承担的责任与义务，政府履行了本该属于政府承担的责任与义务。

从一位民间奇女子在上海这片土地上洒下纺织的种子，到近代封建官僚大臣在此探索发展纺织工业以期救亡图存，再到新中国成立后，上海纺织工业顺应时代发展一步步探索改革，上海的纺织历经风雨而愈发蓬勃，为上海人民乃至中华民族的纺织产业发展留下了宝贵的财富。

在上海纺织发展的漫长历程中，无数的纺织先辈们付出了极大的心血，为此，我们深深崇敬、深深缅怀也深受鼓舞。因此，我们怀着崇高的敬意将一段段鲜活的历史和或深或浅的思考尽心呈现于纸上，我们相信，作为人类社会衍生和发展不可或缺的纺织产业将延绵不断走向新的辉煌。

附录1：黄关从简介

黄关从，男，1938年12月生，汉族，广东中山人，大学学历，教授级高级工程师，高级经济师。1995年12月加入民建。1963年1月于华东纺织工学院机械系毕业。

1963年1月毕业后分配到上海第二纺织机械厂工作，历任设计科科员、科长、技术副厂长、厂长。1992年调中国纺织机械厂（中国纺织机械股份有限公司）工作，先后任厂长、总经理、董事长。1994年后任上海太平洋机电（集团）有限公司总裁、董事长、顾问。1997年6月—2007年3月任民建上海市委主委。1998—2008年任上海市政协副主席。1997年11月—2007年12月任民建中央副主席。曾任第八届全国人大代表，第九、十届全国政协常委。1988年、1990年、1992年、1994年被评为上海市劳动模范。1987年、1988年、1993年先后被评为上海市、纺织工业部和全国"优秀企业家"。1989年获"全国劳动模范"

黄关从工作照

称号。1992年被评为上海市十大标兵、享受国务院特殊津贴。1993年被评为国家级有突出贡献专家。1995年获全国纺织总会"特等劳动模范"称号。1995年被评为中国经营大师。负责主持的"B593型绒线细纱机"和"FA503型细纱机"科技项目分别于1980年、1987年获上海市科技进步三等奖,"计算机辅助设计和生产管理系统"和"推进科技管理、形成良性循环"两项课题于1993年获上海市科技进步二等奖,主持的有关现代企业管理成果分别于1993年、1994年获全国管理进步一、二等奖。

附录2：苏寿南简介

苏寿南,上海三枪集团有限公司董事长,男,1939年12月出生,高中文化,高级工程师,中共党员。1993年度上海市劳动模范,1994年度全国纺织系统劳动模范,1995年度全国劳动模范。1994年以来,苏寿南抓住发展社会主义市场经济的机遇,及时捕捉市场需求,全身心地培育"三枪"内衣成为国货精品,荣获上海市纺织名品中的"第一品牌",在1994、1995年连续两届中外名品展中,销售独占鳌头。为进一步搞好国有企业,他精心组织,抓住机遇,实施兼并,被经济界称为"兼并大王",实现了固有资产的增值,使上海针织九厂成为全国针织行业中规模最大、品种最多、效益最好的企业。1994年成立以上海针织九厂为母体、

苏寿南

"三枪"品牌为龙头、资产为纽带的上海三枪集团有限公司,被国务院列为推行现代企业制度100家试点单位之一。为此,全国纺织总会赞誉道:"上海三枪,中国针织行业的旗帜"。

附录3：万德明简介

万德明,男,1938年4月出生,教授级高级工程师,大学本科,中共党员。1954年进上海裕华毛纺织厂,曾任保全队长、技术员、工段长、车间主任。1971年进上海纺织机电厂,任"七七"军工随动系统项目负责人。1977年任上海第五毛纺织厂科研室主任。1983年任上海第二毛纺织厂(简称上海二毛)厂长。1992年任上海第二毛纺织厂(有限公司)执行董事、总经理,上海三毛股份有限公司副董事长总经理。他在上海二毛任职期间,1984—1993年上海二毛曾连续10年经济效益位居全国同行之首,并托管经营江苏江南毛纺织厂、成都双流毛纺织厂、德阳毛纺织厂、浙江杭州毛纺织厂等,1995年受中央委托托管张家口第五毛纺厂。1965年获上海市红旗青年突击手,1997年荣获全国"五一"劳动奖章,1988年荣获全国纺织系统优秀企业家称号,上海市"重振雄风优秀改革人才"奖,1993、1995、1997年上海市劳动模范。1995年荣获全国优秀企业家和全国纺织工业特等劳动模范称号,1997年全国"五一"劳动奖章获得者,1998年荣获上海优秀企业经营者称号。

附录 4：朱匡宇简介

朱匡宇，男，1948年出生，研究生学历，中共党员。历任上海第二纺织机械厂厂长；上海市纺织工业局党委书记；上海纺织控股（集团）公司董事长、党委书记；上海市委宣传部副部长、市精神文明建设委员会办公室主任等职。在担任上海纺织系统主要领导期间，经历了中国上一轮产业结构大调整，是上海纺织产业调整的亲历者与主要参与者。

附录 5：1950—1995 年上海纺织工业历任局级行政领导干部更迭表

姓名	职务	性别	籍贯	出生年月	在职期
刘少文	华东纺织管理局局长	男	河南信阳	1905.12	1950.07—1952.04
陈 易	华东纺织管理局副局长	男			1950.07—1952.03
张锡昌	华东纺织管理局副局长	男	安徽和县	1916.11	1950.07—1952.03
洪沛然	华东纺织管理局副局长	男	四川资阳	1904.07	1950.07—1953.02
张方佐	华东纺织管理局副局长	男	浙江鄞县	1901.03	1950.08—1956
胡 明	华东纺织管理局局长	男	福建闽侯	1914.04	1952.04—1953.03
张承宗	华东纺织管理局副局长 华东纺织管理局局长 上海市人民政府纺织工业管理局局长（兼） 上海市纺织工业局局长	男	浙江镇海	1910.05	1952.04—1953.03 1953.03—1958.02 1954.04—1955.06 1958.02—1960.06
杨 纯	华东纺织管理局副局长	女	四川峨眉	1917.03	1952.09—1953.06
张 本	华东纺织管理局副局长	女	安徽全椒	1921.04	1952.09—1953
鲁纪华	华东纺织管理局副局长 上海市纺织工业局副局长 上海市纺织工业局副局长	男	山东招远	1920.09	1953.03—1958.02 1958.02—1960.06 1960.06—1964.09
陈克奇	华东纺织管理局副局长 上海市人民政府纺织工业管理局副局长 上海市纺织工业局副局长 上海市纺织工业局副局长	男	安徽定远	1917.10	1953.06—1954.04 1954.04—1955.06 1955.06—1958.02 1958.02—1958.08
李石君	华东纺织管理局副局长 上海市纺织工业局副局长	男	江苏扬州	1911.12	1953.06—1958.02 1958.02—1960.06
傅振军	华东纺织管理局副局长 上海市人民政府纺织工业管理局副局长 上海市纺织工业局副局长	男	江西宁都	1916.09	1953.06—1954.04 1954.04—1958.02 1958.02—1958.08
汤桂芬	上海市人民政府纺织工业管理局副局长	女	江苏扬州	1918	1954.04—1958.02
谭 浩	华东纺织管理局副局长	男	安徽旌德	1917.03	1956.06—1958.02

续 表

姓 名	职 务	性别	籍 贯	出生年月	在 职 期
葛 恒	华东纺织管理局副局长 上海市纺织工业局副局长	男	浙江镇海	1921.11	1956.06—1958.02 1958.02—1958.08
林一风	上海市人民政府纺织工业管理局副局长	男	江苏苏州	1911.08	1956—1958.02
苏延宾	上海市纺织工业局副局长	男	江苏如东	1909.10	1958.02—1966.12
刘青舟	上海市纺织工业局副局长 上海市纺织工业局局长 上海市纺织工业局革命委员会副主任	男	河北魏县	1921.07	1960.02—1964.09 1964.09—1966.12 1969.10—1976.10
朱寿安	上海市纺织工业局副局长	男	安徽来安	1921.09	1960.02—1966.12
汪运先	上海市纺织工业局副局长	男	安徽六合	1908.04	1960.02—1966.12
郭忠业	上海市纺织工业局副局长 上海市纺织工业局革命委员会副主任 上海市纺织工业局革命委员会主任	男	山东梁山	1925.03	1961.06—1963.10 1969.10—1973.04 1973.04—1975.04
李文彬	上海市纺织工业局副局长	男	山西	1921.02	1961.08—1966.12
张惠发	上海市纺织工业局副局长 上海市纺织工业局革命委员会副主任 上海市纺织工业局局长	男	江苏武进	1920.09	1964.02—1966.12 1973.04—1978.04 1978.04—1983.08
秦汉章	上海市纺织工业局革命委员会主任	男	江苏	1922	1969.10—1973.04
唐文兰	上海市纺织工业局革命委员会副主任	女	江苏江阴	1932.01	1969.10—1976.10
杨序昭	上海市纺织工业局革命委员会副主任	男	江苏泗洪	1922.10	1969.10—1976.10
陈慰农	上海市纺织工业局革命委员会副主任 上海市纺织工业局副局长	男	河北阜平	1917.04	1969.10—1976.10 1978.04—1982.07
鲍 复	上海市纺织工业局革命委员会主任	男	安徽卢口	1921.09	1975.04—1977.04
杨慧洁	上海市纺织工业局革命委员会主任	女	江苏泰县	1919.12	1977.04—1977.10
王子明	上海市纺织工业局革命委员会副主任	男	河南洛阳	1921.09	1977.04—1978.04
井庆范	上海市纺织工业局革命委员会副主任	男	山东东平	1926.06	1977.04—1978.04

续表

姓名	职务	性别	籍贯	出生年月	在职期
何正璋	上海市纺织工业局革命委员会副主任 上海市纺织工业局副局长	男	福建	1927.11	1977.04—1978.04 1978.04—1981.09
王金麟	上海市纺织工业局革命委员会副主任 上海市纺织工业局副局长	男	浙江奉化	1927.10	1977.04—1978.04 1978.04—1987.10
李祥麟	上海市纺织工业局副局长	男	江苏扬州	1932.06	1978.04—1983.08
梅寿椿	上海市纺织工业局副局长 上海市纺织工业局局长	男	江苏常州	1931.02	1978.12—1983.08 1983.08—1992.12
刘光军	上海市纺织工业局副局长	男	河北衡水	1918.05	1979.04—1983.08
刘 贞	上海市纺织工业局副局长	女	江苏靖江	1919.04	1979.04—1983.08
王崇基	上海市纺织工业局副局长	男	江苏盐城	1927.12	1979.09—1983.10
严耀开	上海市纺织工业局副局长	男	安徽巢县	1921.03	1979.09—1983.08
陆国贤	上海市纺织工业局副局长	男	江苏江阴	1928.06	1981.09—1983.08
陈绕生	上海市纺织工业局副局长	男	江苏南京	1934.06	1983.08—1986.06
刘 勤	上海市纺织工业局副局长 上海纺织控股（集团）公司副总裁	女	上海市	1937.04	1983.08—1995.05 1995.05—
丁 力	上海市纺织工业局副局长	男	江苏无锡	1932.02	1983.08—1995.05
马东侠	上海市纺织工业局总工程师	男	福建厦门	1928.10	1983.08—1988.07
陈立品	上海市纺织工业局副局长	男	浙江天台	1938.08	1985.10—1986.04 未到职
朱晓明	上海市纺织工业局副局长	男	浙江嘉兴	1947.10	1986.10—1990.05
刘宗泰	上海市纺织工业局副局长	男	上海松江	1931.04	1987.02—1990.07
施颐馨	上海市纺织工业局副局级巡视员	男	安徽休宁	1928.09	1987.05—1990.07
潘训曾	上海市纺织工业局副局级巡视员	男	江苏如东	1927.06	1988.03—1993.10
姜光裕	上海市纺织工业局副局长 上海市纺织工业局局长 上海市纺织国有资产经营管理公司管委会副主任、总经理 上海纺织控股（集团）公司总裁	男	上海市	1943.11	1991.06—1992.12 1992.12—1995.05 1994.06—1995.05 1995.05—1995.09
李克让	上海市纺织工业局副局长 上海市纺织国有资产经营管理公司副总经理 上海纺织控股（集团）公司总裁	男	湖北武汉	1944.09	1991.06—1995.05 1994.06—1995.05 1995.09—

续　表

姓　名	职　务	性别	籍　贯	出生年月	在　职　期
杜双信	上海市纺织工业局副局长 上海市纺织国有资产经营管理公司副总经理 上海纺织控股（集团）公司副总裁	男	河北乐亭	1940.12	1991.06—1995.05 1994.06—1995.05 1995.05—
肖义家	上海市纺织工业局副局长 上海纺织控股（集团）公司副总裁	男	广东潮阳	1948.03	1991.06—1995.05 1995.05—
朱匡宇	上海市纺织国有资产经营管理公司管委会主任 上海纺织控股（集团）公司董事长	男	湖南长沙	1948.08	1994.06—1995.05 1995.05—
薛　伟	上海纺织控股（集团）公司副总裁	男	上海宝山	1943.07	1995.05—
黄昭仁	上海纺织控股（集团）公司总会计师	男	浙江鄞县	1945.03	1995.05—

附录6：上海纺织控股(集团)公司主要成员单位

上海龙头（集团）股份有限公司
上海申达股份有限公司
上海新联纺进出口有限公司
上海飞马进出口贸易有限公司
上海汉森投资发展有限公司
上海纺织装饰集团有限公司
上海联合纺织印染进出口有限公司
上海市纺织原料公司
上海华申国际企业（集团）有限公司
上海棉纺织印染联合有限公司
上海申达凤凰联合有限公司
上海申达（集团）有限公司
上海凤凰装饰有限公司
上海化纤针织联合有限公司
上海化学纤维（集团）有限公司
上海针织（集团）有限公司
上海华宇汉森集资联合有限公司
上海华宇毛麻（集团）有限公司

上海汉森进出口有限公司
上海申安纺织有限公司
上海荷叶纺织有限公司
上海三带特种工业线带有限公司
上海申达二印染整有限公司
上海沪邦印染有限公司
上海申孚纺织有限公司
上海金熊造纸网毯有限公司
上海申荟纺织品有限公司
上海联吉合纤有限公司
上海德福伦化纤有限公司
上海宇航特种化学纤维厂
上海里奥纤维企业发展有限公司
上海特安纶纤维有限公司
上海佑信纺织品销售有限公司
上海华文企业发展股份有限公司
上海裕丰科贸有限公司(含大丰棉纺有限公司)
上海纺织发展总公司
上海纺织置业有限公司
上海市纺织运输公司
上海纺织工业房产投资管理公司
上海春明粗纺厂(M50)
上海织袜二厂(卓维700)
卓维700创意园区
上海尚街投资发展有限公司
上海纺织时尚产业发展有限公司
上海纺织科学研究院
上海纺织建筑设计研究院
上海纺织控股(集团)公司党干校
上海沪纺大厦
上海纺织博物馆

主要参考文献

[1] 杜恂诚.民族资产阶级与旧中国政府(1984—1937)[M].上海:上海社会科学院出版社,1991.

[2] 袁蓉.缝纫机与近代上海社会变迁[M].上海:上海辞书出版社,2017.

[3] 中国近代经济史丛书编委会.中国近代经济史研究资料 6[J].上海社会科学院出版社,1987.

[4] 中国近代经济史丛书编委会.中国近代经济史研究资料 10[J].上海社会科学院出版社,1990.

[5] 中国科学院经济研究所.永安纺织印染公司[M].北京:中华书局,1964.

[6] 严中平.中国棉纺织史稿[M].北京:商务印书馆,2011.

[7] 于新娟.近代长江三角洲棉业外贸研究述评[J].史林,2008(05).

[8] 李伏明.明清松江府棉布产量与市场销售问题新探[J].史学月刊,2006(10).

[9] 黄逸峰.旧中国的民族资产阶级[M].南京:江苏古籍出版社,1990.

[10] 吕翠凤.走近上海[M].上海:上海社会科学院出版社,2016.

[11] 施颐馨,等.上海纺织工业志[M].上海:上海社会科学院出版社,1998.

[12] 王亚南.中国官僚政治研究[M].上海:上海社会科学院出版社,2005.

[13] 马伯煌.中国近代经济思想史[M].上海:上海社会科学院出版社,2014.

[14] 徐新吾,黄汉民等.上海近代工业史[M].上海:上海社会科学院出版社,1998.

[15] 郑友揆,等.旧中国的资源委员会——史诗实与评论[M].上海:上海社会科学院出版社,1991.

[16] 高仲泰.红色资本家荣毅仁[M].上海:中西书局,2012.

[17] 李瑞昌.中国特点的对口支援制度研究[M].上海:复旦大学出版社,2016.

[18] 侯志辉.中国企业学导论[M].上海:复旦大学出版社,1993.

[19] 樊树志.江南市镇传统与变迁[M].上海:复旦大学出版社,2005.

[20] 刘小枫,林立伟,等.中国近代现代经济伦理的变迁[M].香港中文大学出版社,1998.

[21] 徐锦江等.愚园路上[M].上海:上海人民出版社,2016.

[22] 朱华.上海一百年[M].上海:上海人民出版社,1999.

[23] 刘云柏.近代江南资本工业流向[M].上海:上海人民出版社,2003.

[24] 罗苏文.高郎桥纪事——近代上海一个棉纺织工业区的兴起与终结(1700—2000)

[M].上海:上海人民出版社,2011.
[25] 上海社会科学研究院经济研究所.荣氏企业史料[M].上海:上海人民出版社,1980.
[26] 方东铖.所有制大重组[M].北京:中国经济出版社,1999.
[27] 罗兹·墨菲.上海——现代中国的钥匙[M].上海:上海人民出版社,1986.
[28] 陶菊隐.孤岛见闻:抗战时期的上海[M].上海:上海人民出版社,1979.
[29] 张仲礼,等.近代上海城市研究[M].上海:上海人民出版社,1990.
[30] 上海市纺织科学研究院《纺织史话》编写组.纺织史话[M].上海:上海科学技术出版社,1978.
[31] 周启澄.纺织科技史导论[M].上海:东华大学出版社,2003.
[32] 费爱能.走向高地:上海纺织百年纪事[M].上海:上海文艺出版社,2000.
[33] 孔曦.上海本色[M].上海:上海文化出版社,2008.
[34] 中共上海市委党史研究室,上海市现代上海研究中心.口述上海:纺织工业大调整[M].上海:上海教育出版社,2007.
[35] 中国人民政治协商会议全国委员会,文史资料研究委员会.文史资料选辑(第68辑)[M].北京:中华书局出版社,1980.
[36] 朱仁佐.上海市纺织工业简况[J].上海纺织科技,1984(05).
[37] 张惠发.为把上海纺织工业建成"四个基地"而努力[J].上海纺织科技,1981(10).
[38] 陈振起,许东生,王文.在国企建立现代企业制度的实施方法[J].中国经贸导刊,1995(07).
[39] 佳凝.建立现代企业制度不能"换汤不换药"[N].中国企业报,2004-07-12.
[40] 赵云献.实行厂长负责制后党委是怎样开展工作的[J].理论月刊,1988(03).
[41] 中共上海市委研究室企业处,中共上海市委研究室党群处.改革给企业带来了生机和活力——上海衬衫四厂实行厂长负责制情况调查[J].上海企业,1986(02).
[42] 张晖明,等.国有资本存量结构调整研究[M].上海:复旦大学出版社,1999.
[43] 王兴成,徐耀宗.科学学五十年[M].沈阳:辽宁人民出版社,1986.
[44] 沙叶.中国厂长学[M].北京:工人出版社,1985.
[45] 上海市经济学会.改革中的社会主义所有制[M].上海:上海社会科学院出版社,1987.
[46] 张敏杰.中国的第二次革命——西方学者看中国[M].北京:商务印书馆,2001.
[47] 方显廷.中国之棉纺织业[M].北京:商务印书馆,2011.
[48] 李瑞昌.中国特点的对口支援制度研究——政府间网络视角[M].上海:复旦大学出版社,2016.
[49] 扬帆,等.中国走向选择[M].北京:石油工业出版社,2000.
[50] 苏轩.大生纱厂的纺织技术转移(1895—1937)[J].工程研究—跨学科视野中的工程,2018(04).
[51] 陈真,姚洛.中国近代工业史资料 第1辑 民族资本创办和经营的工业[M].北

京:生活·读书·新知三联书店,1957.
[52] 陈真.中国近代工业史资料 第2辑 帝国主义对中国工矿事业的侵略和垄断[M].北京:生活·读书·新知三联书店,1958.
[53] 陈真,姚洛.中国近代工业史资料 第4辑 中国工业的特点资本结构等和工业中各行业概况[M].北京:生活·读书·新知三联书店,1961.

参考文献检索范围:
中国纺织学术论文数据库
中国企业、公司及产品数据库
清华同方科技期刊全文数据库
中国纺织科技成果网
中国科技在线
中国科技经济新闻数据库

检索关键词:
纺织　纺织制备　上海纺织　纺织设备　中国纺织历史

附录1 上海纺织系统历届劳模

全国劳动模范

1950年全国劳动模范

姓　　名	单　　位
杭佩兰(女)	上海第一棉纺织厂
赵玉山(男)	上海第十九棉纺织厂
柳富培(男)	上海绢纺织厂

1956年全国先进生产(工作)者

姓　　名	单　　位
丁顺耀(男)	丽新印染厂
丁海林(男)	上海第十棉纺织厂
丁福珍(女)	上海第十二棉纺织厂
卜玉英(女)	信和纱厂
马云新(女)	章华毛纺织厂
王天林(男)	上海第十七棉纺织厂
王佩璋(男)	上海第七棉纺织厂
王桂芬(女)	上海第一棉纺织厂
王菊生(男)	上海第一印染厂
王惠珍(女)	上海第十七棉纺织厂
王锦儒(男)	中国纺织机械厂
石水泉(男)	上海针织厂
卢秉章(男)	上海第七棉纺织厂
史林珍(女)	上海第六丝织厂
冯桂生(男)	永安第二棉纺织厂
邢福妹(女)	统益纱厂
朱汉西(男)	上海第八纺织机械厂

续 表

姓　　名	单　　位
朱金凤(女)	上海第十一棉纺织厂
朱锦标(男)	上海第七印绸厂
朱满英(女)	上海第九丝织厂
任瑞华(男)	中国纺织机械厂
华和尚(男)	上海第十六棉纺织厂
刘小羊(女)	上海第二棉纺织厂
刘宗泰(男)	上海第二棉纺织厂
刘姑娘(女)	上海第十二棉纺织厂
刘婉娟(女)	申新纺织九厂
汤阿秀(女)	上海第一毛纺织厂
许金荣(男)	上海第十七棉纺织厂
孙荫棠(男)	上海第五棉纺织厂
严球弟(女)	申新纺织六厂
李美大(女)	上海第八棉纺织厂
李嘉永(男)	新光内衣厂
杨玲英(女)	上海第十六棉纺织厂
杨富珍(女)	上海第一棉纺织厂
肖根娣(女)	启新纱厂
吴菊秀(女)	中华经纬麻纺厂
吴裕贤(男)	上海绢纺厂
谷瑞孚(男)	上海第二衬衫厂
邹春座(男)	华东纺织管理局
应忠发(男)	上海第二纺织机械厂
沈子康(男)	远东钢丝针布厂
沈世达(男)	五和织造厂
沈阿二(男)	申新纺织九厂
沈淑萍(女)	上海第三毛纺织厂
张小妹(女)	上海第十九棉纺织厂
张素珍(女)	上海第四棉纺织厂
张福根(男)	元通印染厂
陆秀芳(女)	永安第二棉纺厂

续 表

姓　名	单　位
陈小毛(男)	申新纺织二厂
陈兆渔(男)	上海第二毛纺织厂
陈步樵(女)	上海第三棉纺织厂
陈恒义(男)	上海纺织第二医院
陈爱民(男)	上海第二纺织机械厂
陈溪英(女)	上海第三毛纺织厂
范东科(男)	上海第六棉纺织厂
范守林(男)	上海第二印染厂
周仁林(男)	上海第十四棉纺织厂
周根初(男)	中国纺织机械厂
周根娣(女)	申新纺织一厂
胡孝扬(男)	大新振染织二厂
胡美琳(女)	上海第十七棉纺织厂
胡根妹(女)	上海第十五棉纺织厂
姚文良(女)	上海第一棉纺织厂
姚章媛(女)	上海第九棉纺织厂
顾阿大(女)	鼎鑫纱厂
钱贞英(女)	上海第四棉纺织厂
钱芬娣(女)	上海第二十一棉纺织厂
钱祥秀(女)	永太染织二厂
倪海宝(女)	上海第九棉纺织厂
徐云月(女)	上海第八棉纺织厂
徐穆卿(男)	上海第十印染厂
殷十斤(男)	上海第一绸缎炼染厂
殷小妹(女)	上海第七棉纺织厂
殷金妹(女)	上海第十九棉纺织厂
高桂花(女)	大统织造厂
黄元恺(男)	上海第五印染厂
黄凤楼(男)	上海第十三棉纺织厂
黄志兰(男)	上海第五棉纺织厂
黄宝妹(女)	上海第十七棉纺织厂

续 表

姓 名	单 位
曹永康(男)	上海第二纺织机械厂
曹振华(男)	安达纱厂
盛振潮(男)	祥云电机针织厂
董爱芬(女)	上海第十三棉纺织厂
裔式娟(女)	上海第二棉纺织厂
蔡小度(女)	上海绒布厂

1959年全国先进生产(工作)者

姓 名	单 位
丁凤宝(女)	上海第十二棉纺织厂
丁根娣(女)	上海第十七棉纺织厂
干伟良(男)	恒丰棉纺织厂
马永寿(男)	大陆染织厂
马学礼(男)	上海第一针织羊毛衫厂
王招娣(女)	工足织造厂
王金林(男)	上海被服一厂
王根良(男)	上海第六纺织机械厂
王根娣(女)	上海第二毛纺织厂
王锦儒(男)	中国纺织机械厂
方宗伦(男)	上海卫星毛巾被单厂
石建民(男)	月盛丝织厂
冯金桃(男)	合成纤维实验工厂
冯 盈(女)	上海第一印染厂
庄心光(男)	上海第一棉纺织厂
刘兰英(女)	上海第十二棉纺织厂
严其昌(男)	申新纺织九厂
李美大(女)	上海第八棉纺织厂
李素兰(女)	上海第七棉纺织厂
杨富珍(女)	上海第一棉纺织厂
杨福祥(男)	中国纺织机械厂
何庆棠(男)	同济印染厂

续 表

姓　　名	单　　位
应忠发(男)	上海第二纺织机械厂
沈顺发(男)	云林丝织厂
沈娥妹(女)	达丰第一棉纺织厂
宋幼娟(女)	上海第十三棉纺织厂
张大妹(女)	仁德棉纺织厂
张小妹(女)	永安第一棉纺织厂
张小妹(女)	松江县枫泾布厂
张友福(男)	上海第一纺织机械厂
张国英(女)	永安第三棉纺织厂
张梅兰(女)	章华毛纺织厂
陆三妹(女)	上海第十九棉纺织厂
陆全发(男)	上海纺织建筑工程公司
陈祥根(男)	利丰纺织皮圈厂
金璋珠(女)	申新纺织二厂
周生凤(女)	丽新第二棉织厂
单雪蛾(女)	勤余织造厂
赵　芳(女)	上海第十七棉纺织厂
赵金媛(女)	杨浦棉纺织印染厂
胡月娇(女)	中国大新永染织厂
胡翠琴(女)	上海第七棉纺织厂
顾家坤(男)	上海第二印染厂
钱芬娣(女)	上海第二十一棉纺织厂
倪　钧(男)	安达第一棉纺织厂
倪海宝(女)	上海第九棉纺织厂
徐小妹(女)	上海第五棉纺织厂
奚凤秀(女)	勤生瑞记染织厂
高雅仙(女)	上海丝绸厂
郭美群(女)	地方国营川沙蔡路毛巾厂
唐林妹(女)	中华第一棉纺针织厂
谈阿凤(女)	上海第三棉纺织厂
黄志兰(男)	上海第二十一棉纺织厂

续 表

姓　名	单　位
黄宏金(女)	上海第十五棉纺织厂
黄宝妹(女)	上海第十七棉纺织厂
曹关福(男)	上海101厂
符文敏(男)	统益棉纺织厂
章玲凤(女)	上海第六棉纺织厂
韩纪初(男)	上海第四纺织机械厂
程大宝(女)	信和棉纺织厂
裔式娟(女)	上海第二棉纺织厂
蔡　琴(女)	美纶毛纺织厂
翟阿海(男)	元六漂染起毛厂
戴来宝(男)	九昌丝织厂

1977年全国先进生产(工作)者

姓　名	单　位
王本法(男)	上海第十五服装厂
毛信贤(女)	上海第二十七织布厂
叶淑兰(女)	上海第一化学纤维机械配件厂

1979年全国劳动模范

姓　名	单　位
王桂英(女)	上海第二棉纺织厂

1988年全国劳动模范

姓　名	单　位
路寅娟(女)	上海第三十一棉纺织厂

1989年全国劳动模范

姓　名	单　位
毛显清(男)	上海针织机械一厂
李　靖(女)	上海第三十五棉纺织厂
陈金娣(女)	上海第六棉纺织厂

续 表

姓　名	单　位
钱士林(男)	上海前进服装厂
黄关从(男)	上海第二纺织机械厂

全国纺织工业劳动模范

1953年全国纺织工业劳动模范

姓　名	单　位
马小妹(女)	上海第九棉纺织厂
王菊生(男)	上海第一印染厂
朱法弟(女)	上海第一棉纺织厂
任根弟(女)	上海第二棉纺织厂
刘寿山(男)	上海第二棉纺织厂
吴翠琴(女)	上海第一织绸厂
沈阿二(男)	申新纺织九厂
张小妹(女)	上海第十九棉纺织厂
张秀珍(女)	上海永安第三纺织厂
陈恒义(男)	华东纺织管理局第二医院
范东科(男)	上海第六棉纺织厂
杭佩兰(女)	上海第一棉纺织厂
房嗣元(男)	上海第十棉纺织厂
胡耀祖(男)	上海第十五棉纺织厂
黄宝妹(女)	上海第十七棉纺织厂
龚金弟(女)	上海统益纱厂
董爱芬(女)	上海第十三棉纺织厂
裔式娟(女)	上海第二棉纺织厂

1956年全国纺织工业劳动模范

姓　名	单　位
丁从法(男)	上海丝织二联厂
丁顺耀(男)	丽新三印
丁莲卿(女)	申新纺织六厂

续　表

姓　名	单　位
丁海林(男)	上海第十棉纺织厂
卜英玉(女)	信和棉纺织厂
马云新(女)	章华毛纺厂
王天林(男)	上海第十七棉纺织厂
王亚年(男)	上海第一毛纺织厂
王佩章(男)	上海第七棉纺织厂
王春扬(男)	大达棉织厂
王桂芬(女)	上海第一棉纺织厂
王菊生(男)	上海第一印染厂
王清湘(男)	上海第十棉纺织厂
石水泉(男)	上海针织厂
卢秉章(男)	上海第七棉纺织厂
史林珍(女)	上海丝绸厂
乐阿根(男)	崇信棉纺厂
包秀仁(女)	美一染织厂
包树娅(男)	华丰毛纺厂
冯桂生(男)	永安第三棉纺织厂
邢福珠(女)	统益棉纺厂
朱汉西(女)	大公染织厂
朱全福(男)	鼎新染织一厂
朱兆周(男)	嘉丰纺织厂
朱秀定(女)	上海第六棉纺织厂
朱金凤(女)	上海第十一棉纺织厂
朱金姑(女)	上海第三棉纺织厂
朱贻国(男)	大成印染绸厂
朱雪贞(女)	中原染织厂
朱琴娣(女)	新丰棉织厂
朱善仁(男)	上海第十七棉纺织厂
朱锦标(男)	光华印花绸厂
朱满英(女)	美亚第九织绸厂
华和尚(男)	上海第十六棉纺织厂

续 表

姓　　名	单　　　　位
庄其礼(男)	上海第十九棉纺织厂
刘小羊(女)	上海第二棉纺织厂
刘宗泰(男)	上海第二棉纺织厂
刘姑娘(女)	上海第十二棉纺织厂
刘根弟(女)	上海第十六棉纺织厂
刘婉娟(女)	申新纺织九厂
汤阿秀(女)	国毛一厂
许秀宝(女)	大中织造厂
许金荣(男)	上海第十七棉纺织厂
许智仁(男)	华丰印染二厂
孙宝机(男)	永安印染厂
孙荫棠(男)	上海第五棉纺织厂
严炳华(男)	上海第四印染厂
严球娣(女)	申新纺织六厂
严德富(男)	上海第一印染厂
李乃容(男)	上海第十九棉纺织厂
李小妹(女)	仁德棉纺织厂
李进仁(男)	公和棉织厂
李阿秀(女)	仁余棉织厂
李其铎(男)	上海第九棉纺织厂
李美大(女)	上海第八棉纺织厂
李素兰(女)	上海第七棉纺织厂
李嘉永(男)	新光内衣染织厂
李毓珍(女)	上海第二毛纺织厂
杨玲英(女)	上海第十六棉纺织厂
杨振祥(男)	元通印染厂
杨富珍(女)	上海第一棉纺织厂
杨锡成(男)	永安一厂
杨新珍(女)	上海第十棉纺织厂
肖根娣(女)	启新棉纺厂
吴美英(女)	上海第十一棉纺织厂

续 表

姓 名	单 位
吴菊秀(女)	中华经纬麻纺织厂
吴绶森(男)	嘉丰纱厂
吴裕贤(男)	上海绢纺织厂
谷瑞孚(男)	荣新内衣厂
邹春座(男)	华东纺织管理局
沈世达(男)	五和织造分厂
沈志荣(男)	上海第六棉纺织厂
沈阿二(男)	申新纺织九厂
沈品生(男)	震丰染织厂
张小妹(女)	上海第十九棉纺织厂
张兰英(女)	裕华棉毛麻纺织厂
张杏娣(女)	上海第十五棉纺织厂
张宛玉(女)	太平洋织造厂
张庭华(男)	新丰印染厂
张美弟(女)	达丰一厂
张素珍(女)	上海第四棉纺织厂
陆秀芳(女)	永安第二棉纺厂
陆阿弟(女)	新生棉纺厂
陆阿金(女)	上海第二毛纺织厂
陆思斋(男)	上海第一棉纺织厂
陈小毛(男)	申新纺织二厂
陈小龙(男)	上海第十八棉纺织厂
陈兆渔(男)	上海第二毛纺织厂
陈 艮(男)	上海第五印染厂
陈丽华(女)	华东纺织管理局第二妇婴保健院
陈步樵(女)	上海第三棉纺织厂
陈阿秀(女)	大新振染织二厂
陈宝珊(男)	鸿兴织造厂
陈恒义(男)	华东纺织管理局第二医院
陈银根(男)	上海第三毛纺织厂
陈裕朝(男)	恒大棉纺厂

续 表

姓　名	单　位
陈溪英(女)	上海第三毛纺织厂
邵　森(男)	上海被服二厂
范东科(男)	上海第六棉纺织厂
范守林(男)	上海第二印染厂
林祥裕(男)	汇通毛纺织厂
郁其义(男)	上海第四棉纺织厂
郁冠清(男)	上海内衣针织厂
罗金海(男)	永新雨衣厂
周仁林(男)	上海第十四棉纺织厂
周根娣(女)	申新纺织一厂
周银海(男)	上海第十五棉纺织厂
郑成义(男)	达丰第二印染厂
郑雅才(男)	庆丰棉纺织印染厂
胡国标(男)	申新纺织五厂
胡　俨(女)	华东纺织管理局
胡根妹(女)	上海第十五棉纺织厂
施巧仙(女)	上海绢纺厂
施钻信(男)	新裕棉纺织厂
洪嘉绚(男)	上海第十三棉纺织厂
姚文良(女)	上海第一棉纺织厂
姚章媛(女)	上海第九棉纺织厂
骆志明(男)	裕兴染织总厂
夏金凤(女)	振德染织厂
顾阿大(女)	鼎新棉纺织厂
顾昌贤(男)	上海第十二棉纺织厂
顾越如(女)	上海第二棉纺织厂
钱贞弟(女)	上海第四棉纺织厂
钱芬娣(女)	上海第十四棉纺织厂
钱祥秀(女)	永大染织厂
倪海宝(女)	上海第九棉纺织厂

续表

姓　　名	单　　位
徐小妹(女)	上海第五棉纺织厂
徐云月(女)	上海第八棉纺织厂
徐金弟(女)	上海第一棉纺织厂
徐福寿(男)	协泰绸厂
徐穆卿(男)	恒丰染织一厂
殷十斤(男)	上海绸布精炼厂
殷金妹(女)	荣丰染织厂
高桂花(女)	大统染织厂
唐金妹(女)	上海第二十棉纺织厂
唐爱宝(女)	三友实业社织造厂
诸国铨(男)	永大染织厂
陶同春(男)	伦昌纺织厂
桑大毛(男)	安乐第二棉纺织厂
黄元恺(男)	上海第五印染厂
黄凤楼(男)	上海第十三棉纺织厂
黄志兰(男)	上海第五棉纺织厂
黄宝妹(女)	上海第十七棉纺织厂
黄新根(男)	飞轮制线厂
曹振华(男)	安达一厂
盛振潮(男)	祥云兴记针织厂
董爱芬(女)	上海第十五棉纺织厂
韩琴宝(女)	兴隆染织厂
曾二宝(女)	大利丝厂
裔式娟(女)	上海第二棉纺织厂
蔡小度(女)	光中染织厂
蔡博渊(男)	华东纺织管理局第一医院
缪秀英(女)	国丰印染二厂
戴福祥(男)	云基织带厂
瞿金海(女)	仁丰染织厂

1978年全国纺织工业劳动模范

姓　名	单　位
李祥麟(男)	上海第七化学纤维厂
毛信贤(女)	上海第二十七织布厂
王桂英(女)	上海第二棉纺织厂
张浩芬(女)	上海第三十三棉纺织厂

1978年全国纺织系统先进生产(工作)者

姓　名	单　位
丁　力(男)	上海第九棉纺织厂
万玉珍(女)	上海纺织工业局第一医院
马德元(男)	上海第七印绸厂
王玉蓉(女)	上海被单一厂
叶美女(女)	上海第四棉纺织厂
叶淑兰(女)	上海第一化学纤维机配件厂
许佩英(女)	上海第二毛纺织厂
孙荣生(男)	上海第一纺织机械厂
张玉兰(女)	上海色织二厂
陆宝康(男)	上海市纺织原料公司
陈金兔(男)	上海第六印染厂
范志银(男)	上海第二制毡厂
周汉晾(男)	上海第二纺织机械厂
项玉英(女)	上海毛巾十五厂
施汉强(男)	上海工业用呢厂
姜海根(男)	上海织袜十二厂
倪治霖(男)	上海新中国钢筘厂
黄文庆(男)	上海第二织布工业公司
黄怡燕(女)	上海第四丝织厂
黄新根(男)	上海红旗线厂

1984 年全国纺织工业劳动模范

姓　　名	单　　位
丁培章（男）	上海第八棉纺织厂
王司凤（女）	上海毛巾十四厂
王秀丽（女）	上海第一丝织厂
毛显清（男）	上海针织机械一厂
石中善（男）	上海第一丝绸印染厂
史居乐（男）	上海缆绳厂
冯　婷（女）	丝绸科学技术研究所
朱桂芳（女）	上海第五棉纺织厂
朱善仁（男）	上海第十七棉纺织厂
朱增德（男）	中国纺织机械厂
许其通（男）	长虹色织厂
李良俊（男）	上海第十八毛纺织厂
李　星（女）	上海色织一厂
吴炳度（男）	上海第九棉纺织厂
何闰兰（女）	合成纤维研究所
沈　培（男）	上海第二棉纺织厂
张志华（男）	上海印染机械厂
张菊芳（女）	上海织袜二厂
张耀奎（男）	上海针织十四厂
陆锡莹（女）	上海针织十厂
陈婉芳（女）	上海第二十一棉纺织厂
周振炎（男）	上海第十七织布厂
赵永义（男）	上海第三印染厂
侯翠英（女）	上海第六棉纺织厂
姜寅敏（男）	上海第四纺织机械厂
洪桂兰（女）	章华毛纺织厂
钱布平（男）	上海第二纺织机械厂
殷凤娣（女）	上海绢纺织厂
高惠芳（女）	新光内衣染织厂
龚金凤（女）	上海第五毛纺织厂
虞豪昌（男）	上海手帕染纱厂

续 表

姓　　名	单　　位
蔡　溥(男)	上海纺织工业局干部学校
翟金标(男)	上海纺织运输汽车五场

1989年全国纺织工业劳动模范

姓　　名	单　　位
马　勇(男)	永新雨衣染织厂
王凤英(女)	灯芯绒总厂
王爱芬(女)	上海第十五棉纺织厂
毛显清(男)	上海针织机械一厂
方仲猛(男)	上海第三印染厂
方　俊(男)	上海第九化学纤维厂
石定祥(男)	上海第十二棉纺织厂
史居乐(男)	上海缆绳厂
朱增德(男)	中国纺织机械厂
任庚娜(女)	上海第一棉纺织厂
孙秋芬(女)	上海第二十五棉纺织印染厂
孙耀祥(男)	达新染织总厂
严安林(男)	上海第一丝织厂
李　靖(女)	上海第三十五棉纺织厂
杨士敏(男)	上海毛巾十二厂
杨　君(女)	上海第十九棉纺织厂
吴伟业(男)	上海时装厂
闵月琴(女)	上海第二棉纺织厂
宋小楚(女)	经昌色织厂
张永明(男)	纺织装饰用品科研所
张崇戎(男)	纺织运输汽车二场
陆鸣善(男)	上海长征制鞋九厂
陈　乔(男)	上海纺织机械厂
陈社琴(女)	上海第二十九棉纺织印染厂
陈其根(男)	上海第九织布厂

续 表

姓　名	单　位
陈鸣砚(男)	上海第十七毛纺织厂培训中心
陈金娣(女)	上海第五棉纺织厂
陈珊华(女)	市服装研究所
陈星伟(男)	上海第七印染厂
陈惠英(女)	锦乐纺织装饰用品有限公司织造厂
陈筱萍(女)	上海针织三厂
周桂芳(女)	上海第五丝织厂
赵水泉(男)	上海针织一厂
赵长法(男)	上海第五化学纤维厂
赵丽英(女)	上海纺织第二医院
赵素萍(女)	上海第一制线厂
胡德炳(男)	上海化纤机械厂
相凤祁(男)	化学纤维公司
俞秀琴(女)	上海天益色织厂
夏国英(女)	上海第十二棉纺织厂
钱士林(男)	上海前进服装厂
钱布平(男)	上海第二纺织机械厂
徐裕发(男)	上海宽紧带厂
奚国平(男)	五和针织二厂
唐富发(男)	章华毛纺织公司
接正萍(女)	曙光手帕厂
黄关从(男)	上海第二纺织机械厂
黄林昌(男)	上海毛巾五厂
董国华(男)	上海针织九厂
程介禄(男)	嘉丰棉纺织厂
程华熙(男)	上海第十二毛纺织厂
鲁阿根(男)	上海化纤十一厂
谢爱珠(女)	上海第五棉纺织厂
路寅娟(女)	上海第卅一棉纺织厂
潘肖鸥(男)	上海第七纺织机械厂

1994年全国纺织工业劳动模范

姓　　名	单　　位
丁建发(男)	上海第十五羊毛衫厂
马玲娣(女)	中国飞纶制线厂
王广义(男)	上海景福针织厂
王月琴(女)	上海第九棉纺织厂
王伟林(女)	上海第六棉纺织厂
王丽珏(女)	上海第二棉纺织厂
王丽琴(女)	上海龙头股份有限公司
王宝珍(女)	上海第十二棉纺织厂
王显楼(男)	上海合成纤维研究所
王赛柳(女)	上海第六丝织厂
付兆智(男)	上海元丰毛纺织厂
朱增德(男)	中国纺织机械股份有限公司
向昌宏(男)	上海黎明服装机械厂
汤忠兴(男)	上海民光被单厂
孙仲伦(男)	上海纺织工业局第一医院
严雅珍(女)	上海第六毛纺厂
苏寿南(男)	上海三枪集团有限公司
杨荣根(男)	上海第一棉纺织厂
余明莹(女)	上海市三毛纺织股份有限公司
沙建勋(男)	上海第八棉纺织厂
沈启龙(男)	上海二纺机股份有限公司
张　玮(女)	上海龙头股份有限公司
张　易(男)	上海第十二棉纺织厂
张居毅(男)	上海第七纺织机械厂
张爱英(女)	上海手帕六厂
张新康(男)	上海纺织机件制造二厂
陆　敏(女)	上海嘉丰股份有限公司
陈文彬(男)	上海针织机械二厂
林引中(女)	上海第七印绸厂
欧来胜(男)	上海海螺集团公司
金彩莲(女)	上海第二十八棉纺织厂

续 表

姓　名	单　位
周荣辉(男)	上海纺织运输汽车四场
周惠兰(女)	上海色织十四厂
赵国诚(男)	上海美亚丝绸总厂
钟敏觉(女)	上海三友实业社毛巾厂
俞杏娣(女)	上海第三丝织厂
费浩鑫(男)	上海第二印染厂
贺　萍(女)	上海大华纺织装饰用品厂
倪建中(男)	上海针织十一厂
徐云丽(女)	上海第三十五棉纺织厂
徐鸿书(男)	上海第十九棉纺织厂
徐裕发(男)	上海宽紧带厂
涂芬芬(男)	上海第十六棉纺织厂
陶慧麟(男)	上海色织科学技术研究所
戚新浩(男)	上海新中国纺织器材总厂
章春麟(男)	上海纺织机械股份有限公司
董国华(男)	上海针织九厂
蒋育德(男)	上海实验服装厂
鲁阿根(男)	上海第十一化纤厂
谢裕中(男)	上海第十印染厂、上海民丰实业有限公司

附录2 上海纺织系统中国共产党全国代表大会代表(截至1992年)

届 次	姓 名	性别	单 位	大会时间、地点
第五次	张佐臣 王根英	男 女	上海大康纱厂工人 上海怡和纱厂工人	1927.04.27—05.09 武汉
第七次	刘 贞 张妙根	女 男	上海同兴纱厂二厂工人 上海同兴纱厂二厂工人	1945.04.23—06.11 延安
第八次	归素贞 黄宝妹	女 女	上海申新纺织九厂副厂长 上棉十七厂细纱挡车工	1956.09.15—09.27 北京
第九次	杨富珍 黄金娣 奚凤秀 王洪文 王秀珍 唐文兰	女 女 女 男 女 女	上棉一厂布机挡车工、厂革委会召集人 上海朝阳织布厂保养组长 上海五一织布厂挡车工 上棉十七厂革委会主任 上棉三十厂革委会主任 上棉十七厂革委会副主任	1969.04.01—04.24 北京
第十次	杨富珍 杨小妹 王洪文 王秀珍	女 女 男 女	上棉一厂革委会召集人 上棉十七厂细砂挡车工 上棉十七厂革委会主任 上棉三十厂革委会主任	1973.08.24—08.28 北京
第十一次	杨富珍 张浩芬 毛信贤	女 女 女	上棉一厂革委会召集人 上棉三十三厂筒子挡车工 上棉二十七织布厂挡车工	1977.08.12—08.18 北京
第十二次	王桂英	女	上棉二厂细砂挡车工	1982.09.01—09.11 北京
第十三次	许跃萍	女	上棉二厂细砂挡车工	1987.10.25—11.01 北京
第十四次	杜玉英	女	上棉十七厂细砂挡车工	1992.10.12—10.18 北京

注：上棉×厂,全称为"上海第×棉纺织厂"

附录3 上海纺织系统全国人民代表大会代表(截至1993年)

届次	姓名	性别	单位	届期
第一届	荣毅仁 郭棣活 刘靖基 杭佩兰 裔式娟 王树森	男 男 男 女 女 男	上海申新纺织厂总管理处总经理 上海永安纺织公司副总经理 公私合营安达纺织厂总管理处总经理 上棉一厂布机车间副主任 上棉二厂细纱车间生产组长 上海二厂电气间组长	1954—1959年
第二届	荣毅仁 刘靖基 杨富珍 裔式娟 王树森	男 男 女 女 男	公私合营上海申新纺织厂总管理处总经理 上海棉纺织工业公司经理 上棉一厂布机车间挡车工 上棉二厂细纱车间副工长 上棉二厂机电工场副工场长	1959—1964年
第三届	荣毅仁 刘靖基 吴中一 杨富珍 裔式娟	男 男 男 女 女	公私合营上海申新纺织厂总管理处总经理 上海棉纺织工业公司经理 上海棉纺织工业公司副经理 上棉一厂布机车间挡车工 上棉二厂细纱车间副工长	1964—1975年
第四届	裔式娟 谢香云 盛文翠 王洪文 王秀珍 黄金海 董秋芳 施国华	女 女 女 男 女 男 女 男	上棉二厂挡车工、厂党委委员 上棉十五厂挡车工 上海第十二帆布厂革委会副主任 上棉十七厂革委会主任 上棉三十厂革委会主任 上棉三十一厂革委会主任 上棉十七厂党委副书记 上棉三十五厂革委会主任	1975—1978年
第五届	裔式娟 周月娥	女 女	上棉二厂党委委员 上棉三十三厂布机车间生产组长	1978—1983年
第六届	蔡秀玲	女	上棉二十九厂布机挡车工	1983—1988年
第七届	路寅娟	女	上棉三十一厂布机挡车工	1988—1993年

注:上棉×厂,全称为"上海第×棉纺织厂"

附录4 上海纺织系统高级工程师（教授级）

评定年份：1989 年

姓　名	性　别	工　作　单　位
庄心光	男	上海棉纺织印染行业管理处
沈俊良	男	上海棉纺织工业行业协会
边　澄	男	上海棉纺织工业行业协会
过念薪	男	上海棉纺织工业行业协会
邱镇容	男	上海棉纺织印染行业管理处
金芝玖	男	上海棉纺织印染行业管理处
王光晞	男	上海棉纺织印染行业管理处
潘大绅	男	上海棉纺织印染行业管理处
吴成忠	男	上海棉纺织印染行业管理处
童定安	男	上海第一棉纺织厂
孙　恣	男	上海第一棉纺织厂
张柱惠	男	上海第二棉纺织厂
沈　培	男	上海第二棉纺织厂
郑宗培	男	上海第三棉纺织厂
朱玉荪	男	上海第四棉纺织厂
张志林	男	上海第四棉纺织厂
孙荫堂	男	上海第四棉纺织厂
金绳武	男	上海第五棉纺织厂
汪寿朋	男	上海第六棉纺织厂
许寿宽	男	上海第六棉纺织厂
陈光廷	男	上海第六棉纺织厂
华汉云	男	上海第六棉纺织厂
郑秀实	男	上海第七棉纺织厂
陈雄声	男	上海第八棉纺织厂

续表

姓　名	性　别	工　作　单　位
俞圭初	男	上海第八棉纺织厂
袁彦武	男	上海第八棉纺织厂
钱宇时	男	上海第八棉纺织厂
袁诗咏	男	上海第九棉纺织厂
沈毓麟	男	上海第九棉纺织厂
王之傅	男	上海第九棉纺织厂
方道兴	男	上海第十一棉纺织厂
罗月波	男	上海第十二棉纺织厂
魏展谟	男	上海第十二棉纺织厂
赵子耀	男	上海第十二棉纺织厂
稽溥仁	男	上海第十四棉纺织厂
郁宗英	男	上海第十五棉纺织厂
袁恒敬	男	上海第十五棉纺织厂
俞桂荣	男	上海第十六棉纺织厂
杨铨谟	男	上海第十七棉纺织厂
朱善仁	男	上海第十七棉纺织厂
潘震三	男	上海第十七棉纺织厂
黄　崧	男	上海第十七棉纺织厂
黄瑞昌	男	上海第十七棉纺织厂
宓仁群	男	上海第十七棉纺织厂
李乃容	男	上海第十九棉纺织厂
华湘文	男	上海第十九棉纺织厂
王勤仁	男	上海第二十一棉纺织厂
窦凤楼	男	上海第二十一棉纺织厂
强英孝	男	上海第二十二棉纺织厂
谢毓岐	男	上海第二十二棉纺织厂
聂干雄	男	上海第二十二棉纺织厂
潘训曾	男	上海第二十八棉纺织厂
谢承植	男	上海第二十八棉纺织厂
陈　强	男	上海第二十八棉纺织厂
赵颜高	男	上海第二十八棉纺织厂

续 表

姓　名	性　别	工　作　单　位
李定一	男	上海第三十棉纺织厂
王同奎	男	上海第三十棉纺织厂
俞伯勤	男	上海第三十棉纺织厂
武宝璋	男	上海第三十一棉纺织厂
李善辉	男	上海第三十一棉纺织厂
袁先福	男	上海第三十一棉纺织厂
华戟芳	男	上海第三十一棉纺织厂
刘永康	男	上海第三十一棉纺织厂
瞿懋德	男	纺织工业新型纺纱技术开发中心
胡恒济	男	纺织工业新型纺纱技术开发中心

附录5 上海纺织系统各党委厂书记、厂长名录(1949—1992年)

上海第一棉纺织厂

姓　名	性别	出生年月	籍　贯	职　　务	任　　期
杭惠兰	女	1926.07	江苏扬州	总支书记	1949.08—1950.06
张建华	女	1923.02	江苏武进	总支书记	1950.09—1951.05
张承宗	男	1910.05	浙江镇海	党委书记	1951.05—1952.01
杜大公	男	1916	浙江杭州	党委书记	1952.01—1953.02
夏正言	男	1923.05	江苏泰兴	党委书记	1954.11—1960.07
郑梅修	男	1921.02	山东淄博	党委书记	1960.08—"文革"初期
鲁　文	男	1923.06	山东文登	党委书记	1970.04—1977.05
刘曰平	男	1928.08	山东沂水	党委书记	1977.05—1978.01
李道金	男	1932.05	山东肥城	党委书记	1978.07—1984.02
吴金桃	女	1937.02	湖北黄梅	党委书记	1984.12—1992.02
皋古俨	男	1950.03	江苏阜宁	党委书记	1992.02—
陆月仙	女	1930.04	上海南汇	原公营新华纱厂支部书记	1951.04—1951.09
许泉福	男	1924.10	江苏无锡	原公营新华纱厂党委书记	1951.09—1952.02
周　克	男			原公营新华纱厂党委书记 原上棉三厂党委书记	1952.02—1952.12 1952.12—1953.04
黄　真	男	1926	上海	原上棉三厂党委书记	1953.04—1954.08
刘恩洲	男	1922.01	山东浙南	原上棉三厂党委书记	1954.08—1960.02
王廷云	女	1926.12	山东费城	原上棉三厂党委书记	1960.02—"文革"初期
祖梅善	女	1928.07	山东	原上棉三厂党委书记	1970.12—1977.05
葛恭一	男	1921.01	山东日照	原上棉三厂党委书记	1977.05—1978.02
夏廷良	男	1931.12	江苏无锡	原上棉三厂党委书记	1978.02—1986.02
熊祥华	男	1951.08	江西丰城	原上棉三厂党委书记	1988.01—1992.08
洪沛然	男	1914	四川	上棉一厂厂长	1949.11—1951.05

续 表

姓 名	性别	出生年月	籍 贯	职 务	任 期
雷树萱	男	1924	广东	厂长	1951.05—1953.12
黄宗林(霖)	男	1925.11	江苏镇江	代厂长	1953.12—1958.11
赵 平	男	1909.11	浙江余姚	代厂长 厂长	1958.12—1961.12 1961.12—1964.08
杨富珍	女	1932.07	上海	革委会召集人	1968.10—1978.07
童定安	男	1923.11	上海	厂长	1978.07—1983.08
褚关兴	男	1930.09	上海	厂长	1983.08—1991.06
朱 新	男	1942.11	上海	厂长	1991.06—
蔡谷夫	男	1896	湖南	原公营新华纱厂厂长 原上棉三厂厂长	1951.04—1952.12 1952.12—1953.05
许泉福	男	1924.10	江苏无锡	原上棉三厂厂长	1953.05—1955.09
王之扬	男	1923.08	江苏睢宁	原上棉三厂厂长	1955.10—1958.12
吴家振	男	1921.09	浙江嘉兴	原上棉三厂厂长	1958.12—"文革"初期
王廷云	女	1926.12	山东费城	原上棉三厂革委会主任	1968.09—1970.01
祖梅善	女	1928.07	山东	原上棉三厂革委会主任	1970.12—1977.05
葛恭一	男	1921.01	山东日照	原上棉三厂革委会主任	1977.05—1978.02
徐仲兴	男	1928.12	江苏常州	原上棉三厂厂长	1978.06—1982.12
陆鸣芝	男	1925.11	江苏吴县	原上棉三厂代厂长	1982.12—1983.12
叶肇基	男	1934.12	江苏吴县	原上棉三厂代厂长	1983.12—1987.07
铙文玺	男	1934.04	河南	原上棉三厂厂长	1987.07—1992.08

注：原上海第三棉纺织厂(上棉三厂)于1992年9月并入上海第一棉纺织厂(上棉一厂)

上海第二棉纺织厂

姓 名	性别	出生年月	籍 贯	职 务	任 期
于 伟	男	1919.03	江苏江都	原上棉二厂支部书记 党委书记	1949.09—1951.10 1951.10—1952.07
宗 英	女			原上棉三厂支部书记	1949.09—1949.10
葛 恒	男	1921.11	浙江宁波	原上棉三厂支部书记	1949.10—1951.10
江征帆	男			原上棉三厂党委书记	1951.10—1952.07
张 明	男	1925	江苏南通	上棉二厂党委书记 党委书记	1952.07—1954.09 1960.03—1960.05
颜次青	男	1923.04	浙江温岭	党委书记	1954.12—1956.09

续　表

姓　名	性别	出生年月	籍　贯	职　务	任　期
乌凌秋	女	1915	浙江奉化	党委书记	1956.09—1960.03
张妙根	男	1919	上海	党委书记	1960.05—1964.01
郭之琨	男	1922.10	山西	党委书记	1964.01—"文革"初期
韦家桓	男	1922.02	江苏赣榆	党委书记	1970.05—1977.05
张锦绣	男	1926.09	山东淄博	党委书记	1977.05—1984.12
潘佐森	男	1934.10	浙江临安	党委书记	1984.12—1990.11
沈耀庆	男	1958.02	上海	党委书记	1990.11—
黄云骥	男	1899	浙江江山	原上棉二厂厂长 原上棉三厂厂长	1949.05—1950.09 1949.05—1950.09
于　伟	男	1919.03	江苏江都	原上棉二厂厂长	1950.09—1953.06
李石君	男	1911.12	江苏江都	原上棉三厂厂长	1950.08—1953.03
张　明	男	1925	江苏南通	上棉二厂厂长 厂长	1952.07—1953.03 1955.11—1960.03
李秀琼	女	1921.12	上海	代厂长	1953.03—1955.11
张妙根	男	1919	上海	厂长	1960.03—1960.05
杨寿亭	男	1926.01	山东	代厂长	1960.05—1963.12
尹卜甄	女	1917.10	湖北武昌	厂长	1963.12—"文革"初期
陆素珍	女	1928.05	江苏太仓	革委会召集人	1968.04—1969.05
韦家恒	男	1922.02	江苏赣榆	革委会召集人主任	1969.05—1977.05
张锦绣	男	1926.09	山东淄博	革委会召集人	1977.05—1978.06
刘宗泰	男	1930.03	上海松江	厂长	1978.06—1987.03
陈熙宁	男	1936.09	上海嘉定	厂长	1987.03—1990.11
潘佐森	男	1934.10	浙江临安	厂长	1990.11—

注：原上海第二棉纺织厂（上棉二厂）和原上海第三棉纺织厂（上棉三厂）于1952年7月合并为上海第二棉纺织厂（上棉二厂）

上海第四棉纺织厂

姓　名	性别	出生年月	籍　贯	职　务	任　期
范秀宝	女	1924	上海	支部书记	1950.07—1951.09
杨宗明	男	1920	四川南充	党委书记 党委书记	1951.09—1952.01 1953.06—1954.10
王　中	男	1903	浙江慈溪	党委书记	1952.01—1952.07
何　畏	女	1921.10	江苏南通	党委书记	1952.10—1953.03

续 表

姓　名	性别	出生年月	籍贯	职务	任　期
方景昭	女	1923	山东郯城	代党委书记 党委书记	1954.10—1956.10 1956.10—1958.04
王书友	男	1925	山东新太	党委书记	1958.12—"文革"初期
王廷云	女	1926.12	山东费城	党委书记	1970.01—1977.05
皱秸维	男	1921.09	山东荣城	党委书记	1977.05—1983.12
周金花	女	1933.10	浙江宁波	党委书记	1983.12—1985.03
刘玉兰	女	1950.05	江苏江都	党委书记	1985.03—
李向云	男	1910.12	浙江嵊县	厂长	1949.05—1953.03
杨宗明	男	1920	四川南充	代厂长 厂长	1952.03—1952.08 1952.08—1955.07
何世杰	男	1928	江苏扬中	厂长	1955.07—1958.12
薛映辉	女	1925	江苏宜兴	代厂长	1958.12—1960.06
徐柏清	男	1931.09	上海	代厂长	1961.12—"文革"初期
姜黎明	女	1924.03	山东莱阳	革委会召集人	1968.06—1971.03
王廷云	女	1926.12	山东费城	革委会主任	1971.03—1977.05
皱秸维	男	1921.09	山东荣城	革委会主任	1977.05—1978.06
陈亨荣	男	1924.06	浙江镇海	厂长	1978.06—1981.01
尹铁龙	男	1928.04	江苏泰兴	厂长	1981.01—1985.03
周金花	女	1933.10	浙江宁波	厂长	1985.03—1987.07
沈和钧	男	1935.08	江苏无锡	厂长	1987.07—

上海第五棉纺织厂

姓　名	性别	出生年月	籍贯	职务	任　期
胡锦昌	男	1914.03	江苏邳县	支部书记	1949.05—1949.09
冯玉华	女	1923	山东青州	支部书记	1949.09—1950.03
苏扬	女	1919	江苏苏州	支部书记	1950.03—1951.06
凌则之	男	1919.05	江苏淮安	总支书记 党委书记	1951.06—1951.09 1951.09—1952.06
施惠珍	女	1917.09	上海崇明	党委书记	1952.06—1953.03
何畏	女	1921.10	江苏南通	党委书记	1953.03—1966.02
王金麟	男	1927.10	浙江奉化	代党委书记	1966.02—"文革"初期
朱仲明	男	1927.09	江苏常熟	党委书记	1969.12—1972.07

续表

姓　名	性别	出生年月	籍贯	职　务	任　期
杨济鹗	男	1924.04	山东藤县	党委书记	1972.07—1977.05
孙少莹	男	1928.03	山东蓬莱	党委书记	1977.05—1978.01
陈日宏	男	1934.06	江苏泰县	党委书记	1978.05—1981.04
鞠奉先	男	1926.10	山东栖霞	党委书记	1981.04—1984.03
吴行展	男	1931.12	江苏武进	党委书记	1984.03—1987.07
叶肇基	男	1934.12	江苏吴县	党委书记	1987.07—1990.03
张怀亮	男	1939.06	山东郓城	党委书记	1990.04—
吴德明	男			厂长	1949.06—1952.07
凌则之	男	1919.05	江苏淮安	厂长	1952.06—1953.06
犯成森	男	1925	江苏海门	代厂长 厂长	1953.06—1958.01 1958.01—1958.05
王金麟	男	1927.10	浙江奉化	代厂长 厂长	1958.07—1960.08 1960.08—"文革"初期
高殿进	男			革委会召集人	1967.09—1970.10
朱仲明	男	1927.09	江苏常熟	革委会主任	1970.10—1972.07
杨济鹗	男	1924.04	山东滕县	革委会主任	1972.07—1977.05
孙少莹	男	1928.03	山东蓬莱	革委会主任	1977.05—1978.01
徐柏清	男	1931.09	上海	厂长	1978.06—1984.03
沈和钧	男	1935.08	江苏无锡	厂长	1984.03—1987.07
朱　誉	男	1929.07	江苏南通	厂长	1987.07—1990.04
叶肇基	男	1934.12	江苏吴县	厂长	1990.04—

上海第六棉纺织厂

姓　名	性别	出生年月	籍贯	职　务	任　期
程　膺	男	1916	安徽天长	支部书记	1950.07—1950.12
鲍　复	男	1912	安徽卢口	总支书记 党委书记	1950.12—1951.08 1951.08—1955.10
朱森林	男	1920.06	山东乐陵	党委书记	1956.06—1957.12
李　复	女	1928	山东	党委书记	1957.09—1960.01
刘恩洲	男	1925	山东	党委书记	1960.01—1966.02
韦坤林	男	1929.01	江苏无锡	党委书记	1971.06—1977.04

续　表

姓　名	性别	出生年月	籍　贯	职　务	任　期
蒋庆茂	男	1938	江苏扬州	党委书记	1977.03—1978.06
李万世	男	1923.10	山东莱芜	党委书记	1978.06—1984.05
戈云良	男	1941.04	江苏无锡	党委书记 党委书记	1984.05—1984.12 1991.05—
张永乐	男	1939.05	广东新会	党委书记	1984.12—1987.07
顾宝珠	女	1934.10	江苏阜宁	党委书记	1987.07—1991.05
吴欣奇	男	1913	江苏无锡	厂长	1949—1952.06
鲍　复	男	1912	安徽卢口	厂长	1952.06—1955.10
于　琦	男	1920	浙江	代厂长 厂长	1955.11—1958.05 1958.05—1958.09
袁泽泉	男	1919.10	浙江宁波	代厂长	1958.09—1958.12
范成森	男	1925	江苏海门	厂长	1958.12—1960.08
郑铁山	男	1930	河北	代厂长 厂长	1961.10—1964.03 1964.03—"文革"初期
任振寅	男	1913.02	山东郯城	革委会召集人	1968.03—1969.04
于　伟	男	1919.03	江苏江都	革委会负责人	1969.04—1971.06
韦坤林	男	1929.01	江苏无锡	革委会主任	1971.06—1977.04
蒋庆茂	男	1938	江苏扬州	革委会主人	1977.03—1978.06
陈国彦	男	1928.08	江苏江阴	厂长	1978.06—1982.01
陈亨荣	男	1924.06	浙江镇海	厂长	1982.01—1983.08
许寿宽	男	1928.07	江苏常州	厂长	1983.08—1984.12
戈云良	男	1947.06	江苏无锡	厂长	1984.12—1991.05
陈　仁	男	1935.08	江苏苏州	厂长	1991.05—
邱　石	女			支部书记	1949.08—1950.05
刘青丹	男	1921.07	河北魏县	支部书记 党委书记	1950.05—1951.10 1951.10—1953.01
黄　惟	女	1916.12	广东	党委书记	1953.01—1954.10
王世普	男	1919.12	山东莱阳	党委书记	1954.10—1960.04
高维香	男	1925	江苏沭阳	党委书记	1961.03—1965.02
阮福康	男	1924.11	浙江慈溪	党委书记	1970.08—1978.04
宣梦渭	男	1923.04	浙江绍兴	党委书记	1978.06—1983.07
杨汉平	男	1925.08	浙江诸暨	党委书记	1983.07—1984.12

续表

姓　名	性别	出生年月	籍贯	职　务	任　期
朱美珍	女	1933.11	江苏常熟	党委书记	1984.12—1990.08
王金生	男	1935.03	江苏泰兴	党委书记	1991.05—
陆绍云	男	1894	上海川沙	厂长	1949.06—1950.11
顾策芳	男	1905	江苏南通	代厂长	1950.11—1952.06
刘青舟	男	1921.07	河北魏县	代厂长	1952.06—1952.12
戴文卿	男	1919	山东临邑	厂长	1953.01—1955.09
张巩	男	1917.04	江苏常熟	代厂长	1955.09—1960.01
匡和弟	女	1926.06	江苏无锡	厂长	1961.03—"文革"初期
陈日宏	男	1934.06	江苏泰县	革委会召集人	1968.12—1970.04
王建国	女	1920.07	江苏泰县	革委会主任	1970.04—1971.09
阮福康	男	1924.11	浙江慈溪	革委会主任	1972.11—1978.04
杨嘉福	男	1932.12	江苏无锡	厂长	1978.06—1992.04
席时平	男	1951.10	江苏吴县	厂长	1992.04—

上海第八棉纺织厂

姓　名	性别	出生年月	籍贯	职　务	任　期
阎杰三	男	1913.12	河南睢县	原上棉八厂支部书记 总支书记 党委书记	1949.05—1950.10 1950.10—1951.10 1951.10—1952.03
郑春泉	男	1912.01	浙江嵊县	原上棉八厂党委书记	1952.03—1952.06
朱森林	男	1920.06	山东乐陵	原上棉八厂党委书记	1952.06—1953.05
颜次青	男	1923.04	浙江温岭	原上棉八厂党委书记	1953.05—1954.12
李其佩	男	1922.11	山东日照	原上棉八厂党委书记	1955.02—1957.02
朱华山	男	1925	江苏涟水	原上棉八厂党委书记	1957.02—1958
张思文	男	1921	山东仓山	原公私合营永安二厂总支书记 党委书记	1955.09—1957.02 1957.02—1957.05
严耀开	男	1921.03	安徽巢县	原公私合营永安二厂总支书记 上棉八厂党委书记	1957.07—1958.08 1958.09—1960.08
方义斋	男	1908	山东招远	党委书记	1961.12—"文革"初期
郭杰宗	男	1927.11	山东莱芜	党委书记 党委书记	1969.12—1971.07 1972.12—1982.07

续表

姓　名	性别	出生年月	籍　贯	职　务	任　期
王瑞林	女	1923.07	山东文登	党委书记	1971.07—1972.12
陈雄声	男	1926.06	江苏吴县	党委书记	1983.07—1984.12
蔡文伟	男	1939.11	福建晋江	党委书记	1984.12—1988.06
邵勤雄	男	1946.07	浙江宁波	党委书记	1988.06—
顾巨仁	男	1912	江苏扬州	原上棉八厂厂长	1949.09—1950.12
阎杰三	男	1913.12	河南睢县	原上棉八厂厂长	1950.12—1952.03
郑春泉	男	1912.01	浙江嵊县	原上棉八厂厂长	1952.03—1952.06
朱森林	男	1920.06	山东乐陵	原上棉八厂厂长	1952.06—1953.05
李鸿范	男	1922	山东寿光	原上棉八厂厂长 原上棉八厂厂长	1954.03—1958.09 1958.09—1964.07
戴文卿	男	1919	山东临邑	原公私合营永安二厂厂长	1955.09—1959.09
王瑞林	女	1923.07	山东文登	上棉八厂厂长 革委会主任	1964.07—"文革"初期 1971.07—1972
黄雪冬	男	1936.04	上海崇明	革委会召集人	1968.07—1971.07
郭杰宗	男	1927.11	山东莱芜	革委会主任	1972.12—1978.05
陈雄声	男	1926.06	江苏吴县	厂长	1978.05—1983.06
朱洪启	男	1934.03	江苏常熟	厂长	1983.07—1988.06
杨作恭	男	1933.10	四川邛崃	厂长	1988.06—

注：原上海第八棉纺织厂（上棉八厂）和原公私合营永安二厂于1958年9月合并为上海第八棉纺织厂（上棉八厂）

上海第九棉纺织厂

姓　名	性别	出生年月	籍　贯	职　务	任　期
宗炜	男	1921.02	上海嘉定	原上棉九厂支部书记	1949.08—1950.05
唐星	男	1923	广东	原上棉九厂支部书记	1950.05—1951.03
张惠民	男	1929.05	浙江宁波	原上棉九厂支部书记 党委书记	1951.03—1951.09 1951.09—1952.01
李滋圃	男	1922	山东沂水	原上棉九厂党委书记	1952.01—1953.02
葛恒	男	1921.11	浙江宁波	原上棉九厂党委书记	1953.02—1953.10
田化祥	男		山东	原上棉九厂党委书记	1953.10—1956.07
李其佩	男	1922.11	山东日照	原上棉九厂党委书记 上棉九厂代党委书记 党委书记	1957.02—1958.09 1958.09—1959.05 1959.05—1961.05
陈彦生	男	1914.10	河北唐山	原上棉十厂支部书记	1949.12—1950.12

续 表

姓 名	性别	出生年月	籍 贯	职 务	任 期
施秀华	女	1924.12	浙江绍兴	原上棉十厂总支书记 上棉九厂党委书记	1951.01—1951.03 1961.06—"文革"初期
张 梅	女	1919		原上棉十厂党委书记	1951.09—1952.01
王长久	男	1919.04	河北束鹿	原上棉十厂党委书记	1952.01—1955.01
郑春泉	男	1912.01	浙江嵊县	原上棉十厂党委书记	1955.01—1958.04
郑恒春	男		山东	原上棉十厂党委书记	1958.04—1958.09
张 汉	男	1924	江苏滨海	上棉九厂党委书记	1969.12—1971.02
吴宇良	男	1922.12	上海	党委书记	1971.04—1977.04
黄 连	男	1921.11	浙江余姚	党委书记	1978.07—1980.05
张鹤鸣	男	1928.01	浙江镇海	党委书记	1980.10—1982.08
朱金大	男	1937.08	江苏武进	党委书记	1983.09—1984.12
王水宫	男	1950.10	浙江平湖	党委书记	1987.10—1991.06
陆凤珠	女	1947.09	浙江宁波	党委书记	1991.06—
王子宿	男	1901	上海川沙	原上棉九厂厂长	1949.09—1952.03
李滋圃	男	1922	山东沂水	原上棉九厂厂长	1952.06—1953.02
葛 恒	男	1921.11	浙江宁波	原上棉九厂厂长	1953.02—1954.10
汪剑凡	男	1921.10	上海川沙	原上棉玖九厂代厂长	1955.11—1958.09
陈步韩	男	1899	江苏南京	原上棉十厂代厂长	1949.12—1950.12
顾巨仁	男	1912	江苏扬州	原上棉十厂厂长	1950.12—1952.05
王长久	男	1919.04	河北束鹿	原上棉十厂厂长	1952.06—1953.02
陈慰农	男	1917.04	河北阜平	原上棉十厂厂长	1953.02—1958.09
戴文卿	男	1919	山东临邑	上棉九厂代厂长	1958.09—1960
苏 凤	男	1916.12	江苏吴县	厂长	1960.06—1962.04
陈世开	男	1922.02	浙江宁波	厂长	1962.04—1964.07
肖玉琦	男	1919.04	江苏江阴	厂长	1964.07—"文革"初期
张 汉	男	1924	江苏海滨	革委会召集人	1968.09—1971.02
吴宇良	男	1922.12	上海	革委会主任	1971.04—1977.04
黄 连	男	1921.11	浙江余姚	厂长	1978.07—1978.11
袁诗咏	男	1930.11	江苏常熟	厂长	1978.11—1991.05
黄文治	男	1936.05	江苏海门	厂长	1991.05—

注：原上海第九棉纺织厂（上棉九厂）和原上海第十棉纺织厂（上棉十厂）于1958年9月合并为上海第九棉纺织厂（上棉九厂）

上海第十棉纺织厂

姓　名	性别	出生年月	籍　贯	职　　务	任　　期
朱光启	男	1930.06	浙江杭州	国营新华棉纺织厂支部书记	1956.03—1956.08
李小鲁	男	1920.01	山东胶南	总支书记 上棉十厂总支书记 党委书记	1957.08—1958.10 1958.10—1959.04 1960.03—1960.08
刘日平	男	1928.08	山东沂水	党委书记 党委书记	1961.11—"文革"初期 1969.12—1971.03
李万世	男	1923.10	山东莱芜	党委书记	1971.03—1978.03
阮福康	男	1924.11	浙江慈溪	代党委书记 党委书记	1978.04—1978.06 1978.06—1984.02
陈正有	男	1932.12	江苏丹阳	党委书记	1984.02—1991.12
吴建平	男	1955.04	江苏无锡	党委书记	1992.02—
徐　政	女	1926.11	江苏南通	国营新华棉纺织厂总经理	1956.03—1957.10
陈彦生	男	1914.10	河北唐山	厂长	1957.10—1958.03
段　斌	男	1922	河北	厂长 国棉十厂厂长	1958.03—1958.10 1958.10—1961.07
肖　云	男			厂长	1961.07—1963.10
鲍大法	男	1919.06	浙江慈溪	厂长	1963.10—"文革"初期
陈全福	男	1935.02	江苏无锡	革委会召集人	1968.05—1969.05
刘日平	男	1928.08	山东沂水	革委会主任	1969.05—1971.03
李万世	男	1923.10	山东莱芜	革委会主任	1971.03—1977.11
蔡修荣	男	1931	江苏吴县	革委会主任 厂长	1977.11—1978.06 1978.06—1984.02
高鸿宾	男	1930.06	河南郾城	厂长 厂长	1984.02—1985.02 1989.08—1991.08
瞿恒山	男	1939.08	江苏昆山	厂长	1985.02—1989.08
黄志洪	男	1943.11	上海青浦	厂长	1991.08—

上海第十一棉纺织厂

姓　名	性别	出生年月	籍　贯	职　　务	任　　期
姚舜英	女			支部书记	1949.06—1949.10
张惠发	男	1920.09	江苏武进	支部书记	1949.11—1950.07
方玉英	女	1923	上海	支部书记 党委书记	1950.08—1951.09 1951.09—1953.08

续　表

姓　名	性别	出生年月	籍　贯	职　务	任　期
王大川	男	1914	安徽舒城	党委书记	1953.08—1960.04
王丽全	男	1927.04	上海嘉定	党委书记	1964.03—"文革"初期
吕春堂	男	1924.11	河北沙河	党委书记	1972.03—1977.05
肖传成	男	1924.11	河北	党委书记	1977.05—1984.04
虞家弼	男	1946.11	浙江慈溪	党委书记	1984.04—1990.12
沈柏龙	男	1946.12	浙江余杭	党委书记	1991.07—
桂实之	男	1911.08	江西临川	厂长	1949.11—1952.07
唐大河	男	1912	山东长青	厂长	1952.07—1957.10
任　敬	女	1917	四川重庆	代厂长 厂长	1957.12—1960.06 1960.06—1960.12
许妙来	男	1928.01	江苏南通	厂长	1961.12—"文革"初期
王丽泉	男	1927.04	上海嘉定	革委会召集人	1969.03—1970.01
蔡佩章	男	1927.09	江苏宿迁	革委会主任	1970.08—1972.03
吕春堂	男	1924.11	河北沙河	革委会主任	1972.03—1977.05
肖传成	男	1924.11	河北	革委会主任	1977.05—1978.06
季才明	男	1927	上海崇明	厂长	1978.06—1980.07
钱於槐	男	1926.11	江苏南通	厂长	1980.07—1984.04
方道兴	男	1929.12	浙江宁波	厂长	1984.04—1985.02
徐树根	男	1942.03	江苏扬州	厂长	1985.02—1991.07
沈福贤	男	1936.05	江苏苏州	厂长	1991.07—

上海第十二棉纺织厂

姓　名	性别	出生年月	籍　贯	职　务	任　期
郭培燕	女	1924	上海	总支书记	1949.06—1951.09
赵毓华	男			党委书记	1951.09—1952.08
黄宗霖(林)	男	1925.11	江苏镇江	党委书记	1952.08—1953.04
卢东明	男	1920		党委书记	1953.04—1954.07
王长久	男	1919.04	河北束鹿	党委书记	1955.01—1957.04
舒　政	男	1920.08	安徽六安	党委书记	1957.04—1960.07
曲守涛	男	1926.03	山东	党委书记	1960.08—1965.10
王尚阳	男	1916.10	陕西三源	党委书记	1970.04—1970.09

续　表

姓　名	性别	出生年月	籍　贯	职　务	任　期
李维隆	男	1921.03	江苏淮阴	党委书记	1970.09—1977.05
王光奎	男	1918.09	江苏盐城	党委书记	1978.08—1983.07
张仕杰	男	1933.08	江苏江阴	党委书记	1983.07—1984.06
李焕珍	男	1934.01	江苏宜兴	党委书记	1984.06—
郑彦之	男	1897.10	湖南常德	厂长	1949.05—1949.11
王仲宜	男	1900.11	江西东乡	厂长	1949.11—1952.06
赵毓华	男			厂长	1952.06—1952.08
黄宗霖(林)	男	1925.11	江苏镇江	厂长	1952.08—1953.05
朱人杰	男	1916.04	上海	代厂长	1953.05—1956.08
张惠发	男	1920.09	江苏武进	代厂长	1956.08—1960.02
倪家驹	男	1919.06	江苏泰兴	代厂长	1960.02—"文革"初期
傅克甫	男	1925.06	安徽无为	党委书记	1959.11—1960.04
王一峰	男	1917	山东	党委书记	1960.04—1964.04
蔡红妹	女	1931.09	江苏南通	革委会主任	1967.08—1969.12
王尚阳	男	1916.10	陕西三源	革委会主任	1969.12—1970.09
李维隆	男	1921.03	江苏淮阴	革委会主任	1970.09—1977.05
陆国贤	男	1928.06	江苏江阴	厂长	1978.06—1982.07
石定祥	男	1930.06	江苏兴化	厂长	1982.07—1992.02
张　易	男	1914.04	江苏苏州	厂长	1992.02—

上海鸿章棉纺织厂

姓　名	性别	出生年月	籍　贯	职　务	任　期
范正华	男	1925	江苏淮安	公营新利丰纺织染厂党委书记	1984.02—1991.12
施惠珍	女	1917.09	上海崇明	党委书记	1952.05—1952.06
傅克甫	男	1925.06	安徽无为	厂长	1957.10—1960.04
王一峰	男	1917	山东	厂长	1960.05—1962.06
鲍大法	男	1919.06	浙江慈溪	厂长	1962.06—1963.09
刘桂琴	女	1925	河北	厂长	1964.03—"文革"初期
孙金珍	女	1929.09	江苏泰州	革委会主任	1968.09—1971.03
皱积维	男	1921.09	山东荣城	革委会主任	1973.04—1977.07

续 表

姓 名	性别	出生年月	籍 贯	职 务	任 期
黄 惟	女	1916.12	广东	革委会主任	1977.07—1977.11
张 涟	女	1926.10	江苏无锡	革委会主任 厂长	1977.11—1978.06 1978.06—1979.07
李士钧	男	1929.07	江苏江宁	厂长	1979.09—1985.02
傅盘根	男	1936.04	江苏苏州	厂长 鸿章棉纺织厂厂长	1985.02—1988.04 1988.04—1992.04
杨光杰	男	1936.09	山东新海连	厂长	1992.04—

上海第十四棉纺织厂

姓 名	性别	出生年月	籍 贯	职 务	任 期
张芳春	男	1910	山东恒山	公私合营新裕棉纺织厂党委书记 国营新裕棉纺织厂党委书记	1954.01—1957.07 1957.07—1958.03
王福森	男	1925.08	江苏南京	党委书记 上棉十四厂党委书记	1958.03—1958.12 1958.12—1960.02
李万世	男	1923.10	山东莱芜	党委书记 党委书记	1961.08—"文革"初期 1970.02—1971.03
肖传成	男	1924.11	河北	党委书记	1973.07—1977.05
江兴梁	男	1931.10	浙江镇海	党委书记	1977.05—1983.02
韩绪勤	男	1930.10	河南兰考	党委书记	1984.02—1991.01
孙银娣	女	1950.09	江苏建湖	党委书记	1991.01—
凌东林	男	1893	湖南平江	公私合营新裕棉纺织厂厂长 国营新裕棉纺织厂厂长	1954.01—1957.07 1957.07—1958.12
张芳春	男	1910	山东恒山	上棉十四厂厂长	1958.12—1960.09
钼秉章	男	1919.07	江苏丹阳	厂长 厂长	1962.05—"文革"初期 1978.06—1979.08
张 伟	女	1930.02	上海	革委会召集人	1968.03—1969.11
李万世	男	1923.10	山东莱芜	革委会主任	1969.11—1971.03
肖传成	男	1924.11	河北	革委会主任	1973.07—1977.05
江兴梁	男	1931.10	浙江镇海	革委会主任	1977.05—1978.06
魏德平	男	1928.07	浙江嵊县	厂长	1980.01—1982.01
稽溥仁	男	1929.01	江苏常熟	厂长	1982.06—1989.03
陈其根	男	1938.12	江苏滨海	厂长	1989.03—1991.03
宋有敏	男	1946.09	安徽肥东	厂长	1991.03—

上海第十五棉纺织厂

姓　名	性别	出生年月	籍　贯	职　　务	任　　期
钱瑞华	男			支部书记	1950.12—1951.09
颜次青	男	1923.04	浙江温岭	党委书记	1952.01—1953.01
汪运先	男	1908.02	江苏六合	党委书记	1953.01—1953.12
宋　文	男	1921.04	山东枣庄	党委书记	1955.11—1956.02
张惠民	男	1929.05	浙江宁波	党委书记	1958.09—1960.10
张　萌	女	1926.05	上海	党委书记	1960.08—1961.04
吴雪琴	女	1922.06	上海	党委书记	1961.10—"文革"初期
房扶贞	女	1930.06	江苏淮安	党委书记	1978.06—1984.12
刘新年	男	1932.12	山东安丘	党委书记	1984.12—1990.03
孙有发	男	1936.01	江苏灌云	党委书记	1990.03—
严仲简	男	1895.04	江苏江都	厂长	1949.05—1953.01
汪运先	男	1908.02	江苏六合	厂长	1953.01—1953.12
王卫平	男	1911.04	山东崂山	厂长	1953.12—1954.09
宋　文	男	1921.04	山东枣庄	代厂长	1954.09—1955.11
陈昌吉	男	1914.09	浙江宁波	代厂长	1956.07—1960.03
陈慰农	男	1917.04	河北阜平	厂长	1962.04—1966.02
张佩娟	女	1928.02	上海	党委负责人	1974—1977.05
于　伟	男	1919.03	江苏江都	党委负责人	1977.05—1979.01
曲守涛	男	1926.03	山东	党委书记	1979.01—1979.10
何贤龙	男	1922	安徽寿县	党委书记	1979.10—1984.02
沈　峰	男	1947.07	江苏吴县	厂长	1992.11—
施秀华	女	1924.12	浙江绍兴	支部书记	1949.05—1949.10
吕兆定	男	1905.01	浙江奉化	支部书记	1949.10—1950.08
范成方	男		江苏海门	总支书记	1950.08—1951.03
曹泽民	男		江苏金坛	总支书记	1951.03—1951.09
陈志平	女		上海	党委书记	1951.09—1952
陈志达	男	1910.12	上海奉贤	党委书记	1952.11—1955.05
张华文	男			党委书记	1955.05—1959.01
陈　明	男			党委书记	1959.01—1960.03
王光奎	男	1918.09	江苏盐城	党委书记	1960.03—1961.03
房扶贞	女	1930.06	江苏淮安	党委书记	1961.06—"文革"初期

续 表

姓　名	性别	出生年月	籍　贯	职　务	任　期
吕春堂	男	1924.11	河北沙河	党委书记	1970.06—1972.03
张佩娟	女	1928.02	上海	党委负责人	1974—1977.05
于　伟	男	1919.03	江苏江都	党委负责人	1977.05—1979.01
曲守涛	男	1926.03	山东	党委书记	1979.01—1979.10
何贤龙	男	1922	安徽寿县	党委书记	1979.10—1984.02
徐林森	男	1931	江苏无锡	党委书记	1984.02—1985.02
周育光	男	1932.02	湖北沔阳	党委书记	1985.02—1987.05
曹百川	男	1944	安徽青阳	党委书记	1987.06—1992.12
钱金珍	女	1949	江苏常熟	党委书记	1992.12—
朱仙舫	男	1887	江西进贤	厂长	1949.05—1950.06
喻会孝	男		江西	厂长	1950.06—1952.01
陆志平	女		上海	厂长	1952.06—1953.02
陈志达	男	1910.12	上海奉贤	厂长	1953.02—1958.02
鲍大法	男	1919.06	浙江慈溪	厂长	1958.02—1960.04
王光奎	男	1918.09	江苏盐城	厂长	1960.04—1962.12
袁松樵	男	1915.02	浙江嵊县	代厂长 革委会主任	1963—"文革"初期 1968.06—1978.06
曲守涛	男	1926.03	山东	厂长	1978.06—1979.01
张玉林	男	1930.06	江苏江阴	厂长	1979.01—1979.03
何贤龙	男	1922	安徽寿县	厂长 厂长	1979.03—1979.10 1982.02—1984.02
薛涵秋	男	1934.12	江苏无锡	厂长	1979.10—1982.02
周育光	男	1932.02	湖北沔阳	厂长	1984.02—1985.02
陆章福	男	1934.11	上海川沙	厂长	1985.02—1990.02
朱荣林	男	1933.10	江苏苏州	厂长	1990.02—1992
曹国祥	男	1941.12	江苏无锡	厂长	1992.12—

上海龙头股份有限公司

姓　名	性别	出生年月	籍　贯	职　务	任　期
蔡振武	男	1929.04	浙江宁波	上棉十七厂支部书记	1949.05—1950.05
刘　明	男	1923.09	安徽卢口	支部书记	1950.05—1951.07
陈克奇	男	1917.10	安徽定远	党委书记	1951.07—1951.10

续表

姓　名	性别	出生年月	籍　贯	职　务	任　期
张　本	女	1921.04	安徽全椒	代党委书记	1951.10—1953.01
谷　风	男	1923	江苏淮安	党委书记	1953.02—1955
邹凌秋	女	1915.04	浙江奉化	代党委书记	1955.07—1955.10
理　浔	女			代党委书记 党委书记	1956.04—1956.12 1956.12—1957.06
李之放	男	1913.04	河南新安	党委书记	1957.06—1958
赵明德	男	1922	山东金乡	党委书记	1958—1960.07
陈志达	男	1910.12	上海奉贤	党委书记	1960.11—1966.02
焦凤岭	男	1928.11	山东	党委书记	1966.05（未到职）
唐文兰	女	1932.01	江苏江阴	党的核心小组组长 党委书记	1968—1969.06 1969.06—1974.12
周彦朋	男	1926.08	山东莒县	党委书记	1974.12—1976.11
卢国梁	男	1925.10	福建仙游	党委书记	1977.05—1977.09
曹炽坤	男	1931.12	浙江上虞	党委书记	1978.06—1980.02
邹木法	男	1932.11	上海	党委书记	1980.02—1982.11
朱善仁	男	1924.07	江苏吴江	党委书记	1982.11—1984.11
惠熙荃	女	1941.02	山东日照	党委书记	1984.11—1988
姚志康	男	1944.09	江苏南通	党委书记 龙头股份有限公司党委书记	1988.07—1992.08 1992.08—
吕德宽	男	1914.06	江苏镇江	上棉十七厂厂长	1949—1952
陈克奇	男	1917.10	安徽定远	厂长	1952.06—1953.01
谷　风	男	1923	江苏淮安	厂长	1953.01—1956.01
李之放	男	1913.02	河南新安	厂长	1956.01—1957.06
朱寿安	男	1921.09	安徽崇安	代厂长	1957.06—1960.02
朱善仁	男	1924.07	江苏吴江	代厂长 革委会主任 厂长	1961.11—1964.09 1977.11—1978.06 1978.06—1982.11
王洪文	男	1935.12	吉林长春	革委会主任	1967.04—1976.10
卢国梁	男	1925.10	福建仙游	革委会主任	1977.05—1977.09
杨铨谟	男	1931.01	江苏镇江	厂长	1982.11—1987.06
薛统福	男	1937.02	福建福清	厂长	1987.06—1989.12
姜光裕	男	1943.11	上海	厂长	1989.12—1991.06
马灿贞	女	1940.10	浙江鄞县	厂长 龙头股份有限公司董事长兼总经理	1991.12—1992.08 1992.08—

上海第十九棉纺织厂

姓　名	性别	出生年月	籍　贯	职　　务	任　　期
包久凡	男	1918.09	浙江绍兴	支部书记 支部书记	1949.09—1950.08 1951.02—1951.09
钱希钧	女	1905	浙江诸暨	支部书记	1950.08—1951.01
任鸿泽	男	1914.11	安徽无为	党委书记	1951.01—1952.06
刁一民	男			党委书记	1952.06—1952.12
刘青舟	男	1921.07	河北魏县	党委书记	1953.02—1954.08
苏　风	男	1916.12	安徽宿县	党委书记	1954.08—1960.03
尹卜甄	女	1917.10	湖北武昌	代党委书记	1960.04—1963.01
江　陵	男	1921	安徽巢湖	党委书记	1963.02—"文革"初期
余　恒	男	1924.03	浙江鄞县	党委书记	1970.12—1972.04
刘曰平	男	1928.08	山东沂水	党委书记	1972.04—1977.03
宋嘉宾	男	1922.12	山东文饶	党委书记	1977.03—1978.06
谭志礼	男	1924.12	安徽嘉山	党委书记	1979.02—1984.04
黄如仁	男	1933.09	江苏宜兴	党委书记	1984.04—
吾葆真	男	1901.10	浙江衢州	厂长	1950.12—1952.07
桂实之	男	1911.08	江西临川	厂长	1952.07—1953.02
刘青舟	男	1921.07	河北魏县	厂长	1953.02—1955.10
尹卜甄	女	1917.10	湖北武昌	代厂长 厂长	1955.11—1957.05 1957.05—1963.12
谷　风	男	1923	江苏淮安	厂长	1964.03—"文革"初期
王兴和	男	1917.01	江苏邳县	革委会主任	1969.12—1970.12
余　恒	男	1924.03	浙江鄞县	革委会主任	1971.07—1972.04
刘曰平	男	1928.08	山东沂水	革委会主任	1972.04—1977.03
宋嘉宾	男	1922.12	山东文饶	革委会主任	1978.03—1978.06
林增茂	男	1924.06	浙江平阳	厂长	1978.06—1983.07
张玉林	男	1930.06	江苏江阴	厂长	1983.07—1990.10
恽兴安	男	1934.04	江苏武进	厂长	1990.11—

上海第二十一棉纺织厂

姓　名	性别	出生年月	籍　贯	职　　务	任　　期
周荣甫	男	1923.02	浙江定海	公私合营申新一厂总支书记	1955.09—1956.08
任　恢	男	1931.09	福建福州	总支书记	1956.08—1958.03

续 表

姓 名	性别	出生年月	籍 贯	职 务	任 期
陈广德	男	1917.03	江苏扬中	总支书记 上棉二十一厂总支书记	1958.03—1958.05 1958.05—1959.01
张征秉	男	1924.04	浙江上虞	党委书记	1959.01—1964.04
韦坤林	男	1929.01	江苏无锡	党委书记	1969.12—1971.06
周顺卿	女	1931.09	浙江杭州	党委书记	1971.09—1978.06
孙秀礼	男	1922.04	山东招远	党委书记	1978.06—1978.11
尹卜甄	女	1917.10	湖北武昌	党委书记	1978.11—1980.01
吴依群	男	1930.06	江苏常州	党委书记	1980.01—1986.07
莫开元	女	1936.12	江苏宜兴	党委书记	1987.01—
许泉福	男	1924.10	江苏无锡	公私合营申新一厂厂长 上棉二十一厂厂长	1955.09—1958.05 1965.05—"文革"初期
范成森	男	1925	江苏海门	上棉二十一厂厂长	1958.05—1958.12
祝一建	男	1921.08	江苏	厂长	1958.12—1961.12
朱讯	男	1916.12	四川江津	厂长	1961.12—1965.03
韦坤林	男	1929.01	江苏无锡	革委会召集人、主任	1968.09—1971.06
周顺卿	女	1931.09	浙江杭州	革委会主任	1971.09—1978.01
朱哲如	男	1919.12	山东	革委会主任	1978.01—1978.06
尹卜甄	女	1917.10	湖北武昌	厂长	1978.06—1978.11
端木锡华	男	1923.06	江苏吴县	厂长	1978.11—1983.05
王勤任	男	1923.11	浙江	厂长	1983.05—1984.12
莫开元	女	1936.12	江苏宜兴	厂长	1984.12—1987.01
杨钟玮	男	1948.11	江苏无锡	厂长	1987.01—

上海第二十二棉纺织厂

姓 名	性别	出生年月	籍 贯	职 务	任 期
杨锐	男	1923.12	江苏铜山	公私合营申新纺织九厂党委书记	1955.09—1957.12
李文彬	男	1921.02	山西原平	党委书记	1957.11—1961.09
高维香	男	1925	江苏沭阳	党委书记 上海第二十二棉纺织厂党委书记	1965.05—"文革"初期 1970.03—1977.03
李维隆	男	1921.03	江苏淮阴	党委书记	1977.05—1978.06

续表

姓　名	性别	出生年月	籍　贯	职　　务	任　　期
孙佑德	男	1929.08	山东文登	党委书记	1978.06—1984.12
赵心梅	男	1949.01	江苏海门	党委书记	1984.12—
吴中一	男	1912	江苏无锡	公私合营申新纺织九厂厂长	1955.09—"文革"初期
郭文琛	男	1920.05	山东沂南	上海第二十二棉纺织厂革委会第一召集人	1968.12—1970.09
李维隆	男	1921.03	江苏淮阴	革委会主任	1977.05—1978.06
许泉福	男	1924.10	江苏无锡	厂长	1978.06—1979.07
谢毓岐	男	1921.08	上海宝山	代厂长	1979.07—1982.01
陈国彦	男	1928.08	江苏江阴	厂长	1982.01—1984.12
强英孝	男	1940.02	江苏南通	厂长	1984.12—

上海达丰棉毛纺织厂

姓　名	性别	出生年月	籍　贯	职　　务	任　　期
郝振广	男		山东	公私合营达丰第一棉纺织厂党委书记	1954.10—1960.07
方菊珍	女			党委书记	1960.08—1961.06
张锦绣	男	1926.09	山东淄博	党委书记 上海第二十五棉纺织厂党委书记	1965.08—"文革"初期 1970.03—1977.05
吕春堂	男	1924.11	河北沙河	党委书记	1977.05—1978.03
蔡佩章	男	1927.09	江苏宿迁	党委书记	1978.03—1978.05
孙贤德	男	1923.03	江苏启东	党委书记	1978.06—1979.07
周荣光	男	1924.08	山东荣城	党委书记	1979.11—1984.02
李淑嘉	女	1945.08	浙江定海	党委书记 达丰棉毛纺织厂党委书记	1984.03—1991.05 1991.05—
郝振广	男		山东	公私合营达丰第一棉纺织厂厂长	1954.10—1959.01
鲁　文	男	1923.06	山东文登	厂长	1959.01—1959.09
唐　映	男	1921.03	江苏滨海	厂长	1965.08—"文革"初期
张锦绣	男	1926.09	山东淄博	上海第二十五棉纺织厂革委会主任	1968.01—1977.05
孙贤德	男	1923.03	江苏启东	厂长	1978.06—1978.12

续表

姓 名	性别	出生年月	籍 贯	职 务	任 期
程品章	男	1927.08	浙江海盐	厂长	1978.12—1984.03
周寿生	男	1934.09	江苏江阴	厂长	1984.03—1990.06
刘寅峰	男	1950.11	江苏启东	厂长 达丰棉毛纺织厂厂长	1990.07—1991.05 1991.05—1992.06
胡万顺	男	1948.03	安徽合肥	厂长	1992.06—

上海第二十七棉纺织厂

姓 名	性别	出生年月	籍 贯	职 务	任 期
孙继山	男	1925.11	山西新泽	公私合营鸿丰棉纺厂总支书记	1955.09—1958.04
孙德夫	男	1925.04	山东烟台	总支书记 党委书记	1958.04—1959.02 1959.02—1961.05
周池碧	女	1926.10	上海川沙	党委书记	1962.01—1962.04
何 畏	女	1921.10	江苏南通	上海第二十七棉纺厂党委书记	1970.12—1978.03
孙振海	男	1931.02	江苏睢宁	党委书记	1978.05—1991.07
黄云卿	男	1945.12	上海川沙	党委书记	1991.07
戴逢吉	男	1913.08	江苏宝兴	公私合营鸿丰棉纺厂厂长	1955.09—"文革"初期
胡民强	男	1946.12	浙江绍兴	上海第二十七棉纺厂革委会召集人	1968.04—1968.10
吴 棠	男	1927.12	江苏沭阳	革委会召集人	1968.10—1970.12
何 畏	女	1921.10	江苏南通	革委会主任	1970.12—1978.03
陈志云	男	1925.01	江苏金湖	厂长	1978.06—1979.12
孙贤德	男	1923.03	江苏启东	厂长	1979.12—1983.03
张荣德	男	1932.07	江苏无锡	厂长	1983.12—1992.05
朱恩深	男	1942.10	上海	厂长	1992.07—

上海第二十八棉纺织厂

姓 名	性别	出生年月	籍 贯	职 务	任 期
曾子坚	女	1918	浙江宁波	公私合营安达一厂总支书记	1954.06—1954.11
封虞臣	男	1899.05	山东太宁	总支书记	1955.03—1956.02
葛恭一	男	1921.01	山东日照	党委书记	1956.12—1964.05

续表

姓　名	性别	出生年月	籍贯	职　务	任　期
郑铁山	男	1930	河北	上海第二十八棉纺织厂党委书记	1970.09—1973.02
黄　连	男	1921.11	浙江余姚	党委书记	1973.02—1978.05
周荣光	男	1924.08	山东荣城	党委书记	1978.06—1979.11
陈正有	男	1932.12	江苏丹阳	党委书记	1982.01—1982.12
陈谋智	男	1933.08	浙江绍兴	党委书记	1982.12—1988.07
刘维仁	男	1954.12	江苏靖江	党委书记	1990.03—
袁敬庄	男	1896.06	江苏东台	公私合营安达一厂厂长	1954.06—1964.05
韦珍大	女	1932.09	江苏常州	上海二十八棉纺织厂革委会第一召集人	1968.02—1968.10
李秀琼	女	1921.12	上海	革委会第一召集人	1968.10—1970.03
郑铁山	男	1930	河北	革委会主任	1970.09—1973.02
黄　连	男	1921.11	浙江余姚	革委会主任	1973.02—1978.05
潘训曾	男	1927.06	江苏如东	厂长	1978.05—1982.12
徐仲新	男	1928.12	江苏常州	厂长	1982.12—1984.12
沈小波	男	1933.03	江苏无锡	厂长	1984.12—1992.01
郑伟康	男	1950.06	浙江镇海	厂长	1992.01—

上海第二十九棉纺织印染厂

姓　名	性别	出生年月	籍贯	职　务	任　期
单国雄	男	1921.04	浙江绍兴	原公私合营永安第一纺织厂总支书记	1955.09—1957.09
尚晓平	女	1919.09	河南沂川	原公私合营永安第一纺织厂总支书记	1957.09—1960.10
姚志成	男			原公私合营永安印染厂支部书记	1955.10—1960.10
王光奎	男	1918.09	江苏盐城	公私合营永安棉纺织印染厂党委书记	1962.12—"文革"初期
王钦堂	男	1921.10	山东	上海第二十九棉纺织印染厂党委书记	1970.10—1978.03
施秀华	女	1924.12	浙江绍兴	党委书记	1978.07—1980.06
曲守涛	男	1926.03	山东	党委书记	1980.06—1984.12
李桂琴	女	1942.12	河北	党委书记	1984.12—1987.09

续表

姓 名	性别	出生年月	籍 贯	职 务	任 期
张振宙	男	1938.04	浙江镇海	党委书记	1987.09—
郭 杭	男	1911	广东中山	原公私合营永安第一纺织厂厂长 公私合营永安棉纺织印染厂厂长	1955.09—1960.10 1960.10—"文革"初期
陆品琴	男	1908	上海松江	原公私合营永安印染厂厂长	1955.10—1960.10
蔡火根	男	1922.10	上海川沙	上海第二十九棉纺织印染厂革委会召集人	1968.04—1971.03
王钦堂	男	1921.10	山东	革委会主任	1971.03—1978.03
张玉林	男	1930.06	江苏江阴	厂长	1979.03—1983.07
周全生	男	1930.04	上海	厂长	1983.07—1984.12
黄和勤	男	1935.01	浙江余姚	厂长	1984.12—

注：原公私合营永安第一纺织厂和公私合营永安印染厂于1960年10月合并为公私合营永安棉纺织印染厂。1966年10月改名为上海第二十九棉纺织印染厂

上海第三十棉纺织厂

姓 名	性别	出生年月	籍 贯	职 务	任 期
戴琴仙	女	1930	江苏	公私合营仁德棉纺织厂支部书记	1954.10—1955.11
徐彩玉	男	1920	河北	总支书记 党委书记	1957.08—1958.03 1958.03—1960.11
崔俊贤	男	1925.11	山东	党委书记	1960.11—1961.04
曹佩芳	女	1926.03	上海	代党委书记	1961.12—"文革"初期
王秀珍	女	1934.11	辽宁辽阳	上海第三十棉纺织厂党的核心小组组长	1968.10—1969.11
朱浣华	女	1920	江苏	党委书记	1969.11—1975.06
应五妹	女	1934.02	浙江	党委书记	1975.06—1977.03
章显训	男	1930.09	浙江	党委书记	1977.03—1983.03
岑玉玲	女	1932.02	浙江	党委书记	1984.01—1987.05
马希水	男	1937.09	山东	党委书记	1987.05—
戴琴仙	女	1930	江苏	公私合营仁德棉纺织厂厂长	1954.12—1956.04
李汉田	男	1913	江苏	厂长	1956.04—1960.06
徐彩玉	男	1920	河北	厂长	1960.07—1962.11

续表

姓　名	性别	出生年月	籍　贯	职　　务	任　　期
李定一	男	1921.07	江苏泰兴	厂长 上海第三十棉纺织厂革委会主任 厂长	1963.11—"文革"初期 1978.01—1978.06 1978.06—1984.01
王秀珍	女	1934.11	辽宁辽阳	革委会召集人	1968.10—1976.10
章显训	男	1930.09	浙江	革委会主任	1977.03—1978.01
史黔丽	女	1940.08	安徽	厂长	1984.01—

上海第三十一棉纺织厂

姓　名	性别	出生年月	籍　贯	职　　务	任　　期
周林章	男			原公私合营申新五厂总支书记	1955.09—1957.09
文　克	男	1924	山东	原公私合营申新五厂党委书记	1957.09—1958.10
王家生	男	1927	江苏射阳	原公私合营申新六厂党支书记	1955.09—1957.09
周　易	男	1919	山西临猗	原公私合营申新六厂党委书记 公私合营杨浦棉纺织印染厂党委书记	1957.09—1958.10 1962.04—"文革"初期
王生卿	男	1922.07	浙江镇海	原公私合营荣丰纺织印染厂总支书记	1954.07—1954.09
马义生	男	1915.09	浙江	原公私合营荣丰纺织印染厂总支书记	1954.09—1957.04
崔俊贤	男	1925.11	山东	原公私合营荣丰纺织印染厂党委书记	1957.04—1958.10
鲍　复	男	1912	安徽卢口	公私合营杨浦棉纺织印染厂党委书记	1958.10—1960.02
赵茅兴	男	1920	江苏镇江	党委书记	1960.02—1962.04
焦凤岭	男	1928.11	山东	上海三十一棉纺织印染厂党委书记 上海三十一棉纺织厂党委书记	1969.11—1970.08 1970.08—1976.05
潘浩然	男	1934.05	浙江吴兴	党委书记	1976.08—1977.02
张鹤鸣	男	1928.01	浙江镇海	党委书记	1977.03—1980.10
陈友根	男	1922	浙江绍兴	党委书记	1982.03—1983.07
蔡振武	男	1929.04	浙江宁波	党委书记	1983.07—1984.12

续表

姓　名	性别	出生年月	籍贯	职　务	任　期
李茂伟	男	1950.10	安徽安庆	党委书记	1984.12—1990.02
谢文炳	男	1934.01	江苏武进	党委书记	1990.02—
孙　杰	男	1921.12	山东	原公私合营申新纺织五厂厂长	1955.09—1958.10
秦德芳	男	1907.01	浙江鄞县	原公私合营申新纺织六厂厂长	1955.09—1958.10
韩志明	男	1911.01	江苏江阴	原公私合营荣丰纺织印染厂厂长	1954.07—1957.08
黄宗林（霖）	男	1925.11	江苏镇江	公私合营杨浦棉纺织印染厂代厂长	1958.11—1960.04
陆修渊	男	1909.07	上海川沙	厂长	1960.04—1960.05
周　易	男	1919	山西临猗	厂长	1960.06—1962.04
李秀琼	女	1921.12	上海	厂长	1962.05—1964.02
王丁山	男	1923.07	山西	厂长	1965.04—"文革"初期
黄金海	男	1935.05	江苏镇江	上海第三十一棉纺织印染厂革委会主任 上海第三十一棉纺织厂革委会主任	1967.09—1970.08 1970.08—1976.10
张鹤鸣	男	1928.01	浙江镇海	革委会主任 厂长	1977.03—1978.01 1978.06—1978.07
倪家驹	男	1927.09	江苏泰兴	厂长	1978.07—1982.03
武宝璋	男	1924.05	上海嘉定	厂长	1982.06—1983.07
陈志兴	男	1933.03	江苏昆山	厂长	1983.07—1990.02
陆章福	男	1934.11	上海川沙	厂长	1990.02—1991.10
高绮绪	男	1939.08	山东青岛	厂长	1991.10—

注：原公私合营申新纺织五厂、原公私合营申新纺织六厂、原公私合营荣丰纺织印染厂于1958年10月合并为公私合营杨浦棉纺织印染厂。1966年10月改名上海第三十一棉纺织印染厂。再于1970年8月改名上海三十一棉纺织厂

上海嘉丰股份有限公司

姓　名	性别	出生年月	籍贯	职　务	任　期
彭　波	男	1924	山东荣城	公私合营嘉丰棉纺织厂党委书记	1954.08—1956.01
顿风阁	男	1910.10	山东平度	党委书记 党委书记 上海第三十三棉纺织厂党委书记	1956.01—1961.01 1965.05—"文革"初期 1970.04—1977.02

续表

姓　名	性别	出生年月	籍贯	职　　务	任　　期
梅寿椿	男	1931.12	江苏常州	党委书记 嘉丰棉纺织厂党委书记	1977.02—1978.05 1978.05—1981.08
陈志云	男	1925.01	江苏金湖	党委书记	1981.08—1985.02
韩再良	男	1942.11	上海嘉定	党委书记 嘉丰股份有限公司党委书记	1985.02—1992.05 1992.05—
汤所均	男	1899.02	江苏溧阳	公私合营嘉丰棉纺织厂经理	1954.08—"文革"初期
彭　波	男	1924	山东荣城	厂长	1954.08—1956.01
顿凤阁	男	1910.10	山东平度	厂长 上海第三十三棉纺织厂革委会主任	1956.01—1961.01 1968.12—1977.02
陈阿茂	男	1913.04	上海嘉定	公私合营嘉丰棉纺织厂厂长 上海第三十三棉纺织厂革委会主任 嘉丰棉纺织厂革委会主任 厂长	1964.03—"文革"初期 1978.02—1978.05 1978.05—1978.06 1978.06—1980.06
梅寿椿	男	1931.12	江苏常州	上海第三十棉纺织厂革委会主任	1977.02—1978.02
胡树衡	男	1934.05	江苏太仓	嘉丰棉纺织厂厂长	1980.07—1984.05
程介禄	男	1936.05	江苏苏州	厂长 嘉丰股份有限公司董事长	1984.05—1992.05 1992.05—
孙再华	男	1958.01	上海嘉定	总经理	1992.05—

上海第三十四棉纺织厂

姓　名	性别	出生年月	籍贯	职　　务	任　　期
张荣辉	男	1919	上海南汇	公私合营永嘉纱厂支部书记	1955.09—1956.11
顾泉径	男	1927.09	浙江宁波	支部书记 总支书记	1956.12—1958.04 1958.04—1960.11
高桂芬	女	1932	江苏宝应	总支书记	1960.11—1962.03
卢淑菊	女	1931.08	上海嘉定	上海第三十四棉纺厂总支书记	1971.11—1982.05
费进华	男	1945.09	上海嘉定	代总支书记 总支书记 党委书记	1981.05—1982.05 1982.05—1987.12 1987.12—
张荣辉	男	1919	上海南汇	公私合永嘉纱厂厂长	1955.09—1955.11
韩炳初	男	1925.01	浙江慈溪	厂长	1955.11—1958.09

续表

姓　名	性别	出生年月	籍　贯	职　　务	任　　期
王狱华	男	1925.12	上海嘉定	厂长	1958.09—1962.07
吴绶森	男	1923.08	上海嘉定	厂长 上海第三十四棉纺厂厂长	1964.03—"文革"初期 1981.01—1982.10
陆培英	女	1928.03	上海嘉定	革委会召集人	1968.11—1969.08
卢淑菊	女	1931.08	上海嘉定	革委会主任	1969.09—1978.05
冯道行	男	1933.12	上海嘉定	厂长	1978.06—1981.01
陶森庆	男	1933.06	江苏无锡	厂长	1982.10—

上海第三十五棉纺织厂

姓　名	性别	出生年月	籍　贯	职　　务	任　　期
顾　忠	男	1921	江苏滨海	原公私合营富安纱厂总支书记	1954.10—1956.06
赵龙山	男	1927.08	江苏海安	原公私合营大通纱厂总支书记 公私合营崇明纱厂党委书记	1954.10—1956.06 1956.07—1961.04
崔俊贤	男	1925.11	山东	党委书记	1961.04—1964.06
鲁　文	男	1923.06	山东文登	党委书记	1966.04—"文革"初期
施国华	男	1932.04	上海崇明	上海第三十五棉纺厂党委书记	1969.12—1978.03
华顺钧	男	1936.06	江苏无锡	党委书记	1978.03—1984.05
卢艳辉	女	1931.08	广东番禺	党委书记 上海第三十五棉纺织厂党委书记	1984.05—1988.01 1988.01—1988.06
俞惠东	男	1950.05	上海崇明	党委书记	1988.06—
顾　忠	男	1921	江苏滨海	原公私合营富安纱厂经理 公私合营崇明纱厂经理、厂长	1954.10—1956.06 1956.07—1958.07
赵龙山	男	1927.10	江苏海安	原公私合营大通纱厂经理 公私合营崇明纱厂经理	1954.10—1956.06 1958.07—1961.04
顾燕熙	男	1923.03	上海崇明	厂长 上海第三十五棉纺厂厂长	1958.07—1961.04 1978.06—1981.09
唐　映	男	1921.03	江苏滨海	公私合营崇明纱厂厂长	1961.04—1965.08
施国华	男	1932.04	上海崇明	上海第三十五棉纺厂革委会召集人 革委会主任	1967.09—1972.10 1972.10—1977

续　表

姓　名	性别	出生年月	籍贯	职　务	任　期
杨佩章	男	1937.03	上海崇明	厂长 上海第三十五棉纺织厂厂长	1984.05—1988.01 1988.01—1991.10
沈济民	男	1935.11	江苏太仓	厂长	1991.10—

注：原公私合营富安纱厂和原公私合营大通纱厂于1956年7月合并为公私合营崇明纱厂。1966年10月改名上海三十五棉纺厂。再于1988年1月改名上海第三十五棉纺织厂

上海第三十六棉纺织厂

姓　名	性别	出生年月	籍贯	职　务	任　期
王进厚	男	1929.10	山东高密	公私合营川纱纱厂代支部书记	1955.07—1956.02
姚金桃	男	1925.11		支部书记	1956.08—1957.10
魏栋林	男	1927		支部书记	1957.10—1959.05
刘　明	男	1925.05	山东莱阳	总支书记	1959.05—1960.06
李章娣	女	1923.11	上海	总支书记	1960.06—1962.11
郭筱芳	男	1929.03	浙江宁波	总支书记	1965.06—"文革"初期
邹容珍	女	1928.04	江苏苏州	上海第三十六棉纺厂总支书记	1970.03—1971.01
蔡火根	男	1922.10	上海川沙	总支书记	1971.01—1981.01
顾聘周	男	1929.10	上海川沙	总支书记	1981.01—1981.12
谢文炳	男	1934.01	江苏武进	总支书记 党委书记	1981.12—1982.12 1982.12—1987.09
吴建平	男	1955.04	江苏无锡	党委书记	1987.09—1992.02
孙家风	男	1945.12	浙江杭州	党委书记	1992.03—
王进厚	男	1929.10	山东高密	公私合营川沙纱厂厂长	1954.12—1956.02
姚金桃	男	1925.11		厂长	1956.03—1957.01
刘　明	男	1925.05	山东莱阳	厂长 厂长	1959.05—1960.06 1961.11—1963.02
李章娣	女	1923.11	上海	厂长	1960.06—1961.11
邵有华	男	1925	浙江宁波	厂长	1964.03—"文革"初期
郭筱芳	男	1929.03	浙江宁波	上海第三十六棉纺厂革委会召集人	1968.07—1968.10
邹容珍	女	1928.04	江苏常州	革委会召集人	1969.09—1971.01
蔡火根	男	1922.10	上海川沙	革委会主任	1971.01—1978.07

续表

姓 名	性别	出生年月	籍 贯	职 务	任 期
唐冠时	男	1928.01		厂长	1978.07—1981.11
顾聘周	男	1929.10	上海川沙	厂长	1981.12—1982.12
饶文玺	男	1934.04	河南	厂长	1982.12—1985.04
陈宝琛	男	1932.02	上海川沙	厂长	1985.04—1987.09
黄志洪	男	1943.11	上海青浦	厂长	1987.09—1991.08
王秋容	女	1954.08	江苏徐州	厂长	1991.08—

上海第三十七棉纺织厂

姓 名	性别	出生年月	籍 贯	职 务	任 期
徐惠中	男	1929.06	上海南汇	公私合营茂新纱厂支部书记	1954.10—1955.10
张迪祥	男	1917.10	江苏	支部书记	1957.06—1960.07
陈洪良	男	1911.03	上海	支部书记	1961.09—1962.12
孙振海	男	1931.02	江苏睢宁	上海第三十七棉纺厂总支书记	1970.12—1977.07
曹兰珍	女	1933.03	江苏南通	总支书记	1978.07—1984.06
施锦康	男	1936.10	上海南汇	总支书记	1984.06—1987.08
杨作恭	男	1933.10	四川邛崃	党委书记	1987.08—1988.06
高绮绪	男	1939.08	山东青岛	党委书记	1988.07—1991.10
傅世明	男	1934.02	浙江绍兴	党委书记	1991.10—
戴国民	男	1929.12	江苏海门	公私合营茂新纱厂厂长	1954.08—1956.04
沈纪仁	男	1930.12	上海南汇	厂长	1960.07—"文革"初期
焦春安	男	1931.09	山东	上海第三十七棉纺厂革委会召集人	1968.10—1969.12
傅季云	男	1928.11	浙江东阳	革委会主任	1969.12—1970.12
孙振海	男	1931.02	江苏睢宁	革委会主任	1970.12—1977.07
顾甫庚	男	1933.06	上海南汇	厂长	1978.07—1983.03
杜天乐	男	1929.12	上海南汇	厂长	1983.03—1985.01
杨作恭	男	1933.10	四川邛崃	厂长	1985.01—1988.06
高绮绪	男	1939.08	山东青岛	厂长	1988.07—1991.10
翁信耀	男	1942.05	浙江绍兴	厂长	1991.10—1992.08
傅世明	男	1934.02	浙江绍兴	厂长	1992.08—

上海第一织布厂

姓 名	性别	出生年月	籍 贯	职 务	任 期
祝 敏	女	1925	江苏	公私合营安乐第一棉织厂总支书记	1955.03—1956.05
包 涵	男	1923.03	江苏	总支书记 党委书记	1958.12—1959.07 1959.07—1964.04
宣梦渭	男	1923.04	浙江绍兴	党委书记	1965.08—"文革"初期
张金宝	女	1935.02	江苏	国营八一织布厂党委书记 上海第一细布厂党委书记	1970.02—1972.05 1972.05—1979.03
程士明	男	1930.09	江苏泰兴	党委书记	1979.03—1984.03
许文娟	女	1949.06	江苏	党委书记	1984.03—1988.10
瞿国梁	男	1956.08	上海	党委书记	1990.10—
祝 敏	女	1925	江苏	公私合营安乐棉毛纺织厂一厂长	1954.10—1955.03
赵 敏	男	1913.07	上海	公私合营安乐第一棉纺厂厂长	1956.09—1961.05
宣梦渭	男	1923.04	浙江绍兴	厂长	1963.01—1965.08
丁宝诚	男	1924.04	江苏淮阴	厂长	1965.08—"文革"初期
蔡修荣	男	1931	江苏吴县	国营八一织布厂革委会主任 上海第一织布厂革委会主任	1968.04—1972.05 1972.05—1972.06
张金宝	女	1935.02	江苏	革委会主任	1972.06—1978.06
沙肃成	男	1927.03	浙江鄞县	厂长	1978.06—1982.04
潘有福	男	1926.09	江苏	代厂长	1982.04—1983.10
沈柏龙	男	1946.12	浙江余杭	厂长	1984.03—1987.10
童慧芳	女	1940.01	浙江黄岩	厂长	1987.10—1992.05
符纯佳	男	1956.07	上海	厂长	1992.05—

上海第二织布厂

姓 名	性别	出生年月	籍 贯	职 务	任 期
张佩良	男	1932.12	江苏海门	公私合营七一棉织厂党委书记 国营七一织布厂党委书记 上海第二织布厂党委书记	1964.04—"文革"初期 1969.12—1972.04 1972.05—1976.05
李根妹	女	1934.04	河北古城	代党委书记	1974.08—1976.06
程士明	男	1930.09	江苏泰兴	党委书记	1977.05—1979.03

续表

姓　名	性别	出生年月	籍贯	职　　务	任　　期
李兴和	男	1924.09	江苏吴县	党委书记	1979.03—1984.03
李文瑞	男	1928.04	浙江绍兴	党委书记	1984.03—1987.01
何玉祥	男	1941.10	安徽天长	党委书记	1987.08—
宣梦渭	男	1923.04	浙江绍兴	公私合营七一棉织厂厂长	1961.05—1963.01
陆行	男	1925.11	上海崇明	厂长	1964.01—1965.01
张佩良	男	1932.12	江苏海门	国营七一织布厂革委会召集人 革委会主任 上海第二织布厂革委会主任	1968.05—1971.06 1971.06—1972.04 1972.05—1976.05
程士明	男	1930.09	江苏泰兴	革委会主任	1977.05—1978.04
李兴和	男	1924.09	江苏吴县	厂长	1978.05—1979.03
印如龙	男	1934.11	江苏泰兴	厂长	1979.03—1985.01
刘寅峰	男	1950.11	江苏启东	厂长	1985.01—1990.06
何玉祥	男	1941.10	安徽天长	厂长	1991.01—

上海第三织布厂

姓　名	性别	出生年月	籍贯	职　　务	任　　期
陈晓岚	男	1919.11	安徽	公私合营永大染织一厂总支书记	1954.07—1955
卫珊度	男	1925	江苏无锡	总支书记	1957.01—1957.05
陶志泉	男	1923	上海	总支书记	1957.06—1960
胡有铭	男	1924	江苏高邮	总支书记	1960—1962
沈守贤	男	1927.02	浙江吴兴	总支书记	1962—"文革"初期
刘长生	男	1934	黑龙江丹东	国营永红织布厂总支书记 上海第三织布厂总支书记	1971.06—1972.04 1972.05—1974.04
张鸿伦	男	1941	浙江杭州	总支书记	1974.08—1977.06
丁宝诚	男	1924.04	江苏淮阴	总支书记	1977.06—1978.04
宋毅	男	1926.07	江苏溧阳	党委书记	1978—1987
颜家贵	男	1944.02	江苏兴化	党委书记	1987—
唐志尧	男	1912.11	江苏江阴	公私合营永大染织一厂总经理	1954—1955
汪志成	男	1928.10	江苏灌云	厂长	1954.07—1957

续 表

姓　名	性别	出生年月	籍　贯	职　　务	任　　期
郭俊峰	男	1926.06	江苏东台	厂长	1958—"文革"初期
赵玲芳	女	1930.02	江苏江阴	国营永红织布厂革委会第一召集人	1968.07—1971
刘长生	男	1934	黑龙江丹东	革委会主任 上海第三细布厂革委会主任	1971—1972.04 1972.05—1974
张鸿伦	男	1941	浙江杭州	革委会主任	1974.08—1977.06
丁宝诚	男	1924.04	江苏淮阴	革委会主任	1977.06—1978.04
徐正铨	男	1926.11	浙江宁波	厂长	1978.06—1984
蒋立伟	男	1933.11	江苏无锡	厂长	1984.04—1986.07
杜兴炀	男	1952.05	浙江上虞	代厂长 厂长	1986.07—1987 1987—1992
姚海洪	男	1945	浙江余姚	厂长	1992.03—

上海第五织布厂

姓　名	性别	出生年月	籍　贯	职　　务	任　　期
胡有詠	男	1929	江西南昌	公私合营达丰第三棉织厂支部书记	1954.10—1955.03
戈金文	男	1929	浙江海宁	支部书记 总支书记	1955.03—1956.12 1956.12—1959.05
华传麟	男	1905.06	江苏江都	总支书记	1959.05—1965.11
李文来	男	1926.07	浙江慈溪	国营燎原织布厂总支书记	1970.07—1971.04
傅坤寿	男	1930.11	江苏吴县	总支书记 上海第五织布厂总支书记	1971.05—1972.04 1972.05—1973.01
朱佩芳	女	1930.09	上海	总支书记	1973.02—1978.07
李廷钧	男	1934.02	浙江宁波	总支书记 党委书记	1978.07—1988.02 1988.03—
苏　杨	女		浙江宁波	公私合营达丰第三棉织厂厂长	1954.10—1955.05
孙若明	女	1926.08	山东荣城	厂长	1955.05—1959.05
华传麟	男	1905.06	江苏江都	厂长	1959.05—1964.05
邵裕定	男	1923.03	江苏江都	厂长	1964.05—"文革"初期
李文来	男	1926.07	浙江慈溪	国营燎原织布厂革委会第一召集人	1968.10—1971.05
傅坤寿	男	1930.11	江苏吴县	革委会主任	1971.05—1972.04

续表

姓　名	性别	出生年月	籍贯	职　务	任　期
朱佩芳	女	1930.09	上海	上海第五织布厂革委会主任	1973.02—1978.07
钱德娣	女	1932.10	浙江宁波	厂长	1978.07—1988.01
李廷钧	男	1934.02	浙江宁波	厂长	1988.03—1990.09
杨金生	男	1953.06	江苏宿迁	厂长	1990.10

上海内衣织染厂

姓　名	性别	出生年月	籍贯	职　务	任　期
陈　宜	女	1926.10	上海	公私合营中国内衣织染厂支部书记 总支书记 代总支书记	1956.01—1956.03 1956.03—1957.12 1959.11—1960.03
丁咸玖	男	1906	安徽当涂	总支书记	1957.12—1959.11
孙银宝	女	1926	上海川沙	总支书记	1960.03—1961.11
季学仕	男	1925.02	江苏南通	代总支书记 总支书记	1962.01—1962.03 1962.03—1964.04
宋介珍	女	1927	江苏启东	总支书记	1964.04—"文革"初期
顾林昌	男	1929	上海川沙	国营东风织布厂总支书记 上海第七织布厂总支书记	1970.03—1972.04 1972.05—1975.09
丁阿大	女	1930.05	江苏江阴	总支书记	1975.09—1978.05
毛桂珍	女	1931.05	江苏靖江	总支书记	1978.05—1979.10
朱佩芳	女	1930.09	上海	总支书记	1979.10—1984.08
张乐平	女	1934	江苏大丰	总支书记	1984.08—1987.08
路旭道	男	1933.09	江苏建湖	总支书记 中国内衣织染厂总支书记	1987.08—1992.05 1992.05—1992.06
刘彩琴	女	1947.12	江苏江都	党委书记	1992.06—
陈　宜	女	1926.10	上海	公私合营中国内衣织染厂厂长	1956.09—1962.01
季学仕	男	1925.02	江苏南通	厂长	1961.12—"文革"初期
张树珍	女	1945.05	江苏淮安	国营东风织布厂革委会第一召集人	1967.12—1971.09
顾林昌	男	1929	上海川沙	革委会主任 上海第七织布厂革委会主任	1971.09—1972.04 1972.05—1975.09
丁阿大	女	1930.05	江苏江阴	革委会主任	1975.09—1978.05
周福海	男	1925.12	浙江鄞县	厂长	1979.04—1984.08

续 表

姓 名	性别	出生年月	籍 贯	职 务	任 期
王君禄	男	1936.06	江苏苏州	厂长	1984.08—1986.11
章学钧	男	1942.06	江苏无锡	厂长	1986.11—1987.08
宁伯文	男	1932.11	河北任邱	厂长	1987.08—1991.01
姜一言	男	1950.01	江苏海门	厂长 中国内衣印染厂厂长	1991.01—1992.05 1992.05—

上海第十四织布厂

姓 名	性别	出生年月	籍 贯	职 务	任 期
张玲珠	女	1924	江苏	公私合营华阳四厂支部书记	1954.11—1956.11
尤韫玉	女	1933.09	江苏江阴	支部书记	1956.11—1960.08
顾金玲	女	1929	上海	支部书记	1960.08—1963.04
朱佩芳	女	1930.09	上海	支部书记	1963.04—"文革"初期
龚和珍	女	1932	江苏无锡	国营朝阳织布厂支部书记	1969.12—1971.05
徐觉先	男	1926.10	浙江鄞县	支部书记 上海第十四织布厂支部书记 总支书记	1971.09—1972.05 1972.05—1980.03 1980.03—1982.03
张鼎海	男	1928.11	浙江鄞县	代总支书记 总支书记	1982.03—1983.12 1983.12—1988.03
唐佩芳	女	1948.07	上海	党委书记 公私合营华阳四厂	1990.12— 1954.11—1956.11
陈文楠	女	1924	上海	厂长	1956.11—1959.10
王英娣	女	1922	浙江宁波	厂长	1959.10—1960.03
董先贤	男	1926	浙江绍兴	厂长	1960.03—1962.12
沈志明	男	1921.10	浙江慈溪	厂长 上海第十四织布厂厂长	1966.04—"文革"初期 1978.07—1983.12
龚和珍	女	1932	江苏无锡	国营朝阳织布厂革委会第一召集人	1969.12—1971.09
徐觉先	男	1926.10	浙江鄞县	革委会主任 上海第十四织布厂革委会主任	1971.09—1972.05 1972.05—1978.07
吴永安	男	1934.10	江苏江阴	厂长	1983.12—1990.09
沈保升	男	1946.01	江苏苏州	厂长	1990.09—

上海沪东织布厂

姓　名	性别	出生年月	籍　贯	职　务	任　期
郑志云	女	1928.11	浙江杭州	总支书记	1980.10—1982
孙锁荣	男	1931.01	江苏金坛	总支书记 党委书记	1983—1988.05 1988.05—1991.01
史红英	女	1950.06	江苏盐城	党委书记	1992.06—
孙锁荣	男	1931.01	江苏金坛	厂长	1980.10—1983
顾聘周	男	1929.10	上海川沙	厂长 厂长	1983—1984.07 1986.04—1988
邢观昭	男	1932.01	河南临颍	厂长	1984.07—1986.03
王晓先	男	1932.12	江苏盐城	厂长	1988—1992.06
史红英	女	1950.06	江苏盐城	厂长	1992.06—

注：
(1) 收录范围：党委厂的书记、厂长、革委会主任(正职)、有任职文件的代书记、代厂长、革委会召集人、负责人；
(2) 起讫时间：国营厂从1949年解放时起，私营厂从公私合营时起，至1992年12月31日止；
(3) 现在是党委厂，原是支部厂、总支厂亦列入收录范围；
(4) 各厂的厂名按照历史沿革名称

后　　记

　　文明社会,人类的基本社交礼仪活动中夹杂着服饰的科技竞争。"衣食住行"是人类所有生活的终极概括,"衣"字却当仁不让拔得头筹。从某种意义上说,纺织是人类从原始部落向文明社会迈进的标志性产业。它从原始部落走来,却不知将在哪里找到其归属;它是一门既古老又永远年轻的产业。

　　从新中国成立开始,中央政府就设有纺织工业部,而后又设立了以纺织为特色的高等教育学府。中国的纺织产业一路走来,虽历经风雨但成果斐然。笔者从小就知道母亲供职于上海永安纺织系的企业,与纺织的渊源由来已久。笔者敬畏纺织,敬畏它拥有无限长度产业链的魅力;笔者关注纺织,关注它就像每天走入职场的格式化换装一样,那份对纺织的情结似乎浅浅地一直伴随在日常生活中。

　　直至有一天,在一个政府召开的大项目协调会上,邂逅了东华大学纺织学院时任领导、现任某大学校领导的李教授,经过一番交流,我们都发现上海虽是中国纺织工业的发祥地,却至今没有一部单独的地方纺织产业发展史。李教授的职业敏感连同笔者长期对上海工业产业的关注积累,梳理、勾勒这样一个历史性话题,很快就达成了共识。李教授不吝赐教,她在百忙之中除了为大纲的确立提供建议及亲自操刀对书稿开头部分进行修改之外,还专门找来她的研究生武雪一起遍寻文献资料以及造访上海纺织博物馆等名胜要地。屈指一算,从开题前后至今完稿,已经历超过7个春秋。武雪已经从东华大学走向社会,担任起大工业的科研实践工作。我们虽然不在一个岗位上,却都喝着黄浦江的同一江惠泽之水。记录以及传承我们共同的伟大母亲工业——上海纺织工业走过的辉煌历程,一定是我们相同不变的夙愿。在此,除了感谢我们共同付出的日日夜夜之外,还要一并致谢无论是教育理论领域还是科研产业第一线曾经为之做出贡献的每一位先贤前辈,正因为有你们代代相传的付出,才有后人接续的阶梯。

　　一个庞大的产业一定与时代同行,愿我们的母亲工业在时代的浪潮中乘风破浪,永葆青春。